大 学 问

始 于 问 而 终 于 明

皮尔士哲学的逻辑面向

（修订版）

张留华　著

广西师范大学出版社
·桂林·

作者简介

张留华，河南西华人，哲学博士。现任华东师范大学哲学系教授、博士生导师，教育部人文社会科学重点研究基地华东师范大学中国现代思想文化研究所研究员，兼任中国逻辑学会常务理事、上海市逻辑学会副会长。长期从事逻辑学、知识论和方法论的交叉研究，在《中国社会科学》、*History and Philosophy of Logic* 等学术刊物发表中英文论文 60 余篇，出版专著《皮尔士哲学的逻辑面向》《说理的学问》《古典实用主义推理论研究：重估人类推理的观念及其论争》，译著《推理及万物逻辑：皮尔士 1898 年剑桥讲坛系列演讲》《解释与理解》《杜威全集·中期著作·第 2 卷（1902—1903）》《意向》等。

总　序

杨国荣

　　作为把握世界的观念形态,哲学的内在规定体现于智慧的追问或智慧之思。这不仅仅在于"哲学"(philosophy)在词源上与智慧相涉,而且在更实质的意义上缘于以下事实:正是通过智慧的追问或智慧之思,哲学与其他把握世界的形式区分开来。这一意义上的智慧——作为哲学实质内涵的智慧,首先相对于知识而言。如所周知,知识的特点主要是以分门别类的方式把握世界,其典型的形态即是科学。科学属分科之学,中文以"科学"(分科之学)作为"science"的译名,无疑也体现了科学(science)的特征。知识之"分科",意味着以分门别类的方式把握世界:如果具体地考察科学的不同分支,就可以注意到,其共同的特点在于以不同的角度或特定的视域去考察世界的某一方面或领域。自然科学领域中的物理学、化学、生物学、地理学、地质学等,侧重于从特定的维度去理解、把握自然对象。社会科学领域中的社会学、政治学、经济学、法学等,则主要把握社会领域中的相关事物。无论是自然科学,抑或社会科学,其研究领域和研究对象都界限分明。以上现象表明,在知识的层面,对世界的把握主要以区分、划界的方式展开。

　　然而,在知识从不同的角度对世界分而观之以前,世界首先以统一、整体的形态存在:具体、现实的世界本身是整体的、统一的存在。与这一基本的事实相联系,如欲真实地把握这一世界本身,便不能仅仅限于知识的形态、以彼此相分的方式去考察,而是同时需要跨越知识的界限,从整体、统一的层面加以理解。智慧不同于知识的基本之点,就在于以跨越界限的方式去理解这一世界,其内在旨趣则在于走向具体、真实的存在。可以看到,这一意义上的"智慧"主要与分门别类地理解世界的方式相对。

具体而言,智慧又展开为对世界的理解与对人自身的理解二重向度。关于世界的理解,可以从康德的思考中多少有所了解。康德在哲学上区分把握存在的不同形态,包括感性、知性、理性。他所说的理性有特定的含义,其研究的对象主要表现为理念。理念包括灵魂、世界、上帝,其中的"世界",则被理解为现象的综合统一:在康德那里,现象的总体即构成了世界(world)。①不难注意到,以"世界"为形式的理念,首先是在统一、整体的意义上使用的。对世界的这种理解,与感性和知性的层面上对现象的把握不同,在这一意义上,康德所说的理性,与"智慧"这种理解世界的方式处于同一序列,可以将其视为形上智慧。确实,从哲学的层面上去理解世界,侧重于把握世界的整体、统一形态,后者同时又展开为一个过程,通常所谓统一性原理、发展原理,同时便具体表现为在智慧层面上对世界的把握。

历史地看,尽管"哲学"以及与哲学实质内涵相关的"智慧"等概念在中国相对晚出,但这并不是说,在中国传统的思想中不存在以智慧的方式去把握世界的理论活动与理论形态。这里需要区分特定的概念与实质的思想,特定概念(如"哲学"以及与哲学实质内涵相关的"智慧"等)的晚出并不意味着实质层面的思想和观念也同时付诸阙如。

当然,智慧之思在中国哲学中有其独特的形式,后者具体表现为对"性与天道"的追问。中国古代没有运用"哲学"和"智慧"等概念,但很早便展开了对"性与天道"的追问。从实质的层面看,"性与天道"的追问不同于器物或器技层面的探索,其特点在于以不囿于特定界域的方式把握世界。

"性与天道"的追问是就总体而言,分开来看,"天道"更多地与世界的普遍原理相联系,"性"在狭义上和人性相关,在广义上则关乎人的整个存在,"性与天道",合起来便涉及宇宙人生的一般原理。这一意义上的"性与天道",在实质层面上构成了智慧之思的对象。智慧之思所指向的是宇宙人生的一般原理,关于"性与天道"的追问,同样以宇宙人生的一般原理为其实质内容。

---

① 参见 Kant, *Critique of Pure Reason*, Translated by N. K. Smith, Bedford / St. Martin's, Boston, New York, 1965, p.323。

从先秦开始，中国的哲学家已开始对"道"和"技"加以区分，庄子即提出了"技"进于"道"的思想，其中的"技"涉及经验性的知识，"道"则超越于以上层面。与"道""技"之分相关的是"道""器"之别，所谓"形而上者谓之道，形而下者谓之器"，便表明了这一点，其中的"器"主要指具体的器物，属经验的、知识领域的对象，"道"则跨越特定的经验之域，对道的追问相应地也不同于知识性、器物性的探求，作为指向形上之域的思与辨，它在实质上与智慧对世界的理解属同一序列。至中国古典哲学终结时期，哲学家进一步区分器物之学或专门之学与"性道之学"，在龚自珍那里便可看到这一点。器物之学或专门之学以分门别类的方式把握对象，"性道之学"则关注宇宙人生的普遍原理。在器物之学与性道之学的分别之后，是知识与智慧的分野。以上事实表明，中国哲学不仅实际地通过"性与天道"的追问展开智慧之思，而且对这种不同于知识或器物之知的把握世界方式，逐渐形成了理论层面的自觉意识。

可以看到，以有别于知识、技术、器物之学的方式把握世界，构成了智慧之思的实质内容。西方的 philosophy，中国的"性道之学"，在以上方面具有内在的相通性，其共同的特点在于超越分门别类的知识、技术或器物之学，以智慧的方式把握世界。

中国哲学步入近代以后，以"性与天道"为内容的智慧之思，在社会的变迁与思想的激荡中绵延相继，并逐渐形成了不同的哲学进路。这种趋向在中国当代哲学的发展中依然得到了延续，华东师范大学哲学学科的形成和发展过程，便从一个侧面体现了这一点。华东师范大学的哲学学科建立于20世纪50年代初，她的奠基者为冯契先生。冯契先生早年（20世纪30年代）在清华大学哲学系学习，师从金岳霖先生。20世纪30年代的清华大学哲学系以注重理论思考和逻辑分析见长，并由此在中国现代哲学独树一帜，金岳霖先生是这一哲学进路的重要代表。他的《逻辑》体现了当时中国哲学界对现代逻辑的把握，与之相联系的是其严密的逻辑分析方法；他的《论道》展示了对"性道之学"的现代思考，其中包含着对形上智慧的思与辨；他的《知识论》注重知识的分析性考察，但又不限于分析哲学的形式化进路，而是以认识论与本体论的融合为其特点。金岳霖先生在哲学领域的以上探索，可以视为以智慧为指向的"性道之学"在现代的展开，这种探索在冯契先生那里获得了承继和进一步的发展。与金岳霖先生一样,冯契先生毕生从事的,是智慧之思。在半个多世纪的思想跋涉中,冯契先生既历经了西方的智慧之路,又沉潜于中国的智慧长河,而对人类认识史的这种楔入与反省,又伴随着马克思主义的洗礼及对时代问题的关注。从早年的《智慧》到晚年的《智慧说三篇》,冯契先生以始于智慧又终于智慧的长期沉思,既上承了金岳霖先生所代表的近代清华哲学进路,又以新的形态延续了中国传统哲学的智慧历程。

自20世纪50年代初到华东师范大学任教之后,冯契先生在创建华东师范大学哲学学科的同时,也把清华的哲学风格带到了这所学校,而关注哲学史研究与哲学理论研究的交融,重视逻辑分析,致力于马克思主义哲学、中国哲学与西方哲学的互动,则逐渐构成为华东师范大学哲学学科的独特学术传统。半个多世纪以来,华东师范大学的哲学学科经历了从初建到发展的过程,其间薪火相传,学人代出,学术传统绵绵相续,为海内外学界所瞩目。以智慧为指向,华东师范大学的哲学学科同时具有开放性:在上承自身传统的同时,她也在学术研究方面鼓励富有个性的创造性探究,并为来自不同学术传统的学人提供充分的发展空间。这里体现的是哲学传统中的一本而分殊:"一本",表现为追寻智慧过程中前后相承的内在学术脉络,"分殊",则展示了多样化的学术个性。事实上,智慧之思本身总是同时展开为对智慧的个性化探索。

作为哲学丛书,"智慧的探索丛书"收入了华东师范大学哲学学科几代学人的哲学论著,其中既有学科创始人的奠基性文本,也有年轻后人的探索之作,它在显现华东师范大学哲学学科发展历程的同时,也展示了几代学人的智慧之思。这一丛书的出版,无疑有其独特的意义:它不仅仅表现为对华东师范大学哲学传统的回顾和总结,而且更预示着这一传统未来发展的走向。从更广的视域看,华东师范大学哲学学科的衍化,同时又以当代中国哲学的演变为背景,在此意义上,"智慧的探索丛书"也从一个方面折射了当代中国哲学的发展过程。

2014 年 11 月 28 日

序

　　"过去数十年间,实用主义在哲学家中间引起了新的关注。其哲学图景在今天的人文社会科学研究中几乎成为一种自然起点。"①这后一句话,我觉得,用于定位本书的研究动机尤其适合。抛开一切理论体系的预设,实用主义似乎最为直接地符合每个人的常识和经验,代表一种直白的理性精神。但同时必须承认,在我们的日常话语中"实用主义"一词有被庸俗化或空洞化的倾向。为此,笔者有意无意地选择了古典实用主义者皮尔士(C. S. Peirce),并将其视为个人哲学研习的主门径。现在回想起来,笔者之所以对皮尔士的实用主义情有独钟,其中的理由可能包括:皮尔士作为实用主义创始人,我们在他那里可以寻找到发生学意义上的实用主义,特别是实用主义的思想渊源和历史关联;皮尔士本人坚持从逻辑出发来理解和推进哲学,这也是亚里士多德(Aristotle)、康德(Immanuel Kant)、罗素(Bertrand Russell)、奎因(Willard Van Quine)等大哲学家的路线;皮尔士在基本概念和术语上继承了古代、中世纪许多重要内容,"历史连续性"观念渗透于其所有著作,这对现代哲学家来说是难能可贵的;皮尔士的哲学不仅与数学、自然科学、社会科学紧密关联,而且其体系内部本就是一张密致的网络,一线贯穿起范畴论、

---

① *Nordic Pragmatism Network*, available at http://www.nordprag.org/ (Retrieved 2023.1.28).

现象学、认识论、指号学、伦理学、美学、宇宙论等各个分支,如此使得其理论具有无比广阔的相关性。

可是,皮尔士研究原本就不是一件轻松的活儿,深及内里之后的困难程度甚至不比初跨门槛时小。这一方面主要是因为其著作庞杂无比,现存的涉及数学、哲学、天文学、光学、化学、测量学等诸多学科的文稿收集起来超过 100 卷(以每卷 500 页计);而且他广泛参考引用多数今天未曾听闻的著作家,往往令我们绝望地感到:或许只能在阅读完他所看过的一切之后才能真正理解他。另一方面,他遗留下许多未完成的手稿片段,不少内容还不止一个版本;皮尔士生前未曾有机会总结自己的思想体系,因此我们也很难像笛卡尔(René Descartes)、康德研究者一样找到一些所谓的中心文本。再有,皮尔士的很多概念与今天用法迥异,这容易让当代读者感到其作品存在这样那样的矛盾,因此,往往要有足够的耐心和细致,必须采用典型的"慢阅读法"(slow reading)方不至于半途而废。从国际上现有的研究路线来看,皮尔士学者们的工作主要有三种写法,即思想传记、专题观点回顾以及系统重构。本书写法大致属于这最后一种。借用美国哲理小说家、1989 年杰斐逊讲席报告人波西(Walker Percy)的说法,笔者在本书中力争做 a student of Peirce 而非仅仅作为 a thief of Peirce。①笔者认为,系统重构对富有立体感的皮尔士研究是至关重要的,没有对全局的把握,各个专题研究都会多少显得乏味或指向不明,而思想传记本身往往也是对他的思想成长以及系统性追求的过程描述。可以说,与维特根斯坦(Ludwig Wittgenstein)等其他所谓"哲学家的哲学家"相比,皮尔士作品的难懂主要不在于晦涩,而更多在于它所要求的系统性与实际手稿的片断性。但是,要在有限的空间内梳理其庞大的哲学体系,谈何容易! 笔者不敢妄言对皮尔士哲学体系进行一次全面的、毫无遗漏的整理概括,本书的工作只在于从一种独特的视角审视皮尔士哲

---

① *A Thief of Peirce: the Letters of Kenneth Laine Ketner and Walker Percy*, edited by Patrick H. Samway, the University Press of Mississippi, 1995, p.130.这种通过在皮尔士作品中淘金而促成研究者自身目的的研究路线在当代学者中并不乏见。譬如,有学者在皮尔士研究中公开指出,"不问皮尔士立志要去做什么,而是通过一种淘金法在皮尔士作品中筛选出符合'某种意图'的'金块'",参看 Katrin Amian, *Rethinking Postmodernism(s): Charles S. Peirce and the Pragmatist Negotiations of Thomas Pynchon, Toni Morrison, and Jonathan Safran Foer*, Amsterdam-New York: Editions Rodopi B.V., 2008, p.27。

学体系,试图用一条线索把他的许多看似分散的学说连贯起来。

说起自身的实用主义哲学与其他实用主义代表人物的不同,皮尔士经常强调它是科学可论证的,其实这话的意涵主要是:他的实用主义是有一种系统支持的,即它只是其哲学构架的一个自然结论。与原子主义哲学相反,皮尔士一生都在倡导一种以连续性为首要特征的连续主义哲学。他在1902年10月1日致詹姆士(William James)的信中谈道:"如果我体系中的各个部分单独发表,数学家将赞同其数学部分,物理学家将赞同其物理学部分,伦理学家将承认其伦理学部分具有某种价值,如此等等;但那样的话,我首要的东西将完全得不到注意。"①以往有学者把皮尔士定位于自然主义者②,有的则定位于先验观念论者③,还有的定位于逻辑经验论者④。但笔者认为,那些称号都只是从皮尔士完整的哲学体系中把某些因素孤立并放大的结果。事实上,在连续主义哲学中,诸多立场原本可以相互融贯、彼此协调。当代哲学家们的很多个案分析已表明,以简单归类为主要手段的传统理论已经难以刻画真实而多彩的实践生活。不过,罗蒂(Richard Rorty)哲学给予我们的教训是:光承认复杂性是不够的,还得坚守理性之路,要不然只会成为反讽论者(Cynicist)。⑤与当代某些试图消解哲学的倾向不同,皮尔士在反对简单化的基础主义、两分主义思潮的同时,更加致力于拓宽和改善近代以来的科学理性。笔者相信,他的连续主义哲学能够成为笛卡尔主义之后更为稳

① Quoted in Demetra Sfendoni-Mentzou, "Peirce on Continuity and Laws of Nature," *Transactions of the Charles S. Peirce Society*, Vol.33, No.3, 1997, p.647.

② 参看 Thomas Goudge, *The Thought of C. S. Peirce*, Toronto: Toronto University Press, 1950;该书提出有两个"皮尔士",其中之一是先验论者,另一个则是自然主义者。

③ 参看 James Feibleman, *An Introduction to the Philosophy of Charles S. Peirce*, Cambridge, Mass.: MIT Press, 1970;该书主张皮尔士终生都是一位先验唯心论者。

④ 参看 Justus Buchler, *Charles Peirce's Empiricism*, New York: Harcourt, Brace, and Co., 1939; A. J. Ayer, *The Origins of Pragmatism: Studies in the Philosophy of Charles Sanders Peirce and William James*, San Francisco: Freeman, Cooper & Co., 1968. 两书均倾向于以逻辑经验论的视角解读皮尔士。

⑤ 罗蒂公开反对所谓"逻辑在于对既定时代的最好探究方法进行分析"的观点,并认为此种逻辑是"不值得发展的一门学科"。此外,他还指出:"正如笛卡尔用以替代亚里士多德《工具论》的《方法谈》是其最不够成熟的作品一样,杜威的《逻辑学》也属于他最无用的作品。"参看 Richard Rorty, "Comments on Sleeper and Edel," *Transactions of the Charles S. Peirce Society*, Vol.21, No.1, Winter 1985, p.41, 45。

健、更有前途的哲学分析方向。

　　如本书的标题所示,笔者借以通达皮尔士哲学渊薮的那条线索,就是逻辑学。当然,这里所选择的是一条粗线,也就是说,本书所谓的逻辑学是足以代表基本理性精神的那种广义逻辑。逻辑所关注的是我们的思想和推理,在这个意义上它永远是纯粹的、限定的,但由于人的思想和推理的对象无所不包,它又是迫切的、通用的。谈及皮尔士逻辑学,纽约州立大学布法罗分校迪博特教授(Randall R. Dipert)有一种似乎不够友好的说法:"或许皮尔士的每一卷作品都应写上这样的警言:'不懂逻辑学、数学和科学史者,请勿进来。'"①他在《皮尔士心灵哲学中两个不该忽视的方面》一文中再次强调:皮尔士的著作"具有难读难懂、叙述粗略、目标宏大、兼容并包等风格,因而要求我们具有各个领域的技术知识,尤其是逻辑学、数学及自然科学"②。总之,"逻辑学很可能是理解皮尔士思想和影响的那一把最为重要的钥匙"③。迪博特的话对于所有试图系统把握皮尔士哲学的学者无疑构成了极大挑战!我个人认为,他的讲法虽过于苛刻,但想必是友善的警告。然而,问题的另一面也不容小觑,那就是:如果不在他的整体哲学构架下来理解逻辑学、数学和科学史,那么我们往往只能得到狭隘的结论,有时单是哲学术语上的障碍就难以逾越。

　　笔者在接触皮尔士之初就相信,逻辑乃哲学等一切有价值的思想成果的关键所在。早前,笔者曾有意从当代标准数理逻辑的观点,专注于皮尔士的现代逻辑思想。这样做的结果是,我们在皮尔士那里找到了许多所谓现代逻辑贡献,但这些贡献与弗雷格(Gottlob Frege)、罗素等人的现代标准逻辑作品相比,总是显得不够精细、不够完备。这当然可能会让有些人觉得皮

　　① Randall Dipert, "Essay/review of P. Turley's *Peirce's Cosmology*," in *Nature and System*, 1(1979), pp.134-141.

　　② Randall Dipert, "Two Unjustly Neglected Aspects of C. S. Peirce's Philosophy of Mind," available at http://web.archive.org/web/20041205112713/www.neologic.net/rd/chalmers/Dipert.html (retrieved 2023.1.29).

　　③ Randall Dipert, "Peirce's Deductive Logic: Its Development, Influence, and Philosophical Significance," in *The Cambridge Companion to Peirce*, edited by Cheryl Misak, Cambridge University Press, 2004.

尔士在现代逻辑上的贡献是次要的、零散的,但笔者相信它只不过是表明:
皮尔士的逻辑研究是在一种差异甚大的哲学框架下进行的,因而可能在弗
雷格等人看来重要的东西,对于他却只是细枝末节、无关紧要的,而另一些
在标准数理逻辑中不曾出现的研究方向譬如存在图、外展逻辑、逻辑语用
学、逻辑哲学等,倒成为他对于逻辑学的真正重大贡献。也就是说,要公正
对待皮尔士的逻辑思想,我们就必须超脱当代狭义数理逻辑的范畴,把其逻
辑学放在他庞大的哲学构架下作立体式把握。皮尔士本人曾多次表示,自
己主要是一位逻辑学家;问题的复杂性在于,其所谓的逻辑学远不止某种既
成的、经过特殊限制的逻辑范畴。对于皮尔士的哪怕某种细小的逻辑贡献
的追踪,都会最终把我们引向无比宽阔的哲学视野。著名皮尔士传记作家
布伦特(Joseph L. Brent)把皮尔士的逻辑与接近实在的方法联系在一起,他
指出:"纵观他的思想历程,皮尔士最大的热情在于逻辑研究,他将其理解为
用于揭开万物之谜的唯一方法。对他来说,逻辑学完全不同于现代大学课
程中所看到的那些呆板的真值表和定理证明(虽然皮尔士在这两方面也具
有影响力);它是我们接近实在的唯一入径。"[1]这样的说法类似于词源学意
义上的 logos(音译为"逻各斯",兼有"语词""言语""计算""理性"等意),其
意或许有点模糊,但的确触及皮尔士逻辑学的深层关怀。[2]

逻辑是皮尔士哲学的主脉,同时哲学又是皮尔士逻辑的归属语境。如
此一来,本书希望在某种程度上达到双重目的:一方面对皮尔士哲学思想进
行一次粗线条梳理,另一方面对皮尔士逻辑思想进行一场哲学省察。1998
年,布伦特在《皮尔士传》中曾指出:"有一个重大谜团是,皮尔士去世后已有

---

[1] Joseph L. Brent, *Charles Sanders Peirce: A Life*, Indiana University Press, revised and enlarged edition, 1998, p.16.

[2] 有学者指出,对于皮尔士逻辑思想的研究存在各有优缺点的两条路径,一条是所谓的"自下而上",即关注皮尔士的主要逻辑论题在其思想框架中如何进化和成型;另一条是所谓的"自上而下",即在现代逻辑语境下定位皮尔士的逻辑贡献。参看 Sun-Joo Shin, Eric Hammer, "Peirce's Deductive Logic," in *The Stanford Encyclopedia of Philosophy* (Winter 2016 Edition), Edward N. Zalta (ed.), URL=<https://plato.stanford.edu/archives/win2016/entries/peirce-logic/>。笔者认为,在研究起步时第二条路径应该是首选的,但当研究逐步深入以至于开始论证皮尔士逻辑与其他逻辑思想的竞争力时,第一条路径就是不可或缺的,虽然这条路很难走。基本上,本书的探索属于这第一条路径。

八十年，为何这样一位杰出人物及其思想依然鲜为人知。"①如今又是二十几年过去了，该谜团仍在很大程度上存在，尤其是对于中国读者来说。本书采用逻辑与哲学互动的方式，希望能对皮尔士思想之谜的解决提供新的帮助。无论如何，本书可能是一个过于宏大的抱负，为此笔者希望通过一些写作上的自我限定，使得本书所论及的问题更为集中。这些限定包括：

　　第一，所谓系统重构只是相对而言，本书的尝试虽然涉及一些具体细节问题，但整体上仍属于粗略的。对于皮尔士这样颇具独创性和争议性的历史巨人进行研究，必须要有一种老老实实的态度。他常说"最为不理性的莫过于伪称（false pretence）"，因此"要脱下伪装"（dismiss make-belief）。②这种精神是其实用主义及批判常识论的基调之一。笔者认为，其中至少包含两层意思：一是不懂的不能装懂，二是不怀疑的不能强求批判。老实讲，笔者的学力和视野都无法企及皮尔士的高度，因此纸上说是对皮尔士的研究，其实主要是对皮尔士的学习，主要是理解"他当时在做什么"以及"为什么他要那样做"③。正因为如此，笔者对于皮尔士的研究态度基本上是"审慎同情"（deliberately sympathetic）：首先是真实呈现，然后才是客观批判。④只有在能够宣称理解阅读对象之后，我们才有资格对其进行学术意义上的审查。本书旨在从与逻辑有关的一些核心观念展现皮尔士这位系统思想家的哲学建筑，在此过程中希望既尽可能覆盖其所有重要的工作领域，又彰显其哲学观点的独特性和复杂性。在不忽视各方批评者关于皮尔士的自相矛盾、前后不一的研究证据的同时，我们坚信：通过以发展的眼光看待某些不得不忽略掉的不一致论述，并增加必要的论证环节以弥补理论空隙，皮尔士的哲学思

---

① Joseph L. Brent, *Charles Sanders Peirce: A Life*, p.7.

② 这话换作现代汉语中一句颇有哲理的口头语就是"不装！"。

③ 在英语中，不论 study 还是 student 都兼具研究与学习之意。这一语言现象或许并非偶然。

④ "善意""同情"的理解态度，对于像实用主义这样极易因字面产生误导的学说来讲，尤为重要。面对不少学者对"实用主义"不求甚解的无礼驳斥以及他们所谓"实用主义放弃客观标准、过于变通随意"的诽谤性言论，詹姆士曾断然指出："实用主义者比其他任何人都自认为受困于过去整个固定真理体的挤压与他周围感觉世界的强力之间，有谁能像他那样感到我们心灵运作所受到的客观控制的巨大压力呢？如果有人以为此种法则是松弛的，那就让他服从此种律令一天试试看⋯⋯"为此，詹姆士呼吁哲学批评家们要有足够的想象力，对于他人的观点要带着诚意，同情地予以公正的理解。参见 William James, *Pragmatism*, New York: Dover Publications, Inc., 1995, p.90。

想完全可以呈现出统一性和连续性。皮尔士本人善于通过精细的区分来消解表面上的矛盾,他的这种方法,也是本书在理解皮尔士时力图采用的。在遇到理解上有紧张态势或看似矛盾的地方,我们将尽可能增加新的文本证据或提供新的论证环节,以支持皮尔士思想体系的融贯性。皮尔士曾强调,即便是具有重大、深远意义的哲学问题,也应该以物理学的那种认真与精细来研究。①一如他对于逻辑研习者的告诫,"任何读者若是不愿意(至少)像面对其他学科那样耐心、细致、勤奋地研究逻辑,他必然从任何地方都也学不到太多推理理论"②。其实,这一点,无论是对于研究自然万象的皮尔士来说,还是对于研究哲学家皮尔士的我们来说,都是一样的。工作的细致周到(minute and thorough),在很大程度上是因为你对于自己面前的对象的尊崇和谦卑。或许正是因为如此,我们才看到,在宗教信仰至上的中世纪,经院学者常常有着超乎寻常的精细逻辑。

　　第二,笔者将不得不放弃或精简一些在其他研究语境下颇为重要的论题,以突出本书所挑选出的一些重点。由于其工作领域的广度以及哲学体系的宏大,皮尔士思想对于哲学讨论而言有着太多方面的相关性。皮尔士生前在写作上有一个显著特点就是,几乎在每一处都试图解决所有问题;但结果表明,这更多是失败的教训。本书在追踪皮尔士的思想轨迹时,不知不觉陷入一种困境:如何防止一味求全而达不到原定目标,同时又尽可能不遗漏重要思想点? 笔者在经过反复揣度后认为,系统重建并不意味着面面俱到,有些地方可能只需要提及而不必展开,论文视角的选取就决定了我们只能把一部分内容作为重点来论述。基于此种考虑,本书决定忽略掉一些从其他角度来看很重要的内容,譬如,从心灵哲学来看,由他的指号学可推演出一套独特的体系;从当代数理逻辑来看,他的存在图系统完全可以扩充为一本专著;从历史角度看,皮尔士对各个时代诸多论题的追踪可奠定其哲学史家的地位;以及科学哲学(尤其是归纳和概率问题)、宗教哲学、人文科学方面的;等等。本书着重揭示的是皮尔士哲学中所隐藏的逻辑方法论,很多

---

　　①　*Collected Papers of Charles Sanders Peirce*, Vol.2, edited by Charles Hartshorne and Paul Weiss, Harvard University Press, 1932, para.8.

　　②　Ibid., para.14.

时候我们没有去追究或引申某个哲学论点,而把更多精力放在了其哲学观念的逻辑分析或方法论内蕴上。我们希望把哲学思考部分限制在必要的程度上,即侧重于皮尔士逻辑的动因、基础、目的、结果、意蕴,等等。书中没有涉及的那些内容,并非在其思想体系中不重要,或在当代哲学中不受重视,只是说,我们要集中在其对哲学构架的逻辑考虑上,以便为任何专题的皮尔士研究展现一种总体视野或曰论证大前提。

　　第三,本书将把逻辑这条主脉进一步定位在数学、指号学、实用主义三个方面,从而可以看到相互交织、同步发展的三条细线。逻辑学是皮尔士一生学术追求的主要领域,而且是他对于现代哲学的主要贡献。一句话,逻辑学是皮尔士哲学的主要看点(尽管它可能有许多面向),或者说,理解了他的逻辑学就算把握了他的哲学精髓。但考虑到皮尔士逻辑观念的广阔性和复杂性,我们希望选取三个不同的维度来具体展现皮尔士逻辑学的丰富内容。这也是本文与其他系统重构论者尤其是以逻辑作为切入口的皮尔士研究的不同之处。①如果不加限定来说,"数学""指号学""实用主义"三者都不能与逻辑学发生直接联系,但是在皮尔士的科学语境中,它们代表了皮尔士逻辑的三个向度。这些"样本"的选取当然具有一定的个人随意性,不过笔者的考虑是:在皮尔士逻辑代数、存在图等这些在当代看来更多属于数学的工作领域中包含了他有关数学的逻辑的重要思考,这些内容与当代狭义数理逻辑基本相仿,它们最起码代表了皮尔士在某种语境下的狭义逻辑观点,同时也包含了皮尔士逻辑学与标准现代逻辑的共同出发点;指号学被晚期皮尔

---

① 应该说,此前国际上曾有多部以皮尔士逻辑为线索的系统建构著作,譬如,Murray G. Murphey, *The Development of Peirce's Philosophy*, Harvard University Press, 1961; Richard Tursman, *Peirce's Theory of Scientific Discovery: A System of Logic Conceived as Semiotic*, Indiana University Press, 1987; James Jakób Liszka, *A General Introduction to the Semeiotic of Charles Sanders Peirce*, Indiana University Press, 1996;等等。但是,它们要么把逻辑仅限于标准的数理逻辑,要么把逻辑等同于科学逻辑,要么更多侧重于指号学而非逻辑本身。笔者深知,皮尔士逻辑观念宽广而又模糊,这可能是几乎所有体系论者都承认皮尔士终生以逻辑学家自居却从未有人直接将逻辑本身作为重构线索的一个重要原因,但是这并非意味着在皮尔士思想体系中探究逻辑本身就不具有可行性。当然,在逻辑之外还存在着更多对于皮尔士哲学的系统考察,有关众多皮尔士哲学体系建构者的工作以及它们之间的差异,可参看 Carl R. Hausman, *Charles S. Peirce's Evolutionary Philosophy*, Cambridge University Press, 1993, pp.xiii - xvii。

士称为最广泛意义上的逻辑学,它把有关语法理论和修辞理论增加至逻辑学范畴,代表了皮尔士成熟的逻辑观念;实用主义是皮尔士哲学中最引人注目的地方,同时又被他直接界定为逻辑准则,其中包含大量科学逻辑及方法论的内容,因此它能在数理逻辑和指号学之外进一步显示皮尔士逻辑的深层关切。不能说这三个侧面合起来就能构成皮尔士逻辑理论的全部,因为皮尔士的逻辑观实在很广泛,直至目前皮尔士学界都没有任何人能做到对于其完整逻辑理论的驾驭和掌控;但这种做法比起任何单个侧面,有望成为一种更逼真、更典型、更丰满的"剪影",它同时所传达的信息还有皮尔士逻辑学可以"作为指号学",但"不是数学",而"是哲学"。

　　除此之外,本书的写作还面临着其他可能的困难和风险。譬如,皮尔士哲学与当代主流哲学相比有着术语上的奇异性,特别是逻辑学上,有许多并未在当代沿用,因而容易成为无关要义的历史性资料。对此,笔者的主要考虑是:要在比照当代逻辑最新成果评价皮尔士逻辑贡献的基础上,强调皮尔士逻辑的深厚历史感,进而以皮尔士宽阔的视野激发和促进当代逻辑反思。再如,皮尔士的"逻辑""哲学""科学"等术语,如果在专题研究中往往很容易得到界定,但在类似本书这样的系统梳理中,如何在同一语境中理清三者的不同所指? 这的确也是一个麻烦。尽管皮尔士自己倡导术语伦理学,但由于他的许多作品写于不同的时期和场合,他往往要适应不同读者和听众而采用不同的措辞,如此使得他哲学体系中的一些核心概念常常有用法上的变化。类似前后期思想和术语的变化的情况,在皮尔士那里还有很多。对此,笔者将从发展或成长的眼光来看待,尝试以晚期较为成熟的框架来重新安排分散于前期不同场合的概念。笔者相信,这种原则对于所有成长型的作家都是适用的。从演化论上看,前后思想的变化更多意味着个体合理的成长,而不一定就是某种矛盾混乱。

　　本书的写作框架大体上是导论—总论—分论—余论的结构。导论是对皮尔士逻辑人生的一种传记性刻画,借助一连串的历史事件,初步提示了皮尔士逻辑的研究动机、关注范围、发展变化,也揭示了皮尔士逻辑的时代背景及其埋没和重现的历程。总论代表本书的中心论题,先是从科学分类法中考察皮尔士的逻辑及哲学的地位,然后从数学、指号学、实用主义三条线索分别展现皮尔士逻辑的个性。分论设两个专题,是对总论中心思想的一种例证和补足。余论是对本书关于皮尔士逻辑和哲学的探究性学习的一种特别注解,也是对于他人未来开展更深入的皮尔士研究的一种敬告。

在原始文本表述清楚的情况下,我们尽量让皮尔士自己说话,因而读者不难发现书中出现大量的引用资料。但本书绝不打算仅仅成为对于皮尔士的史料性研究,更希望具有当代启示。好的历史研究,不仅是对于过去历史资料的一次整理,而且要触及当代思想发展的前沿论题。为此,笔者着重选取了对于 21 世纪逻辑发展具有批判与建设性意义的皮尔士思想资料,并尽可能(尽管有时是在脚注中)指出皮尔士的观点在当今逻辑及哲学思想发展语境下或可充当"另种方案"(alternatives)。不过,话又说回来,皮尔士在许许多多具体议题上与当今哲学主流存在进路分歧,本书只是抓住它们之间显著的观点差别;有关二者哪一个更为合理的讨论以及对于皮尔士观点在历史语境和当代语境下的完整辩护,不是书中的重点。这方面的工作曾经是、现在仍然是皮尔士研究的一个重要方法,但我相信:对于皮尔士专题观点的论证及评价,最终都不得不涉及其思想整体。笔者希望能通过还原皮尔士对于逻辑学科的整体把握来促进我们今天对逻辑学的完整理解;希望能通过理清皮尔士逻辑学与其众多思想主题之间的关联来推进我们今天对于实用主义哲学的深化理解。本书的系统化工作,不是对过去皮尔士思想研究的总结定论,毋宁说它开启了对于皮尔士的某种新研究,让某些专题研究看起来更具有价值;毋宁说它立体地呈现了皮尔士思想系统中某些关键而要害的问题,从而促使我们对有些专题做更深入的研究。毕竟,对于逻辑的整体,在某种意义上也是为了让我们看清逻辑学中仍有哪些问题需要深入钻研。

常用文献缩写代码

　　皮尔士的手稿至今未能全部发表,收录皮尔士作品的各类选集多种多样。本书在写作中尽可能参考了较为权威和常用的版本。为便于引用与阅读,笔者对最常用到的皮尔士文献采取缩写代码的方式直接标注在正文中所引用内容之后;而对于其他文献,依然采取通常方式以脚注形式标示。另外,对于存在多处源头的重要引文,将尽可能同时标注不同的参考文献。

　　以下是本书常用参考文献及其标示代码:

　　W x:y = Writings of Charles S. Peirce: A Chronological Edition, Volume x, page y;具体所标示文献为:C. S. Peirce, *Writings of Charles S. Peirce: A Chronological Edition*, Volume I 1857 – 1866, Volume II 1867 – 1871, Volume III 1872 – 1878, Volume IV 1879 – 1884, Volume V 1884 – 1886, Volume VI 1886 – 1890, Volume VIII 1890 – 1892, edited by the Peirce Edition Project, Indiana University Press, Bloomington, Indiana, 1982, 1984, 1986, 1989, 1993, 2000, 2010.

　　EP x:y = The Essential Peirce: Selected Philosophical Writings, Volume x, page y;具体所标示文献为:C. S. Peirce, *The Essential Peirce: Selected Philosophical Writings*, Volume 1(1867 – 1893) edited by Nathan Houser and Christian J. W. Kloesel, Volume 2(1893 – 1913) edited by Peirce Edition Project, Indiana University

Press, Bloomington and Indianapolis, 1992, 1998。

CP x.y = Collected Papers of Charles Sanders Peirce, Volume x, paragraph y;具体所标示文献为:C. S. Peirce, *Collected Papers of Charles Sanders Peirce*, Vols.1 - 6, Charles Hartshorne and Paul Weiss, eds., Vols.7 - 8, Arthur W. Burks, ed., Harvard University Press, Cambridge, 1931, 1932, 1933, 1933, 1934, 1935, 1958, 1958。

HP x = Historical Perspectives on Peirce's Logic of Science: A History of Science, page y;具体所标示文献为: C. S. Peirce, *Historical Perspectives on Peirce's Logic of Science: A History of Science*, 2 Vols., Carolyn Eisele, ed., Mouton De Gruyter, Berlin, New York, Amsterdam, 1985。

PM x = Philosophy of Mathematics: Selected Writings, page x;具体所标示文献为:C. S. Peirce, *Philosophy of Mathematics: Selected Writings*, Matthew E. Moore, ed., Indiana University Press, Bloomington and Indianapolis, 2010。

PPM x = Pragmatism as a Principle and Method of Right Thinking: The 1903 Harvard Lectures on Pragmatism, page x;具体所标示文献为:C. S. Peirce, *Pragmatism as a Principle and Method of Right Thinking: The 1903 Harvard Lectures on Pragmatism*, Patricia Ann Turisi, ed., State University of New York Press, Albany, 1997。

RLT x = Reasoning and the Logic of Things, page x;具体所标示文献为:C. S. Peirce, *Reasoning and the Logic of Things: The Cambridge Conference Lectures of 1898*, Kenneth Laine Ketner, ed., intro., and Hilary Putnam, intro., commentary, Harvard, 1992。

SS x = Semiotic and Significs: The Correspondence between C. S. Peirce and Victoria Lady Welby, page x;具体所标示文献为:C. S. Peirce and Welby-Gregory Victoria (Lady Welby), *Semiotic and Significs: The Correspondence between C. S. Peirce and Victoria Lady Welby*, edited by Charles S. Hardwick with the assistance of James Cook, Indiana University Press, Bloomington and Indianapolis, 1977。

PSP x = Peirce, Semiotics, and Pragmatism;具体所标示文献为: Max

Fisch, *Peirce*, *Semeiotic*, *and Pragmatism*, Kenneth Laine Ketner and Christian J. W.Kloesel, eds., Indiana University Press, 1986。

PL x = Peirce：a Life，page x；具体所标示文献为：Joseph L.Brent, *Charles Sanders Peirce*：*A Life*, Indiana University Press, revised and enlarged edition, 1998。

上列最后两本虽然不是皮尔士本人的作品集,但其中包含了两位著名皮尔士学者对于皮尔士大量未出版手稿的引用,因此,也作为本书的主要参考文献。

目 录

导 论

总 论

余　论

Contents

Introduction

General Theory

Sub-theory

Epilogue

导　论

一位自称逻辑学家的多面科学家

　　查尔斯·桑德斯·皮尔士（Charles Sanders Peirce），就像众多天才一样，酷爱阅读和实验，却性情乖僻，不善交际；思想深刻而独到，却因其道德生活而不能为世俗环境容纳。密友威廉·詹姆士曾经称他为"古怪人"。事实上，甚至皮尔士本人也感到他在遗传上具有某种特殊的东西，强调自己是个左撇子，能够一只手写下问题，另一只手同时写下答案。①

　　激情生活与深邃思想，通常为伟人本身这一符号的两个侧面。同他的悲剧人生相比，皮尔士也是美国思想史上谜一样的人物。他曾直接影响了同时代的詹姆士、杜威（John Dewey）、罗伊斯（Josiah Royce）、施罗德（Ernst Schröder）、拉姆塞（Frank Plumpton Ramsey）②等人，也深刻影响了后世的阿佩尔（Karl-Otto Apel）、哈贝马斯（Jürgen Habermas）、普特南（Hilary Whitehall Putnam）、欣迪卡（Jaakko Hintikka）、希尔皮南（Risto Hilpinen）、莱歇尔（Nicholas Rescher）、奎因、苏珊·哈克（Susan Haack）等人，而知识界却似乎

---

　　①　左撇子被皮尔士认为是一种遗传上的神经特质。除此之外，皮尔士还从生物决定论的角度指出，自己继承了父亲的数学才能、近乎病态的爱争论、过度敏感等神经特质，这些方面对于皮尔士语言表达笨拙、善于图像思维等行为特征具有影响。

　　②　拉姆塞把皮尔士的指号学吸收到自己的逻辑理论中。拉姆塞在对于维特根斯坦《逻辑哲学论》及奥格登（C. K. Ogden）、理查兹（I. A. Richards）《意义的意义》所撰写的书评中曾高度评价皮尔士的有关理论。参看 SS xxxi。

一直在有意无意忽略他的地位。值得庆幸的是,今天美国乃至国际学术界已得到共识:皮尔士是整个美洲思想界迄今产生的最具独创性又最为多才多艺的一位"伟人",其贡献堪与亚里士多德、莱布尼茨(Gottfried Wilhelm Leibniz)相比,是"美国的亚里士多德"①"美国的莱布尼茨"②。他的思想成就,广泛涉及天文学、物理学、度量衡学、测地学、数学、逻辑学和逻辑史、哲学、科学理论和科学史、指号学、语言学、经济计量学和实验心理学等等。即使在今天自然科学之外的学术文献中,除了实用主义,他的名字还常同指号理论、符号逻辑、逻辑哲学、语言哲学、科学哲学、心灵哲学、认知理论等研究紧密联系在一起。不过,本书希望一开始就提请读者注意的是,在所有思想活动领域,皮尔士首先和主要是一位逻辑学家,他本人最大的热情也只在于逻辑研究。追寻皮尔士并审视其丰富思想,我们能明显看到,尽管生命中很多时候与各类具体科学联系在一起,但皮尔士的一生无疑是追求逻辑学的一生。按皮尔士自己的话说,他是自中世纪以来唯一一位全部献身于逻辑事业的人。③他还是《名人录》(Who's Who)中将自己的职业描述为逻辑学家的第一人。难怪著名皮尔士学者墨菲(M. Murphey)在《皮尔士哲学的发展》一书中依照皮尔士的逻辑贡献来划分其思想阶段。④作为一位真正的科学人,皮尔士的科学贡献涵盖数学、自然科学、社会科学、人文科学等广泛领域的不同学科,但其宗旨只是要通过逻辑学(尽管这种逻辑被理解得越来越广)来达到一种理论综合。对于皮尔士一生的逻辑追求,我们不妨理解为一位纯粹的求真者的梦想。用他一位学生的话来讲,那就是,力求成为"一位深刻、原创、冷静而充满热情的求真者"(a profound, original, dispassionate and impassioned seeker of truth)。(W 4:xliii)本章作为皮尔士思想的一个"传

---

① Edward T. Oakes, "Discovering the American Aristotle," in *First Things* 38, December 1993, pp.24－33.

② Philip P. Wiener, "The Peirce-Langley Correspondence and Peirce's Manuscript on Hume and the Laws of Nature," in *Proceedings of The American Philosophical Society*, Vol.91, No.2, April, 1947, pp.201－204.

③ Max H. Fisch, "Peirce as Scientist, Mathematician, Historian, Logician, and Philosopher," in *Studies in Logic*, edited by Charles Sanders Peirce, John Benjamins Publishing Company, 1983, p.xxi.

④ 参看 Murray G. Murphey, *The Development of Peirce's Philosophy*, Harvard University Press, Cambridge, 1961。

记",旨在为皮尔士逻辑研究铺设一种历史背景。

一、早年的严格训练

1839 年 9 月 10 日,皮尔士出生在美国麻省东部剑桥市的一个"贵族"家庭。父亲本杰明·皮尔士(Benjamin Peirce)是哈佛大学天文学和数学教授,也是全美最有影响的数学家;姑母和叔父对于数学和化学也都有很深的造诣。作为一位伟大的逻辑学家,皮尔士从小在优越的学术环境中成长。当时的美国,正是科学不断挑战传统宗教观点的时代,也正是美国科学开始在全球产生重要影响的年代,许多重要学术杂志、科学协会刚刚开始筹建。而小皮尔士所在的皮尔士家族,无论在哈佛还是在整个美国都处于思想文化界的中心。著名作家爱默生(Ralph Waldo Emerson)、著名诗人朗费罗(Henry Wadsworth Longfellow)、知名医师兼作家霍姆斯(Oliver Wendell Holmes)是他们家的朋友,而更多时候,他们家成了各界文人学者聚会的"沙龙"。生于这种优越的科学氛围下,皮尔士较早接触美国科学界最有才华的人物。正如皮尔士自己晚年回忆说:"我自小有一种无价的特权,让我感受到了达尔文(Charles R. Darwin)那一代科学人熊熊燃烧的激情,其中大多数重要人物我在家中都曾有过直接接触,甚至有一些人在全欧洲都有名气。"(HP 490)

家庭教育以及哈佛文化圈对于小皮尔士的思想成长起到了积极作用,而这其中父亲的特别关注尤其重要。正如思想史上传诵的密尔父子的故事一样,皮尔士父子之间也有着紧密的学术关系。①五个子女中,父亲格外喜欢小皮尔士,皮尔士从小显露的才华更是得到了父亲的偏爱。父亲善于激励人且不传统,悉心指导着这个儿子,指引他培养广泛的兴趣,并宽容对待他的个性。父亲亲自传授他代数、几何、化学、天文、侦探术等多种技能,并抓

---

① 从当代教育观来看,不能说这种教育不带有副作用。与老密尔(James Mill)对小密尔(John Stuart Mill)的教育一样,父亲严厉而充满期望的训练也常常导致皮尔士陷入高度紧张的精神压力。这种教育由于过于强调理性训练,而忽视了社会生活对于孩子成长的重要性。在后来的职业生涯中,失去父亲庇护后因不善"处世",皮尔士在生活中处处受挫,这在一定程度上与早年父亲的教育导向有关。

住一切可能的机会将自己研究工作中的好奇心同皮尔士一同分享,常常他们在房间里踱来踱去,只为讨论和思索某个问题。特别是,父亲训练他培养集中注意力的艺术,他们经常在一起玩快速的双明手游戏,从晚上10点一直到次日清晨,父亲尖锐地批评每一处错误。然而父亲更主要是在数学教育上对皮尔士进行引导和激励。他很少直接告诉儿子任何一般原理或定理,相反,他给儿子提供问题、图表或例子,鼓励他独立得出那些原理。受此影响,儿子对谜题、数学化的纸牌游戏、象棋问题和密码语言有着强烈的兴趣,并自己发明出一些来供玩伴娱乐之用。小皮尔士11岁就写出了化学史,12岁就有了自己的实验室。对于儿子的学术天赋,父亲非常乐观,认为儿子注定会成为一位超越自己的数学家。儿子也从小崇拜父亲,并深感父亲的严谨精神对于自己思想的持续影响。最为显著的是,儿子继承了父亲"数学是得出必然结论的科学"这一观点,并在父亲过世后亲自编辑了注释版的本杰明《线性结合代数》。在弟弟的回忆中,童年的皮尔士"不是钻进百科全书类书籍中找寻有关深奥问题的知识,就是与博学的父亲讨论有关科学特别是高等数学和哲学方面的重大问题"。(PL 37)皮尔士在晚年也曾谈道:他教育了我,如果我做了什么事情的话,那也是他的工作。[1]而皮尔士学者墨菲更是具体指出父亲在宗教以及宗教与科学关系的观点上对于小皮尔士的影响,譬如,他与父亲一样相信"自然是神性真理的符号""科学之事在于对神圣文本的研究",等等。[2]

在学校教育上,皮尔士于1859年取得哈佛文科学士,1862年取得哈佛文科硕士,1863年从哈佛劳伦斯科学院取得理科(化学)学士。有关资料显示,皮尔士在学校的成绩排名并不怎么样[3],他讨厌学校作业,尽管皮尔士在学校中还是掌握了拉丁语、希腊语以及德语、法语,精通莎士比亚(William Shakespeare)作品,并对席勒(Johann Friedrich von Schiller)的美学产生兴趣。对此,关键的一点在于,本身作为教师、一向强调自己对儿子自由教育的父亲并不怎么看重小皮尔士的学校成绩。在父亲眼中,皮尔士是注定要训练

---

[1]　Paul Weiss, "Entry on Peirce," in *Dictionary of American Biography*, 1934.

[2]　Murray G. Murphey, *The Development of Peirce's Philosophy*, pp.13 - 16.

[3]　不过,皮尔士在取得化学学位时却是哈佛第一个拿到"优异"(summa cum laude)成绩的。

成为一位著名科学家的,而非仅仅从学校取得某种成绩证明,因此,批判方法和严格推理成为皮尔士教育中最重要的一部分,也成为皮尔士学习一切知识的兴趣所在。

　　据皮尔士自己多次回忆,十二三岁时,偶然看到哥哥的大学课本——英国人瓦特利(Richard Whately)的《逻辑原理》(1826年),问起哥哥何谓逻辑,由于不满意哥哥的回答,便当即伏地埋头苦读此书,连续几天,直到能全部熟记。还特别地说,自那以后,除非为了逻辑训练,他再没有别的追求了。大约16岁时,皮尔士开始不断诵读康德的《纯粹理性批判》,每天两小时,直到后来能够按照父亲要求,对于书中每一部分都提出自己批判性的考察。①皮尔士高度评价康德哲学的先验分析论部分,认为"它们似乎是从西奈山上带来的"。(CP 4.2)康德、黑格尔(Georg Wilhelm Friedrich Hegel)、谢林(Friedrich Wilhelm Schelling)、席勒等德国古典哲学家的著作,尤其他们对于逻辑学的强调,对于皮尔士曾有重要影响,但他认为它们虽然富有哲学上的启发,却在论证性方面价值不大。反之,英国哲学则具有更为可靠的方法和更为精确的逻辑。布尔(George Boole)《逻辑的数学分析》和《思想规律研究》两书的相继出版,带来了逻辑学研究的新气象。这更使得他相信,康德哲学体系的失败主要在于其平庸的逻辑根基,而要想对康德哲学真正有所超越,必须致力于发展一种崭新的、更为有效的逻辑。皮尔士后来在文章中谈道:"无疑,我们基本上是逻辑动物,但我们在这方面并非精通。"(CP 5.366)因此,"一个人所具有的逻辑方法的天才应如他从全世界选出的新娘一样被热爱和敬重"。(CP 5.387)或许,皮尔士较早明白了这些道理,并自觉地使自己充分接受逻辑方面的训练。为此,皮尔士长期关注数学、物理学、化学等最严格科学的方法,并同当时最伟大的思想家进行通信交流。他

----

　　①　皮尔士为我们提供了一种不同的康德哲学读法,在他看来康德之所以难读,在于读法不对:"我常常听人说康德难读。我认为他是最易懂的哲学家之一;因为他总是知道自己想要说什么,做到这一点就成功了一半,而且他在说话时所用的词语非常清楚。当然,不事先研读莱布尼茨和英国哲学家就读康德是很荒谬的事情,因为康德术语就是后者所用术语的一种修改或变形。我们是有办法弄清楚康德的意思的,而对于休谟和密尔这样的作家,你越是研读,越是感到困惑。"参看 Nathan Houser, Introduction to *Writings of Charles S. Peirce: A Chronological Edition Volume 8*, unabridged version, available at https://arisbe.sitehost.iu.edu/menu/library/aboutcsp/houser/v8intro.pdf(Retrieved 2023.1.29)。

努力阅读与逻辑学相关的每一重要论题,尤其是中世纪丰富的逻辑史料。他曾在家中建立自己的逻辑史料馆,比当时哈佛大学图书馆藏书还要齐全。他在 1887 年回忆说:"从我大致能思考问题时起,直到现在,大约 40 年来,我一直坚持不断地专注于有关探究方法的研究,既包括已被采用的那些方法,也包括应该被采用的方法。"(CP 1.3)关于皮尔士对方法的关注,还有一点可以提到,那就是,皮尔士从小非常注重辨别各种事物,并研究区分好坏的方法,以培养自己对于事物和概念的敏感性。为了发展自己感官上的辨别力,他曾自己花钱请一位斟酒服务生来指导,后来竟然成为一位葡萄酒鉴赏家。早年还曾跟随哈佛著名生物学家阿加西(Jean Louis Agassiz)专门学习分类学,以帮助训练自己的精确区分能力。在他看来,逻辑学、化学、生物学等都属于分类科学(classificatory science)。精确地区分概念和术语,是分类科学的一个基本特征。皮尔士的这种辨别力训练,在他整个思想活动期间,产生着持续影响。他后来认为,逻辑学作为一门规范科学,其核心功能就是区分好坏(good and bad),分辨出何为有效(或强的)推理或论证、何为无效(或弱的)推理或论证。

正是基于父亲亲自设计的教育和训练,皮尔士大约 20 岁时就俨然成为一位有经验的论证批判家,能够对数学、自然科学及哲学著作中的许多方法问题提出自己独创性的意见。大约 26 岁,皮尔士受邀作有关科学逻辑的洛厄尔讲座,父亲对于经过自己教导而成长起来的小皮尔士所表现出的才华表示满意,他这样评价皮尔士的报告:"他的论证之广度、深度和强度以及研究能力令我十分震惊。"[1](PL 69)但是,父亲的教育初衷原本只是培养一位能继承自己衣钵的像自己一样或者比自己更优秀的数学家或科学家,所谓批判方法或严格推理只是数学家或科学家需要具备的一种重要品质,而随着皮尔士自己心灵的不断成长,他的兴趣却越来越多地集中于方法本身,甚至认为自己"唯一的非凡天赋就是逻辑分析"。(SS 114)于是乎,在这对父子之间也出现了有关逻辑学训练和几何学训练何者最重要的争论。父亲当

---

[1]　Kenneth Laine Ketner, *His Glassy Essense: An Autobiography of Charles Sanders Peirce*, Vanderbilt University Press, 1998, p.317.

然认同方法本身的重要性,但他知道逻辑学研究在当时并不是一份有前途的职业,他曾认真劝说小皮尔士:专注于逻辑学研究,只会令他牺牲掉所有功成名就的希望。可小皮尔士的回答却是:"我完全知道那一点,但我内心的爱好明显在这个方向上,如果要我放弃逻辑学,那是很痛苦的挣扎。"(PSP 121－122)

皮尔士坚持把逻辑研究作为自己的追求,这当然并非意味着皮尔士无视父亲对于自己作为数学家和科学家的期望,打算完全放弃数学和科学研究。皮尔士的哈佛毕业纪念手册显示,大约在1861年他对"怎样谋生?""拿什么来从事逻辑研究?"等问题经过严肃思考后,确立了自己"终身从事逻辑学研究"的人生目标。关于这一思想过程,著名皮尔士学者费奇(Max H. Fisch)基于各种证据猜测:

> 在数学以及各种可能的物理的、心理的科学门类(包括科学史和数学史)上,他将达到能够开展原创性研究、发表原创性成果的程度。他将从化学开始,那是实验科学的敲门砖。他将尽可能借以科学谋生,以便他在休闲时间和工作时间都能推进自己的人生目标。他将选择能够在未来一段时期提供给他多样性研究空间的职位。他在逻辑学之外的科学研究将首先服务于那些科学本身,但它们在逻辑学中都将变成第二焦点,这种逻辑既包括数学逻辑也包括科学逻辑,最终也包括一般指号理论。通过把逻辑学(由此,还包括形而上学)赶上他接受教育的严格科学水平,他将同时在第二个乃至更高的层面上服务于每一个科学门类。(W 1:xxiii)

我们在下文可以看到,这非常符合后来皮尔士人生的实际追求。除此之外,皮尔士传记作家布伦特提出,皮尔士之所以选择逻辑学作为人生追求,与他同父亲相比之后倾向于选择的"徒步主义"(pedestrianism)人生哲学有关。面对自己所崇拜的敏捷、机智、急躁的父亲,皮尔士把自己比作龟兔赛跑中的乌龟,他宁愿选择"慢而稳"(slow & sure)的徒步主义策略。而这种徒步主义与逻辑学上所要求的"稳步前行"正好精神上一致,就是说:"需要把我们所有的行动都还原为逻辑过程,以便做任何事情都只不过是在推理链条上多走一步。唯有如此我们才能实现思想与其对象之间的完全交互,而后者正是康德的哥白尼革命所宣示的。"(PL 59)

二、职业生活与理想追求

令人遗憾的是,皮尔士真正步入逻辑研究殿堂后却发现,"逻辑学是一门惨遭滥用的科学"(W 1:358),而且"已经由于充满大量无用的精细区分而逐步变得负重累累"(W 1:360)。为此,皮尔士怀着惊人的热情,终生致力于逻辑学的改进和写作,并试图把逻辑学作为一种谋生职业,顽固地追求着自己的人生理想。

起初,事情如皮尔士规划的那样行进。1861 年,皮尔士在大学毕业后立即在父亲担任主任的美国联邦海岸与地质测量局①获得第一个职位。1862年,与哈里特·费伊(Harriet Melusina Fay)结婚,女方的父亲与本杰明是哈佛同学和朋友。②1867 年,皮尔士在测量局的工作晋升为助理,职位仅次于主任。直到 1891 年,皮尔士在测量局工作长达三十年之久,主要从事大地测量、重力实验等天文学、地质学方面的科学工作。而与他在测量局工作并行的是,从 1864 年开始,皮尔士在哈佛和洛厄尔学院多次作关于哲学、逻辑学的系列演讲。譬如,1865 年,在哈佛所作的关于科学逻辑的讲座;1869 年至1870 年,在哈佛所作的 15 次论英国从邓·司各脱(Duns Scotus)到密尔等逻辑学家的讲座。其中,后面这一系列学术报告,当时乃哈佛筹建研究生院之前所作的大学改革实验的一部分。在他作为测量局工作人员期间的五次欧洲之行中,皮尔士既作为科学家又作为逻辑学家,广泛结交欧洲著名科学家,同时还与德摩根(Augustus de Morgan)、耶芳斯(W. Stanley Jevons)等逻

---

①   这是一个当时在美国乃至全世界享有盛誉的联邦科研机构。曾经,美国政府计划从俄国购买阿拉斯加、从丹麦购买冰岛和格陵兰岛,其勘探及论证工作主要都是由该测量局承担的。

②   根据所掌握的更多皮尔士来往书信的有关内容,著名皮尔士学者凯特纳推测:在此之前,皮尔士曾与一位名为 Caroline Louise Badger(书信中的昵称为 Carrie)的女子有过一次秘密婚姻,这段婚姻维持时间大概在 1860 年至 1861 年。

辑学家建立联系。1867 年，皮尔士入选美国艺术与科学学院院士，1877 年入选美国国家科学院院士；作为院士，他从 1867 年开始在大会上不仅发表科学实验方面的论文，而且发表有关逻辑代数的论文，尝试改进和拓展布尔代数体系。其间，他还同詹姆士等人一起成立了形而上学俱乐部①，经常讨论哲学、科学、逻辑学问题。总之，可以说，皮尔士一开始既如父亲所期望的那样从事化学、物理学、地质学等方面的职业，又利用一切机会保持并发展自己对于逻辑学的兴趣。大致说来，皮尔士在大部分工作时间里从事着联邦科研机构的职业，而在大部分业余时间里追逐着自己在逻辑研究方面的爱好。正如 1872 年皮尔士在写给母亲的信中所言："在晴朗的夜晚，我用光度计观测；在多云的夜晚，我撰写我的逻辑书，这是世人长期缺少、渴望拥有的一本著作。"(W 3 :xxii)

对待科学职业和逻辑学追求，皮尔士的处理方式正如他在人生规划中所预想的那样：逻辑学家需要从严格科学的成功实践中不断吸取推理方法上的教训，从而将科学包括数学领域的成功方法运用于逻辑学的改进和发展。作为在联邦科研机构工作的一位科学家，皮尔士的主要兴趣在有关科学工作的逻辑、方法等基础理论上。事实上，早期他在父亲所领导的测量局被分配的工作也正是促进有关地质科学的理论基础，以此不仅满足经济和社会生活的现实需要，而且要能有助于科学本身的进步。为此，皮尔士对于任何科学技术问题的兴趣，也只在于其中所涉及的方法论问题；一旦其中的研究方法得以阐明，他的兴趣也就随之消失。凭着自己敏锐的逻辑判断力，皮尔士常常能看到其他科学家在逻辑运用上的过失以及各种认识错误的逻辑源头。这种有关科学与逻辑关系的认识，皮尔士明显受到培根（Francis Bacon）《新工具》、笛卡尔《论正确引导理性追寻科学真理的方法》（又称《方法谈》）、惠威尔（William Whewell）《新工具新论》等著作的影响。特别是惠威尔，被皮尔士称为有关科学逻辑方面最深刻的一位著作家，他关于科学与

---

① 这个"形而上学俱乐部"可谓美国实用主义以及其他重要思想观念的策源地。有关历史的记载，参看 Louis Menand, *The Metaphysical Club*: *A Story of Ideas in America*, New York：Farrar, Straus and Giroux, 2001（中译本为[美]路易斯·梅南：《形而上学俱乐部：美国思想的故事》，舍其译，上海译文出版社，2020 年）。

逻辑相互促进的大量科学作品激励着皮尔士在"两条战线"上工作,可谓皮尔士在这方面的精神导师。

在当时科学家几乎普遍不注重逻辑研究的环境下,皮尔士坚定不移地强调科学逻辑的重要性。在他的科学职业生涯中,至少有两件轶事表明,他非常相信逻辑学以及自己的逻辑研究才能必定有着真正的价值。首先一件是关于美国 19 世纪最著名的审判:S.霍兰德遗嘱案。1867 年,皮尔士父子参与了此案一份遗嘱签名真伪的专家鉴定。皮尔士在父亲的指导下研究了 42 个真迹签名的放大照片,检查了其中 32 条下书笔画(downstroke)位置的相符性。在对下书笔画的 25 830 次的比较中,发现有 5 325 次相符,也就是说相符性的相对频率大约为五分之一。皮尔士父子应用概率论等方法计算出,遗嘱中作出的两个签名之间所有 30 条下书笔画全部相符的概率只有 1/2 666 000 000 000 000 000 000。虽然法官最终并未根据他们的概率推理断案,但皮尔士父子因此声名大噪。[①]另一件事是 1879 年皮尔士设法找回丢失怀表的经历。皮尔士乘船从波士顿去往纽约参加一个会议。第二天船到达时,皮尔士匆忙离开,却将外套和一块珍贵的怀表忘在船舱里,等他回去寻找时已经不见了。皮尔士认为如果他不能根据线索找回失物,那将是他"职业的不光彩"。于是,皮尔士通过仔细调查找出了自己所认为的犯罪嫌疑人,但他并不能说服犯罪嫌疑人交出物品。皮尔士无奈去找侦探社,可侦探社起初并未按照皮尔士的猜测去调查犯罪嫌疑人。在皮尔士的不断提示下侦探社找回了失物,结果偷表的贼不是侦探社所判断的,而是皮尔士一开始所提到的那个犯罪嫌疑人。皮尔士后来指出,在此调查过程中,他主要运用了关于选择最佳假说的理论,即他所谓的外展逻辑(abduction)[②],这也正

---

① Louis Menand, *The Metaphysical Club: A Story of Ideas in America*, New York: Farrar, Straus and Giroux, 2001, pp.163 - 176.

② 需要注意的是,abduction 不是日常语言中所用的"诱拐"(kidnapping)之意。如果说具有"诱拐"之意的 abduction 源于词根 abduct,则皮尔士作为推理形式的 abduction 直接源于词根 abduce。abduce 的前缀词 ab-在拉丁语中意为"away from"(外离,离开)。其后缀词-duce 与 retroduce、deduce、induce 中的一样,都源于拉丁语 dux,意为"lead"(引导、推导)。因此,abduction 有"向外引导"之意,现存中文哲学文献有时翻译为"溯因""假设""设证"等等;笔者认为,根据词源学上的解释,并考虑与 deduction、induction 等译名的统一,可将 abduction 译为"外展"。关于外展推理的更多介绍,参看第五章。

是柯南·道尔侦探小说中主人公福尔摩斯所运用的逻辑推理。①

　　然而，随着时间的推移，皮尔士开始不愿把自己的逻辑学追求局限于科学职业之外的一种业余活动。或许，在他看来，逻辑与科学的兼顾已经不成问题，问题的关键是：何者为主，何者为次？他要做一位逻辑学家，就应该把更多的时间奉献给逻辑学，而不是科学事务。于是，他试图在测量局之外有一份大学教职，可以让他将自己的逻辑理论同更多的人进行交流和分享，也希望在一个逻辑学共同体②中推进自己的逻辑研究。或许对过多纠缠于与逻辑无关的科学具体事务感到厌倦，早在 1870 年的一封书信中，远在欧洲的皮尔士就曾表示："我压根儿不想回到天文台，因为我希望尽可能多地专注于逻辑学。"（PL 80 - 81）本来皮尔士已受邀在哈佛大学进行了多次讲演，但由于学术以外的原因，他在哈佛大学谋求职位的道路一直遭到阻碍。③幸运的是，皮尔士在逻辑上的才华很早就得到了哲学同行们的重视。1869 年，詹姆士在听完皮尔士有关英国逻辑学家的讲演后，写道："我希望他能在某个地方获得一个哲学教授席位。那是他的长处所在，他在那方面肯定是强手。我从未见到一个人探究问题如此深刻和全面。"（PL 75）自 1875 年始，詹姆士和本杰明向约翰·霍普金斯大学推荐皮尔士做教授。皮尔士在 1876 年写给詹姆士的书信中明确表示：

　　　　我觉得，在逻辑学教席上，我将能发挥我的最大才能，这种能力我在别处都用不上。在其他地方，在天文台等别处，我将永远平庸下去，它们丝毫不能激起我的斗志。通过一个逻辑学教席，我将能达到某种显赫地位，并能带来最终发现有用的一些观念。对此，我毫不怀疑。（PL 104）

---

① Thomas A. Sebeok and Jean Umiker-Sebeok, "'You Know My Method': A Juxtaposition of Charles S. Peirce and Sherlock Holmes," in *The Sign of Three：Dupin，Holmes，Peirce*, edited by Umberto Eco and Thomas A. Sebeok, Indina University Press, Bloomington, 1983.

② 共同体，是皮尔士思想中的一个核心概念。他曾特别创造术语"commens"或"commind"特指为交往行为所必需的共同心灵或共同理解。

③ 有关皮尔士与当时哈佛大学校长之间的关系纠葛以及后者对皮尔士不信任的学术外原因，参看 PL 106 - 111。

由于霍普金斯大学没有设置逻辑学方面的教授席位,皮尔士以自己的逻辑体系向霍普金斯大学申请物理学系教授,声明自己是将物理学作为逻辑研究的组成部分来学习和研究的。这再次表达了自己有关科学研究与逻辑研究之间密切关系的立场,即,科学要有逻辑方法的指导,逻辑要尽可能总结各类科学方法。在给约翰·霍普金斯大学校长的自荐信中,皮尔士如此描绘自己:

> 至于我,我是一位逻辑学家。用以逻辑概括的材料是各种科学的特殊方法。要吃透这些方法,逻辑学家必须相当深入地研究各种科学。以此方式,我已经学习了物理学家近乎全部的行当,虽然还有许多尤其与电有关的仪器我并不怎么熟悉。……因而,虽然我是一位逻辑学家,但我认为有必要拥有一个实验室。在逻辑学上,我倡导一种特殊趋向,即物理科学的趋向。关于这一点,我自称是至今所出现的最彻底、最典型的一位代表。我相信,我的逻辑体系(这是一种哲学方法,而作为数学的代数仅能在其特殊部分提供帮助)必定经受得住考验,否则所有物理科学的整个精神必定被彻底推翻。(PL 120－121)

出于对逻辑学教职的极大兴趣,以及对联邦科研机构官僚主义开始蔓延的担忧,1879 年 6 月他在保留测量局职位的情况下,接受了作为约翰·霍普金斯大学兼职逻辑学讲师的邀请。皮尔士对于自己所要承担的逻辑教育工作充满激情,明显带有一种神圣的使命感:

> 在我看来,正确推理在实际重要性上仅次于正确感受;向年轻人进行正确推理教学的人具有一种很大的责任感,甚至把他自己活动的二分之一时间奉献给这份工作都显得不够。更为要害的是,学生们至今通过逻辑之名所接受的教育内容都是些糟粕。逻辑学当前正遭受责骂,如果我来做教授,我将把恢复逻辑的名誉作为自己的人生目的,首先向我们的那些学生证明,随后还要向全世界证明。若是学生们对于他们从我这里所学到的东西,与对于他们的其他学习科目相比,没能带给自己后半生更加明晰的观念,如果学生们没有感觉到推理研习对于

他们的重大助益,我会因此感到自己的人生失败。(W 4:xxv)

在接下来的五年时间内,皮尔士辛苦往返于巴尔的摩的约翰·霍普金斯大学和华盛顿的海岸与地质测量局之间,对于逻辑教学工作倾注了满腔热情。当时的约翰·霍普金斯大学可谓美国最高级的研究生学习机构,是美国第一个授予博士学位的大学,也是美国首个认识到“大学功能在于知识创造,而教学只是实现该目的的一种必要手段”的高等学校。①从 1876 年创办,仅仅四年时间,该校研究成果已经可与之前 20 年所有美国大学的总产出匹敌。②100 人左右的注册生,大约 40 名的教师,使得其成为名副其实的精英研究院,可与当时国际著名的德国大学相竞争。由于皮尔士坚持逻辑上的精确和使用高度技术化的术语,他所开设的课程并不能吸引要求通俗的大多数学生。或许,我们只能说他的课程过于高级,注定只适应于少数的非凡之才,甚至后来成为著名哲学家的杜威也因为感到他的逻辑课过于枯涩而半途放弃听课。但皮尔士带领的这些少数学生,却几乎集中了当时全美国的逻辑研究人才。他们在校内建立形而上学俱乐部,定期讨论逻辑及相关哲学问题,在此基础上,皮尔士还积极推动将俱乐部与欧洲其他大学哲学俱乐部建立联系;最终,由皮尔士选编、皮尔士及其学生共同撰写的专题论文集《逻辑学研究》③在世界范围赢得了声誉。米歇尔(O. H. Mitchell)、莱德-富兰克林(Christine Ladd-Franklin)等人都是皮尔士此时最出名的学生。这些,多少可以使人联想起古希腊时期亚里士多德的逻辑学园。著名皮尔士学者、前皮尔士编辑项目主任豪塞尔(Nathan Houser)在对皮尔士该时期的大学工作进行广泛研究后,就曾这样评价说:

---

①　皮尔士为《世纪词典》撰写的“大学”词条就是以约翰·霍普金斯大学为理想大学组织的。他把与学院(college)相区别的大学(university)界定为:“为了研究起见而组成的人的联合,它授予在全社会内被认定为有效的学位,接受捐赠,被国家给予特权,以便人们能够接受理智教导,以便在文明进程中所出现的理论难题能够得以解决。”

②　有关皮尔士自己对约翰·霍普金斯大学的看法,可参看 W 4:155。

③　皮尔士对该书的编辑工作也被认为对于当代大学教育具有启示意义。《逻辑学研究》主要是由研究生参与完成的一部前沿性研究成果,虽然那些研究生由皮尔士这位资深学者指导,但他既不要求对研究生们的成果署名,也不把自己的名字写在书名页上,而是以“霍普金斯大学师生”代替编者之名。

在约翰·霍普金斯大学的五年,皮尔士每学期教授逻辑,通常既有基础课程也有高等课程。他也开设关于关系逻辑、中世纪逻辑、哲学术语学、概率以及伟人心理学等专题课。之前在美国——也包括其他任何地方,或许除了亚里士多德的雅典学园——从未有这样杰出的逻辑学家发展出集聚如此多优秀学生的一个研究小组。(W 4:xli)

需要提醒的是,皮尔士把"伟人心理学"(一种比较传记)作为自己的逻辑专题课,这是因为在他看来,伟人之所以伟大[①],是因为其作为推理者的品性;每一位伟人之所以伟大,正如每一门科学之所以成功,自有其珍贵的逻辑方法。

综合来看,此时的皮尔士可谓"年轻已有为,春风正得意"。一方面,受雇于美国最高级的联邦科学机构,成为国际知名的美国最杰出的科学家之一;另一方面,兼职工作于美国最优秀的研究型大学,成为享誉世界的唯一一位美国逻辑学家。从离开学校、踏入社会之初,他似乎很顺利地如其所愿做到了:既做一位真正的职业科学家,又做一位真正的逻辑学家;既是坚持以最新科学实践为基础的逻辑学家,又是主张以逻辑思考促进科学实践的职业科学家。从国内外影响来看,1878年他的专著《光学研究》一书出版[②],凭借其在测量局有关测地学、天文学方面的系列实验观测报告,他为美国科学界在欧洲同行那里赢得了声誉:他在欧洲各主要基站进行钟摆实验所产生的具有国际可信度的数据报告,为美国建立第一批测地基站奠定了基础;他在研究报告中指出钟摆架的屈曲乃重大测量错误的源头之一,受到国际上该领域科学家的关注。在后来的历史考察中,有科学家另外还指出:"哈佛天文台里首次测定银河星系图的尝试是由皮尔士做出的……这项研究基于有限数据而进行,是属于开创性的。"[③]而在与之科学工作密切相关的逻辑

---

① 皮尔士的"伟人列表"其选择标准与之前孔德(Auguste Comte)的抽象标准有很大差别。其中一个主要特点在于,皮尔士强调:对于伟人,不能以急功近利的"发现"或"成功"标准来评价,而要立足于其生活和作品本身,更加注重其对人类思想的长远影响。伟人作为推理者的贡献恰好就属于有助于人类后世长远进步的方面。

② 此书是皮尔士生前仅有的一本以图书形式出版的个人著作。

③ Solon I. Bailey, *The History and Work of Harvard Observatory*, *1839－1927*, Harvard Observatory. Monograph No.4(New York: McGraw Hill, 1931), pp.198－199.

学研究方面,皮尔士在国际上的影响更是与日俱增。

早在 1870 年,数学家哈利(Robert Harley)在英国科学促进协会利物浦会议上对各种有关布尔代数的研究成果进行评述后提到皮尔士,认为"就我目前所看到的成果而言,有关布尔观念的一次最值得关注的扩充包含在皮尔士先生新近论'关系逻辑'的一篇论文中"。(W 2:xxxiii)而在 1877 年,英国数学家、哲学家克利福德(W. K. Clifford)更是公开称:"皮尔士……是最伟大的在世逻辑学家,是自亚里士多德以来已经为这一学科增添实质内容的第二人,另一个是《思想规律研究》一书的作者布尔。"(W 2:xxx)皮尔士 1877 至 1888 年发表在《通俗科学月刊》上的"科学逻辑阐释"系列,也在国际范围受到关注。1879 年霍尔(G. Stanley Hall)在发表于《心灵》杂志上的《美国哲学》一文中,花费大量篇幅对皮尔士该系列文章给予介绍,并称:相信那是"美国对于哲学的最重要贡献之一"。(W 3:xxxvi)进入约翰·霍普金斯大学之后,皮尔士既作为逻辑教师又作为逻辑研究者,他的成果几乎一出来便受到关注。1880 年 10 月,耶芳斯(W. Stanley Jevons)在《演绎逻辑研究》一书的序言中谈道:"对于该序言中未完全列出的有关符号逻辑的新近著作,我还要最后增加皮尔士教授论逻辑代数的重要报告,其第一部分刊印在《美国数学杂志》第三卷(1880 年 9 月 15 日)上。皮尔士教授采用包含关系而不是等值关系作为他所创系统的基础。"(W 4:lii)1881 年,文恩(John Venn)在《自然》杂志上一篇名为"新近数理逻辑报告"的短文中指出:"最新对于数理逻辑科学所作的最精致的贡献,至少就英语世界来说,是现在巴尔的摩约翰·霍普金斯大学的杰出数学家皮尔士教授所作的研究报告。"(W 4:lii)1883 年皮尔士及其学生所撰写的《逻辑学研究》一书问世,几乎立刻被世界公认为一项重大贡献。该书覆盖了符号逻辑领域的大部分内容,涉及符号逻辑各重要人物的工作,甚至弗雷格的《概念文字》也作为该书的参考书目。文恩在随后出版的《心灵》杂志上再次给予皮尔士高度评价:

> 皮尔士先生的名字对于关注布尔逻辑或符号逻辑发展的人来说众所周知,得知他正在给约翰·霍普金斯大学高级班开设这一方面的专

题课,使我们确信不久定能看到有关该主题的某些重大贡献。……这种确信,已经发布公告的这本书[1883 年霍普金斯大学《逻辑学研究》一书]给予了证实,在我看来,与最新我所碰到的其他有关该主题及相近领域的成果相比,书中包含了更多大量新颖而富有创意的内容。(W 4:xli)

三、悲惨而执着的晚年

不幸的是,皮尔士事业早期的辉煌,并没有维持很久。来自家庭、工作、社会环境的一系列变故令他无法应对,最终导致事业和生活一团糟。尽管他凭着惊人的毅力,顽强抗争,不懈追求,但他的晚年命运似乎注定要成为一个悲剧。有人说皮尔士的人生经历可以改写成传奇文学小说或拍成浪漫悲情电影,如果那样,其悲惨而执着的晚年将是其中最吸引人的章节。

由于性格差异、志趣不同,皮尔士与费伊的婚姻基础逐步瓦解。①1876年,费伊离开皮尔士;1883 年,两人最终离婚。就在皮尔士与费伊离婚后的第六天,皮尔士与朱丽叶(Juliette Annette Froissy Pourtala)结婚。后者来自法国,但具体身世不清,被认为有意隐瞒,她的神秘出身令皮尔士的家人长期难以接受他的第二次婚姻。更为关键的是,皮尔士在与前一任妻子正式离婚之前便与朱丽叶同居,这在当时保守的美国社会特别是皮尔士所生活的地区遭到了严重的道德指责,一时间皮尔士成为他所在测量局、大学等圈子里流言蜚语的话柄。再加上,父亲本杰明于 1880 年去世,皮尔士从此失去了他出生以来一直拥有的坚强庇护。没有了父亲的庇护,皮尔士从小被娇宠而未成熟发展的性格令他处处感到不能适应这个社会;面对因其"不合传统""难以相处"而遭受的种种排斥或挤压,他几乎不知所措。

1884 年 9 月,皮尔士被约翰·霍普金斯大学校方突然解聘。这件事的象征意义是,它充分表明了当时上流社会无法容忍特立独行、无视道德传统的个体,即便这人是一位具有国际影响力的科学家。对于皮尔士个人来说,

---

① 费伊是美国早期女权运动人士,她在婚后一直不能忍受皮尔士的任性胡闹,并曾试图改变皮尔士的性格。不管怎样,她的确为皮尔士提供了许多工作及生活上的必要帮助;离婚及再婚后,皮尔士一部分正是因失去费伊的这些照料而令他的生活一团糟。

这件事则直接意味着一次"丑闻",他将因此再也没有机会获得其他任何大学的职位。对这件事所感到的震惊和失望,令他的健康状况不断恶化。但是,皮尔士对于逻辑学研究的热情并未随之减少。一则,虽然他继续保有测量局的助理职位,但越来越不注重基础理论研究的联邦机构新政令他无心继续留任,倒是希望继续找机会传授自己的逻辑研究成果。于是,他"永不言弃"地四处谋求新的教授席位,天真地相信"自己的逻辑才华必将受到重用"。1885 年,在写给哥哥米尔斯(James Mills Peirce)①的信中,皮尔士继续强调推理方法的重要性及自己在这方面所负有的使命:

> 所有这些[在测量局内的难处]提醒我有责任努力去做那件我为之而来到这个世上的事情,即阐明逻辑学以及有关思想和发现的科学方法的真实本质。在这一方面,我有重大而关键的东西要讲。无之,分子科学(molecular science)必定停滞不前。它必定原地踏步,只会做些无用的瞎猜。有关物质构造的真理论在各个方向均有极其重要的结果,但它必须奠基于安全可靠的科学逻辑之上。心理学是未来一百年的伟大科学,逻辑学必定也会对它带来重大影响。关于逻辑学我所要讲的东西,其他人不曾想到过,可能也不会很快想到。或许,我找不到机会对之予以发展。为了做到那一步,我必须全身心投入其中,安心教学,而不能封闭在这里。可以肯定的是,只要我继续待在测量局,我的使命就不会完成。(W 5:xxxvii)

另则,没有了大学兼职,如果又一直找不到新的教学机会,皮尔士希望能直接让逻辑在社会上赚钱,也就是说,以逻辑学这种曾经作为业余爱好的东西来维持自己体面的物质生活。1887 年皮尔士写信给自己的堂兄,请求暂借一笔钱作为投资,信中提到:"我在有关科学逻辑和科学方法的知识方面,有很好的名声。我已经制作了长篇系列的实用练习题用于从头到尾传

---

① 皮尔士在兄弟四人中排行第二,哥哥米尔斯在哈佛大学教书后继承父亲本杰明的教授席位,两位弟弟中一位在美国外事处工作,另一位成为采矿工程师但过早离世。此外,皮尔士还有一位妹妹。

授全部的推理艺术。我们整个国家有成千上万的年轻人，他们将从这些课程中获得比在几乎任何其他学习科目中更多的实际助益。"（W 5：xlviii）这是皮尔士失去父亲庇护后在职业生涯中所做的一次大胆冒险。他从内心坚信"生活中的成功主要取决于推理出色"（W 6：32），并设想：社会上有成千上万的人都极其希望提升自己的推理技能，如果能由一位逻辑学家开设推理课程，帮助学员提高个人能力，再加上机智的营销和良好的运作，肯定能吸引一大批人来上课。甚至，他还曾引用美国金融家菲尔德（Cyrus W. Field）关于正确推理的重要性的话，来论证以逻辑赚钱的可行性："我的财富是通过开采金矿而获得的，而那个金矿就是正确推理之力量。"（W 6：xxviii）于是乎，我们看到皮尔士通过种种努力，做广告，印制宣传单，提出了关于推理技巧的逻辑函授课程计划。①原本设想会有 1500 名学生付费报名，并计划每天发送 500 封信；由于资金等方面的困难，结果并未能令皮尔士满意，前来咨询报名的人并不多。但皮尔士的热情持续不减，他认真地对待每一位函授学员，同时继续发展自己的逻辑学思想。甚至在皮尔士搬迁至米尔福特的农庄后，1891 年《开放法庭》杂志上还刊登了他试图恢复逻辑函授课程的广告。（W 8：lxi）最终，这项冒险的投资宣告失败。

皮尔士四处寻找却没有找到逻辑教授职位，逻辑函授课程又投资失利，这些让他备感失落。但皮尔士一生所要遭遇的困难似乎才刚刚开始。1885年，皮尔士所在的测量局遭到国会调查和指控，其中皮尔士涉及玩忽职守罪。虽然这项不公正的指控最终被修改为浪费和拖沓，但这对本来就背负"坏名声"的皮尔士来说无疑是雪上加霜。再后来，皮尔士又被要求对在美国各地所进行的钟摆实验结果做整理报告，后因缺乏必要的助手，报告再三拖延方才完成。当 1889 年最终完成钟摆实验报告时，皮尔士运用自己有关外展、演绎、归纳的科学逻辑来安排报告的组织结构，但在当时并不看重科学逻辑的主流科学家看来，此种结构让读者难以理解，因而必须重新构建。再加上，由于报告被送给并未掌握有足够测量学知识或数学知识的人来评

---

①　可以想象，这是一场艰难的职业化尝试。皮尔士热情致力于这一逻辑函授课程，不禁使人联想起"中国逻辑与语言函授大学"的社会意义。

判,造成皮尔士的报告结论未能得到公正评价。①所有这些迫使他于 1891 年从测量局辞职。从此,皮尔士失去了最后一份正式而稳定的工作,他被完全抛向这个他原本就不怎么适应的社会,只能独自谋生。

1889 年,皮尔士似乎看到了既能谋生又能追求逻辑的新希望。凭着从母亲和姑母那里继承来的两笔遗产,皮尔士开始了新的冒险计划。他在远离都市的米尔福特购买了总面积达 2 000 英亩的庄园,准备建成一个具有盈利前景的哲学研究院。他在寄给朋友的信中满怀信心地写道:

> 我计划建设三套避暑房,每套大约 4 个房间,使得整座房子成为文化圈时尚人士的娱乐场所,供他们消夏、玩乐以及闲聊哲学。现在该地区还没有铁路。待铁路贯通时(几年之内会通),这里会大大升值,而我的地方以及我到时所建立起来的产业将价值可观。我们最终的目标是开动一个自给自足的研究院,用于从事纯粹科学和哲学方面的研究。(PL 191)

皮尔士亲自设计对庄园的改建和装修,并以古希腊米利都人聚集地、曾经作为哲学与科学的发源地的阿瑞斯堡(Arisbe)取名,以表达自己的良好期望。但是,或许一开始皮尔士就预期太高,预算又不够,很快因超支建设阿瑞斯堡导致了多方债务。再加上,皮尔士和妻子朱丽叶在失去收入来源时,往往不能及时调整自己"贵族"的生活方式以节省开支。妻子身体一直不好,1889 年被医生诊断为结核病后又常常因为外地疗养及手术治疗而花销大笔费用。皮尔士临终也未能完成预想的改建和装修工作,更不用谈哲学研究院的项目远景了。晚年,他为这项新的冒险投资而欠下的债务像牢狱一样套住了自己,几乎令他失去一切,甚至包括他珍贵的藏书。幸好他的兄长在法院拍卖时及时买下,那些图书才得以归还。

皮尔士在自己的大冒险计划屡屡受挫后,更渴望从身边的朋友那里寻

---

① 1969 年,19 世纪钟摆研究权威专家伦岑(Victor Lenzen)在对皮尔士当时递交的报告进行全面研究后,坚定地认为皮尔士报告中所代表的实验和理论成果属于 19 世纪中最出色的。参看 Victor F. Lenzen, "An Unpublished Scientific Monograph by C.S. Peirce," *Transactions of the Charles S. Peirce Society*, 5(1), 1969, p.20。

找机会及时变现自己的一切思想成果,以维持生计。起初,他经常依靠朋友所提供的一些约稿、书评、翻译的机会来弥补因失去稳定工作而减少的收入。他自己也有一些致富方案,包括发明专利或做企业化学顾问,但最主要的途径还是"知识创富"。很多时候,他想出版各类算术、几何教材以及《哲学原理》来挣取收入;尤其是在逻辑教材方面,他对当时常见逻辑课本的肤浅表示出极度不满,多次提出要撰写一部能满足现实需要的逻辑学著作。譬如,1890 年他计划把逻辑函授课程转化成一本逻辑教科书《逻辑之光》(*Light of Logic*),1900 年又希望把"科学逻辑阐释"系列写成一本更具可读性的图书,而最为宏大的想法则是计划像中世纪的保罗(Paul of Venice)出版《大逻辑》(*Logica Magna*)和《小逻辑》(*Logica Parva*)一样,写下自己的《大逻辑》(*Grand Logic*,有时又称为《如何推理》或《方法的寻求》)和《小逻辑》(*Minute Logic*)。但是,这些计划未能找到合适的出版商,最终只能留下一些未完成的手稿。直至后来,皮尔士竭力发掘自己身上一切能谋生之才能,甚至曾寻求图书馆馆员岗位,还试图通过公开演说挣钱。这些工作中,相对更能发挥自己所长、维持时间较长、收入也颇丰的,要算是两份辞典编撰工作。起初,皮尔士负责《世纪辞典》①逻辑、形而上学、数学、力学、天文学、重力测量等六个领域的词条编撰工作,加上在普通哲学、地质学、心理学、教育学等方面所撰写的词条,总共参与超过 15 000 条科学术语的定义工作;后来,他又参与了鲍德温(James Mark Baldwin)主编《哲学与心理学辞典》②字母"J"之后逻辑部分词条的编撰工作。皮尔士多处谋生,令他的生活异常忙碌,身体透支严重。但是,此种写作所挣得的微薄收入并不能为皮尔士家庭带来根本改善,他依然经常入不敷出,有几次甚至要求杂志社预支一

---

① 《世纪辞典》是美国纽约世纪公司在《韦伯斯特美国辞典》和《帝国辞典》基础上大幅扩充并于 1889 年至 1891 年首次出版发行的一套大型百科辞典。就体量而论它包含了当时《大英百科全书》三分之二的信息,可谓是英语世界最权威的大型百科全书之一。

② 《哲学与心理学辞典》是美国普林斯顿大学哲学家、心理学家鲍德温集聚世界上大约 60 位知名学者共同参与编撰的一部经典学术辞典,其中包括大量有关伦理学、逻辑学、美学、宗教哲学、精神病理学、人类学、生物学、神经学、生理学、经济学、政治和社会哲学、语言学、物理学、教育学等主题的基本概念。在哲学词条的撰写者中,除皮尔士之外,还有詹姆士、杜威、罗伊斯、摩尔(George Edward Moore)、鲍桑葵(Bernard Bosanquet)等世界著名的哲学家。《哲学与心理学辞典》于 1901 年至 1905 年分三卷出版发行。

部分报酬。他的庄园一直没能完成改造工作,恰逢美国经济又开始步入大萧条,皮尔士的阿瑞斯堡甚至售不出去;很多时候,为了生计,他不得不变卖一些家里的财产。1895 年至 1898 年这段时间,他曾因为惹上官司而逃亡纽约,贫困至极,甚至数天没有进食、无处寄宿,整日整夜四处游荡。这一切令皮尔士一度有自杀的念头。

　　步入晚年的皮尔士,越来越无力承受生活的重担,穷困潦倒的日子令他在精神上备感孤独。1890 年,他在帮助一个学术杂志主持的斯宾塞讨论专刊中,为自己署名"局外人"。1900 年,他在写给数学家康托(Georg Cantor)的信中形容自己"不过是生活在美国最东部州里一个蛮荒之地的农夫,虽然国家科学院错爱,把她的一个院士席位授予给我"。(PL 270)也正是在这样的时期,皮尔士开始撰写带有宗教色彩的哲学论文《人玻璃般的本质》(Man's Glassy Essence)①,他的思想转型令他在约翰·霍普金斯大学时的学生感到"他已经失去理智"。(W 8:xcvi)1892 年 4 月 24 日是礼拜天,皮尔士在经历一系列波折和磨难后再次走进圣托马斯大教堂,他回忆说自己平生第一次有了宗教体验:

---

　　①　这个题目不禁让人联想起罗蒂的名著《哲学与自然之镜》。事实上,罗蒂在书中与皮尔士一样引用了莎士比亚作品中包含"人玻璃般的本质"的诗句,而且他在注释中也提到"man's glassy essence"一语最初是由皮尔士引入哲学的。参看 Richard McKay Rorty, *Philosophy and the Mirror of Nature*, Princeton: Princeton University Press, 1979, p.42。从表面来看,罗蒂书中所批判的"自然之镜"隐喻应该是直指皮尔士本人的,因为 glassy 似乎就是指"镜像";但在本书后面可以看到,皮尔士的哲学绝非简单的反映论或符合论,他所谓"人玻璃般的本质"是在带有唯心论倾向的实在论框架下强调个人的"易碎性"或"可朽性"。皮尔士基本上认为"思想是存在的镜子"或"心灵反映着宇宙",但这实质上所暗指的是科学人追求真理的过程:科学人深感真理令人敬畏的力量,同时他发现自己的心灵很接近那种真理,因而可对其进行解读;随着他对于宇宙真理的逐步熟知,科学人感到人类理性就是宇宙所结出的果实,而所谓法则的存在就在于将自己渐进性地表达在宇宙理性之中。参看 EP 2:58 - 59 以及 CP 1.487。与此相关,罗蒂对于实用主义鼻祖皮尔士的贬抑以及哈克反过来对于罗蒂"庸俗"的新实用主义的批判,已经成为当代实用主义争论中的一个焦点,而其中的根源正在于"如何解读皮尔士"。对于皮尔士与罗蒂两派实用主义之间的诸多分歧,哈克曾创作了一个剧本,通过皮尔士和罗蒂的原始引文让二人展开虚拟对话,具体参看 Susan Haack, "'We Pragmatists …'; Peirce and Rorty in Conversation," in James Tartaglia, ed., *Richard Rorty*, Vol.3, London: Routledge, 2009, pp.259 - 264。更多哈克站在皮尔士一方对于罗蒂新实用主义立场的回应,参看 Susan Haack, "Philosophy/philosophy, an Untenable Dualism," in *Transactions of the Charles S. Peirce Society*, Summer 1993, Vol.29, No.3, pp.412 - 426 以及 Susan Haack, "Vulgar Rortyism, Review of *Pragmatism: A Reader*, edited by Louis Menand," in *The New Criterion*, Nov. 1997, pp.67 - 70。

很多年我都没有参加圣餐会了,也很少进教堂,虽然对于教会我一直充满了爱,而且完全相信基督教的本质无论怎样都是神圣的;不过,我始终不能把我来自常识和证据的思想与宗教信条的说法调和起来,而且我发现做礼拜令我感到别扭,让我觉得自己在理智诚实问题上过于草率。因此,我不曾做礼拜;虽然这是我很多次痛苦反省的原因。很多时候,我曾试图想出一些理由让自己回到教堂圣餐会,但我做不到。尤其是,前两天夜里,我睡不着,都在想这件事。今天早饭后,我感觉无论如何必须去做礼拜。我想来想去,不知道在哪里能找到一个正规的新教教堂为我施坚信礼;但我最后来到了圣托马斯教堂。我已多次在平日来这里看圣坛。因此对我来说没有什么新鲜的。但这次……我一进入教堂,就觉得似乎直接蒙主的恩准而来。不过,我对自己说,一定要好好考虑一下再去圣餐会! 在我大胆进去之前一定要回家好好让自己准备一下。但是,当那一刻来临时,我发现自己已经来到圣坛围栏,几乎不受我意志的控制。我完全确信这样做是对的。不管怎样,我是无法不这样的。……我以前从未有过神秘体验;可现在我有了。(W 8:lxxvi)

不过,尽管有各种煎熬而致使他皈依基督教,但他一生对于逻辑研究的执着并未因此停滞。神秘的宗教体验,反而为他的逻辑学添加了更多道德、宗教意蕴,逻辑与社会、宇宙与个人、上帝与心灵等这些宏大主题开始成为他思想体系的重要一部分。多少年来,他既让自己在抽象世界担负促进人类进步的使命,又希望自己在具体世界肩负提供家人富足生活的义务。长期在两个世界之间奔走、挣扎之后,他不得不接受自己在具体生活上的失败这一事实。他已经听到妻子抱怨说"如果她可以再一次选择丈夫,那肯定不会是一位逻辑学家"(PL 315),但物质生活中的受挫一直未曾让他放弃自己心爱的"逻辑追求"。在他所擅长的精神世界,皮尔士依然凭着自己的逻辑才华,傲视一切。他曾在写给朋友的一封信中称:"这些年我感到自己的特殊才智不能用在这个世界上。我过去只是在这里那里发表一些片段,而我更深刻的逻辑研究至今仍未出版,没有人会设想到我所发现的那些东西。"(W 8:lxxix)他坚持用逻辑来批判任何他认为不正确的学说,仍然等待机会把自己的逻辑思想更充分地展示给世人,甚至梦想自己的逻辑书稿在将来会有良好的销售前景,以偿还从朋友那里借来的钱。

1902 年,63 岁的皮尔士等到了一个集中发表自己逻辑思想体系的机会,他想做出"最后一次重大努力"。他向卡耐基学院申请基金,以期获得研究资助。关于自己的这一构想,皮尔士谈道:

> 它是要从某一观点对整个学科进行全面重建。我拿不准思想或推理严格说来到底是不是心灵的运作。至少,不论是不是这样,我认为逻辑学可以不将其视为这样。我绝不仅仅是一位形式逻辑学家,我认为形式逻辑只不过是真正逻辑(logic proper)的一个有用的数学附件,因此,要在不谈及心灵运作的情况下对于推理各要素提供一次完全满意的说明,这是一件从未做过的、非常大的工作。对于各个逻辑分部,我都会从根本上进行考察,包括要素论(stechiology)和方法论,也包括客观逻辑。这是一项非常庞大而且极其费力的工程,尽管我四十年的严密研究已经帮助我把每一个细节学说几乎都发展成型了。此外,还有无数个大大小小的反对意见要考察,对于我的一些批评要进行回应,还要做一些历史性评注。(PL 278)

他对自己能帮助完成逻辑学的科学化进程充满了信心:

> 如果我们对于科学的理解是一种已经达到成熟程度以至于其根本方法不在严肃学者中间引起争议的研究科目,那么逻辑学和形而上学都尚不是科学,虽然二者显然正快速接近那种条件。逻辑学一定要提前一些发展,因为形而上学必定要奠基于逻辑理论之上。……[我相信]只要一门研究科目明确开始接近科学阶段时,就应该给予大力支持。在一门科学的这一历史阶段,正是敢于开创的天才发挥巨大作用的时刻。(PL 279-280)

为此,皮尔士认真撰写了长达 45 页的申请书,提出要完成 36 篇的专题报告集,每一篇相对完整,但所有部分组成一个完整的逻辑体系。这一申请得到了包括罗斯福总统在内的许多重要人物的推荐,但最终被驳回。驳回理由是,皮尔士的申请项目属于逻辑学,超出了"自然科学"范围。(PPM 5)显然,这对于历经挫败的皮尔士来说,又是一次打击。是他对逻辑学之作为人生理想的追求,让他即便在健康状况快速恶化的情况下仍坚信:那是上帝交给他的神圣事业! 其实,从他 1884 年离开约翰·霍普金斯大学的固定教学岗位起,尽管总是有应接不暇的各种困难,他对逻辑学的研究工作从未停歇,直到他最后因为身体状况再也不能动笔为止。他死后所留下的 80 000 页未发表的手稿大多数都是在此期间写下的。

　　1903 年,皮尔士开始了与英国语言哲学家维尔比夫人(Lady Welby-Gregory)长达九年的思想通信,他在通信中将维尔比夫人作为哲学"知己",畅谈了自己作为指号学的逻辑学设想。①同年,经詹姆士向校方引荐,皮尔士在哈佛大学校内做了有关实用主义的系列演讲;紧接着,皮尔士又应邀在洛厄尔学院做了八次题为"有关当前热点问题的一些逻辑话题"的演讲。这些给晚年的皮尔士带来了难得的精神慰藉。1905 年,皮尔士在给詹姆士的信中,仍然表示了自己对逻辑学的使命感:"当然,哪怕是再小的真实希望能让我有机会获得逻辑学教席,即便是只对一位有才华的学生,我将不允许任何其他事情干扰我的那份职务,因为我来到这个世界显然就是时刻准备受召唤去做那件事情的。它是我超越所有其他一切的职责。"(PL 302)但是,越到后来,皮尔士越是孤独无助,仅仅维持生计已成困难。于是,从 1907 年开

---

　　①　维尔比夫人姓名中的"Lady"代表一种贵族爵位的身份,她的教母是英国维多利亚女王。早期她跟随母亲游历世界各地,后被任命为维多利亚女王的荣誉侍女并由此在宫廷中接触到各界名流。维尔比夫人没有接受过正式的学校教育,但广泛而不同寻常的人生阅历塑造了她思想上的独立个性。维尔比夫人在哲学上的贡献在于她在当时英国思想界不注重"语言良心"(linguistic conscience)的情况下首倡语言及意义研究对于理解宗教等重大问题的重要性,并提出自己的"意义论"(Significs)学说(《大不列颠百科全书》上的这个词条当时就是她撰写的)。晚年,维尔比夫人通过《哲学与心理学辞典》上的有关词条了解到皮尔士在与她自己相关的领域的杰出工作,并主动把自己的新书《何谓意义?》寄给皮尔士以期得到评论。对于自己实用主义背后长期遭人忽视的指号学逻辑思想能在欧洲同行那里受到关注,皮尔士似乎喜出望外,因而在通信中耐心讲解了包括存在图、指号理论等在内的各种相关逻辑理论。凭借她在英国贵族及科学家中间的地位,维尔比夫人曾试图把皮尔士与意义理论相关的某些思想介绍给当时的威尔逊(John Cook Wilson)、罗素、奥格登等哲学家以及《心灵》杂志时任主编斯托特(G. F. Stout)。

始,詹姆士等人为支持皮尔士组建了一个基金,有 15—25 人提供捐助,保证每年提供 1 000 美元支持和帮助皮尔士生活。皮尔士最后公开发表的论文是 1908 年和 1909 年在《一元论者》上发表的"惊奇的迷宫"系列文章,其中他仍然希望向读者通俗地揭示逻辑形式的可见结构即"思维动画"。在大约 1909 年的一封信中,我们还看到皮尔士自豪地写道:"现在,我非常熟悉并已精读广泛意义上的该学科所有文献……据我所知,能与我相比的作家只有亚里士多德、邓·司各脱和莱布尼茨这三位在我看来最伟大的逻辑学家,虽然他们各自都还有另外某些重要的专长。"(PSP 250)虽然周围众人对于逻辑学普遍兴趣不大,但皮尔士一直坚信"知晓我们的所思所想,掌握我们自身的意谓,将为伟大和重要的思想构筑起坚固的基础"(CP 5.393),并因此以严肃的态度和惊人的毅力将逻辑学研究坚持到生命的最后。1914 年 4 月 19 日晚上 9 时 30 分,皮尔士在异常穷困中因患癌症去世。皮尔士把几乎全部的生命奉献给他的理论研究工作,除了一大堆未发表的手稿,其他所剩无几。拍卖皮尔士遗物的律师说,偌大的三层楼里,几乎空荡荡;在两间起居室之外,除了几件家具和一些瓷器银器,剩下的唯有皮尔士图书馆中的仪器、图书和论文。(PL 321)皮尔士死后,曾陪伴他度过穷困晚年的妻子朱丽叶,在谈到他对于逻辑学的特别兴趣时,曾这样强调:"他热爱逻辑学(He loved logic)。"①

四、时代的悲剧

皮尔士死得很可怜,但这或许并不只是他一个人的不幸。皮尔士一生的悲剧意义更多在于:他的"绝望无助"有可能并不是源于他没有能力完成他的理论构想②,而更多是由于在其学术能力之外的社会原因。一位纯粹的理论研究工作者,本应该拥有足够的亚里士多德所谓的闲暇时间,这种闲暇即便在市场经济高度发达的今天也是学术研究的基本保障。有了它,皮尔

---

① Victor F. Lenzen, "Reminiscences of a Mission to Milford, Pennsylvania," in *Transactions of the Charles S. Peirce Society*, 1(1), 1965, p.7.

② 恰恰相反,多年之后身在哈佛的俄国语言学家雅各布森(Roman Osipovich Jakobson)对于皮尔士遭埋没的原因给出了神谕式的解释:"我认为皮尔士当时对于哈佛过于优秀了。"参见 PL x。

士就可免于生计奔波而腾出足够时间。可悲的是,皮尔士的这一要求被他的时代无情地拒绝。正是因为他作为一名学者被时代放逐,他才在社会上显得"笨手笨脚""无计可施"。今天,回过头来细细分析,我们会发现皮尔士失败的原因是多方面的,其中最根本的正是时代原因。

第一,皮尔士在道德生活上几乎天生地不能适应当时的世俗社会。由于受到父亲的娇宠,皮尔士的诸多鲜明个性在长大后简直成为一名"纨绔浪子"的形象:他生活奢侈无节制,拒绝根据自己的收入调整生活方式。他的这些个性锋芒,与情人的私通关系,以及怀疑主义的非正统宗教信仰,令当时保守的美国上层社会无法容忍。①这也正是哈佛大学等大学校长迟迟不愿聘用皮尔士的主要原因。他们的保守程度有时令我们今天难以想象,甚至于皮尔士尽管已被许多同行推荐视作"地球上最优秀的逻辑人才",仍被各个大学的官方机构拒于门外。事情的可怜之处还在于,据皮尔士传记作家布伦特研究,皮尔士看似出格的许多个性特点很可能与皮尔士从小患上的面部神经痛(在今天称三叉神经痛)、躁狂抑郁症等神经性疾病有关。(PL 39-51)当面部神经痛发作时,他先是感到麻木,随后将自己隔离起来,冷淡、沮丧、多疑、不耐烦、易暴怒。在躁狂抑郁症方面,他时常因为疾病而有强迫、妄想、失眠、幻觉、纵欲、奢侈、冒险、冲动等行为,并带有郁闷、呆滞、消沉、自卑、自杀感等表现。而为了减缓这些疾病所带来的困扰,他长期服用乙醚、鸦片汁液或吗啡等麻醉镇痛药,这反过来可能加重其性格上的偏执。

第二,个人作为一位"天真"的求真者,皮尔士常常把可控的实验室条件与无序的日常生活环境混淆起来。他总是像苏格拉底(Socrates)一样喜欢通过论证检验每一种观点,并盘问到底,从不考虑它会导向哪里。他爱争论,喜欢直接指出别人的错误,虽然辩称自己总希望别人对他这样批评。作为一位纯粹的知识探究者,他坚持认为哲学家可以在无意伤害对方的前提下进行毫无保留的相互批评。这一点反映在皮尔士一生中对他尊敬的许多人(包括詹姆士、罗伊斯、施罗德、黑格尔、康德等)看似刻薄的尖锐批判上。在

---

① 有关当时美国社会保守的另一个例证是,皮尔士在约翰·霍普金斯大学的学生莱德-富兰克林,仅仅因为是女性,在毕业多年之后才被授予博士学位。

职业生活中遭遇不公对待时,他总是试图以学术或科学上的理由来辩护,而失败的结果只能证明他作为真理追求者在道德生活中只是一位无辜的孩子。今天我们有足够的证据表明,他在一些重要工作上的受挫是因为明显遭到他人的妒忌和恶意排挤,但他对此一直未能觉察,把"敌人"当朋友。以曾经作为皮尔士父亲的一位学生、与皮尔士相比出身卑微、后凭借精明的政治头脑在科学界谋得要职的纽库姆(Simon Newcomb)为例,他先是写信给约翰·霍普金斯大学校长攻击诽谤皮尔士,从而成为皮尔士被校方突然解聘的一个重要原因;后来,在他出任《美国数学杂志》主编时,以"不属于数学"为由断然拒绝皮尔士"论逻辑代数"的第二部分,即便其第一部分"对于记法哲学的一种贡献"早先已在前任主编主持下由该杂志发表;再后来,皮尔士向测量局提供的、本来用于出版的科研报告在他手中被粗暴否定,进而导致皮尔士最终被测量局解雇,1902 年,当皮尔士向卡耐基学院申请基金资助时,他凭借自己的影响力又阻止了皮尔士抓住"最后一丝希望"。(W 4:xl – xli;PL 150 – 155)除了人情世故上的一些无知,皮尔士在其他诸多世俗问题上也存在不少误判。他总是天真地相信"知识就是财富",却对知识创富的制约性、复杂性以及困难程度估计不足。与皮尔士同一时代的英国作家巴特勒(Samuel Butler)曾说过:"从不充分的前提中推出充分的结论,这种艺术就是人生。"[1]很多时候,他光是认识到了宏大理论的纯粹之美,但由于性格上的缺陷,看不清楚隐藏在生活细枝末节中的一些"道德事实"。或许,如果承认他是一位天才,他真的需要一位得力助手来打理他所不擅长的这些"学术外"的琐事杂务。

第三,正当皮尔士失去固定工作而打算自己投资创富的时候,美国经济出现了大萧条。1893 年至 1894 年,一场毁灭性的经济萧条冲击了美国。据有关统计,仅在 1893 年就有 16 000 家企业倒闭,而第二年里,多达 75 万名工人参加罢工,失业率高达 20%。这使得皮尔士在庄园上的投资计划被彻底摧毁。面对社会大环境的巨变,皮尔士个人无计可施,他的思想也就是从这里开始出现明显的转型,"演化的爱"等成为他此时哲学写作的重要主题。

最后一个而且可能是最根本的原因是,皮尔士所处的美国社会是物质

---

[1]　Samuel Butler, *The NoteBooks of Samuel Butler*, ch.1, 1912.

至上的,没有为重视理论科学的皮尔士留下太多生存空间。今天查看美国历史,很多人都会注意到内战后将近半个世纪被称作"镀金时代"(Gilded Age)的美国社会。这是美国经济和人口快速增长的时期,但更多只是赤裸裸的经济扩张。伴随工业化高潮和生产力大发展,各类社会矛盾日益突出:政治腐败,官商勾结,工商企业寡头崛起,商业欺诈成风,社会成员贫富差距拉大,拜金主义流行,生活理想普遍丧失。可以说,当时的美国所做的大多只是"粉饰外表"的"镀金工作"。著名作家马克·吐温(Mark Twain)把这个"金玉其外,败絮其中"的社会讽刺性地称为"镀金时代",真是再恰当不过了。当然,后来有社会历史学家从积极的一面把这段时期称为美国真正步入现代社会之前所经历的一个"孕育过程",其中同时包含着美国人民与各种黑暗力量艰苦抗争的进步主义运动。但或许,在皮尔士所生活的那个年代,社会进步实在过于缓慢和艰难,还未等到真正的"黎明"来临,皮尔士已经过世了。换句话说,由于皮尔士的思想追求过早领先于他的时代,悲剧的发生可想而知。[1]皮尔士从来没能也不打算适应这个时代,他曾愤怒地批判:"这个国家已经陷入了物质主义泥潭,没有什么被它视为圣洁,除了神圣的、神圣的、神圣的美元。"(PL 196)这是个越来越令他感到厌倦的世界。1885年开始,皮尔士注意到:哈佛大学的课程通告中,没有逻辑课程,而当年在他读大学期间这些学科却处于中心地位。同时,在他所供职的美国地质与海岸测量局,皮尔士更是明显感觉到工作已经大不同于其父亲本杰明负责时的情况,特别是从克利夫兰(Stephen Grover Cleveland)总统任命的测量局官员,强化理论科学与实践科学之间的差别,并否决对前者的资助。科学工作一度以直接经济效益来判定,甚至允许非科学认识对科学工作进行评判,一种反科学的情绪笼罩着美国的科学机构。皮尔士自己是实用主义学派的开创人,但本书后文将明确,他所谓的"实用"绝非表面的、肤浅的"功利",而是面向长远,寻找根本效用。[2]由此,我们也听到他曾说:"若是没有一直受到实

---

① 布伦特断言,"在美国甚至欧洲,他的主要观念领先于他的时代几乎一个世纪"。(PL 137)

② 这种误解当时似乎并不限于美国国内。作为一个历史事实,需要指出:"实用主义"最初通过詹姆士传播到英国和欧洲大陆哲学家时曾受到严厉批评,"实用主义"被视为反理智的,被认为是美国物质主义社会厌倦理论的一个典型例子。

用主义信念的支撑,相信我便不能够持续将自己的生命全部奉献给纯粹的思想。"(PSP 371)讽刺的是,恰恰是他的这种信念,最终导致他的理论在当时美国的现实生活中被指责为"缺乏实用性"①。

　　有感于社会现状,皮尔士预言:未来历史学家会把 19 世纪视为经济学世纪,因为政治经济学与我们社会活动的所有行业都有着比任何其他科学更直接的关联。这个时代的信条就是"贪欲",据此每一个个体为自己全力奋斗却把别人踩在脚下。在某种意义上,达尔文的演化论正是把这一原则应用到整个动植物世界。因此,皮尔士甚至建议,达尔文《物种起源》一书扉页上应该题写这样的话:"每一个个体为自己而活,魔鬼站在他们后面!"(W 8：xcii - xciii；EP 1：354 - 357)当然,皮尔士这样说并非要否定政治经济学的科学地位,他在理论层面所要表达的是:正如物理学曾经鼓动了必然主义这一错误而危险的学说,政治经济学同样令人夸大了贪欲之功用及感情之无用。与政治经济学站在同一联盟的是 19 世纪较为流行的功利主义思潮,它把个人仅仅作为抽象物,公开宣扬"贪欲"精神。对于令他如此"愤愤不平"的时代精神,皮尔士提出要根据以爱的法则为核心的"基督"信仰来救赎。他所谓的"基督"信仰并非某种现存的教会体制,而是一种与其逻辑学精神休戚相关的实在论哲学。在他看来,通过在逻辑学上彻底清除个人主义、物质主义、机械主义、功利主义的影响,将能拯救这个"病态"社会。不幸的是,他的这种呼声在当时的哲学氛围中只是微弱的一声叹息而已,并未引起重视。正如布伦特所说:"他越是沿着自己的徒步主义路线走,就越是远离这个世界。同时,他越是抛弃唯名论和机械论而朝向观念实在论(ideal-realism),在当时正急切朝向现代实证主义某种形态前进的科学和哲学圈子来看,他越是显得愚笨。"(PL 265)詹姆士虽然是皮尔士生前最忠实的朋友,但连他也难以理解皮尔士逻辑创新的真正意图。1903 年,皮尔士希望詹姆士帮助他把在哈佛大学所作的"实用主义系列演讲"出版,但詹姆士认为皮尔士的讲演内容严重偏离当时哈佛所流行的实用主义基调,该系列演讲生前一直未

---

　　① 美国社会具有讽刺意味的还有,在逻辑实证主义风行的 20 世纪五六十年代,许多美国哲学家只是由于欧洲哲学家对于皮尔士的先行研究成果才意识到皮尔士思想的价值所在。

能出版。正如皮尔士所说,其中至少一个原因就是他的学说在当时没能得到正确理解:"我自己并不认为有什么理解困难,但所有现代心理学家都满脑子感觉论,他们理解不了在此之外的任何东西,并且把我所说的逻辑学上的东西错误地转化为冯特的思想。"(PPM 17;PL 292)

布伦特在《皮尔士传》一书中用"瓶中黄蜂"(the wasp in the bottle)形象地描绘皮尔士执着的一生。但从另一意义上看,这个瓶子更像是"象牙塔":在塔内,皮尔士的心灵是自由而有力量的,但每当他试图直接奔向塔外时,总是四处碰壁。一句话,他有伟大的天分,并做了艰辛的努力,但最终还是一个"失败者"①。

这是一个未得到周围社会适当呵护的天才。皮尔士的哥哥对于弟弟的人生失败所给出的解释足以彰显皮尔士的悲剧性:

> 令人足够诧异的是,虽然查尔斯在科学、文学、哲学上拥有十分卓越的工作能力,他全身心奉献于该项工作,却无法发表自己的东西,只能徒劳地叫卖。即便说他在看法和性情上有点古怪,即便说他的个性特点有悖于常态,我还是要说,这充分表明:我们这个国家缺乏对于智识真理的诚挚热爱,甚至还缺乏我们在欧洲通常所见的对于理智标准的起码尊重。甚至没有人想要对于显示出理智创造性却得不到大众喜欢的人提供一种形式上的鼓励。我确实认为,主要是查尔斯的思想独创性毁了他。那种品质是得不到美国报纸读者的喜欢的。他极其适合在某地做一个大学教师。他真正有价值的东西要告诉学界。他需要心灵的自由,而这仅仅一份薪水就能满足。(PL 244)

或许,皮尔士自己也较早意识到了美国当时不利于天才的社会环境。

---

① 我们所谓的失败当然是指社会生活上的未被充分认可,如果单从学术成就或贡献来看,皮尔士很难说是失败的。譬如,有学者提出,皮尔士的人生虽然带有某些悲剧色彩,但其生前大量作品得以发表以及才华表现出众,因而很难算是"失败者"。参看 Kenneth Laine Ketner, "Peirce as an Interesting Failure?" in *Proceedings of the C. S. Peirce Bicentennial International Congress*, ed. K. L. Ketner et al., Lubbock, TX: Texas Tech University Press, 1981, pp.55 – 58 以及 Vincent Colapietro, "C.S. Peirce," in *The Blackwell Guide to American Philosophy*, Edited by Armen T. Marsoobian and John Ryder, Blackwell Publishing Ltd., 2004, p.75。

他从自己关于伟人心理学的研究中得知,由于天才思想家的头脑不同于常人,他们往往难以适应平常的生活目的。但是,天才凭借自己的特殊才能,往往更能助推人类进步,他们有理由得到一些"大人物"的支持。科学家开普勒(Johannes Kepler)的伟大作品离不开他富裕的妻子以及当时君主的慷慨资助,牛顿(Isaac Newton)也正是凭借清闲的教授职位才能从事他的工作,而这方面最著名的要数亚历山大大帝对于亚里士多德的赏识了。然而,在当时的美国,思想家却面临着极其严重的困境:"再也没有什么文明国家能像我们国家这样难以产生伟大的推理作品了。"(W 8:lxvi)皮尔士如同法国诗人波德莱尔(Charles Pierre Baudelaire)一样的史诗英雄般的生活理想,注定他要成为时代的悲剧人物。①波德莱尔的名言是:"根据自己的标准,成为一个伟人和圣人,这才是最重要的。"皮尔士对于这种理想必定是从内心接受的,作为思想家他的心比天高。对于自己思想上的宏伟目标,他这样写道:"要做出像亚里士多德一样的哲学,就是说,勾勒出一种综合性的理论,使得在未来很长时期内,人类理性的全部工作,包括各个学派和类型的哲学、数学、心理学、物理科学、历史学、社会学以及任何可能存在的其他分部,都将只是对其细节的填补。"(CP 1.1)这是一座不同于谢林和黑格尔的哲学宅邸,其中凝聚着自己对于"斯芬克斯之谜"(the riddle of the Sphinx)的猜测。但由于上文我们所讲到的一切困难,他的这个哲学宅邸实际上在他生前一直只有他自己一人居住,正如他规划的阿里斯堡这种哲学研究院一样。面对此种结局,皮尔士关于伟人(great men)与名人(eminent men)的区分,或许能让自己的内心得到平静:

　　　　不够伟大的人物的天赋才能,比如纯粹一位名人的才能,是以各种不同方式出现在我们每个人身上的上千个不足道的独立动因偶尔合成在一个人身上而造成的,而伟大的人物则的确多少秉承了超常品性,他们的异

---

①　布伦特在《皮尔士传》一书中把皮尔士与波德莱尔做了详细比照。两人分别困扰于虽然不同但同样高标准的一种职业:逻辑和诗歌。两人都是生活无节制,奢侈,四处举债;两人都曾服用毒品类药物;两人都迷恋爱伦坡(Edgar Allan Poe);两人都是上层社会的弃儿;两人都曾靠写作为生,最终还接受慈善捐助;两人都因过人的才智和思想深度而出名;两人都自视为现代英雄;两人的成长环境都正在由传统的封闭社会走向开放的竞争社会;两人在各自所处的社会中,被迫既扮演演员,又扮演批评家;等等。参看 PL 21－25。

常之处主要是由那些极少曾出现过的动因所促成的。（W 5:xxiv）

毫无疑问，皮尔士一直把自己定位于一位伟人，而不只是名人。此外，皮尔士 1892 年在洛厄尔学院的讲演中对于伟大科学家伽利略（Galileo Galilei）之遭遇的刻画，似乎也暗示他自己对于"坎坷命运"的无奈接受：

　　　　一件令人心酸的事情是，你被上帝安放在这个世界上去完成一项特别的伟大作品，却要经受饥渴之苦并受困于世人的嫉妒和冷淡。伽利略为这个世界做了某些事情；但他所做的这些比起他可能已经做到的连一半都不到，假若能给予他援助之手。……不要以为阻碍车轮前进的事情只发生在过去的年代以及异乡他国。今天我们这里就有很多。①

无论如何，在这样一个时代，皮尔士的逻辑人生导致了美国乃至世界现代思想史上的一幕悲剧。这是逻辑学的悲剧、哲学的悲剧，也是整个科学的悲剧、人类文化的悲剧。布伦特以这样的评价结束《皮尔士传》一书：

　　　　作为一位哲学家，他就像 15、16 世纪大航海家哥伦布（Christopher Columbus）、卡伯特（Giovanni Caboto）、麦哲伦（Ferdinand Magellan）一样，勇敢地朝向抽象思想领地深处探险。但皮尔士比他们更加伟大，因为就像 16 世纪的制图先驱者一样，他同时首次绘制了困难而棘手的**心灵**地图。同那些探险家和制图师一样，他的宣告超出了所有伟大先驱者们的工作界限，他以惊人的精确性描绘了那个天衣无缝的思想世界，即无限指号宇宙所具有的要素和形式以及其神秘而又常见的表征**实在**之力。（PL 348）

文化史学家、艺术批评家孟福德（Lewis Mumford）曾列出 19 世纪 70 年代引起思想革命却被公众遗忘的数个美国人的名字，而皮尔士是第一个。他在肯定

---

　　① Quoted in Carolyn Eisele, "Mathematical Methodology in the Thought of Charles S. Peirce," *Historia Mathematica*, Vol.9, No.3, p.340.

皮尔士对后世静静而深刻的影响的同时,把皮尔士所代表的时代悲剧与罗吉尔·培根(Roger Bacon)、达·芬奇(Leonardo da Vinci)的时代相比拟:

> 就是因为没有把皮尔士思想的大部分内容发表,才让我们认不清这样一个事实,即在镀金时代作为渣滓的一颗巨大而广博的心灵在默默地成就自己,这颗心灵的深度和影响力仍有待触摸和探测。如果我们要因为皮尔士的缺乏影响而谴责镀金时代,我们必定也要因为罗吉尔·培根的相对不出名而谴责辉煌的 13 世纪,也要因为莱昂纳多·达·芬奇的笔记未被出版而谴责 16 世纪。无疑,这种谴责是应该的,不过他们壮丽的功绩仍然留下来了。(PL 2)①

五、埋没与重显

今天当我们谈论皮尔士乃一个时代的悲剧时,自然多少已经知道皮尔士的重大贡献或者已经感受到皮尔士的积极影响。不过,要知道学术界"发现"皮尔士这位伟人,实乃不易! 皮尔士思想的埋没和重显经历了一个长期的重估过程。

要说皮尔士生前,即便在他退隐主流学术圈后,也偶尔能听到对于他的寥寥赞誉。1890 年《公开法庭》宣称皮尔士是"美国乃至全球最为精细的思想家和逻辑学家之一"。(W 8:xliv)1892 年在皮尔士即将在洛厄尔学院讲演之际,著名的抽象艺术杂志《太阳与阴影》刊登了皮尔士一张很有气派的凹版肖像,在文字介绍中高度赞扬他作为数学家和科学家所取得的成绩。而该杂志当时每期作为特写的人物多为文化名人,如批评家洛厄尔(James Russell Lowell)、律师华莱士(Lew Wallace)、诗人惠特曼(Walt Whitman)、小

---

① 与孟福德的讲法不同但同样给予皮尔士高度评价的是美国著名物理学家兼小说家斯诺(Charles Percy Snow)。他在《物理学家》一书中把作为分析哲学家的皮尔士与作为理论物理学家的吉布斯(Josiah Willard Gibbs)一道视为"美国所诞生的两位最具原创性的抽象思想家",可悲的是,"要找到听说过这两个伟大名字的美国学生,并非寻常之事"。转引自 Carolyn Eisele, "Mathematical Methodology in the Thought of Charles S. Peirce," *Historia Mathematica*, Vol.9, No.3, p.340。

说家豪厄尔斯(W. D. Howells)等。这件事进而在同年的《批评家:每周文艺评论》上受到关注,称《太阳与阴影》刊印了"杰出数学家、《逻辑学研究》作者皮尔士先生的一幅英俊的照片"并将皮尔士与批评家洛厄尔相比拟。[1]1902年,詹姆士评价皮尔士是"一位最纯粹意义上的天才人物",实际上是"美国思想家中最重要的一位","他的逻辑学著作(尽管可能有某些明显的古怪之处)在发表之后无疑将会被全世界视为划时代的一部作品"。(PPM 1-2)再晚些时间,哈佛大学教授罗伊斯对于皮尔士哲学表现出越来越浓厚的兴趣。[2]他于1913年做了关于皮尔士哲学的系列讲演,后收入《基督教问题》第二卷。罗伊斯以黑格尔哲学为参照,这样来评价皮尔士:

> 皮尔士的解释(interpretation)概念界定了一种极其一般化的过程,而黑格尔的辩证三合一过程只是其中一个特例。黑格尔对自己的辩证过程的基本说明是属于伦理的、历史的。相比之下皮尔士的理论则既可以由社会例子得到说明,也可从纯数学上得到明证。作为三元解释理论基础的皮尔士逻辑、心理学目的与黑格尔对于正反合游戏的兴趣二者之间并无实质上的矛盾。但由于皮尔士的理论有着明晰的经验来源并由严格的逻辑设计出来,它能够对黑格尔那里难以解决的深刻问题带来新的曙光。(PSP 275)

但是,当皮尔士于1914年静静归去、他的手稿及超过8 000本的藏书由罗伊斯安排从阿里斯堡购回到哈佛大学哲学系之后,对于皮尔士更加深厚的"埋没"似乎才真正开始。这时的皮尔士已经离我们而去,其主体思想将在未来数十年埋藏在海量而杂乱的故纸堆中;有人若再想让皮尔士为我们"说话",

---

[1]　参见 Nathan Houser's Introduction to *Writings of Charles S. Peirce: A Chronological Edition Volume 8*, unabridged version, available at https://arisbe.sitehost.iu.edu/menu/library/aboutcsp/houser/v8intro.pdf(Retrieved 2023.1.29)。

[2]　如果说皮尔士哲学的真谛在生前有部分被人理解的话,罗伊斯可算一位难得的知己。皮尔士曾评价他是"一位最伟大的在世形而上学家以及五六个最优秀的逻辑学家之一"。(PPM 17 n.1)此外,皮尔士1898年的剑桥讲坛系列演讲直接激起了罗伊斯晚年对于逻辑学的研究兴趣,罗伊斯把皮尔士对于关系结构的强调推向深入,并发展出自己的"结构逻辑主义"(Structural Logicism)。参看 J. Brent Crouch, "Between Frege and Peirce: Josiah Royce's Structural Logicism," in *Transactions of the Charles S. Peirce Society*, Vol.46, No.2, 2010, pp.155-177。

必须跨越"手稿整理"这一屏障。没有对手稿耐心细致的整理工作,要想再现皮尔士的思想全貌,谈何容易。让人倍感灰心的是,这件事情直到 21 世纪的今天仍未完成!

于是,学者们只能根据皮尔士生前发表的少量论文来评价其思想片段。1923 年,罗伊斯的一位学生柯亨(Morris R. Cohen)把皮尔士生前在《通俗科学月刊》和《一元论者》上发表的两个系列的论文收集起来,再加上柯亨的引言以及杜威所写的关于皮尔士实用主义的论文,命名为《机会、爱与逻辑》,予以出版。同年,在美国之外的英国,皮尔士生前保持通信的维尔比夫人的门生奥格登撰写的《意义的意义》首次出版,这本在英语哲学界影响深远、后被多次重印的著作附录部分摘录了皮尔士写给威尔比夫人的三封书信以及他发表在《一元论者》上的两篇文章。这本书在对皮尔士给予盛赞的同时提醒人们,仅凭已发表论文很难理解他的全部思想:

> 迄今有关指号及其意义的最精致而具有决定性的一次解说是由美国逻辑学家 C.S.皮尔士给出的:威廉·詹姆士从他那里得到实用主义这一观念及用语,施罗德将他的二元关系代数加以发展。不幸的是,他的术语过于难懂,很少有人愿意花时间去掌握,而且这项工作从未完成。[1]

再有,罗伊斯的学生、深受其逻辑思想影响的符号逻辑学家刘易斯(Clarence Irving Lewis)在 1932 年出版的《符号逻辑》中评价:"数理逻辑的主要部分包含在皮尔士和施罗德所发展的命题函项演算中……"[2]在此之外,很少有基于手稿的对于皮尔士已发表主题的更深入阐发,有关皮尔士的更多详情依然未为人所知。因此,在这种形势下,不足为奇的事情是,符号学家西比奥克(Thomas Albert Sebeok)告诉我们:20 世纪 30 年代,当英国人通过《意义的意义》一书读到皮尔士时经常把 Peirce[3] 读错,而直到 40 年代初在芝加哥大

---

①　C. K. Ogden and I. A. Richards, *The Meaning of Meaning*, London: Routledge and Kegan Paul, 1949, p.279.

②　C. I. Lewis and C. H. Langford, *Symbolic Logic*, New York: Century, 1932, p.21.

③　作为姓氏,Peirce 的正确读音为/pəːs/,发音同 purse。

学有关指号学的研讨会上才听到有人正确发出皮尔士的名字。(PL ix)

　　对皮尔士未发表作品的整理所取得的第一个重大进展是八卷本《皮尔士文集》(CP)的出版。20 世纪 20 年代末,在柯亨的努力下筹措到足够资金,哈慈肖恩(Charles Hartshorne)和维斯(Paul Weiss)两人接受哈佛大学安排①,负责整理皮尔士手稿。1931 年至 1935 年,两人编辑的《皮尔士文集》第一至六卷相继由哈佛大学出版社出版;但直到 1958 年,皮尔士去世 44 年之后,由波克斯(Arthur Walter Burks)负责编辑的《皮尔士文集》第七、八卷才最终出版。CP 力求呈现皮尔士作为一位系统哲学家的思想构架,其每一卷按照一个思想专题进行归类,共涉及"哲学原理""逻辑原理""严格逻辑""至简数学""实用主义与实效主义""科学形而上学""科学与哲学""评论、书信及参考书目"等方面。当然,这只是一个选集,但这基本上算得上对皮尔士哲学构想的第一次公开发表。它为帮助人们了解皮尔士许多之前不为人知的思想方面提供了极大便利,使得美国乃至全世界哲学家开始真正意识到皮尔士思想的广度和深度。于是,我们也看到了更多对于皮尔士的积极评价。譬如,1936 年,数学家、哲学家怀特海(Alfred North Whitehead)写道:"我相信,美国文艺复兴的实际奠基者是皮尔士和詹姆士。这两人之中,詹姆士有点像是柏拉图(Plato),而皮尔士有点像亚里士多德,虽然这里的时间顺序不能对应起来,而且这种类比不可能推得太远。"②1959 年,美国哲学家纳格尔(Ernest Nagel)谈道:"在观念史学家中间有一种公平的共识是说,皮尔士现在仍旧是美国迄今所产生的最具原创性、最多才多艺、最具综合性的哲学家。"③1961 年,语言哲学家罗蒂注意到,皮尔士实际上远远领先于他所处的实证主义时代,他当时的思想非常接近于今天对维特根斯坦《逻辑哲

---

　　① 当时哈佛指定的两位编辑,一位是哈佛当时的年轻教员,另一位是研究生。当代哲学家伯恩斯坦(Richard J. Bernstein)认为,此种"选人"上的轻率是哈佛不重视皮尔士作品的一个例证。参看 Richard J. Bernstein, "Introduction," in Karl-Otto Apel, *Charles S. Peirce*: *From Pragmatism to Pragmaticism*, Translated by John Michael Krois, University of Massachusetts Press, 1981, p.xx。

　　② Victor Lowe, *Alfred North Whitehead. The Man and his Work*, Vol.2, Baltimore, Johns Hopkins University Press, 1990, p.345.

　　③ Ernest Nagel, "Charles Sanders Peirce, a Prodigious but Little-Known American Philosopher," in *Scientific American*, 200(1959), p.185.

学论》和维也纳学派实证主义的反思趋向:"皮尔士预见并提前批判了逻辑实证主义所代表的那些经验主义发展阶段,他取而代之的一组远见卓识和哲学气质更像①是我们在《哲学研究》及受后期维特根斯坦影响的哲学著作中所见到的。"②著名哲学家波普尔(Karl Raimund Popper)在 1965 年也认识到:"就我所知,皮尔士乃是第一位后牛顿时代的物理学家和哲学家。"(PSP 426)③波普尔这里所指的主要是皮尔士体现在"科学逻辑阐释系列"等作品中对于笛卡尔基础主义等传统形而上学的批判以及可错论哲学。把皮尔士的科学逻辑与波普尔、亨佩尔(Carl Hempel)的著作同时进行阅读,不禁令人觉得皮尔士的那些作品更像是 20 世纪的《方法谈》。1967 年,对皮尔士的研究已经不再局限于英语世界,德国哲学家阿佩尔④在自己的皮尔士研究专著中指出:

> 如果我们从今天的观点回看皮尔士的实用主义,我们在其中主要看到的是面向未来所勾勒的一部"科学逻辑"纲要。毋庸置疑,在分析哲学期间借助于数理逻辑所发展的科学逻辑,在技术细节上比皮尔士

---

① 事实上,关于皮尔士与后期维特根斯坦在思想上的相似,已经有学者进行了专门研究。虽然没有直接证据证明二人间的实际联系,但种种线索允许我们推测:由于维特根斯坦《哲学研究》及《论确定性》中许多广受赞赏的思想都已被皮尔士预见到了,皮尔士可能事实上已影响了维特根斯坦。第一,维特根斯坦读过并赞赏詹姆士的《心理学原理》和《宗教经验种种》,而詹姆士在其中阐述了皮尔士《如何使我们的观念明晰》一文的思想。第二,拉姆塞钦佩皮尔士的著作,称自己为实用主义者,明确承认皮尔士对于自己的重要影响。而众所周知,他同维特根斯坦在 20 世纪 20 年代经常讨论哲学问题。第三,奥格登(《逻辑哲学论》一书的英译者)曾送给维特根斯坦(他当时为一乡村教师)一本《意义的意义》,这本书的附录中介绍了皮尔士思想。第四,罗素是维特根斯坦早期思想的重要影响者,而罗素曾在 1900 年研究过皮尔士的逻辑,也读过皮尔士的论文集《机会,爱和逻辑》,因此也可能是,维特根斯坦从罗素那里理解了皮尔士。参看 Jaime Nubiola, "Scholarship on the Relations Between Ludwig Wittgenstein and Charles S. Peirce," in *Proceedings of the III Symposium on History of Logic*, I. Angelelli and M. Cerezo, eds., Gruyter, Berlin, 1996。——引者注

② Richard Rorty, "Pragmatism, Categories, and Language," in *The Philosophical Review*, Vol.70, No.2(Apr., 1961), pp.197－198.

③ 1972 年,他还在《客观知识》一书中称皮尔士是"有史以来最伟大的哲学家之一"。参看波普尔《客观知识:一个进化论的研究》,舒炜光等译,上海译文出版社,1987 年,第 223 页。

④ 阿佩尔还有一种对皮尔士的简洁评价:"皮尔士是美国哲学界的康德。"这当然不是指皮尔士在为美国哲学界解读康德,而是指皮尔士的哲学追求以及为康德之后哲学所做的贡献堪与此前的康德相比。参看《哲学的改造》(卡尔-奥托·阿佩尔著,孙周兴、陆兴华译,上海译文出版社,1997 年)第三章"从康德到皮尔士:对先验逻辑的指号学改造"。

走得更远。但是,在我看来可以肯定的是,现代科学逻辑工作由逻辑实证主义的反形而上学计划所继承的基本二维(语法—语义)方法,从根本上要逊色于皮尔士的三维指号学方法。①

1976 年,当语言学家、哲学家乔姆斯基(Avram Noam Chomsky)被问起他在思想上与哪位哲学家接近时,他回答说:"就我们正在讨论的问题[关于语言哲学]来讲,我感到自己与之最靠近、几乎是在解释他的一位哲学家是皮尔士。"(PSP 431)

　　然而,从严谨学术的角度来看,哈佛版 CP 的缺陷也是明显的:它几乎完全忽略了作品的写作顺序,从而将皮尔士的一些手稿错误安置以符合编者人为设立的主题分类②,也没能收入一些在皮尔士学者看来极其重要的作品。另一方面,皮尔士手稿在哈佛大学存放期间,由于管理不善,很多手稿丢失了。而涉及皮尔士生平的一些手稿,据布伦特回忆,哈佛大学在 1956 年之前一直对外禁止查阅,即便在 1956 年之后仍有四箱档案不对外开放。这些限制政策致使有关皮尔士同性恋、乱交、习惯性酗酒、暴力、吸毒的流言蜚语在皮尔士去世数十年后继续损害着皮尔士的声誉;直到 1959 年,费奇被哈佛大学哲学系任命为皮尔士的"官方传记作家",对于皮尔士"有争议"的生活更为真实的还原工作才算正式开始。因此,为了更为公正地对待皮尔士的生活及其所留下的作品,在八卷本 CP 之后,皮尔士手稿整理工作仍有很长的路要走。③

　　1961 年,基于皮尔士的手稿集,着眼于再现"皮尔士思想发展历程"的一

―――――――――――――――

① Karl-Otto Apel, *Charles S. Peirce: From Pragmatism to Pragmaticism*, translated by John Michael Krois, Amherst: The University of Massachusetts Press, 1981, pp.192 – 193.

② 这意味着,在 CP 的某一页上看似连续不断的皮尔士文本其实可能来自相差甚远的两个不同年代。编者当然意识到了这一点,所以,在文本编排上特意增设了"小节号"。这也是皮尔士学界引用 CP 时的标准格式是"卷号+小节号"而非"卷号+页码"的原因。

③ 粗略估算,如果每 500 页编成一卷出版,皮尔士生前发表的作品有 24 卷,加上未出版的手稿约 80 卷,总共需要 104 卷图书才能出齐。(W 2:xiii)当然,我们在谈论皮尔士著作出版缓慢的同时不能忽视另一个与整个美国本土哲学有关的"不幸"事实,即,在"二战"后的很长一段时间里,由于实证主义、存在主义、现象学等欧洲新思潮的大量涌入,学术界对于美国古典哲学(包括皮尔士、詹姆士、罗伊斯、杜威、米德等等)的兴趣几乎全部消失。参看 John J. McDermott, "Epilogue: The Renascence of Classical American Philosophy," in *The Blackwell Guide to American Philosophy*, edited by Armen T. Marsoobian and John Ryder, Blackwell Publishing Ltd., 2004, pp.397 – 406.

部著作——墨菲的《皮尔士哲学的发展》出版了。这是 CP 出版之后另一部影响皮尔士研究的重要文献,它向人们表明了更为真实地再现皮尔士思想全貌的可能性。于是,从 1964 年开始,哈佛大学微缩拍摄中心把皮尔士手稿制作成微缩胶片,题目为"哈佛大学霍顿图书馆皮尔士作品微缩版"(The Microfilm Edition of the Charles S. Peirce Papers in the Houghton Library of Havard University),总共 38 卷。在此基础上,1967 年和 1971 年,罗宾(Richard S. Robin)发表了《皮尔士作品注释目录》及其《增补目录》,作为微缩版的指引手册。这些工作极大方便了学者们对于皮尔士手稿的阅读利用。紧接着,皮尔士手稿整理出版方面另外关键性的一步迈出了:1973 年 10月,大约 25 位皮尔士学者汇聚于皮尔士的故里,召开"阿里斯堡会议",讨论新的皮尔士作品编辑方案;会议的主要成果是,1975 年,印第安纳大学承担新版皮尔士文集的出版任务,并成立皮尔士编辑项目小组(PEP),专门负责手稿编辑工作。这个新的皮尔士作品编辑项目就是《皮尔士作品集:以年代顺序编写》(W)。W 几乎完全是为克服 CP 的缺陷而准备的,它与 CP 一样也侧重于皮尔士哲学体系,但同时吸收大量与哲学思想发展有关的数学、科学、书评等方面的内容,而且它采用最新的高质量的批判性编辑手法,增加大量切实可信的注释等参考信息,可谓是开创了皮尔士研究的新境界。从具体目的来看,首先,W 定位于从 80 000 张手稿和 12 000 页已发表文章中选定一个方便对皮尔士思想发展作细致研究的、按年代先后排列的总共大约 30 卷的选本;其次,W 尽可能以完整形态呈现皮尔士作品,以便确定皮尔士思想发展各个阶段所具有的融贯性和系统一致性程度;再次,W 尽可能包含此前未发表的作品;最后,W 凸显指号学等在皮尔士研究中属于热门主题的思想资料。

　　1982 年,W 第一卷出版,截至 2010 年,第二、三、四、五、六、八卷也已经先后出版。[①]目前已经出版的这七卷,在编辑量上已经赶超 CP。此外,令人

---

　　① 早在本书第一版推出(2012 年)时已列入 PEP 计划的还有第七卷(《世纪辞典》撰稿)、第九卷(覆盖 1892 年 8 月至 1893 年夏这一时期内的作品)、第十一卷(《如何推理:论证的批判》)、第二十二卷(1903 年洛厄尔系列演讲),但由于 PEP 在资金、人手等方面陷入困难,在第一、二、三、四、五、六、八卷之外,至今未有其他卷得以出版。PEP 现任负责人德田纳(André De Tienne)对当前困难的陈述以及项目新近计划,参看 Minutes of the 2021 Business Meeting of the Charles S. Peirce Society, *Transactions of the Charles S. Peirce Society*, Vol.58, No.1, 2022, pp.70–77。

可喜的是,在 PEP 这一机构之外,世界多个地方的皮尔士研究中心也同时做着类似的皮尔士手稿编辑工作。1976 年艾斯利(Carolyn Eisele)把皮尔士有关数学方面的作品编辑整理成《新数学原理》4 卷 5 册,1985 年她又把皮尔士有关科学史的作品编辑整理为《历史观下的皮尔士科学逻辑:一部科学史》。1977 年,哈德维克(Charles S. Hardwick)与库克(James Edward Cook)把皮尔士与维尔比夫人的通信编辑成《指号学与意义学》。1977 年,凯特纳(Kenneth Laine Ketner)、克罗塞尔(Christian J. W. Kloesel)和兰斯戴尔(Joseph M. Ransdell)三人编辑完成了《皮尔士已发表作品全集》(含部分二手资料)微缩版。1975 年至 1978 年,凯特纳与库克把皮尔士发表在《国家》杂志上的短文及书评编辑成《皮尔士向〈国家〉杂志的撰稿》4 卷本。

正是在这种如火如荼出版皮尔士著作的形势下,皮尔士研究也步入一个新阶段。1981 年,费奇这位"官方作家"在遍览皮尔士手稿后不禁感慨:

美国迄今所产生的最具原创性、最多才多艺的思想家是谁?答案"皮尔士"是不容争议的,因为任何第二个人都会远远逊色于他而不足以提名。他是数学家、天文学家、化学家、地质学家、测量员、制图师、计量学家、光谱学家、工程师、发明家,心理学家、语言学者、词典编撰家、科学史学家、经济学家、毕生的医学研究者,剧作家、演员、短篇小说作家、现象学家、指号学家、逻辑学家、修辞学家和形而上学家。举几个例子,他是美洲大陆第一位实验心理学家,第一位以光的波长作为测量单位的计量学家,已知第一位想到电动开关电路计算机的设计及其原理的人,也是"研究经济学"(the economy of research)的创始人。他是美国大陆唯一一位建构体系的哲学家,在逻辑学、数学及广泛的科学领域既能胜任又有创新。如果整个哲学史上在这一方面有与之匹敌的人,人数不会超过两个。①

1984 年,诺贝尔化学奖获得者普里高津(Ilya Prigogine)把自己所提出的混沌

① Max Harold Fisch, "Introductory Note," in Thomas Albert Sebeok, *The Play of Musement*, Bloomington: Indiana University Press, 1981, p.17.

"新物理学"与皮尔士在自己的科学形而上学中所提出的宇宙演化理论联系起来。皮尔士关于宇宙由原始的混乱向逐步有序演化、由绝对的机会向规律和习惯过渡的非决定论观点虽然在细节上与现代物理学不符,但从哲学方向上成功预见了现代最新科学中的重大发现。[①]普里高津进而指出:"皮尔士的形而上学曾被视为哲学脱离实际的又一个例子。……今天,皮尔士的工作似乎是朝着理解物理法则中所包含的多元性所迈出的领先一步。"(PL 175–176)1985年,英国哲学家胡克威(Christopher Hookway)撰写的《皮尔士》被收入著名的"哲学家的论证"丛书,作者一开始就指出这样一个事实:"皮尔士看起来是最具现代性或当代性的哲学家之一。虽然他的许多观点存有争议或难以置信,不过,只要一读他的作品,我们就可能觉得他的许多问题与今天哲学所关切的议题紧密相关。"[②]1988年,在皮尔士离开美国海岸与地质测量局近一百年之后,历史学家曼宁(Thomas G. Manning)在对测量局的长期历史进行考察后,给出这样的评价:"皮尔士的离职对于海岸测量局的重力研究来说意味着从此失去国际知名度。"(W 8:lxiii)1989年,在皮尔士150周年诞辰之际,哈佛大学召开首次国际皮尔士研讨大会。来自美国、加拿大及欧洲等地共计26个国家大约450位学者参加了会议,会议讨论的主题涉及逻辑学、科学哲学、指号学、形而上学、认识论、美学、伦理学、心理学、语言学、地质学及宗教,出席会议的个人包括奎因、哈贝马斯、艾克(Umberto Eco)、西比奥克、胡克威等学界名流。此次会议的召开,向全世界郑重宣告了皮尔士思想在全球范围内广泛而重要的影响。

今天,随着世界各地出版皮尔士各类著作集的工程相继展开[③],我们现

[①] 哲学对于物理世界的探究不同于物理学等具体科学,它往往为具体科学更专门的工具性探究准确指明方向,告诉它们还需要进行什么样的工作。这也正是哲学所要为具体科学做的事情。

[②] Christopher Hookway, *Peirce*, Routledge and Kegan Paul, 1985, p.1.

[③] 更多有关皮尔士讲演集、专题论文集、哲学文选的出版项目,可参看"Charles Sanders Peirce bibliography," in *Wikipedia*:*The Free Encyclopedia*, available at http://en.wikipedia.org/wiki/Charles_ Sanders_Peirce_bibliography(Retrieved 2023.1.29)。在本书第一版之后,国际上新推出的皮尔士文集主要有 Charles S. Peirce, *Prolegomena to a Science of Reasoning*:*Phaneroscopy*, *Semeiotic*, *Logic*, edited by Elize Bisanz, Frankfurt am Main:Peter Lang, 2016;Charles S. Peirce, *Selected Writings on Semiotics*, *1894–1912*, edited by Francesco Bellucci, Berlin and Boston:de Gruyter, 2020;Charles S. Peirce, *Logic of the Future*:*Writings on Existential Graphs*, Vols.1–2, edited by Ahti-Veikko Pietarinen, Berlin and Boston:de Gruyter, 2020–2021。

在已有可能而且正在对这位多面思想家作出公平对待。与此同时,当今美国乃至全球哲学的研究已经从狭隘、封闭走向多元、开放,特别是随着历史研究的深入,人们越来越感受到哲学论题的新可能及皮尔士相对于某些主流哲学家的优选性。以当代分析哲学为例:

> 皮尔士的哲学教育和气质在许多方面都不同于分析哲学的那些奠基者。像弗雷格一样,他既尊敬康德又对其有所抱怨;但是皮尔士对于康德的认识以及有关哲学史的知识更为全面,对于康德的抗争以一种比在弗雷格那里更为根本的方式塑造了皮尔士哲学。像罗素等早期实证主义者一样,皮尔士自觉接受英国经验论者的影响,但他同时比实证主义者们更为敏锐地意识到经验主义传统哲学的僵局所在。或许皮尔士与主流分析哲学之间最显著的差别是他对经院哲学实在论的创造性利用以及对黑格尔的那种非常有限和慎重但很真实的尊敬。(PM xxiii – xxiv)

皮尔士与现代其他某个非体系哲学家相比所包含的思想创见,也正成为当代哲学发展取之不尽的灵感泉源。就逻辑学来讲,虽然我们很难达到像皮尔士那样百科全书式的逻辑史知识并拥有他那样宽广的逻辑视界,但随着当代学者对于早期现代逻辑研究的更加全面深入,也随着皮尔士庞大而散乱的逻辑手稿逐渐得以整理出版,越来越多严肃学者开始认识到:皮尔士对于逻辑史特别是经院逻辑有着专门和深入的研究,并在逻辑学的各个分支都有着丰富的独创性见解和实质性贡献;他是把作为研究学科的逻辑学引入美国的人,无愧于现代逻辑学的奠基人之一。[①]甚至可以不夸张地说,从亚里士多德到中世纪直至近代的整个逻辑发展在他那里得到汇集和升华,形成了无比丰富的思想宝藏。正如著名皮尔士学者 M.费奇所指出的那样:"不

---

① 有关这方面的评价的一个典型例子是前皮尔士编辑项目主任豪塞尔,他说:"皮尔士是他所在时代最博闻强识的一位逻辑学家,不仅在理论和技术方面,还包括历史方面;有史以来几乎没有逻辑学家超越他。"参看 Nathan Houser, "Peirce, Phenomenology and Semiotics," in *The Routledge Companion to Semiotics*, edited by Paul Cobley, London and New York: Routledge/Taylor & Francis Group, 2010, p.89。

存在或者不可能很快会存在对于皮尔士逻辑工作的全面说明或评价,因为每一位逻辑学家在接近他时大都带有一个比他本人要狭隘的逻辑观念,从而忽略或不能理解超越其狭隘观念之物的相关性。"(PSP 390)皮尔士的逻辑学贡献,总是超乎于今天逻辑学家们的想象!

本书作为对皮尔士逻辑学全景的一次探索,希望能从一个独特的角度揭示出皮尔士逻辑乃至哲学的新视野、新内涵。不能奢望一次达到对皮尔士逻辑的公平定论,但期望更多人能由此激发新的兴趣,从而开始对皮尔士更深入的阅读。皮尔士逻辑作品中不仅有对现代逻辑中一些标准观点的预见,而且对于逻辑的当代发展包含着诸多启示和建议,这是他作为一位伟大逻辑学家留给今日学人的最珍贵礼物。广大皮尔士学者的实践已经告诉我们:任何肯对皮尔士作品进行认真研读、刻苦探求之人,都不会空手而归;他不仅是一位 19 世纪、20 世纪的哲学家,同样也能成为一位 21 世纪的哲学家。这方面最典型的要数最近正走向哲学前沿的苏珊·哈克,她被誉为皮尔士思想上的"孙女",公开声称自己在多方面直接受惠于皮尔士。①发掘和借鉴皮尔士的思想资源,或将有力推动当前整个逻辑学及哲学的丰富和发展。该论断的可信性及实际效力,也正是本书在阐释皮尔士逻辑及相关哲学思想时所要辩护的。通过本书的工作,相信读者对于皮尔士思想的当代相关性会拥有一个总体印象。

---

① 哈克曾从五个方面概括皮尔士思想对于自身哲学的影响,包括:(1)对于"对了解真相的真实渴求"这一科学态度的坚决维护;(2)对于"探究的可能性本身预设了一种实在论"的论证;(3)批判常识论;(4)对于新术语的爱好;(5)连续主义。参看 Susan Haack,"Not Cynicism, but Synechism: Lessons from Classical Pragmatism," in *Transactions of the Charles S. Peirce Society*, 2005(2), pp.239 - 253; reprinted in *A Companion to Pragmatism*, edited by John R. Shook, Joseph Margolis, Blackwell Publishing Ltd., 2006, pp.141 - 153。

总　论

第一章　皮尔士的逻辑与哲学：一种理论框架

本书主张逻辑是皮尔士哲学的主脉，而哲学是皮尔士逻辑的归属。但在学术界甚至在皮尔士学者那里，逻辑、哲学两个概念并非总是界线清晰的。为了在行文中不至于引起不必要的歧义，我们需要首先阐发皮尔士的理论体系构想以及逻辑、哲学分别在其科学分类法中的地位，从而为书中的论证框定一种适当语境。本章将粗略勾勒出皮尔士"作为指号学，不是数学而是哲学"的逻辑科学观念；而在接下来的三章，笔者将分别围绕"不是数学""作为指号学""是哲学"三个方面进一步展开论证。

第一节　皮尔士论科学

科学是皮尔士早年教育的主要内容，也是他职业生涯中长期占据他工作时间的一个领域。他直接从事了多项不同的科学工作，并进行了对科学史的专门研究，很可能是"第一位现代的科学史家（historian of science）"①。

---

① 这是 1991 年 1 月 9 日普特南在写给凯特纳的一封信中对于皮尔士的诸多评价之一。参看 Kenneth Laine Ketner, *His Glassy Essence: An Autobiography of Charles Sanders Peirce*, Vanderbilt University Press, 1998, p.40。

童年的精神熏陶,工作中的体验见闻,学理上的资料溯源,这些让他有资格对科学本身进行思考。我们将发现,科学是皮尔士一生的思想乐园,尽管他心中所坚守的古典科学理想未能在所有历史时期均得到完全实现。

一、从对一种科学观念和一种哲学观念的批判开始

"科学就是系统的知识!"这是近代以来一直占据统治地位的科学观①,也是从词源学(science 一词的拉丁语源是 scientia,意为"知识")上直接得出的答案。但这样常见的定义,并非如通常看起来的那样确信无疑。对此,皮尔士指出:

> ……通常将科学定义为系统知识……这在词源学上正确并表达了对问题的通俗理解,但如此来表现有关它的一个科学性概念,无异于将鱼定义为水生动物。②……"系统知识"更确切地描述了一种诸如孔德和斯宾塞(Herbert Spencer)所专注的实证哲学。如果科学与哲学易名的话,这样的词源描述倒非常符实。因为大凡渴望将其绝对学说体系授于世人的,都是哲学家,而科学人不懈追求的却是对于真相的获知——这种追求隐含着他们对自身现有知识状况的不满并因而对任何完美知识系统化的不满。(HP 1122)

这里,皮尔士同时批评了当时普通人眼中的一种科学观念和一种哲学观念:他一方面拒绝将科学局限于"知识的系统",另一方面又反对把传统哲学所意谓的"固定不变的知识体系"称为科学。③

---

① 皮尔士认为,之所以此种观点变得流行,主要是因为康德曾间接支持此种说法,而它最终由于柯勒律治(Samuel Taylor Coleridge)在《大都会百科全书》(*Encyclopaedia Metropolitana*)中采用这样的定义而广受传播。(CP 7.54)

② 在另一处,皮尔士指出:语词的**历史**(history)而非**词源**(etymology)是语词之意义的关键,尤其是对像科学这样充满进步观念的词语。(SS 79)

③ 或许正是由于此种科学观念,皮尔士、杜威等实用主义者较少使用表示"知识理论"的 epistemology 一词,而更多使用侧重于"认识过程"的 inquiry 一词。

由于不满足于当下所流行的科学观，皮尔士选择从对历史上特别是 19 世纪各个伟大科学家的研究出发，详细阐述了自己心中的科学及科学人（scientific man 或 man of science）概念。[①]他说："其生命中主要事务在于探明真相（finding out the truth）的人，被称为**科学人**；他们的工作就叫作**科学**，虽然这个词跟大多数常用词一样，在多种其他意义上被使用过。"（HP 804）

> 这些将生命用在探明关于类似事物之类似性质真相的人们，要比行外人更能理解他们彼此的事务。他们均熟悉外人所不知晓其严格意义的话语，他们能意识到彼此的困难并就它们彼此商议。他们热爱着同一类东西。他们结伴合作，彼此视为兄弟。人们认为他们是在从事着同一**分支**[②]的科学活动。（HP 804 - 805）

根据此种观点，令那些探究真相之人的事业成为科学的，并非他们已探明之物，而是他们依照当时所知最好的方法，在追求真理的一个分支，仅此而已。同时，这种意义上的科学人，必定组成了一种科学共同体；在共同体内部，他们遵循一种伦理规范，具有共同的科学语言，彼此交往，相互理解，彼此帮助，相互激励。与传统哲学家认为拥有一个囊括了所有最值得认知之物的体系不同，科学人之所以成为科学人，不是因为他知道什么，而是因为他对于认知的热爱。"如果一个人渴求认知（burn to learn）并致力于将自己的思想同实验结果相比较以便能及时修正思想，那么每一个科学人都会将其视为兄弟，而不论他的知识量可能是多么微不足道。"（CP 1.44）在这些方面，近代的培根就应算是一位科学人。他作为一位大法官，在 66 岁的高龄，为了

---

① 本书中，我们并未对科学人（man of science）与科学家（scientist）在用法上做细致区分。但在皮尔士那里，他似乎更倾向于使用"科学人"这一更古老的概念。据皮尔士学者费奇考察，"scientist"和"physicist"两个词都是由威廉·惠威尔在《归纳科学的哲学》一书中创造的。虽然皮尔士欣赏惠威尔的这一著作，但并不喜欢他所造的两个生词。之所以"scientist"一词推广沿用至今，很大程度上与社会上对于男性沙文主义的激进抵制有关。因为，很显然，"scientist"消除了"man of science"看上去所带有的"性别歧视"。参看 PSP 382 - 383。

② 显然，"分支"（branch）是与"知识树"隐喻有关的一种说法。有关皮尔士的科学分类法，参看本章第二节。——引者注

科学事业,因热心从事危险的实验室工作而丧生。"对于他来说,人是自然的解释者;尽管他的某些预见显得粗陋,但在其内心,科学的观念已经同一种投身于专心致志探究的生活紧密联系在了一起。"(CP 7.54)再譬如,历史上的托勒密(Claudius Ptolemy)、阿基米德(Archimedes of Syracuse)、埃拉托色尼(Eratosthenes of Cyrene)等人,虽然与今天许多人相比,知识相对贫乏,但没有人能否认他们是真正的科学人。

与传统中根深蒂固的所谓科学乃系统知识的观点相比,皮尔士自己的科学观念无疑相去甚远。对此,皮尔士自己有着清醒的意识,他写道:

　　培根男爵说过,"科学就我们现在所掌握的来看,不过是对于先前所发现的东西所进行的某种有序安排,而不是发现的方法或用于获致新结果的方案"。……这第一次预见了实际从事科学工作的人看待科学的方式与普通读者以及只看到不时有惊人科学发现宣告的人的看法之间的分歧。后者如果恰巧是一位词典编纂者,他就会坚持把科学界定为"有组织的知识体";对于前者来说,科学却是一种生活方式,就像牧师传教、医师开业、政客活动一样。而且在科学人眼中,科学生活的独特之处不是知识的**获致**(attainment),而是专心致志、全神贯注地为知识本身而**追求**(search)知识——这种专心致志能让他在发现观察事实有悖于某一理论时立即放弃该理论。(HP 307)

也就是说,真正的科学绝非"束之高阁的静态知识体",它是"一种活生生的东西(a living thing)"。①反倒是,这种观念让人不禁联想起古希腊前苏格拉底时期朴素的哲学观念,因为从词源学上讲,所谓"哲学"(philosophy)正是"爱智活动",也就是源于好奇心的一种"探究"(inquiry)。

虽然从当时的语言使用习惯上甚至词源学上来看,上述前一种科学观念可以得到支持,但皮尔士更相信,把科学人所从事的"爱智慧"工作称为以

_____

① Charles Sanders Peirce, *Values in a Universe of Chance: Selected Writings of Charles S. Peirce*, Philip P. Wiener(ed.), California: Stanford University Press, 1958, p.268.

"系统知识"为特征的"科学"(science),只是历史上的一种语言误用。①皮尔士力图表明,他自己的那种观点是得到所有伟大科学家认同的。在对 19 世纪科学伟人的真实生活进行研究后,他在 1901 年的《纽约晚邮报》上指出:

> 科学一词经常挂在这些人的嘴上,而我确信他们拿它并不是意谓上个时代所界定的"系统化的知识",也不是某本书上所规定的什么东西,反则是一种生活方式;不是知识,而是对于知识的一种全心全意、审慎考虑的生命追求,是对于真理的献身——并非"献身于我们现在所看到的真理",因为那根本不是献身于真理,而只是献身于党派——不是,远不是那样,而是对于人们迄今尚未能看到但正竭力获取之真理的献身。因而,从词源学观点来看,这个词已经成为一种误称。对于今天的科学家,情况依然如此。他们曾经所意谓的而且仍旧在意谓的"科学",从词源学上应该称为"**哲学**"。但是,在 19 世纪里,能坐在学术席位上以"系统化知识"自诩的只有目前已变得过时的形而上学教授——他们不是真正的哲学家(philosopher),不过是信从者(philodoxer②)。(HP 491)

皮尔士的这种等同于"哲学"原意的科学观念在当时的美国科学界确实有着比较普遍的共识。至少我们在美国学术团体名称上可以见证这样的用法,譬如,1743 年创建在费城的美国哲学学会(American Philosophical Society)、1871 年创建的华盛顿哲学学会(The Philosophical Society of Washington)等当时都是由主流科学家们成立的。相比之下,"形而上学"往往在狭义上直接等同于哲学用法,譬如,皮尔士、詹姆士等人在剑桥建立的专门讨论哲学问题的协会则比照 1869 年创建的伦敦形而上学学会,命名为"形而上学俱

---

① 或多或少,汉语中"科学"一词在不同的侧面表达着与英语中"science"一词类似的误用。因为我们在对具体问题的深入研究中常常发现,过多强调"分科之学"是有碍科学进步的,相反,跨学科、交叉学科、综合性研究才是真正需要的。

② Philodoxer 一词由希腊哲学家柏拉图发明,用作贬义。该词与 philosopher 具有相同的词根"philos"(意思为"爱"),但构成 philosopher 一词的"sophia"意指"智慧",而构成 philodoxer 一词的"doxa"却意指"意见"或"信念"。——引者注

乐部"。

　　值得注意的是,虽然皮尔士在为科学正名的同时极力批评传统哲学或形而上学的教条化、守旧性,并因此在贬损的意义上使用"哲学"一词,但他并非要否定一切哲学研究的合法性。恰恰相反,由于他抛弃狭隘的科学旧观念而重塑"爱智慧"的科学新观念,很自然地,他的科学外延也得到充分拓展,在这种新的观念指引下所开展的哲学研究将获得与物理学这一自然科学典范一样的科学地位。皮尔士在撰写自己有关"科学史"的著作时也正是本着这样的一种观念,他在序言中声明:

　　　　正是本着**追寻知识本身**这一意义,本书试图勾勒出科学的历史。没有什么研究被排除在外,不论它看起来多么不成功,假若它的推动力是为着真理之名而热爱真理。因此,这种历史不会限于有关外部自然的科学。心理学、考古学、语言学、历史学都包括在内。纯数学、逻辑学和形而上学也包括在内。（HP 307）

也就是说,只要是为着追求知识的纯粹目的,每一条通往真理之路都代表着一种科学,不论我们研究的是外部自然物体还是人的内心世界。不论是物理学家还是哲学家,只要他是因热爱真理而从事研究的,都属于科学人的范畴。正是在这种意义上,有皮尔士学者把皮尔士本人刻画为一位"物理学家而非哲学家"①。换一种说法,皮尔士的哲学工作可看作其科学研究的自然延伸。

二、科学的方法及可错的结论

　　科学对于真理之探求,"借助于一种审慎周全（well-considered）的方法,奠基于对他人至今所已探明的此类科学成果的完全熟知,寻求合作,希望能发现真相,如果不是由现存探究者发现,那最终也必会由他们之后利用他们

---

　　① 参看肯尼思·莱恩·凯特纳《查尔斯·桑德斯·皮尔士:科学家而非哲学家》,张留华译,《世界哲学》2005 年第 6 期。

成果的那些探究者所发现"。（CP 7.54）毫无疑问，按照上文培根最初所提出的一种观点，与作为"系统化知识"的旧科学观念不同，新的科学观念以运用科学的方法为其最显明特征。那么，何谓科学的方法呢？皮尔士在《信念的确定》一文中强调人的一切思想活动都是从怀疑到信念，从而把科学的方法作为历史上所出现过的四种确定信念的方法之一。（W 3:248－257；CP 5.377－387）

　　首先是固执之法（method of tenacity）。如果意见的确定是探究的唯一目标，而信念本质上是一种习惯，为什么我们不这样来达到所渴望的目的呢？即通过把任何我们可设想的东西作为问题的答案，然后闭上眼睛，将它不断地对我们自己重申，详述所有有助于这一信念的东西，同时学会鄙视和愤怒地抛弃可能违背它的任何东西。皮尔士指出，这种简单而且直接的方法实际上被许多人追求着。他记得自己曾经被恳请不要阅读某报纸，以免被其谬误和虚伪陈述诱陷，致使他改变对于自由贸易的意见；理由是：他不是专门的政治经济学研究者，因此可能轻易地被关于保护政策的虚妄论证欺骗。皮尔士指出，这种方法是完全非理性的，从推理的观点来看甚至是愚蠢的。历史上，这种方法大多是被蓄意采用的。但更为经常的是，由于对未决心灵状态的本能厌恶被夸大到了一种对怀疑的模糊恐惧，人们宁愿墨守他们已经采取的观点。这种人觉得，如果他只是毫不动摇地坚持他的信念，就会彻底得到满足。他们会说："我坚定地相信真理，而真理总是有益的。"皮尔士同时提醒，如果这种方法碰巧获得了成功，我们也很难对其找到什么有效反对意见。反对说他们的程序非理性，那将如自我中心论一样不适宜，因为这等于在说他们确定信念的方法不是我们的。他们内心并不是要成为理性的，而且实际上，他们经常轻蔑地谈及人们脆弱而又虚幻的理性。然而这种方法在实践中总归是要失败的，其中一个原因就是，不同的人根据这同一方法，竟会有不同的意见。

　　其次是权威之法（method of authority）。采用固执之法的人会发现，其他人的想法不同于他本人，而且他很容易在较为明智的时刻看到竟发生这样的事情：他们的意见完全与他自己的一样好，而这会动摇他对其信念的信任。事实上，除非退隐社会，我们必将影响相互的意见，因此问题变成了：在共同体那里(而非仅仅在个体那里),我们如何确定信念? 这个时候,如果让政府意向起作用,就会代替个体的一切活动。政府会创立一种制度,使人民保持政府所认为正确的学说,并反复不断地宣讲它们,还把它们传授给年轻人;同时,用强力去阻止相反学说被传授、倡导或表达。政府让心灵变化的所有可能原因从人类理解力中统统删除。政府让他们保持无知,以免他们学到某种理由,以不同于他们现在的某种方式进行思考。政府把民众的激情征召起来,以便他们带着憎恶和恐怖去看待私有的和非平凡的观点。然后,政府让所有拒绝所确立信念的人吓得安静下来。政府让人民驱逐并严惩这样的人,或者对嫌疑人的思维方式进行审查,当政府发现他们因为被禁的信念而犯罪时,就让他们接受某种警告性惩罚。为了实现完全的一致,必要时还可以对所有不以某种方式思维的人进行一次全面的大屠杀。皮尔士坦率地指出,虽然残忍总是伴随着这类体制,而且当这种方法被一贯执行时,它们就变成了任何理性人眼中最恐怖的暴行,但这种方法在中世纪几百年来被证明一直非常成功。幸运的是,在我们今天的时代,这种方法已经完全不可行了,必须修改。

　　再次是先验之法(a priori method)。国家中总会有一些人拥有更宽广的社会情感;他们看到,其他国家和其他时代的人所持有的学说完全不同于他们自己受教育时所要求相信的;而且他们自然想到,他们之所以现在被这样教育,那只是偶然事件。这致使他们认为:没有理由把他们自己的观点评价得相比其他民族和其他世纪更为高级。他们内心从而产生了怀疑。于是,另一种用以确定信念的新方法必须被采纳,它将不仅产生出相信的冲动,而且也将决定什么样的命题才能被相信。假设自然选择的作用不受阻碍,那么,在它们影响之下,人们通过共同谈论并以不同见解看待问题,就能逐步形成与自然原因相和谐的信念。这样产生的信念通常并不依赖于任何观察事实,它们之所以被采用,只是因为它们的根本命题看起来"适合于理性",即它们并不一定要与经验相一致,只要我们自身倾向于相信它们。这突出表现在形而上学发展的历史上。譬如,柏拉图发现这一点是适合于理性的,即天体相互间的距离应与产生悦耳谐音的弦的不同长度成比例。许多哲学家都是通过类似这样的考虑来得出他们的结论的。但这种方法的失败,是再明显不过的。它使得探究变成了某种相似于趣味形成的东西；但趣味或多或少总是时尚之事，因此形而上学家永远不会达到任何确定的同意：从最远古到新近时代，钟摆只是在更为物质的和更为精神的哲学之间来回摇摆。

最后是探究之法（method of inquiry），也就是科学人所采用的方法。为消除由先验之法所产生的怀疑，有必要发现一种方法，借此我们的信念可不由人们而由某种外部的永恒事物——由我们的思维不会在其上造成效果的某种东西——所决定。我们之外的永恒事物并不是无关于感觉的，它必然影响我们每一个人。虽然这些影响必定会如个体条件一样多种多样，然而这一方法必能使得每一个人的最终结论会是同一个。这种方法就是科学方法。它的根本假定是这样的：存在有实在的事物，它们的特征完全独立于我们对于它们的意见；那些实在体根据不变的规律来影响我们的感官，而且我们的感觉会因我们与对象的关系不同而不同，然而，通过利用知觉规律，我们能以推理查明事物实际上和真正是怎样的；任何人，如果他有充足的经验并对其做足够的推理，就会被引向那唯一的真结论。[①]皮尔士指出，固执之法、权威之法和先验之法本质上都是自我中心的非客观的方法，而真正客观的方法只有科学上的探究之法。在这种方法指引之下，探究者从经验出发基于探究者共同体的合作去寻求真理或接近实在；最终的真理性认识可能并不是由现存某某探究者所发现，但只要是遵循这种方法、运用先前的结果，无论多少，人在刚开始可能持有极其对立的观点，持续下去的深入研究必将以一种外在力量把他们引向同一个结论。[②]

每一门科学或者说每一项成功的科学工作都有自己的基本原理，而体现在这些基本原理中的首先是他所采用的科学方法。从对各具体科学所采用方法的实际考察中"获得对所有通向真理之路的整体逻辑的理解"是皮尔士科学史研究的根本目标（HP 307），也是其一生追求的科学逻辑的

---

① 在另一个地方，皮尔士还谈到：真理（Truth）是公共的（public），也就是说，不论任何人，只要他足够彻底地探究下去，最终都会接受它作为行动基础。参看 SS 73。

② 这里所谓"真理乃科学探究者最终所必定达到的意见"的观点，杜威在 1938 年《逻辑：探究的理论》一书中称之为他所看到的"最好的真理定义"。参看 John Dewey, *Logic: The Theory of Inquiry*, New York: Henry Holt and Company, 1938, p.345。

理论初衷。①对于这种代表科学鲜明特征的科学方法,皮尔士从自己的科学逻辑上予以概括。他指出,任何一种探究都是外展、演绎和归纳三种基本推理形式循环推进的一种实践过程,这个过程最终可导致关于真理的共同意见。其中的外展,皮尔士首次将其作为一类推理提出,它是为解决异常现象和现象谜团而引入解释性假说的过程,是唯一能产生新知识的一种推理。"实际上,我们整个的知识构造就是一条由归纳给予证实和改进的纯粹假说的蓬乱毡子。如果不是在每一步进行外展推理,知识就会永远茫茫然,不可能取得丝毫进步。"(HP 900)一般来说,第一步:外展推理引入可能的假说以供检验;第二步:演绎推理从假说推演出可检验的结果;第三步:归纳推理检验或证实它们。演绎逻辑证明(prove)一定(must be)怎样;归纳逻辑显示(show)实际上的(actually is)运作怎样;外展逻辑仅仅建议(suggest)可能(may be)怎样。(EP 2:216;PPM 230)由此,科学获得进步。值得注意的是,以此种方法或逻辑为一般特征的科学,并不试图建立完全确定的知识体系,它在动态的过程中以可错的假说为主要处理对象。正如皮尔士所说:

> 我们的科学观念不能仅仅停留在抽象定义上,它应该是一种生动的科学概念。让我们记住:科学是活活生生的人的一种追求,其最显著特征是,真正的科学永远处于一种代谢和成长的状态。②(CP 1.232)

犯错,乃求真过程中难以避免的必要一部分。"人非圣贤,孰能无过",只是科学人共同体对于这些"科学"错误具有自我修正的能力。③从逻辑上来

---

① 皮尔士曾在手稿中明确表示:"我所要考虑的东西,与其说是科学史,不如说是有关安全可靠的科学思维的历史。"参看 Carolyn Eisele, "Mathematical Methodology in the Thought of Charles S. Peirce," *Historia Mathematica*, Vol.9, No.3, p.336。

② 鉴于此处所谓科学的"生动性"特征以及后文提到的自由中立性特征,很显然,费耶阿本德在《如何防止科学危害社会》(Paul Karl Feyerabend, "How to defend Society Against Science," in *Radical Philosophy*, vol.11, 1975, pp.3-8)一文中对作为意识形态的科学及其方法的批判,并不适用于皮尔士这里的科学观念。

③ 关于这一点,詹姆士后来提出"经验的沸溢性"(ways of boiling over),或许能更直观地表达其中的"可修正性"。参看 Hilary Putnam, *Pragmatism: An Open Question*, Blackwell, 1995, p.8。

看,有三种东西我们永远别希望能通过推理而实现,即绝对的确定性、绝对的严格性和绝对的普遍性。皮尔士说,这是他多年来科学逻辑研究所获得的结论。我们关于实在的知识从来都不是绝对的,如果有例外的话,那就是:除此断定本身外的每一断定,都是可错的。所有知识和信念作为理性的产物,本质上都是自控性的,都开放于批判。这就是皮尔士著名的可错论假定。在他看来,不可错论跟怀疑论一样都违反了"不要阻碍探究之路"这一理性规则。[①]"没有什么比不可错论更彻底地同作为科学生活之产物的一种哲学相反对的了,无论它是穿着陈旧的教会服饰还是披着新近的'科学派'伪装。"[②]

三、科学的纯粹性或中立性

与对方法的追求相连,关于科学与非科学的区分,皮尔士从不同的角度指出:"我们的分界线划在为着单纯知识目的的知识追求与为着某种外部动机(物质收益,支持宗教和道德,或者为了达到任何其他目标)的知识追求之间。"(HP 307)也就是说,对待科学,我们要有一种客观中立的求真态度,要坚持只以科学方法来说话。正如他在总结近代科学的成功经验时所说:

> 近代科学研究者之所以取得成功,是因为他们不是生活在图书馆和博物馆中,而是工作于实验室和田野;而且在实验室和田野中他们不是眼巴巴望着自然即不加以思考地被动感知,而是一直在**观察**——即在感知时借助于分析——并对理论结果进行检验。他们成功的原因在于,激励他们走进实验室和田野的动机一直都是对于知道事物究竟怎么回事的渴求,以及对于探明一般性命题实际上是否成立的兴趣——这一点比任何先见、任何虚荣、任何激情都更加重要。(CP 1.34)

---

① 皮尔士指出,存在四种常见的违反此规则的形式。它们分别是"塑造绝对性断言""主张某种东西永远不可能知道""主张某种科学要素是基本的、最终的、独立于一切的""认为某种法则或真理已经获得最后的完美形式"。参看 RLT 179－180。

② Cornelis de Waal, *On Peirce*, Wadsworth/Thomson Learning, 2001, p.39.

　　科学的生命在于对学习的渴求,而且这种渴求需要保持纯净,不容沾染上别种欲望。①它只是要"探明某一领域的真理,而不考虑该真理可能带有什么样的色彩"。(CP7.605)对于科学,没有什么会是生死攸关的(vital),科学人只受真正的科学之爱(scientific Eros)驱动。与同时代的实用主义者詹姆士、杜威等人不同,皮尔士认为,科学探究要求我们必须只为真理而探究,不能受任何特殊的个人意图的影响和干扰。"如果一个人从事于调查某问题的真相,但为着某个隐秘意图,诸如赚钱,或改善其生活,或使其朋友受益,他可能会远比科学人过得好……但他并不是一个科学人。"(CP 1.45)正因为如此,皮尔士将调查(investigation)排除在真正的科学活动之外。他认为,纯粹的调查是一种伪探究(pseudo-inquiry),它实际上是"由预设的结论来决定采取什么样的推理",而不是正常的"由推理来决定到底有什么样的结论",因此是冒牌的推理。(CP 1.57)与此相似,有些所谓的研究人员只为了怀着个人或小团体的名利而接受或主张某观点,这也是伪探究的一种表现。②皮尔士指出,如果不将自己的认识交由科学探究方法来确定,将会"致使根据推理达到的结论来判断推理,而不是根据达到结论的推理来判断结论。所有科学上的真理都取决于对于经验的真诚听命。不这样做,就是在轻率地对待科学上的诚实(integrity),这既是错误的又是愚蠢的"。(HP 1 119)科学的纯粹性在于科学人只以观察结果说话,任何不以探求真理为目的的所谓推理都是不真实的。

　　我们不能将科学界定为调查,因为调查员通常具有某种隐蔽目标,他们仅把真相当作获致目标的一种手段。科学人永远都是这样的一种人:他深深铭记精细严格观察之效力,它们能将他自己所宠爱的全部观念破坏掉,并能替代性地建立起一系列具有外在根源的预定观念——

---

　　① 在这方面,皮尔士有时用孩童的纯净心灵来形容科学所要求的纯粹性。他说:"作为哲学家或科学人,你必须有点像一位孩子,具有孩童般真诚而单纯的观察力,具有孩童般极其可塑的心智习惯。"(RLT 192)

　　② 这些现象,在当代认知心理学上归为"动机性推理"(motivated reasoning),参看 Z. Kunda, "The Case for Motivated Reasoning," in *Psychological Bulletin*, 108(3), 1990, pp.480–498。

他称之为真理(the Truth)；同时，他变得如此欢欣鼓舞于对真理之崇拜，再也没什么比推进这种工作更令其渴望的了。于是，科学可被界定为其最终目的在于借助严密观察引出真相的事业。此处，观察是在广义上使用，指对强加于意识之上的东西的注意；所以，这样界定的科学包括了数学。①因为数学主要就在于按照一般规则来构建图表(这在几何学上经常出现，在代数学上有符号串)，然后再观察图表中未被规则明示的那部分关系。……这种定义也包括进了逻辑学和形而上学，就其为真正科学而言，它们取决于对自然之观察，但是这类观察同我们所有人都熟悉的现象相联系。(HP 1122 - 1123)

皮尔士从自己的科学史研究中发现，"为了纯粹的求真目的而献身于真理"是19世纪所有科学伟人的一个共同特点，也是19世纪科学为我们留下的最为珍贵的精神遗产。以数学为例，就在18世纪，在当时的数学家们看来，他们的科学是为了某种应用而存在的，他们常常问到的一个问题是"一件数学作品能用来做什么"，忘记这一点就会受到舆论指责，他们甚至不懂得欣赏数学的美。其他方面的科学家也都受到某种难以根除的社会偏见的影响，如拉普拉斯(Pierre-Simon Laplace)曾经就是因为不符合他的先入之见而拒绝接受石头从天而降的有关证据。不过，到了19世纪，科学事业受到一种新的精神的指引，我们再也听不到有人像富兰克林(Benjamin Franklin)一样问："不能作何用途的哲学有什么重要性呢？"相反，高斯(Carl Friedrich Gauss)等很多人公开为数论研究辩护："它是一位纯净的处女，从未也从不会因为任何不论什么实际应用而出卖节操。"(HP 490 - 492)皮尔士把这种精神上的转变看作科学走向或回归"爱智慧"的重要标志，也看作科学人的一次自我解放：

真正应该被称为爱智者(philosopher)的是这样的科学人，他们渴望

---

① 事实上，在皮尔士那里，一切科学知识都来自观察。我们在下一章将能详细考察数学工作中所运用的观察。——引者注

更新自己的每一种意见、把自己的每一个想法合乎理性,通过畅饮事实之泉,把全部身心奉献给对于真理——并非他所理解的真理,而是他尚未理解的真理——的崇拜。在早期的年代里,知识就是力量,仅仅如此,再也没有别的;而对于我们,它是生命,是至善(summum bonum)。借助于我们所有人都必须最终屈服在其面前的那种理性力量①,急切寻求从自我约束下、从自己的先入之见中解放出来,这是 19 世纪所有伟大人物与之前时期相区分的典型特征。(HP 496)

于是,我们看到皮尔士在对《科学的语法》一书的评论中旗帜鲜明地批判了皮尔逊(Karl Pearson)关于社会稳定性乃科学研究唯一辩护(justification)的观点:它不仅在历史上不属实,不符合科学人的主要倾向,而且是一种糟糕的伦理学,它的传播将会阻碍科学之进步。科学人受真理威严的激励,应该直面真相,不论这样是否有助于某种短期社会利益的实现。(EP 2:58 - 61)

也正是基于对科学的纯粹性和中立性的上述深刻认识,皮尔士相信我们完全有理由从事一种真正的哲学科学,并坚决反对将哲学与实践事务混杂在一起。他说:

当然,许多科学的结果几乎可直接应用于人类生活,比如生理学和化学。但真正的科学研究者完全无视他所关注对象的功用性。他内心里从未想过功用性。你认为解剖一只狗的生理学家当时考虑过他可能正是在拯救一条人命吗? 荒唐。如果他考虑了,那将有损于他的科学人品格;而且,**那样的话**,活体解剖也会成为一种罪行。不过,在生理学和化学上,一个人脑子里总想着功用性,他虽然不会对科学有多大益处,却可能对人类生活大有贡献。然而,在哲学上,由于触及的是对于我们来说属于神圣或本应神圣的问题,如果研究者不去克制所有实践

---

　　① 皮尔士凡提到思想、知识或理性的"力量"(power)时,我们应注意他关于 power 与 brute force 的区别:后者是一种伴装出来的力量,只能获得轻微的结果,而前者则不同,尤其是"理性的创造力"(the creative power of reasonableness),它能凭借知识与爱,征服其他一切力量。参看 CP 5.520。——引者注

应用方面的意图，那将不仅阻碍纯科学的进步，而且极其糟糕的是，还将危及研究者自身及其读者的品行节操。（RLT 107）

关于哲学作为科学的纯粹性，皮尔士不无自豪地谈道：

> 哲学很少有实际价值。把任何一种宗教、操行、政治或商业奠基于其上，是一件很笨的事情。哲学**研习**在提升精神方面并非完全无用，而且我们希望有一天它会产生某些不容置疑的结果。但是很少或不会达到此类结果。就个人来说，我根本不打算去冒险触及这一方面或者形成一个派别去倡导某种特殊类型的哲学学说。当我参与哲学争论时，我希望我和听众能够学到一些东西，而根本不是要促成某种学说的胜利。事实上，哲学一旦形成派别，它可能是 sophy（智）但已经不再是 philosophy（爱智）。我很早就认为，要放弃派别，去为寻找数学或化学中某一命题的原因做出努力。科学家就像哲学家一样，他所做的事情并不是为教条做辩护，而是探求真理。他是一位学者，而不是党派领袖。化学家不会认为在《教会杂志》或《循道公会》上适合刊印自己的研究成果，即便他的牧师可能认为他的结论以某种不确定的方式有助于他们的宗旨及正义事业的实现。我作为一位哲学家对于宗教事业的关注并不比作为一位化学家时多。我只是辛勤地做自己的研究并把结果告诉世人，没有任何隐秘意图。我想把自己的成果发表在不论研究结果会是如何或不论研究结果会推进或损害什么事业的一份杂志上。（W 8:lxxxv）

如我们在本书导论中所看到的，皮尔士一生中正是本着这样的纯粹探究精神去从事科学实验的。他坚信，对于人类科学来讲，总是有比时间和金钱更为重要的东西。譬如，他的钟摆实验工作常常有高标准的严格性却被指责过于昂贵，他因不愿屈从于反科学式的急功近利而使自己的科学报告受到不公正指责，甚至一生深受其害。需要特别说明的是，皮尔士所谓科学的纯粹性，是指它以自身为目的（for its own sake）。这倒不是说科学事业与人类目的无关，毋宁说，科学事业本身就是人类长远目的的表达，其他目的理应为科学目的的实现让路。同样,当皮尔士说科学不关心"现实功用",主要是指自由的科学探究不受外界干扰,正所谓"科学研究无禁区",而不是说它与社会现实无关;恰恰相反,往往正是由于科学抓住了真理本身,因而直接关乎人类在无限未知宇宙空间中的进步。在本书第四章中我们将看到,皮尔士著名的实用主义准则就是把科学命题之意义归结为其所能产生的未来效果。即便皮尔士有时在不同的语境下把科学区分为发现型科学、实践型科学、评述型科学,但至少在不同的方面,每一科学分支均具有此种纯粹和中立精神。譬如,一位掌握雄辩理论的专家并不一定要成为大演说家。(W 8:lxxxviii)尽管如此,应该看到,即使在今天的学术队伍中,皮尔士所倡导的那种纯粹精神并非很好地实现,倒是经常出现把科学研究混同于宣传说教、以狭隘的"收益"衡量科学工作等歪曲探究之本性的现象。当代著名哲学家普特南在对皮尔士1898年剑桥讲坛系列演讲的评注中认为,皮尔士与詹姆士在哲学纯粹性要求上的分歧,从根本上就是:前者认为严肃的哲学必须奠基于符号逻辑和精密科学之上,后者大胆地提出严肃的哲学可以同深刻类型的小说或戏剧"联盟"。(RLT 58)

四、科学精神与宗教情怀

由于把科学作为一种纯粹而自为的生活方式,皮尔士眼中的科学精神在生活态度上,与宗教生活具有类似之处:既要真诚,又要热心。

首先,作为一位科学人,你要坦诚(candid),要诚实追随自己的内心。一方面要承认你自己知道了一些暂时毋庸置疑的东西,但自己并不满意于你已经知道的东西。这是走向真理的探究的第一步,因为探究就是要寻找我们尚未知道的真相。虽然所有信念都要依赖于其他信念,但我们的知识并不依赖于任何不容置疑的"第一前提"。另一方面,要自知自己无知,要有一种学习的愿望。科学隐含着一种学习的渴望。为了学习,你首先必须渴望学习,皮尔士将此视为理性的首要和唯一的规则。同时,这一规则又产生出一种值得镌刻于哲学之城每一面墙壁上的重要推论,即"不要阻碍探究之路"。(RLT 178)

其次,你对待科学探究,要有一种宗教似的崇敬和热情。追求真理,科学人要有谦卑（self-effacement）的心态。上文讲到，科学主要是一种生活模式，如果仅仅有知识，即使是系统化的，那也可能只是僵死的记忆。科学精神的要义正是：永远不满足于现有意见，而坚持对于自然真相的追求。这里显然包含着一种对于真理的崇拜（worship）。真正的科学探究者都对研究对象怀有极大的敬重，没有这种敬重，科学就会降格为一种解决实际困难的技术。

对于自己的这种科学观念与宗教生活之间所产生的类同，皮尔士毫不避讳。事实上，为了强调对科学怀有宗教倾向的重要性，皮尔士还倡导了一种"科学之宗教"（religion of science）。他把理性等同于上帝，认为科学探究本身就预设了对上帝的信仰。他说：

> 每一位真正的科学人就是每一位属于这一社会群体的人：此群体中所有成员为了能够使其在关于某主题的信念上与具有很强说服力并经证实的知觉判断相符合，而牺牲他们所有普通的生活动机；他们因此实际上相信宇宙受理性支配，或换句话说受上帝——但其并未明确意识到自己相信上帝——支配，根据我对信仰一词的用法，这些人都具有上帝信仰。……相信能对现象进行推理，就是相信它们受理性即上帝支配。我认为，这是一种高尚而健全的信仰。①

当然，这里所谓的宗教并非指罗马教会等现有体制化宗教。我们在导论中说到，皮尔士越是到了贫困交加的晚年，越是具有宗教情怀。但无论何时，那种以不可错的教义为基本特征的宗教信仰都是他难以从内心接受的。他曾公开表示，他本可以加入罗马教会，但被自己的科学逻辑阻止了；因为在他看来，很难设想有什么论据能支持罗马教会在形而上学上的不可错论（infallibility）。（PL 237）不过，如果我们让宗教的涵义超出某种体制化的东西，如果我们把真正的宗教作为一种生活模式，这种宗教的生活模式跟科学

---

① *A Thief of Peirce: The Letters of Kenneth Laine Ketner and Walker Percy*, edited by Patrick K. Samway, University Press of Mississippi, 1995, p.252.

的生活模式在虔诚(devotion)和爱(love)上毫无二致,那么这便是作为科学家的皮尔士完全愿意认可的。在 1892 年的一封信中,我们看到皮尔士如此表达他自己的科学逻辑与宗教精神的核心即基督原则之间的一致性:

> 在过去一两年间,我越来越深切地预感到,当前所流行的必然论宇宙观必定会产生可怕的后果。它使得上帝成为一种有限君主或傀儡君主,只能在盲目而无情的法则下行事,从而没有为父爱行为或祈祷者的聆听和回答留下任何空间。不论谁,要是能追随我的高等关系逻辑,他就能明显无疑地看到那种物质主义的必然论构想是毫无根据的。他的眼睛也将能看到那种机械人为的学说正把社会推向可怕的深渊。对于我个人的发现的认识将导向基督原则,回归基督原则是唯一的救赎之道。因此,我现在认为,如果有机会让我传授逻辑学,我将把它作为我的神职去从事。(W 8:lxxix - lxxx)

虽然看似神秘,但皮尔士上述关于科学与信仰关系的观点,正好可以解释历史上许多科学家本身就是虔诚的宗教信仰者,甚至将他们的科学活动奠基于宗教之上。不仅如此,在皮尔士前后,有不少科学家和哲学家也曾从不同角度表达过类似的理论观点。譬如,英国著名科学哲学家波兰尼(Michael Polanyi)在《科学、信仰与社会》中告诉我们:

> 你得首先崇拜一位大师的作品,继而才能观察他并从他那里真正学到东西;如果你想学习一门艺术或者师从某人,那你就必须将这门艺术视为神圣,将这人视为权威。唯有相信科学的实质与技巧本质上就是健全的,我们才能把握科学的价值观和科学探寻的技能。①

---

① 迈克尔·波兰尼:《科学、信仰与社会》,王靖华译,南京大学出版社,2004 年版,第 14 页。非常有意思的是,波兰尼与皮尔士二人身处不同的时代,却独立发展了许多极其相近的科学哲学观点;更多有关二人思想之间的关系,可参看 Robert E. Innis, "Peirce and Polanyi: Perceptual Consciousness and the Structures of Meaning," in *Proceedings of the International Colloquium on Language and Peircean Sign Theory*, New York: Burghahn, 1999, pp.531 - 560; Phil Mullins, "Peirce's Abduction and Polanyi's Tacit Knowing," in *The Journal of Speculative Philosophy*, Volume 16, Issue 3, 2002, pp.198 - 224。

第二节　一种自然的科学分类法

依据皮尔士的新观念,科学的范围受到了某种限制,因此此前以科学标榜的种种静态知识体系将不再属于科学;但在另一方面,科学的范围在皮尔士那里也得到了空间扩展,不仅涉及标准的自然科学范围,还包括各种所谓社会科学、精神科学、人文科学等,一切以求真为目的的理论追求都是科学。这些科学代表着通向真理之路,但这些路并非彼此平行,而是相互关联、共同构成知识之树的。

由于科学知识的无限广泛,对于求真者来说,知识的架构至关重要。关于这一点,历史上亚里士多德、康德、黑格尔等大思想家都有过专门的论述,他们都有一种特别的方法论,即建构术(architectonic)。该词最初被亚里士多德用在他的《政治学》中,意指政治学包含了所有知识。但最出名的论述是在康德的《纯粹理性批判》一书中出现的。康德说:"人类理性本质上是建构性的。就是说,它认为我们所有的知识都隶属一套可能的体系,因此,不应该使得有某种我们可以获得的知识不可能与其他知识一起组成一种体系,唯有这样的原则我们才能允许。"[1]他还说:"我所理解的建构术是指构建体系的艺术。由于最初使得普通知识进入科学行列即由纯粹的知识堆积制作成为一种体系的是系统统一性,建构术是有关我们知识科学性的学说,因而必然构成了有关方法的学说的一部分。"[2]早年对于康德著作的阅读,加深了皮尔士对于理论体系重要性的认识,他在《理论的建构》一文中进一步发挥了康德有关建构术的思想:

系统的建设应该根据建构术来进行,这从康德以来就一直受到鼓吹,但我认为此种准则的全部涵义无论如何都并没有得到领会。我所

---

① *Immanuel Kant's Critique of Pure Reason*, Translated by Norman Kemp Smith, Macmillan and Co., Limited, 1929, p.429.

② Ibid., p.653.

要提出的建议是,首先做一次有关人类知识的全面概览,注意各个科学分支中所有有价值的观念,看看每一门科学到底在哪一方面是成功的、哪一方面是失败的,以便通过对哲学理论所获得材料以及每一材料的性质和强度达到完全熟知,进而可以对哲学的问题所在以及解决问题的正确方法进行研究。(EP 1:286;CP 6.9)

这段话中有关"人类知识的全面概览"的工作在皮尔士晚年成为他思想的一个焦点,那就是科学分类法。虽然不能说科学分类法就代表了皮尔士建构术的全部思路①,但皮尔士在科学分类法中把林林总总、形形色色的科学活动层层展示为各门类之间的等级之别(scale),并在自己较为成熟的思想时期遵循这样一种框架,它无疑为我们探求其学术研究路线提供了难得的一张思想地图。

一、科学分类法

科学分类法这个今天似乎已被边缘化到只在图书馆编目学中探讨的一个话题,在现代早期却是某种显学。在 20 世纪初出版的巨作《哲学与心理学辞典》中,对于科学分类法及其价值曾有着这样的描述:

把知识或实证科学的各种不同分支加以系统安排,以便确定它们的定义,测定它们的边界,揭示其间的相互关系,探明有哪些科学任务已经完成又有哪些有待实现。这样一种分类法的价值不仅是对诸多科学进行一次概览以作百科全书或教学传授之用,而且在于它可用作理智进步的一种工具。②

① 皮尔士晚年设计的阿里斯堡在某种意义上就是皮尔士建构术的体现。阿里斯堡的房屋结构当然是立体的,而我们下文将看到的皮尔士的科学分类法顶多只能算是平面的。有鉴于此,有学者在皮尔士已有科学分类法的基础上,结合房屋支撑结构的原理,提出了更为复杂的科学分类图,具体可参看 Beverley Kent, *Charles S. Peirce: Logic and the Classification of the Sciences*, Kingston and Montreal: McGill-Queen's University Press, 1987。

② A. C. Armstrong, "Classification(of the sciences)," in *Dictionary of Philosophy and Psychology*, Vol.1, edited by James Baldwin, New York: Macmillan Company, 1901.

在皮尔士之前的历史上，著名的科学分类法有弗朗西斯·培根的、孔德的。培根采用一种主观的划分原则即对有关各门科学的理智功用作心理分析，譬如，历史涉及记忆，诗歌涉及想象，哲学涉及理性。孔德则试图采取一种客观原则：他一方面根据所划分科学在历史上的自然关联，另一方面按照它们所关涉现象的简单性和一般性的递减，把实证科学分为数学、天文学、物理学、化学、生理学或生物学（心理学乃其中一分支）、社会学。孔德这种逻辑与历史相结合的划分法得到了密尔（John Stuart Mill）等人的热烈拥护，但也遭到了斯宾塞的反对。斯宾塞认为，孔德的划分是不完整的，理论上也不健全。

或许出于从小对逻辑学的偏爱，皮尔士一直注重对事物和概念的敏锐辨别，因为在他看来逻辑学正是区分好坏推理的一门分类性科学。关于科学分类法，皮尔士直接继承发展的是孔德的分类法。①皮尔士看到，我们已经存在许许多多对于科学进行总体划分的尝试，甚至理查森（Ernest C. Richardson）《划分法：理论上的与实践上的》一书列出的 146 个体系也是相当不完整的，因为划分者的意图各不相同，他们对于何谓科学以及何谓划分的理解更是大相径庭。（CP 1.203）这些划分方案中有许多都存在两个问题：一是由于它们所划分的更多不是实际存在的科学门类而是各种"可能的科学"，因此其中自以为是地提到的一些科学我们完全未曾听到过；二是它们所划分的科学很多只局限于划分者时代所存在的知识体系，致使各个时代都有各自不同的划分体系。与此不同，孔德的科学分类法则是基于历史上真实存在的被划分对象的基本关系而进行的；而且，在孔德分类法中，各门科学构成了一种伸向真理之井的梯子，每一科学通往另一科学，更为具体和特殊的科学从更为抽象和一般的科学那里获得根本原理，更为抽象和一般的科学从更为具体和特殊的科学那里获得归纳材料，这种有序性排列显示出科学之间一种更为合理的等级关系。但在皮尔士看来，孔德分类法简单化地排除了形而上学等哲学科学，这使得他的划分不够完整。依循孔德分

---

①　值得注意的是，虽然皮尔士在科学分类法上对孔德赞赏有加，但对于孔德以实证主义排斥形而上学的做法，他却不遗余力地加以驳斥。

类法有关逻辑与历史相统一的基本精神,皮尔士把科学主要看作探究者共同体的具体事务,进而在孔德之后发展了一种更为自然的科学分类法。不过,在介绍他有关科学的自然分类法之前,我们有必要先看看,何谓自然的分类。

二、自然分类法

分类(classification)的核心概念是类(class)。通常意义上,类①乃世界上符合某种描述的不论任何对象的总体。自然类(natural class)被皮尔士界定为这样的一个类:其所有成员能作为该类的分子或具有该类的本质特征而存在,都归因于一个共同的目的因;也就是说,自然类是由目的因决定其成员之存在的类。

谈到目的因(final cause)②,近代以来有一种陈旧的观念认为,自然界中只有机械法则而没有目的因;但若是这样,自然选择以及一切形式的演化都将不复存在,因为所谓演化正是说有某种确定的目的得以实现。皮尔士指出,之所以持有那种观念,主要是有些人把目的因简单地等同于人心中的意图,但实际上目的因并不必定就得以有意识的人之意图的形式起作用,譬如,许多自然现象的"命运"(fate)就是一种目的因。在亚里士多德的动力因与目的因相区分的意义上,皮尔士进一步把目的因刻画为三个特征:第一,目的因是一般的,即它所引起和实现的只是某一**种类**的结果。意图乃起作用的欲望,而欲望总是一般的,我们所欲求的总是某一类型的事物或事件。譬如,我们需要照明,这只要求某种装置能提供光明,而不必是电灯。第二,

---

① 显然,自然科学或哲学中的"类"比博尔查诺(Bernard Bolzano)、康托等数学家那里的"集合"(aggregate 或 set)具有更强的要求,因为在后者那里,元素对象具有任意性,只要其每一个元素只代表一个对象,元素位置改变无关紧要。

② final cause,直译为"终极因",在中文关于亚里士多德的文献中习惯性地翻译为"目的因"。在皮尔士那里,同源词还有 final causation 或 final causality,笔者在本书中一律依照惯例译为"目的因"。不过,也有皮尔士学者强调在 cause、causation 及 causality 之间具有重要区分,具体可参看 Menno Hulswit, *From Cause to Causation: A Peircean Perspective*, Kluwer Academic Publishers, 2002。

目的因是模糊的，即往往具有某种可变性。譬如，为了点上油灯，两个人可能出于方便选用不同的油品，但不管怎样都达到了"点上油灯"之目的；同一个人通常更喜欢吃牛肉而非猪肉，但他也会认为，偶尔有点猪排会比每天煮牛肉更好吃，这并不妨碍他一般性地表示"喜欢吃牛肉而非猪肉"。变化是我们生活的调味品，自然界总比我们个人更富于变化。第三，目的因的实际实现途径往往会因具体场合而达不到理想的满意度。譬如，理想的照明灯可能要求能无限调节亮度而又不产生任何其他副作用，但与此略有差别的一种灯可能就很好了，通常越是接近于理想状态就越是好；更重要的是，现实中可能有一种照明灯最有利于眼睛，却对我们身体其他部分不利，或者代价过于昂贵，我们最终的选择可能只是一些折中或妥协的结果：它们聚集性地分布在某些中间指标周围，有的不满足这一指标，有的不满足另一指标。①（EP 2：117 - 120；CP1.204 - 210）概括起来讲，目的因是"一种产生事实的模式，据此有对结果的一般描述得以出现，但完全不考虑结果以某某特殊方式发生时的任何强迫性"。（CP 1.211）也就是说，目的因所决定②的只是其结果要具有某种一般特征，但并不能确定这种一般结果要以什么特殊方式发生。在这一点上，动力因（efficient causation）与之相反，因为动力因正是由当下特定事物状态所决定的强迫性，这种强迫性直接促成一种完全确定化的形势转变，但并不关心其结果是否具有什么一般特征。目的因总是伴有动力因，犹如法则总是伴有强力。没有强力加以贯彻的法则，就像是没有执行官的法庭，其所有律令都会蒸发殆尽；同样，没有动力因的目的因也是无助的和难以想象的。另一方面，剥离了法则形式的目的因的动力因将不再拥有效力（efficiency），它尽管可以发挥力量，而且有某种东西会在它之后（post hoc）发生，但绝不会有某种东西因之（propter hoc）而发生：所谓"因"隐含着潜在的律则，而后者又隐含着法则以及目的因的作用。没有目的因的动力因将只是一片混沌，甚至连混沌也算不上，因为没有一般性法则暗

---

　　①　正基于此，皮尔士认为，我们可能会很难把两个真正的自然类截然分开，因为分属不同自然类的两个个体可能由于各自均偏离理想状态而看不出异样的"目的因"。这时，我们往往还需要更多的信息，才能把彼此融合的自然类区分开来。

　　②　determine 这个词在皮尔士那里的意义并非机械、严格的决定。

藏于背后的东西对于我们只是绝对的虚无。然而,需要强调的是,目的因作为一种具有生命力的观念,并非只是某某个人心中的创设物①,相反它有能力找到或唤起②自己的媒介工具即动力因,并使得这些工具产生真正的效力。因此,在某种程度上,我们可以说,正是目的因决定③了自然事物的存在。

明白了目的因对于自然类的核心地位,我们接着要看:要探明一种自然类,该在哪里找到目的因呢? 一种很容易被提出的方案是借助于定义,因为我们大都是通过"属加种差"这样的抽象定义来界定一个类的。④但这种方案对于自然类并不合适,并非每一个类其分子都是由于目的因的积极作用而获得存在的,因而通过抽象定义所界定的类并不一定就是自然类。实际上,有许多人坚持把具体的人解剖还原为一些基本粒子或一些组织器官的运作,这只涉及动力因,即只告诉我们各个部件如何工作,完全没有谈到目的因。须知,目的因重在由整体引出部分,它强调的是各个部分只有在类的整体观念下才能说作为类分子而存在。为此,皮尔士提醒我们:自然类每一分子都因类观念的目的因作用而获得存在,这一点所说的正是"自然"一词的用法。natura 一词最初就具有"出生"(birth)之意,而且它所指的更多是类似植物一样的生产或发源,并不一定涉及特定的祖先。也就是说,所谓自然,其实就是哲学发生学(而非生物遗传学)意义上的遗传(inheritance)。这种遗传性不限于宗谱学范围,它主要是一种法则而非强制力;因为后继与前

----

① 在皮尔士的形而上学中,观念具有一种潜存(being in futuro),为了达到完全存在,它需要具化在身体(或灵魂)上(embodied 或 emsouled)。但是,观念并不属于身体或灵魂,相反是身体或灵魂属于观念。身体或灵魂为观念所能做的犹如植物纤维质为玫瑰之美所做的一样,就是说,它只为其提供机会,就像法庭上的执行官和法律武器之于法则一样。

② 皮尔士这里当然不是指观念能凭空创造出一种新物质,他只是说观念能赋予个体一种有机存在即一种生命力。

③ 笔者认为,萨特(Jean-Paul Sartre)存在主义哲学的一个核心正是他与机械力学不同的因果决定理论,如果我们能在目的因的意义上来理解萨特所谓"选择决定人的本质"的名言,其理论将能获得更为深层次的认同或理解。

④ 这里,皮尔士并非完全否定抽象定义的价值。他主要是强调,我们不应该通过定义来发现自然类;但这并不排除我们在发现自然类后再对它们进行界定,并通过这种定义引导我们看自然类之间的界限是否合适。

身之间只是一般相似(general resemblance)①,构成遗传特征的也只是这种一般相似,它并非由某特定力量强制产生。这种特征与目的因的基本特征相吻合。因此,我们不应该在抽象定义而应该在遗传起源方面寻找目的因。于是乎,所谓自然类,其实就是"这样的一个家族:其各个成员都是某种观念的后代和媒介,它们从该观念获得独特的功能"(CP 1.222);所谓自然分类其实就是,根据一些观念对起源于这些观念的诸对象所作的一种安排。(CP 1.231)

　　所有自然的分类都是要试图发现被划分对象的真正起源(the true genesis),有关科学的自然分类也正是如此。由于自然分类主要涉及遗传起源过程,皮尔士反对把科学作为固定知识体系的说法而坚持把科学作为科学人共同体探究真理的一种动态过程,试图根据各科学探究活动的起源来对诸科学进行分类。但这里的"起源"一定不能理解为一种动力因过程,而要理解为一种目的因过程;也就是说,真正的起源"乃基于观念的产生过程"。(CP 1.227)某些科学可能部分地产生自另一些科学,因而它们之间具有明显的亲缘关系。譬如,波谱天文学的祖先有天文学、化学和光学。但这些宗谱学意义上的遗传性并不是任何科学的全部起源或主要起源。总体来看,每一种科学都有自己独特的观念即问题,这些问题源自具体生活传统中的一些实用技艺或被认为有用的技艺。譬如,几何学起源于土地测量术,天文学源于占星术,化学源于炼丹术,等等。当我们从事几何学研究时,我们所接受或传承下来的实际上是为解决某一类问题(如应对洪水、建造金字塔等)所发展的一系列生活技艺。也就是说,科学本质上是一种生活方式,正因为如此,我们在对科学进行自然分类时,一定要铭记:"科学是由其问题来界定的。"(CP 1.227)所谓界定一种科学其实就是要刻画其独特的问题及生活传统。与此同时,我们发现,在理论科学方面,除了某些最为抽象的科学是直接源于具体的生活技艺,其他更多科学还要求助于更为抽象的科学的规范指导,才能最终明确自己的自然观念,消除可能存在的人为性。譬如,

---

　　①　这里的"一般相似"当然类同于今天因为维特根斯坦而广为人知的"家族相似"概念。事实上,皮尔士在维特根斯坦之前已用到"family resemblance"(CP 1.29)或"family likeness"(CP 2.156)等词语。

人们可能在了解生理学的一般法则之前就已经开始研究各种不同的动植物种类,但只有在掌握生理学家的发现后才能真正理解分类生物学,只有在那时,对于软体动物的研究才不再只是贝壳学。因此,在强调科学的目的因都直接或间接由其在具体生活中的问题所表示时,皮尔士还指出:许多科学之问题是"根据更为抽象的科学加以清楚阐明的"。(CP 1.227)这一点,也正说明了孔德由抽象到具体的划分原则的合理性所在。

三、皮尔士对于科学的自然分类法

根据上述有关自然分类的思想,皮尔士晚年在前人的基础上尝试性地提出了多个有关科学的自然分类法。通常认为,皮尔士 1903 年在《有关某些逻辑论题的教学提纲》中所提出的分类法,代表了他更为成熟的思想观点;但由于该提纲中有许多内容未加展开,笔者将同时结合他 1902 年《小逻辑》手稿中的相关论述加以补充,最终希望展现皮尔士的一种独特的科学分类法构想。

首先,所有科学形成一个自然类,其目的因在于"全身心地探究真理"这一核心问题:所有科学人根据这一观念,借助于一种恰当的方法,基于他人已有的前期成果,在不断寻求合作中,努力发现真相。其次,皮尔士立足于不同领域科学人所体现的目的因观念之特点,采用多次划分的方法,给出了类似于生物学中"门""纲""目""科""属""种"的层级式结构模型(图一)。

对于图中几个主要划分,对照着上文有关自然分类法的基本思想,我们做以下说明。

第一,科学的三大王国是发现型科学(Science of Discovery)、实践型科学(Practical Science)以及述评型科学(Science of Review),这主要反映的是科学活动基本意图上的差别。发现型科学是为着真理而探求新的真相的科学,又称为探索型科学(Heuristic Science)或解说型科学(Explanatory Science),我们今天通常所谓的科学中有大多数都属于这里。[1]实践型科学是

---

① 　这种纯理论科学的作用在于为新的实验提供可能的条件,并不妨碍它们成为人类行动的决定因素。

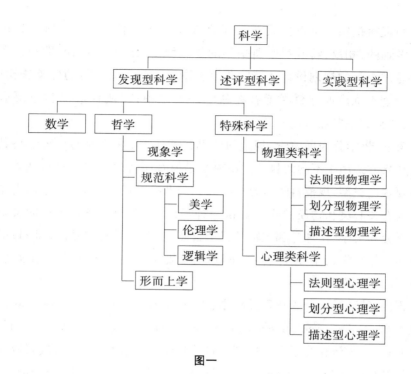

图一

"不够纯粹的"、带有某种生活用意的科学,我们实际生活中的大量工艺或技术,譬如教学法、锻金术、礼仪学、印刷术、密码破译术、大众算术、雕刻术、航海术、图书馆工作等,就其可上升为科学研究而言,都归在这里。而述评型科学(又称回顾型科学)则介于前两者之间,主要是对发现型科学的成果进行排列设计、消化吸收,以形成一种有关科学的哲学观。这其中既包括孔德的《实证科学》、斯宾塞的《综合哲学》等所谓"最终哲学",也包括各种词典工具书、学校课本等等,科学分类法本身也归在这里。

第二,发现型科学分为数学、哲学及特殊科学,这主要是根据科学探究时所采用的观察方式不同。数学根据抽象的知觉对象在想象中构建起图像,然后对这些图像进行观察,看什么是以及什么不是逻辑上可能的;这是一种非常独特的观察方式,因为它只是从所设定的假说得出结论,而不关心某可能性在现实中是否存在。哲学和特殊科学都涉及现实世界,都算是实证科学,但二者的观察方式不同:哲学所采用的是一种共通的观察方式,即这种观察是每一个正常人在大部分清醒的时候不必运用任何工具仪器都能做到的;相反,特殊科学所采用的是一种专门的观察途径,即观察者通常要通过专门的规划设计才能收集到新事实。与今天流行的分类法相比,皮尔士毫不犹豫地把哲学增补在科学序列之中;在他看来,"哲学要么是科学,要么就是胡扯"①。

　　第三,哲学分为现象学、规范科学和形而上学,这反映的是哲学将其独特的观察方式用于不同的目的。现象学是要查明普遍存在于日常现象之中的诸要素之类型,规范科学是要把应然的与非应然的区分开,而形而上学则是要为有关心灵和物质的宇宙提供一种解说。②同样地,皮尔士继而又把规范科学分为美学、伦理学和逻辑学三个自然类:美学乃有关理想(ideal)的规范科学,伦理学乃有关操行(conduct)的规范科学,逻辑学乃有关思想(thought)的规范科学。

　　第四,特殊科学分为物理类科学(the physical sciences 或 physiognosy)与心理类科学(the psychical sciences 或 psychognosy),这当然是广义上的物理学和心理学,大致相当于今天所谓的自然科学与社会科学之分,或者物质科学与精神科学之分。这种划分,显然是着眼于研究对象的不同,或更准确地说,着眼于研究对象的不同侧面。在物理类科学与心理类科学这两大分支之下,根据关注点的不同,各自又分为法则型的、划分型的、描述型的:法则型物理学或法则型心理学是要发现那些无处不在的物理现象或心理现象,总结出一般法则;划分型物理学或划分型心理学是要对诸物理形式或心理形式进行划分,并运用一般原理对它们进行解释;描述型物理学或描述型心理学是要对个体化的物理表现物或心理表现物进行刻画,并运用原理法则对它们做出解释。

　　第五,总体上看,其中的层级结构反映着诸科学之间的一种依赖关系,即位居下方或右边的、更具体的科学依赖于位居上方的或左边的、更抽象

①　Quoted in Ralph Barton Perry, *The Thought and Character of William James*, Vol. 2, Boston: Little Brown & Co., 1993, p.438.

②　皮尔士接着又把形而上学分为一般形而上学(即本体论)、心灵形而上学(关注有关上帝、自由、不朽等问题)、物理形而上学(讨论有关时间、空间、物质、自然律等的本性问题)。

的科学。①图一显示许多划分都采用一种三分法，此乃科学之间依赖关系的明例："三个分部中第一个涉及普遍元素或法则，第二个把诸形式分成类并试图让它们受制于普遍法则之下，第三个则涉及具体的细节，对个体现象进行刻画并试图对它们予以解释。"②（CP 1.180）当然，并非每一次划分都是三分，有时中间的分部可能没有，但各分部之间的依赖关系大致类似于此。另外，虽然是显而易见的因而似乎有点多此一举，但笔者还是要指出：每一门科学自有其独特的观念，从根本上看正是这种独特观念赋予其存在资格；因而，各门科学之间的依赖关系绝不意味着要把某种科学还原为另一种科学，科学的自然分类恰恰是要表明诸科学之间是相互作用而非相互替代的。以哲学科学与诸特殊科学之间的关系为例，我们常说天文学、物理学、化学、生理学、心理学、社会学等特殊科学是逐步从哲学这一知识总汇中独立出来的或者说它们是由哲学孕育而来的，其实也就是皮尔士所说的哲学科学为特殊科学提供理论支撑；但一定不能忘记，问题的另一面是，哲学一开始而且一直都需要各个特殊领域的科学探究为自己提供归纳材料。所谓特殊科学为哲学科学提供归纳材料是指，各特殊科学作为一种独特生活方式，通过它们在实际工作中所发现的新经验，成为促使哲学科学进一步概括总结的新"数据"。

　　毋庸置疑，皮尔士的自然分类法为我们提供了一条遍访科学大厦的路径，从而有助于我们把握科学的统一。当今社会，再也没有比科学之名更加显赫的了，再也没有比科学事业更加繁荣的了；然而，随着科学的分化趋势加剧，科学名目杂多，专业之间的壁垒进一步增多，这使得系统把握任何一门科学都几乎成为不可能，更不用说要去把握整个科学大厦了。不过，当面对各种"伪科学""反科学"甚或"相对主义科学观"的声音时，我们又不得不把各种门类的科学统一起来，结成联盟，寻求共同理解，进而澄清科学本身

----

　　①　皮尔士之所以坚持孔德由抽象科学到具体科学的原则，其中还有一个主要理由可能是：在抽象科学中所处理的对象往往并非抽象分割和简单化的东西（譬如黑格尔思辨体系由以出发的纯有），而恰恰是为我们日常生活中所熟悉的、更为复合无分的现象（譬如，午后花园里坐在树下的某个人）；显而易见，比起经过人为干扰的处理结果，生活中的这些原初现象更贴近我们的心灵理解力。参看 CP 8.112。

　　②　读者在后文将看到，皮尔士这里偏爱三分法与（本书第三章第三节）他关于第一性、第二性和第三性的范畴理论有内在关联。

的真实本性。在上述分类法下,不仅有今天我们通常所谓职业科学家所从事的工作,而且有各种人文科学,有现象学、逻辑学、伦理学、美学、形而上学,甚至还有各种类型的评论性科学、实践科学;而这些在不同领域从事研究的人群之所以作为科学人而存在,只是因为其拥有共同的一种观念,即全身心地探究真理。这种为科学所独有的观念,是科学发展的目的因,也是科学人的独特的生活方式。不同的人为了一个共同的目的走到一起,正是这种统一的科学观念给予了他们"科学人"身份。①当然,正是科学在本质上乃人的一种**独特的**生活方式,因此皮尔士并未把生活中的所有事务都归在科学名下。此外,也正是由于科学本质上乃**人的**一种生活方式,我们在下文将看到,皮尔士把可错性(fallibility)作为科学的一个主要特征。②

第三节　逻辑作为科学分类法中的一门哲学科学

　　形式方面的划分,往往能揭示实质上的关联。况且,在逻辑学中,定义理论与划分理论原本就具有紧密联系,划分乃走向更清晰定义的一条重要途径。皮尔士的自然分类法设想包含了他许多有关科学本性的哲学考虑。特别是,以有关科学的自然分类法为参考框架,深入考察逻辑学与其他理论探究的关联方式,有助于我们从根本上、总体上思考"哪些科学处在逻辑学之外""逻辑学与诸相关科学之间的关系如何""逻辑学处在什么样的一个上下文"等问题。

　　现在,为了能把讨论更多聚焦于哲学特别是逻辑学,我们将上一节中的分类图作局部放大处理,如图二所示。

---

　　①　读者可以发现,皮尔士这里所提出的"科学统一性"与维也纳学派成员纽拉特(Otto Neurath)等人编写《国际统一科学百科全书》时的科学观具有显著不同,因为前者的"科学"完全没有后者的那种实证主义狭隘性。

　　②　皮尔士警告我们:在现代社会中,科学团体中的不可错论倾向比宗教社会中可怕得多。参看 CP 1.8－9。

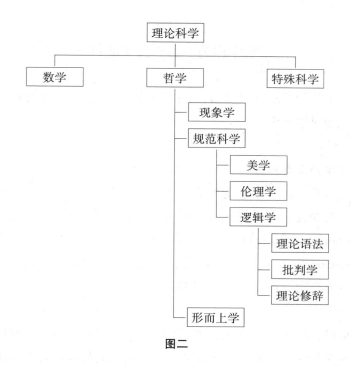

图二

　　从中查看逻辑学的地位,至少可以看到:(1)逻辑学被归在哲学之中而非哲学之前,位于哲学之前的只有数学;(2)即便在哲学内部,逻辑学也不是处在第一位,形而上学倒是排在逻辑学之后,但在逻辑学之前还存在着现象学这一哲学分支;(3)逻辑学自身也是一个复杂的学科体系,其中不仅有关注论证有效性的批判学(即今天通常意义上的逻辑),而且把理论意义上的语法和修辞也包括在内。这三点作为对皮尔士独特逻辑观的一种定位,我们将逐个加以分析。对比今日一些流行的关于逻辑学性质的意见,发掘皮尔士对逻辑学这一自然类的论证,我们将能看到一个既有所主张(即能为一些科学提供根本原理)又有所保留(即一些科学并不依赖逻辑学所提供的原理)的科学部门,一个既充分包容(即包含有许多标准意义上并不属于逻辑的内容)又严格限定(即逻辑学有着自己独有的目的,偏离这一目的就不再是逻辑学)的研究领域。

一、哲学作为一种广义实证科学

从皮尔士的分类法可以看出，数学乃发现型科学中最为抽象的一种科学。就发现型科学来说：

> 数学涉及其他每一门科学，哪个也不例外。没有什么科学不带有数学的应用。这一点不适用于任何别的科学：由于所有其他科学都需要探明到底什么（不论是作为个体事实还是作为种类或法则）才是实证为真（positively① true）的，而纯粹数学对于一命题是否在实存意义上为真（existentially true）毫不关心，因此纯粹数学不会把任何其他科学的应用作为自己的一部分。（CP 1.245）

换句话讲，面对生活实践的需要，数学并不直接研究事实，但它能为研究事实或日常现象的各种实证科学提供一种简化的但足以具有表现作用的模型；在此意义上，数学与实证科学之间的关系正如模型与其所刻画现象之间的关系。也正因为如此，每一门其他科学都带有一种数学部分，譬如，数理物理学、数理经济学、数理逻辑学等，这些并非实证科学本身，而只是一种应用数学。

相比之下，虽然哲学仍旧是抽象的，但它与特殊科学同属于实证科学范畴。当然，皮尔士这里对于实证科学的用法属于广义上的观察科学，不同于孔德的那种狭义版本。为了明白皮尔士这里的所指，我们必须引入边沁（Jeremy Bentham）的一组术语：cenoscopy 和 idioscopy。②cenoscopy（词根 scopy

---

① 在皮尔士的时代，positive 不仅用来指今天狭义上的实证科学即自然科学或社会科学，而且多用来刻画哲学上依赖于现象观察的事实。皮尔士对实证科学给出的定义是"寻求实证知识的一种探究"，而所谓"实证知识"就是"可以通过直言命题（categorical proposition）得到方便表达的那种知识"。（EP 2:144）

② 在皮尔士科学分类法中，用以显示科学类别的后缀名除了这里的-scopy，还有-gnosy（如physiognosy），以及今天人们所熟悉的-ics（如 metaphysics）、-ology（如 physiology）、-onomy（如astronomy）。考虑到皮尔士对于术语伦理学的强调，这些有差别的后缀名的选择使用，或许反映出皮尔士对各门类科学的不同定位。

意为"观看"，前缀 ceno 意为"共同"；据此，本书暂译为"通识科学"）意指哲学科学所采用的一种共通的观察方式，即，这种观察是每一个正常人在大部分清醒的时候不必运用任何工具仪器都能做到的，之所以有些人留意不到这种方式，主要是因为它弥漫于我们整个生活中，犹如永远戴着蓝光眼镜的人很快就看不到蓝色调一样。idioscopy（前缀 idio 意为"专门"，据此本书暂译为"专识科学"），意指特殊科学所采用的一种专门的观察途径，即，观察者通常要通过勘探或某些感官辅助工具并以高度的细心才能收集到新事实。（CP 1.241 – 242）也就是说，哲学是与特殊科学或狭义实证科学有着不同观察方式的广义实证科学。关于哲学作为通识科学的历史渊源，皮尔士指出：cenoscopy 是与 18 世纪常识哲学具有类似倾向的一种科学，它不像 idioscopy 那样重在发现新现象，而是侧重于对日常现象即普遍经验迫使我们每一个人所认同的那些东西进行分析，"此种普遍经验可能达不到显微镜下的精确性，但每一个从事实验的人都会认为它们大体上是真实的，因此它们要比任何实验室的实验结果都更为确定（certain）"①。（CP 8.198）皮尔士在当时的哲学界经常把自己称作与"学院哲学家"（seminary-philosopher）有别的"实验室哲学家"（laboratory-philosopher），对此如果能从这里关于通识科学与专识科学的区分来理解，将获得一种比惯常说法更为深刻而明确的意义，即所谓实验室哲学家并非指哲学家一定要拥有化学仪器等并借此开展哲学研究，而是指哲学家不得不进行与化学家不同的另一种观察实验。

总之，作为通识科学，哲学被提升到一种既不同于数学，又不同于特殊科学的地位：其工作在于"探明所有可从我们每个人生命中每一清醒时刻所面对的那些普遍经验中找到的东西"，尽管"哲学这门科学奠基于那些极其渺小的普遍现象，但每一门特殊科学只要想达到某种结果的话，它就应该在运用显微镜、望远镜或任何拿来作为获致真理的特殊手段之前把这点东西考虑在内"。（CP 1.246）因为，通识科学虽然不采用显微镜、望远镜、航海旅行、发掘术、透视眼、异常经验见证等这些"对于哲学来说实质上乃多余"的东西（EP 2:146），但

---

① 正是在此意义上，皮尔士指出狭义的实验室实验的作用是有限的。譬如，倘若要通过实验室内部的实验来查看大自然是否具有齐一性，就好比向大海中放入一茶匙的糖精以便大海变甜一样。（CP 5.522）

它所观察到的事实是任何怀疑主义哲学家都难以真正产生怀疑(当然不是仅仅停留在纸张上的伪怀疑)的日常事实;从某种意义上,它们恰恰是任何有价值的怀疑所由以开始的地方。大体上,这样的哲学科学主要具有五个特征:(1)其与数学的差别在于,它是对于实在真理(real truth)的探求;(2)它从经验中获得前提(premises),而非如数学那样仅仅从中获得暗示(suggestions);(3)它与特殊科学的差别在于,它不把自己限于实存(existence),同时还关注潜在(potential being)的实在性;(4)它用作前提的那些现象并非可用显微镜或望远镜观测到或者需要训练有素的观测力才能探查到的特殊事实,它们乃处处渗透于我们所有经验之中以至于不可能看不到的一些普遍现象;(5)由于哲学用作前提的那些现象的普遍性以及其理论对于潜存的关注,它的结论便具有某种实质上(而非纯形式上)的必然性,即它们所告诉我们的并不仅仅是万物实际情况如何,而是从本性上看万物情况必定(must)怎样。(RLT 115)

二、逻辑学的实证科学特征

把哲学科学的上述特征刻画应用于逻辑学这一分部,很显然,逻辑学也具有一种独特的观察方式,即侧重于对普遍现象本身进行分析。这也正是逻辑学关涉事实进而关涉实在真理的独特方式:逻辑学对个别的具体知识毫不关心,却侧重于对人类思想的普遍现象加以分析。在下文谈到的指号学的意义上,我们将看到,逻辑学其实就是有关指号的一种通识科学。(CP 8.343)

把历来以形式逻辑为代名词的逻辑学作为一门实证科学来处理,其革命性有甚于把哲学总体作为实证科学来看待。对于把通常以规范性为首要特征的逻辑科学作为实证科学,一种常见的质疑是说,规范科学所研究的不是实然问题而是应然问题。对此,皮尔士的答复是:正是通过断定一些实证的、直接的事实,规范科学才有能力表明所谓好的东西确实为好;而且规范科学所要给出的有效理由、正确行动、美好理想也正是源自那些事实断定的。只是需要注意,这里所谓的实证事实主要是有关人类日常现象的,而非某特殊科学的新奇发现。(EP 2:144)不仅如此,在皮尔士看来,逻辑学具有鲜明的实证特征,这是他长期从事科学逻辑研究所得出的结论,也是他自己从事逻辑教学工作所得到的体会。

早在 1877 年,皮尔士在"科学逻辑阐释系列"之《信念的确定》一文中就指出体现在拉瓦锡(Antoine Lavoisier)化学工作中的推理新概念。他说:

> 过去化学家的格言是"阅读,阅读,阅读,操作,祈祷,然后重新阅读"(Lege,lege,lege,labora,ora,et relege)。拉瓦锡的方法不是阅读然后祈祷,**不是**想象某一长期而复杂的化学过程将有某种效果,然后枯燥却耐心地将其付诸实践,在经历不可避免的失败后,再想象对其做某种修改后它会有另一种效果,最后便把新近的想象作为事实公布出来。他的方式是,将其想法投入实验室,然后把蒸馏器和葫芦作为思维工具,通过代替语词和构想而对实物进行操作,展示一种新的推理概念,即推理被视为睁大眼睛去做的一件事情。①(W 3:243 - 244; EP 1:111)

1887 年在约翰·霍普金斯大学做逻辑教师期间,皮尔士反对在教学中做过多机械的逻辑练习题,倡导要让逻辑学更加贴近人的实际推理过程。关于自己所要传授的新逻辑,他谈道:

> 我一定会被认为是形式逻辑的极端党徒,而且我开始时就是这样的。但是,对于关系逻辑的研究让我从这一错误信念中转变出来。形式逻辑所主要关注的对象乃推理中最不重要的部分,这个部分很呆板甚至能由机器来操作;它还自以为那就是我们心灵过程的全部所在。就我来说,推理是对关系的观察,主要是借助于图表之类的东西。它是一个活生生的过程。这就是我开展推理术教学时的观点。我查出并纠正

---

① 这段话中"不是"二字的强调字体为笔者所加。之所以突出这一点,是因为哈佛版《皮尔士文集》(CP 5.363)在此出现了印刷错误,即把"not"误写为"but"(编者哈慈肖恩等人的注释也有误导);直至最后一卷出版时,编者波克斯才在"1—7 卷勘误表"中指出这一错误。(CP 8, p.257)再后来,编年体版 W 和 EP 均已避免这一错误。不过,这一印刷错误曾在一定范围传播开来,并很可能在读者群中造成了困惑或误解。有关这一错误的详细讨论,参看 Marcus G. Singer, "Peirce: Not 'But' But 'Not'," *Transactions of Charles S. Peirce Society*, Vol.17, No.1, 1981; Marcus G. Singer, "Not 'But' But 'Not': A Note," *Transactions of Charles S. Peirce Society*, Vol.18, No.3, 1982。

学生的不良思维习惯;我教育他们推理不是由大脑独立进行的,而需要眼睛和手的协作。我让他们明白,推理就是一种实验,在实验过程中,我们不靠明明白白的外部自然规律得出结果,而是依赖均等潜藏于我们内心的结合律。我引导他们认识这种实验的艺术。我使他们熟练运用各种有助于展开想象的图表和设计。我向他们指出抽象思维到底在推理过程中扮演什么角色——其实只是极为辅助性的作用。(W 6:xxix-xxx)

晚年,在提交给卡耐基学院基金会的申请书中,皮尔士得意地回忆起自己逻辑观念的革新:

我在孩提时就侵染了实证科学尤其是严格科学的精神,而且很早就对科学方法理论具有浓厚的兴趣;结果,在我大学毕业后,于 1859 年,我决定一生专心从事此项研究。虽然,实际上,与其说是一种决心还不如说是一种压倒性的激情使然。……由于我把逻辑学视为一种科学,就像各种物理科学一样……让自己的研究尽量特定化、精细化、严格化而且能够接受经验的检验,同时由于事实上此前逻辑学很少被这样研究过,诸多新发现在我身上如洪水般涌现,令人目不暇接。(PL 283)

对于此种新观念将为当时整个科学事业带来的推进作用,他充满信心:

我相信,科学正步入一个关键点,此时极其需要有一种真正科学的逻辑学能够带来影响。从前景上看,我认为科学即将进入一个有点像青春期的阶段。它陈旧而纯物质主义的观念不再适用;然而,很明显,要采用任何其他观念都不可避免包含重大风险。在这样一种时候,方法论的概念将产生决定性的影响力。(PL 283)

在笔者看来,皮尔士对于逻辑学的实证科学定性不仅代表了逻辑学理论本身的创新,同时也是对于逻辑科学新研究方式的呼唤。因为皮尔士还强调,逻辑学首先要做的是从鲜活生动的成功推理实践(可以包括一切科学探究活动)中去学习,而非从某个既定的演绎逻辑观或归纳逻辑观去对推理实践"生搬硬套""评头论足"。这在某种意义上为逻辑学的成长找到了更广阔的土壤:逻辑学需要有自己的生长环境,这种环境绝非局限于某种纯粹的逻辑学圈子内部,而是一种开放的科学经验环境。逻辑学的发展不能仅仅依靠现有的逻辑教材,它总是要根据新经验(包括新的内容、新的方式等)不断丰富和完善自身。总体上,应该说,皮尔士的新逻辑是一种特殊类型的经验逻辑,因为它强调逻辑离不开人的真实经验①:或者其他各类科学为逻辑学提供了方法上的训诫,或者逻辑推理过程本来就是人的一种经验。我们在第三章中还将看到,皮尔士甚至把逻辑与思想演化建立联系②,他说:"演化,本身就是逻辑的公设;因为所谓**解释**不过是拿简单的假设来说明复杂的事物状态。"(PL 174)

三、逻辑学作为规范指号学

皮尔士的新逻辑不仅属于广义实证科学,而且其所谓的逻辑学堪称历史上最广泛意义上的逻辑学。我们看到,在皮尔士那里,一切思想都是通过指号而进行的,因此作为规范科学的逻辑学其实就是规范指号学(Normative Semiotic)(CP 2.111),它是有关指号的一般法则的科学。如果说规范科学总的来说是关于万物符合目的之法则的科学,而美学所要考察的那些东西其目的是把感觉特性体现出来,伦理学所要考察的那些东西其目的在于行动,那么逻辑学所考察的那些东西(即指号)其目的就是要表征某物(represent something)。(CP 5.129)于是,如上文科学分类图(图二)所示,作为指号学的广义逻辑学,根据指号关系的不同侧重,又分为理论语法(Speculative Grammar)、批判学(Critic)和理论修辞(Speculative Rhetoric)三个部分。皮尔士意识到,

① 皮尔士所谓的"经验"无疑是广泛意义上的。对于逻辑学家需要关注的"经验",他曾给出这样一种定义:"经验可被界定为由我们的生活进程迫使我们确信的观念之总和,它们颠覆了所有的思想随意性(free-play of thought)。经验的权威在于这样一个事实,即它的力量不可能受到抗拒;它是无以抵挡的洪水。我们应该受经验'指导',这一准则等于是说,对于我们最终不得不屈服的东西,我们将从一开始就经济合理地做好服从。"(CP 7.437)

② 此种与思想演化(the Evolution of thought)有关的逻辑,皮尔士后来称其为第二意念逻辑(Second intentional Logic)、客观逻辑(Objective Logic)或纯修辞(Pure Rhetoric)。

有一种惯常意义上的逻辑学(Logic Proper),它从一些基本设定出发,譬如,每一断定要么为真要么为假,有些命题可被认识为真,然后研究论证的成分,并对诸论证进行划分,确定每一类论证的有效性和效力程度。①但他同时指出,"惯常意义上的逻辑学是对于论证的批判,是断言论证为好抑或坏"(CP 5.108);虽然一般人都认为这种理论包括了整个逻辑学,但实际上批判论要比"逻辑学"更适合作为这一部分逻辑学的称谓,或者应该更准确地称之为批判逻辑(Critical Logic)。正如他所言:

> "Critic"(批判学)一词在英语中由洛克(John Locke)所用,在德语中由康德所用②,而在希腊文中由柏拉图所用,用来指判断的艺术,就如"logic"(逻辑)那样产生。我愿将我的论文不以逻辑作为标题,因为当前文献所提到的那种逻辑是一门无用之极的技术,它使人变得小题大做,吹毛求疵,而忽略掉了重要问题,它指责所有真正有价值的推理,只承认那种着实儿戏的推理。③(CP 3.404)

惯常意义上的逻辑学是从一些基本假定而对论证进行批判的,因此在此之前我们得考察在什么意义上以及如何可能存在真命题和假命题,还要考察任何一种思想或指号要能有所断定必须满足什么样的一般条件。皮尔士指出,这些问题最初由康德在《纯粹理性批判》一书中提出来,但在此之前邓·司各脱所提出的理论语法(Grammatica Speculativa)则是更为重要的工作。④于是,理

---

① 即便皮尔士这里所谓狭义上的逻辑学,也远远超出今天标准现代逻辑的范围,因为其所涉及的论证形式并不限于必然的演绎推理,而且还包括或然性的归纳推理及外展推理。

② 皮尔士把康德的《纯粹理性批判》看作一部典型的逻辑学著作,因为该书主要关注分析判断和综合判断二者之间的逻辑区分。他还注意到,康德有时把"批判"拼写为"Critik"而非德语常用的"Kritik",这表明他的这个词是由霍布斯(Thomas Hobbes)、洛克的"Critic"一词借用来的。为此皮尔士提出要用具有逻辑之意的"Critic"(而不是"Critique")来翻译书名,即"Critic of the Pure Reason"。许多年之后,德国哲学家阿佩尔在谈及康德《纯粹理性批判》时也把它作为一种科学逻辑与现代"科学逻辑"进行比较。——引者注

③ 当然,这里并不是说皮尔士不重视惯常意义上的逻辑,相反它正表明了皮尔士对于逻辑学理论地位的深层关怀。

④ 当康德说"逻辑不只是批判,它是随后服务于批判,即服务于一切知性的一般使用的判断原理的法规,虽然它的正确性仅仅关系到形式,因此它和一般语法一样不是工具"时,他所指的或是皮尔士这里所讲的"理论语法"。参看康德《逻辑学讲义》,许景行译,杨一之校,商务印书馆,1991年,第5页。

论语法理应成为批判逻辑之前的一个逻辑学分部,它乃关于思想各种表达
方式即各类指号(包括像标、索引或符号)之本性和意义的一般理论,它主要
涉及与自然语言有关的一些事实,包括断定之本性,等等。不难看出,当代
"逻辑哲学"中的许多问题也归在这里。[1]在某种意义上,理论语法可以说是
自司各脱以来英国逻辑学家意义上的广义认识论;这种认识论在研究认识
问题时凭借的是哲学自身独特的观察方式,因而属于实证科学,而非通常意
义上的纯粹思辨。此外,皮尔士指出,在批判论之后,还有一种学说由于与
推理理论密切相关,因而属于逻辑学范围,即理论修辞。他坦诚地认为,关
于这一部分内容存在分歧,但它必定包括为真理探究或知识推进所必需的
一般条件,即有关发现和解决新问题的方法的一般理论,为此它可以称作方
法论(methodeutic);它主要涉及推理或指号在获致实际真理上的作用力或说
服力,因此又可称为理论修辞。这部分逻辑虽然是广义逻辑学的最后分部,
但由于直接关系到如何推进我们的知识,它又是当前最为急需、最为重要
的:逻辑学的最终目的在于第三部分即方法论,尽管其最抽象、最基础的部
分是第一部分。综上,把三个分部连起来看,我们发现,皮尔士的作为规范
指号学的广义逻辑学,在某种程度上,既是中世纪语法、逻辑、修辞的统一,
又是现代哲学中认识论、逻辑、方法论的统一。[2]

　　需要提请读者注意的是,当时皮尔士把指号学作为广义逻辑学,他并非
不知道"形式逻辑"的惯常用法。早在 1651 年的《利维坦》中,我们看到霍布

---

[1]　当代逻辑哲学家达米特主张:为了能够从直觉主义逻辑、现代经典逻辑等众多逻辑系统中
挑选出正确的逻辑理论,我们需要建立一套"意义理论"(theory of meaning),参看 M. Dummett, The
Logical Basis of Metaphysics, Cambridge: Harvard University Press, 1991。这里的"意义理论"并非现代
逻辑中作为形式系统语义解释的"语义学",倒是可归属于皮尔士"理论语法"中的研究内容。

[2]　笔者注意到,当代哲学家、非形式逻辑学家图尔敏(Stephen E. Toulmin)在《论证的使用》《重
返理性》等书中提出了一些关于逻辑理论的重组(reordering)的建议,其中不少与皮尔士的逻辑构想
类似。譬如,逻辑与认识论合二为一,追求逻辑与修辞、reasonableness 与 rationality 之间的平衡,注重
对于各种科学论证方法的比较研究,强化逻辑的经验性与历史性,等等。但是,二人在基本关注点、
术语选择、重建动机以及对"旧逻辑"的反对视角等方面存在诸多差异。虽然倡导实用主义的解决方
案,但图尔敏在书中没有直接引用皮尔士,这说明他可能是在独立于皮尔士指号学逻辑观的情况下
提出自己的构想。无论如何,比较二者在相同方向上的有差别工作将是一个有意义的论题。参看
Stephen E. Toulmin, The Use of Argument, Cambridge University Press, 2003 以及 Stephen Toulmin,
Return to Reason, Harvard University Press, 2001。

斯论述过希腊人和拉丁人在"逻各斯"一词用法上的分歧:

> 拉丁人把金钱账目称为理由(rationes),把计算称为推理(ratiocinatio),而我们在票据或账簿中称为项目(items)的东西,他们都称为名目(nomina),也就是名字(names)。由此,他们似乎把理知(ratio)一词推广至所有其他事物上的估算(reckoning)官能。希腊人对于语言(speech)和理由(reason)只有"逻各斯"(λόγος)一个词。他们所认为的不是"任何语言都伴有理由",而是"任何推理都离不开语言"。他们把推理的活动称为三段论法(syllogisme),其所指的就是对一种说法(saying)之于另一说法的后承关系的总结。①

皮尔士在《世纪辞典》"理性"词条中引用了霍布斯关于"两个方向"逻辑之说的区分,这说明他非常清楚逻辑在很长时期内被等同于数学计算这一事实。虽然他曾认为现代形式逻辑基本上正确继承了拉丁逻辑观(W 8:24),但随着时间推移,皮尔士最终还是站在了倾向于希腊用法的逻辑观上,只是我们在后文中将看到他对于语言的指号学理解使得逻辑语言已不仅限于语词符号。皮尔士认为,过于狭隘的逻辑观有害(W 4:487),而且我们在下一章将看到,以计算为主的那种逻辑往往只是一种自然本能,并不能称作理论意义上的逻辑科学。

　　最初在1869年至1870年,皮尔士在哈佛所作的有关英国逻辑史的系列报告中不仅讲到德摩根(Augustus De Morgan)和布尔(George Boole)这两位现代形式逻辑学家,而且把视野拓展至13世纪至19世纪习惯上只被看作哲学家的许多人,包括奥卡姆(William of Ockham)、邓·司各脱、罗吉尔·培根、弗朗西斯·培根、霍布斯、洛克、贝克莱(George Berkeley)、惠威尔、密尔等人。(W 2:310-345)1881年,皮尔士在约翰·霍普金斯大学关于秋季逻辑课的《公告》中,这样介绍自己开设的两门逻辑课程的内容:

---

① Thomas Hobbes, *Leviathan*, Penguin Books, 2017, pp.30-31.

（1）有关普通逻辑的一门基础课程,包含演绎逻辑和归纳逻辑,也涉及概率问题。这门课是要传授一些主要原理,凡正确而富有成果的推理必定建立于其上;特别会讨论有关当前文学、法律中所出现的那些逻辑概念和准则的意义和有效性。（2）有关科学方法的课程。概略了解演绎逻辑和关系词理论,进而对数学方法进行研习。接着会解释机会和误差理论。最后,在形成有关归纳和假说的一般学说后,将详细考察出现在各门物理科学和道德科学中的推理方法。（W 4:lii）

这虽然只是"逻辑课程"个例,但足以显示皮尔士逻辑学的关注范围之广。1885 年,作为对在约翰·霍普金斯大学期间已完成的工作的一个总结,皮尔士向詹姆士提出做 12 次逻辑学讲座,其中同样涉及"认知理论""假说和归纳""关于发现方法的方法""自然律""先验逻辑"等多个"现代形式逻辑"之外的主题;他同时还强调:"所有这些分支构成了一个有机整体。"（PL 167）到了 1894 年皮尔士提出《推理的艺术》（《大逻辑》的一个后期版本）书稿大纲时,其广义逻辑观与指号学的关联在其 17 个章节标题中已经十分明显,其中"何谓指号?"被列在第一章。（PL 228 - 230）1902 年在为申请卡耐基学院资助基金而递交的包含 36 个篇章的逻辑体系中,皮尔士指号学"理论语法"（当时称为 Stechiologic）、"批判逻辑"、"理论修辞"三分的理论架构最终得以确立;他在申请报告中指出:"如果逻辑学成为我在报告中所试图表明的那样一种科学,它就是科学真理的拱顶石。"①随着思想日臻成熟,皮尔士一方面把更多与逻辑核心即推理分析具有紧密关系的理论方面包括进来,从而建立起一个最广泛意义上的逻辑科学;另一方面他也看到,"虽然一切真的都是合逻辑的,不论我们是否知道它是合逻辑的;然而,显而易见,逻辑学不可能包含所有的人类知识"。（EP 2:256）因此,当时形式逻辑著作中一些只注重计算或演算而无关对人类推理的分析和界定的内容,被他断然从逻辑科学中清除出去。我们在下一章也将看到,虽然确实存在有关数学的逻辑,但数学

---

① 参看 Charles S. Peirce,"MS L75", available at https://arisbe.sitehost.iu.edu/menu/library/bycsp/L75/ver1/l75v1-01.htm（Retrieved 2023.2.2）;也可参看 PL 281 - 283。

本身借以发展的方法主要来自一种与逻辑科学有别的逻辑本能。

　　总之,尽管历史上有关逻辑的定义多种多样,而且皮尔士本人在不同的时期或不同的场合下对于逻辑有着并非完全一样的界定,但关于逻辑学的本性,"皮尔士的核心观念自始至终是一致的,它是一种具有魅力的独创性观念,其他的各种说法只是构成了此种核心观念的不同面向或不同含义……而且……该观念指引着他对于逻辑学的改进和补充"①;这种有关逻辑本性的核心观念就是:逻辑学是一种作为规范科学的指号理论。也正是基于此种观念,皮尔士认为在逻辑学中考察某种意义上的认识论或方法论问题甚至考察某种意义上的语法或修辞问题都是理所当然的,这一点我们在本书后面的章节中可以普遍地看到。

四、逻辑学与哲学其他分部的关系

　　简单地说,逻辑学不同于数学而归于哲学,这仍然不能准确定位逻辑学,因为在上述科学分类图中,逻辑学是规范科学之一,与之并行的哲学部门还有现象学和形而上学。为了进一步明确逻辑学在哲学体系中的特殊地位,可先沿着皮尔士的分类图往下走。于是,我们看到,皮尔士把哲学这一发现型科学分为现象学、规范科学和形而上学。特别引人注目的是,逻辑学作为规范科学,现象学是位于它之前的,而形而上学是位于它之后的。如果沿着分类图继续往下走,我们看到规范科学又分为美学、伦理学和逻辑学;同时注意到,在规范科学这一哲学分部,逻辑学位于最后面,即逻辑学从伦理学中获得指导,而伦理学又从美学中获得指导。对于逻辑学与这些近邻科学的关系,我们不妨分别来看。

　　首先,逻辑学与现象学的关系。作为通识科学的哲学,其主要工作在于:从虽然模糊却最为我们熟悉的东西出发,找出并界定清楚为形而上学所需要的一种观念。(EP 2:383)这里所提到的出发点正是皮尔士意义上的现

---

　　① Randall Dipert, "Peirce's Deductive Logic: Its Development, Influence, and Philosophical Significance," in *The Cambridge Companion to Peirce*, Edited by Cheryl Misak, Cambridge University Press, 2004, p.314.

象学，它只是对诸现象作出分类，而不涉及对现象真实性的查验。①皮尔士强调，所谓现象（phaneron），我们应该在可设想的最广泛意义上来理解，即"以任何方式或在任何意义上出现在心灵中的所有东西的总的集合，不论其是否符合某真实事物"。（CP 1.284）

> 没有任何东西能像现象那样可直接观察；而且由于我不必提及任何不为每个人所完全熟悉的东西（或类似的东西），每一位读者都能精准掌控我对它们所要谈论的内容。实际上，他自己必定真实重复着我的观察和实验，否则我在传达我的意思方面将会完全失败，犹如在向一位天生失明的人谈论彩色装饰的效果。（CP 1.286）

因此，现象学"与其界定为对所出现之物的规定（the statement of what appears），还不如界定为对看似之物的研习（the study of what seems）"。（CP 2.197）紧接着，皮尔士指出了现象学对于逻辑学的关联："［现象学］对似乎出现在现象之中的、本质不同的诸成分进行刻画。这一任务要求进行一种独特的思想活动，我们将发现这一思想类型在整个逻辑学研究中具有极大作用。"（CP 2.197）初看起来，逻辑学与现象学差异甚大：逻辑学以推理为主要对象，推理中又涉及对事物进行断定；而在现象学中，"除了有某些看似之物（seemings），不存在任何断言；甚至连看似之物也不是，它们不可能被断定，因为它们不可能被描述"。（CP 2.197）但是，不要忘记：推理正是我们最常见到的一种生活现象。现象学只告诉读者怎么去看他将看到的东西，它涉及最基本的观察，属于不能引起任何真实怀疑的东西；而正是在这种意义上，由于逻辑学关涉对推理这一现象的观察，现象学便担当起逻辑学由以出发的基础。②

---

①　这种现象学意义上的"为我们共同所有的现象"正是常识哲学意义上的"常识"，由于是直接接受下来的"事实"，它不存在真实与否的问题，我们可以称之为常识性事实或现象学事实。也正是这种事实，保证了哲学思维具有一种不同于数学推理的必然性。

②　细心的读者可以看出，皮尔士这里把现象学置于逻辑学之前，也就是说，为逻辑学所归属的规范科学提供理论根据，这一点与胡塞尔（Edmund Husserl）、海德格尔（Martin Heidegger）的哲学具有精神上的相近性。笔者认为，对于逻辑学的此种现象学基础的深究在当前或许是一个比探讨逻辑学的数学基础更为迫切而重大的问题。把皮尔士在这方面的工作与欧陆现象学家胡塞尔、海德格尔等人给予了逻辑学的现象学奠基工作进行比较，也是一个有待深入研究的课题。国内学者对胡塞尔此方面工作的阐释，可参看倪梁康《现象学与逻辑学》，《现代哲学》2004年第4期。

　　其次,我们来看逻辑学与形而上学的关系。现代哲学有一种主流倾向,即把逻辑学奠基于某种形而上学基础之上,这种观点根源于后人把"范畴篇"编排在亚里士多德逻辑著作《工具论》中第一册的做法,进而又通过波菲利(Porphyry of Tyre)影响到整个中世纪哲学。但其实,亚里士多德在"范畴篇"这一形而上学作品中明确地把形而上学奠基于对希腊语句的语法-逻辑分析之上。(CP 2.37)在皮尔士看来,亚里士多德和康德以及历史上所有一流的哲学家无不把自己的形而上学奠基于逻辑学之上,"不奠基于逻辑学之上的形而上学乃所有科学探究中最为松垮和不牢靠的"。(CP 2.36)也就是说,作为科学的形而上学必须从逻辑学那里获得支持性根据,否则其所谓物质或心灵的构想必然只是不羁的狂想。关于这一点,皮尔士在生前的哲学讨论中多次强调自己形而上学哲学的一个重要支撑正是逻辑学。最为典型的一次是,他曾向詹姆士坦言:

　　　　我的哲学……是一种严肃的研究,通向它没有捷径可走……;不能进行严格推理(只有这是推理)的人完全不能理解我的哲学,——包括过程、方法和结果。……我的哲学以及所有值得关注的哲学,都完全建立于逻辑学之上。(RLT 26)

　　这句断言看起来略显狂妄,因为,我们看到在逻辑学之前的现象学,作为哲学分部,并非建立在逻辑学原理之上。不过,根据我们本节的分析以及对当时对话语境的一些猜测,当皮尔士说自己的哲学完全建立于逻辑学之上时,至少有三层意思可以补充上:第一,他所谓逻辑学乃宽广的"大逻辑"观念,而不能局限于"现代形式逻辑";第二,由于形而上学往往最能代表哲学的"深奥",而且形而上学近乎是近代认识论兴起以前的哲学的唯一主题,皮尔士在与别人对话时常常在狭义上已经把哲学等同于形而上学,而在科学分类法中,逻辑学正好是紧挨形而上学之前的一门规范科学;第三,由于现象学是皮尔士最后才增加到自己的哲学研究范围内的,而且在大多数哲学家那里现象学尚未凸显成为一种独立的哲学,因此皮尔士当时很可能没有把现象学考虑在内。明确了这三点,皮尔士的上述说法其实强调的正是形而上学对于逻辑学的依赖性。

　　最后,逻辑学与伦理学、美学的关系。在《哲学与心理学辞典》"逻辑学"

词条下，皮尔士写道："逻辑学这门科学，至今仍未完成对其第一原理的争论阶段，虽然可能就快要完成了。对于它，人们已经给出了近百种定义。然而，通常都认为，它的中心问题是对论证进行归类，以便把所有那些坏的论证归为一类，而把那些好的论证归为另一类……"（CP 2.203）请注意，这里对论证进行评价的是好或坏等道德用语，而非我们今日所谓的有效或无效等形式特征。实际上，这在皮尔士那里绝非偶然。因为在他看来，推理者"不拥有一类其中全都属于逻辑上好的可能推理，他就不可能是在真正进行推理。每当他进行推理时，这种有关好坏的区分总是出现在他心目中"。（CP 5.108）所以，推理是一种有意识的、可自控的思想活动，这种活动其实就是人的一种自觉行动，而正如任何有意的行动者都要对行动后果负责一样，推理者也要对推理过程负责，并因而可被评价为好坏对错。简单来说，逻辑上的好坏对错其实乃道德上好坏对错的一种特例，因此逻辑学需要从伦理学当中获得指导。①进一步讲，伦理学作为有关目标的科学，所关注的"我们的努力应该指向什么目的"这一问题显然又依赖着"不带任何努力，我们会想要经历什么样的东西"这一问题，而后者正是美学所关注的；（CP 2.199）伦理学在确定"至善"（summom bonum）方面必须寻求美学的帮助。如此一来，逻辑学便与伦理学、美学②一道构成了前后依赖的规范科学系列。③值得强调的是，不同于位于逻辑学之前的其他各门科学，伦理学在科学分类图中紧挨逻辑学之前，因此逻辑学对于伦理学应该怀有特别的一种敬意，我们甚至可以说，逻辑学对于伦理学的依赖程度要远远大于其对于数学的依赖。（CP 4.240）"逻辑学家永远不会为自己的探究准备妥当或令其成为一种科学探究，除非他完全知道他所追寻的东西是什么。整个逻辑学说都取决于此，其依赖程度我们几乎难以想象。"（CP 1.579）逻辑学所关注的是达到思想之目

---

①　在此意义上，皮尔士有时将逻辑学视为"关于理智的伦理学"（the Ethics of the Intellect）（SS 112）。其实，关于真与善的关系，当代哲学家（如普特南）在对事实与价值连续性的论证中多有讨论（参看 Hilary Putnam, *The Collapse of the Fact/Value Dichotomy and Other Essays*, Cambridge: Harvard University Press, 2002）。只是，这里皮尔士的观点更侧重从学科层面谈论逻辑学与伦理学的关系。

②　当然，皮尔士这里作为规范科学的伦理学和美学也主要是在理论科学意义上而言，与人们通常所讲的有所不同。不能忘记，皮尔士关于科学的自然分类法是基于历史上所有科学活动而得出的一种应然考虑，而非仅仅是对现阶段实有科学部门的描述。

③　皮尔士认为，把逻辑学作为规范科学是德国逻辑学家的一个重大贡献，虽然他们在严格性方面要远远落后于英国逻辑学家。

的(即真理)的条件或手段,它不可能解决自己的问题,除非能够清楚知道那种目的是什么。①而对目的进行界定的正是伦理学,因此我们不可能完全合理地从事逻辑(或者说,过一种合乎逻辑的生活),"除非基于一种伦理基础"(CP 2.198)。"只有在道德学家向我们指出什么是我们的最终目标之后,逻辑学家才能告诉我们应该如何思想以便符合那一目的。"(CP 8.158 n3)皮尔士曾以自己的经历描绘伦理学对于逻辑学研究的助益:

> 在我把逻辑学归在伦理学指导下以前,它就已经是一扇窗玻璃,透过去我们可以看到许多重要真理,但灰尘让其变得模糊,上面的沟纹也令细理扭曲。根据伦理学的指导,我把玻璃熔掉,令其变成液态。我把它过滤清澈,浇铸在正确的模子里;等它变硬时,我再不辞辛劳地将其擦亮。现在它成了一片相当透亮的镜子,能看出许多之前不能看到的东西。(CP 2.198)

皮尔士有关逻辑推理对于伦理学的这种依赖性,不禁让我们回想到古希腊哲学家苏格拉底的观点:在不清楚为何真理具有价值之前就运用逻辑学,犹如在不明白说服他人有何益处之前就运用辩论术,二者都是无益于科学和生活本身的。再联想到今天,当代工具主义理性的根本缺失,或许部分也是因为其所谓科学的理性乃只考虑手段而忽视目的本身的偏狭逻辑。

第四节　几点评论:逻辑与哲学的诸种牵连

在时下学术界,当我们说逻辑与哲学紧密相关时,很少会有人站出来反对。但是,当我们进一步说逻辑为哲学奠基或哲学为逻辑奠基时,恐怕在逻辑学家和哲学家之间就有分歧了。若是我们像皮尔士那样声称逻辑学完全归属

---

① 也就是说,目的不明或目的不当的推理是坏的推理,因而是不道德的。皮尔士曾指出:之所以逻辑学难以达到确定状态,主要是因为众多流行的逻辑理论各自对逻辑学的目标抱有不同的意见;由此,可以说逻辑学发展中的主要问题不是逻辑上的而是伦理上的困难。参看 CP 4.243。笔者个人也相信,日常对话中,当我们说某人"不讲理"或"不合逻辑"时,往往并非其推理能力有限,而是其"意图"与基本常识不符。

于哲学,由于二者由全异关系转为包含关系,有关"何者为何者奠基"的争论可能一下子结束了;然而,可以预见,由此立即引发的新争议必定更为激烈。

我们在这里不去过多评价皮尔士的逻辑新观念在当代逻辑和哲学中的推广应用价值,更无意以皮尔士的逻辑学替代当前流行的某种标准模型,只希望能站在他思想体系的大框架下消除在外人看来皮尔士逻辑所具有的种种神秘费解之处。正如皮尔士所说,逻辑学仍是一门年轻的、未完全成型的科学,目前试图断言仅存一种"逻辑"而否定所有其他"逻辑"未免草率。皮尔士在重建逻辑科学方面做了一次伟大尝试,仅仅这已经够重要了。套用《皮尔士数学哲学》一书编者摩尔(Matthew E. Moore)的一句话说:"带你穿越这座大厦并非要说服你搬入其中——它尚未备好入住条件——而是向你呈现大厦整个设计的魅力。"(PM xv)在笔者看来,皮尔士逻辑大厦能吸引当代学界的最大魅力恰恰正是其难得的整体视野与历史眼光。他早就看到,虽然[康德那里的]形式逻辑可能看起来琐细,但事实上它具有深刻的意义,可以说那些最为普通和不可或缺的概念都不过是逻辑形式的对象化。(W 1:351)但是,在很多时候,甚至在形式逻辑学家和哲学家那里,其深刻意义并非容易看到,尽管他们有时或已模糊感觉到。为此,皮尔士一生试图通过自己新的逻辑构想,把逻辑学由"琐细"转变为"深刻"。而正是在此过程中,他的逻辑研究表现出了同时代乃至当今时代都极其少见的整体关注。正如存在一种哲学意义上的心理学、人类学等一样,皮尔士的新逻辑学就是一种哲学意义上的逻辑学:它不同于数学意义上的逻辑学即数理逻辑,也不同于作为某种专门技艺的逻辑工具。与其他逻辑学家相比,可能同样是考察推理问题,但皮尔士的关注总能表达出某种更为一般、更具总体性的东西。你可以在与当代非经典逻辑"哲学逻辑"①不同的意义上,管它叫"哲学逻辑",因为它实质上就属于哲学科学。但是,当你这样称呼时一定不能认为这种逻辑学只跟哲学学科有关,因为那只是为凸显逻辑学的一般性关怀。正如我们今天说"分析哲学"时越来越意识到它并不只是哲学上推陈出新的

---

① 现代逻辑教材中的"哲学逻辑"通常指模态逻辑、认知逻辑、道义逻辑等内涵逻辑,似乎带有哲学意味的逻辑学仅限于这些而不包括命题演算、谓词演算等所谓基本逻辑或外延逻辑。但是,很显然,任何逻辑系统都产生或源于相应的哲学问题。

另一个分支或派别，而可能是整个哲学研究的一种新方法、新路线、新追求，皮尔士所带给我们的"作为哲学的逻辑科学"同样也不是要取消或否定过去已有的某种逻辑研究，它重点是为我们构设新的可能形态，为我们展现原来很少出现或现已多被遗忘的整体视野。

基于皮尔士上述意义上的"哲学逻辑"①，我们可以说，正如（当代哲学前沿研究所表明的）认识论最终一定不能与本体论截然分开，逻辑学也并不一定要与哲学分庭抗礼。历史上，亚里士多德、莱布尼茨等人也都相信真正的逻辑学很难与真正的形而上学区分开来。为进一步澄清皮尔士这种作为哲学的逻辑科学所具有的哲学一样的总体关怀，我们从以下五个方面确立逻辑与哲学之间的诸种牵连。

一、在承诺可错论的意义上逻辑与哲学同属科学

1894 年，皮尔士在一份哲学计划书中表达了把哲学作为科学生活成果的观点：

> 这一哲学本质上乃用于各个经验探究部门的一种作业假说（working hypothesis），它是对作者 30 年来主要工作的一次阐发。它的真实性尚未确知但可通过观察来探明，由它可推导出确凿无误的结论，因此可把此种理论进行验证。如此一来，它既是一种哲学，又是对于观测事实的一种科学解说。……不论从逻辑上讲还是从动态变化来讲，这整个学说都发自认知渴求或 philosophia（爱智），它包含一种自我坦白即我们尚未知道。……再也没有比不可错论与哲学这一科学生活成果针锋对立的东西了……（PL 236）

---

① 当然，在现代思想史上倡导此类"哲学逻辑"（philosophical logic）或"哲学化逻辑"（philosophizing logic）的并非皮尔士一人。基本上，19 世纪大多数逻辑学家（包括海德格尔、胡塞尔等人）均致力于发展一种哲学意义上的逻辑。譬如，海德格尔在 1925—1926 年间系列演讲《逻辑学：真理问题》中明确指出：我们应该在亚里士多德逻辑的基础上，通过吸收古代逻辑传统中有活力的部分，发展一种不同于传统教科书逻辑的、以通过言语思想研究来揭示世界真理为中心任务的"哲学逻辑"。参看 Martin Heidegger, *Logic: The Question of Truth*, translated by Thomas Sheehan, Indiana University Press, 2010, pp.1 – 24。

实际上这就是我们在前文所提到的皮尔士关于科学的可错论观点。皮尔士指出，有关错误或无知的经验，关系到我们对于真理及实在之物的追求："我们通过修正自己过失或放大自身知识而获得并拥有的有关无知或错误的经验，确实令我们能够经验到并从而设想到某种独立于我们自身有限观点的东西"（CP 7.345）；"只有深深感受到你是极度的无知，才能激励自己走上艰苦的学问道路"①。（CP 5.583）其实，历史上对可错论的承诺，在英语世界里至少自波普尔以来几乎已经成为一种共识；在现代欧洲大陆哲学中，虽然表述方式不同，但其基本思想并无两样。当哈贝马斯等批判理论家谈到意识形态批判（ideology criticism，所谓意识形态也就是某些虚幻的观念集）、解放（emancipation）、免于幻想（freedom of illusion）等概念时，其积极意义正如罗蒂、福柯（Michel Foucault）等人对于偶然性、陌生性的强调，即，现存的某些信念可能只是一种幻觉，只是偶然得来的，因而是完全可以改变的。此外，萨特、海德格尔等存在主义者关于本真性（authenticity）、去蔽（aletheia）或是坏信念（bad faith）、堕落（fallenness）、随波逐流（go with the flow）的诸多论述也包含类似免于"自欺"（self-deception）的启蒙观点。将这些观念与皮尔士等科学哲学家们的可错论（或者还可以包括培根所谓的假象说）做更多沟通，或是有益的尝试。

与哲学上对可错论的承诺相呼应，逻辑学作为试图把握推理之本性的科学，同样也存在着不确定性或出错的可能性。就现代数理逻辑而言，这种可错性不仅体现在择代逻辑系统（alternative logics）的丛生，而且越来越体现在元逻辑层次上。②这一点倒是跟关于逻辑一元论与多元论的某种语词之争

---

①　这种由对错误负责任进而走向探究的做法就是"知错即改"的习惯，笔者相信它是一种比"不要犯错"更重要的生活美德。

②　当代英国逻辑学家、哲学家威廉姆森（Timothy Williamson）在最近回应冯赖特（Georg Henrik von Wright）1991 年讲演"20 世纪的逻辑与哲学"的一篇文章中结合冯赖特以来逻辑与哲学的最新进展对于逻辑的科学属性以及逻辑与"思想意识"或"形而上学"的重叠交叉的深刻思考，他有着与皮尔士逻辑观念相近的表述，尽管他所理解的"形而上学"与皮尔士的概念存在明显差异。他在文章最后指出："一旦我们明白逻辑学上的根本争论足以到达元逻辑，我们就会怀疑任何把逻辑学或元逻辑学局限于非实质性的、非思想意识的尝试。尽管我们可以期望有这样一种独立裁判来规范哲学争论，但我们不可能永远拥有同一个。逻辑实证主义要求在逻辑学和形而上学之间清晰分界，但逻辑实证主义是错误的。逻辑学是科学，其中与形而上学重叠的部分也是科学。科学从何时起是无争议的呢？"具体参看 T. 威廉姆森《二十一世纪的逻辑与哲学》，张留华译，《北京大学学报》（哲学社会科学版）2009 年第 1 期。

无关。因为当我们说到"逻辑"的多元或变化时,真正的意思并不是"我们在不同的历史时期接受彼此矛盾的逻辑原理",而是说"我们用以整理逻辑原理的风格与记法在很大程度上是变化不同的"。①事实上,我们很难找到有人足够严肃地说"真正规范我们思想的逻辑不止一个"②,那相当于否定了交往以及整个科学事业的可能性。科学上的可错论所要说的是,真正的逻辑尚未达到,而我们每一个逻辑学家所持有的逻辑系统都会面临不可预知的新经验的检验,因此可能会得到修正。正如皮尔士所说,

> 经验是我们唯一的导师。……显然在已确立的科学理论这一整个巨型蓄水池中任何一个作为水滴的原理在源头上都出自人类心灵**创始**真观念的力量。但是,这种力量尽管有一系列成就,却是如此虚弱,以至于随着诸多观念由灵魂之源泉流出,真理差不多都淹没在错误观念的洪流中;经验所做的事情就是,经过某种分馏,逐步沉淀和过滤掉错误观念,去除错误而让真理滚滚倾泻而来。(CP 5.50)

为此,皮尔士还曾经批评黑格尔的哲学把"存在"(being)与"所表征的存在"(being represented)混同起来,并指出:"存在与所表征的存在是完全不同的,这一点是逻辑学的一个根本立场,无之就不会有真假之分,当然也就不会有错误了。"③

---

① Hilary Putnam, "Philosophy of Logic," in *Contemporary Readings in the Foundations of Metaphysics*, edited by Stephen Laurence and Cynthia Macdonald, Blackwell Publisher Ltd., 1998, p.404.

② 可能有人认为,逻辑哲学家哈克主张有多个不同的逻辑可以规范我们。但其实这是一种误解。哈克所谓的"逻辑多元论"是在特定意义上讲的,即她主张现存的任何逻辑演算(系统)都是潜在可修正的,或者说可以存在针对不同的目的的多个正确逻辑形式系统。哈克的一位评论者通过区分作为研究对象(object)的逻辑与作为理论研究结果(theories)的逻辑,很清楚地表述了哈克的逻辑可修正观,即只是在后者意义上逻辑才是可局部修正的,而在前者意义上逻辑是不可修正的。哈克本人基本认同这样的诠释,虽然她自己更倾向于以作为学科(discipline)的逻辑和作为研究主题(subject matter)的逻辑来表示上述区分;她强调,在她的逻辑哲学中与在科学哲学和认识论中一样,一种彻底的可错论(激进的一面)与一种温和的实在论(保守的一面)之间并不是竞争关系而是互补关系。参看 Michael Neumann, "Is Logic Revisable?," in *A Lady of Distinctions: Susan Haack, The Philosopher Responds to Her Critics*, edited by Cornelis de Waal, Amherst, New York: Prometheus Books, 2007, pp.41-52 以及 Susan Haack, "Revisions, Revisions, ...", in *A Lady of Distinctions: Susan Haack, The Philosopher Responds to Her Critics*, edited by Cornelis de Waal, Amherst, New York: Prometheus Books, 2007, pp.53-56。

③ 参看 Charles S. Peirce, "Memoir 33 On Objective Logic," available at https://arisbe.sitehost.iu.edu/menu/library/bycsp/L75/ver1/l75v1-09.htm#m33(retrieved 2023.2.3)。

笔者认为，我们所谓的逻辑系统或逻辑学说都只是一种"表征"，而只要它是一种"表征"，我们就有可能根据"存在"来判定其错误。

二、逻辑与哲学一样具有人文教育意义

皮尔士自认第一个主张：逻辑学永远不可能从逻辑教材或逻辑课堂上学到，而要坚持将诸特殊科学的资料作为逻辑学的根基和车轮。任何人在研究科学时，都始终不能忘记他所学习的就是逻辑学，而且一定要善于从成功科学的历史中吸取逻辑学上的训诫。近代科学相比古代科学的优越性只在于它拥有了一个更好的逻辑，是近代方法创造了近代科学。而作为人类心智生活状况解释者的大学应该是方法的大学，逻辑学应该成为大学中一项必要的人文教育(a liberal education)①。因为，我们可以说：

> 科学专家……做了大量有用的工作……但未来科学高地是属于能成功地将一种科学的方法适用于另一种科学研究之中的那些人。这正是过去年代最伟大进步的关键所在。达尔文将马尔萨斯(Thomas Robert Malthus)等经济学家的方法适用于生物学；麦克斯韦(James Clerk Maxwell)将关于机会的学说的方法适用于气体理论，将水动力学的方法适用于电学；冯特将生理学的方法适用于心理学……
>
> 虽然为了将一种方法像过去已被应用的那样进行应用，一个人不必去掌握关于该方法的理论，然而为了将另一门他并不怎么熟悉的科学中的方法适用于他自己的科学，也为了将此方法适当修改以令其适于新用法，熟悉一下方法所赖以维持的原理，是非常有益处的。对于诸如此类的工作，他不仅仅需要一位专家；还需要一套总体性的心智训

---

① 关于 liberal education 的中译名，目前存在争议。有译为"人文教育"，有译为"博雅教育"，也有译为"通识教育""素质教育""自由教育"等等；当然，这些译法的分歧不仅在于对英语中 liberal 一词的理解，而且在于对汉语中"人文""博雅""通识""素质""自由"等词的理解。笔者这里选用"人文教育"译法，主要是因为此种教育被认为从根本上关注人类理智本身的进步，而这也符合皮尔士的本意。

练,需要一种知识能指示他如何在新方向上最为有效地做出努力。这种知识就是逻辑学。

　　……[一个年轻人]只要说他需要一种智性教育,逻辑学就正是他所需要的;无论他是在上哪一门课,其最终目的都是要改进他的逻辑性以及他关于方法的知识。年轻人一进入大学,他的注意力就应该被引向这一重大目标;在他整个学习阶段,他应该坚定地对它加以关注和思考;最后,他才能凭借逻辑教育所带来的明晰性对他全部工作进行适当审视。(W 4:380-381;HP 942-943)

　　此外,有必要引起注意的是,虽然皮尔士的逻辑兼有中世纪的逻辑、语法、修辞"三艺"(trivium)之意,并且在后人对中世纪经院哲学的激进批评中,对应 trivium 的形容词 trivial 被用作表示经院主义的"琐细、无关紧要",但据考证,所谓"三艺"的说法,即 trivium 作为"技艺"(arts)的熟知用法,并非 trivium 的本意。在拉丁语中,trivium 原意是作为"公共地点"的"三岔路口",引申为"常识"(commonplace)之意。(EP 2:19)此种词源学分析至少印证了"逻辑"一词曾经具有的人文教育意义。

　　显而易见,皮尔士这里所谓的人文教育并非指逻辑作为某种专门的技术工具,而是逻辑学作为规范科学的观念价值:"对于概念进行正确分析,指出什么是以及什么不是分析对象所必需的。"(CP 8.316)在下一章有关数学及其逻辑的论述中,我们也将看到:虽然皮尔士对当代数学逻辑有着诸多技术贡献,但他主要是在运用逻辑演算帮助开展一种"实在论的思想分析"①。与此相仿,与现代逻辑同步发展的分析哲学也往往把哲学作为一种讲求论证(讲道理)的大学问,它对方法的关注完全超出各门特殊科学的狭隘兴趣,从而具有一般性意义。这里只需提到斯特劳森(Peter

---

　　①　在强调工具技术的意义上,当代数理逻辑常常被认为是对于唯名论和约定论哲学的辩护。但是,如果我们根据皮尔士作为规范科学的逻辑观念来看,所谓公式演算、符号系统在逻辑学中的运用不过是逻辑学家借以分析实在的一种工具而已。因此,真正的逻辑是与实在论哲学观联系在一起的。对此进一步的分析,可参看 Arthur W. Burks, "Peirce's Conception of Logic as a Normative Science," in *The Philosophical Review*, Vol.52, No.2, 1943, pp.187-193。

Frederick Strawson)在《分析与形而上学：哲学导论》中对于特殊科学兴趣支配型世界观的批评：

> 就各个不同的学科而言，或者说，以不同的学科为代表，似乎存在一种理智帝国论的倾向，结果一会儿物理学，一会儿生物学，一会儿心理学，一会儿经济学、社会学或人类学——甚或语言学——被认为掌握了通用理解(general understanding)的主钥匙；结果一切都被按照物理学、生物学、经济生产过程或任何其他某种东西来理解。几乎不用说的是，任何声称提供一般性实在图景、安排好一切的理论实际上只是在上述某种特殊兴趣支配下所建构起来的，任何这样的理论都可能(实际上一定会)包含夸张和歪曲。①

因此，至少就此种超越性而言，逻辑学与哲学具有完全相同的旨趣。

三、逻辑与哲学一样在思想品质上具有"软""硬"之分

关于逻辑与哲学二者思想品质上的不同，曾经流传一个说法，即，逻辑看似肤浅但内容清晰，而哲学看似深刻却内容混乱。对此，笔者想说的是，所谓"软思想"与"硬思想"的区分的确存在②，但这种区分通常并非哪两门学科之间的彼此区分，而往往不过是每一门学科内部研究风格上的区分。

其实，所谓"硬思想"无非说它不带任何主观随意，努力探求事物的本来面目，既不遗漏也不增设一种可能性；也正是因为这样，它的研究常常是"清晰的"(clear)、"严格的"(exact)、"精细的"(subtle)。所谓"软思想"无非是

---

① P. F. Strawson, *Analysis and Metaphysics*: *An Introduction to Philosophy*, Oxford University Press, 1992, pp.14 – 15.

② 在英语文献中，对于哲学"软硬"风格的区分，最早是詹姆士的"心软"(tender-minded)、"心硬"(tough-minded)之分，后来柏林(I. Berlin)又提出"inflationist"(通胀型)、"deflationist"(紧缩型)之分，还有人采用"prophetic"(先知型)、"engineering"(工程师型)之分。这种区分有时会与"分析哲学"和"大陆哲学"的划界联系在一起，成为当代颇具争议性的话题之一。有关细节，参看 Hans-Johann Glock, *What is Analytic Philosophy*?, Cambridge University Press, 2008, pp.4 – 10。

说它倾向于"什么都行"(anything goes)的无原则,图省力而不去探根究底;正因为这样,它的研究常常是"混乱的"(obscure)、"松散的"(loose)、"大而化之的"(indistinct)。但是,应该铭记的一点是,对于"硬思想""软思想"的界定在什么时候都不能离开"实在论哲学观";也就是说,只有搞清楚"思想服从于什么",才能恰当地谈论"思想的品格"。思想最重要的品格就是关注实在,力图解决人们真正关心的事实问题;拿脱离于此的不相干的东西去谈论"思想的软硬",是无谓的。①如果一种研究尽管在内容上没有太多数学符号上的精确计算,却能以巧妙的语言抓住问题的要害,从而发现前人未曾注意的一种"真实状态"(包括真实的"区分"与真实的"无区分"),那么它就可算作是"硬思想";相反,如果一种研究尽管在行文中充斥着各种技术性语言,却从一开始在基本问题上走错了方向或者看不到问题的真正所在,从而任由推理在个人臆断下延伸,那么它就可算作是"软思想"。如果一种研究坚持"真相只有一个"的本体论,尽可能找寻一切有利证据和不利证据,而最终"被迫"得出一种试探性结论,那么,尽管有时在论证中运用了不少隐喻、类比等所谓文学修辞手法,它仍旧不失为一种"硬思想";相反,如果一种研究为建立一种方便的数学模型而抽去过多的实质性要素,并把基于此种模型研究所得的一些"理想化"结论毫无保留地推广至真实世界,那么,不论它在模型建构中表现出如何"装饰完美"的演绎和统计,它仍旧不失为一种"软思想"。这倒完全不是说数学统计、模型建构没有用处或用处不大,而是说任何推理艺术不论如何完美或如何有缺陷,相对于求真目的而言它们都不过是一种工具。工具本身不直接代表什么,对各种不同工具正确无误、恰如其分的选择运用才是最重要的。

----

① 皮尔士曾批评当时有些人把同一律("A 是 A")作为肯定式三段论的指导原则,指出他们对自己的主张并未给出任何证明。有人提出同一律在三段论中的地位可以通过"硬思考"来看到,皮尔士则对某种意义上的"硬思考"大加批评:"我想我能解释他们的那种'硬思考'过程。通过自我催眠而产生的一种突发情况,你令自己进入一种精神空无的状态。在此状态下,'A 是 A'这一公式失去了特定意谓,看似极度空无。由于是空无的,它被认为是崇高而珍贵的很好的东西。在对它进行沉思默想后,它转化成激情;催眠人通过狂野的心灵跳跃令自己相信它必定支配着所有人类理性。因而,它是三段论的原则。如果正像我以上所猜测的,这就是硬思考所指的东西,那么它在哲学中是毫无用处的"。(CP 3.413)我们在后文中将看到,皮尔士认为三段论乃至一切推理的最基本原则是蕴涵关系即系词"是"所代表的那种传递关系,而非某种同一律公式。

因此,皮尔士将逻辑与哲学牵扯在一起,甚至把逻辑作为一门哲学,这并不一定意味着"思想的软化"。实际上,皮尔士逻辑学一个重要的规范功能正是"区分对错好坏"。"如何使我们的观念更加明晰"一直就是皮尔士逻辑锚定的一个基本问题,拯救"客体性"、捍卫"严肃性"也一直是他哲学思考的一个显著特征。或许,一个关键的问题在于:我们到底该如何理解逻辑的严格或曰科学的精确,尊重事实本身还是尊重数据公式? 这个问题在相对主义泛滥的当代哲学思潮中尤其突出,因为大凡被指责为"相对主义者"的大哲学家都会说自己的思想合乎逻辑,且与科学精神不冲突。倘若不能立足于研究对象的本真,更全面地理解逻辑的严格或科学的精确,我们将继续困扰于表面化的"软""硬"之争而不能在实质上前进一步。

四、逻辑与哲学同样具有悠久的历史

过去,由于近代科学的突起和繁荣,一度产生一种激进观点,即认为近代之前无真正的科学,或者,近代之前的科学要么是错误的,要么已被近代科学以更清晰的形式呈现。最初在现代数理逻辑和分析哲学兴起之时,在部分学者那里也有类似的一种可谓是"现时沙文主义"(chauvinism of the present)的态度。不过,此后,随着库恩(Thomas Samuel Kuhn)等人曾为"科学的历史"这一观念做出论证(譬如,亚里士多德物理学在什么意义上过时)以及塞拉斯(Wilfrid Sellars)、罗蒂、伯恩斯坦等人为分析哲学的历史做出辩护,这种声音在哲学圈内已经变得很弱①;相反,塞拉斯的名言"不带哲学史的哲学,若不是空洞的或盲目的,至少也是无声的"倒是得到越来越多当代哲学家的认同。到了20世纪90年代,普特南已经可以作出定论性断言:"那种长期支配人们的观点即'哲学是一回事而哲学史是另一回事',现在很明

---

① 参看 T. S. Kuhn, *The Structure of Scientific Revolutions*, Chicago: University of Chicago Press, 1962; Wilfrid Sellars, *Science and Metaphysics: Variations on Kantian Themes*, *The John Locke Lectures for 1965 - 1966*, Routledge and Kegan Paul, 1967; Richard McKay Rorty, "Introduction," in *The Lingusitic Turn: Essays in Philosophical Method*, edited by Richard Rorty, Chicago: University of Chicago Press, 1967; Richard J. Bernstein, *Praxis and Action: Contemporary Philosophies of Human Activity*, Philadelphia: University of Pennsylvania Press, 1971。

显正在走向尽头。"①就逻辑学来说,在现代逻辑诸多奠基人之中,皮尔士可谓是第一个把历史感融入现代逻辑研究的人。皮尔士对古代及近代逻辑史有着深入而全面的研究,在约翰·霍普金斯大学期间他还专门开设中世纪逻辑课程,并曾指导学生撰写伊壁鸠鲁(Epicurus)逻辑学论文。他甚至把康德逻辑、黑格尔逻辑纳入自己的研究视野。1868 年,他曾与《思辨哲学杂志》主编、黑格尔研究专家哈里斯(William Torrey Harris)公开就黑格尔逻辑展开讨论,并以形式逻辑与辩证法进行对话研究。(W 2:132 - 159; EP 1:64 - 67)

　　笔者认为,尊重历史,意味着我们在科学研究中要多做"提炼"(refine)工作,少做"驳斥"(refute)工作。对于逻辑学,首先要承认逻辑学是有历史的,而且其历史堪与整个哲学史一样悠久。通常,不承认有学科的历史,就不会有对学科的哲学反思。就此而言,当今"逻辑哲学"这一研究分支的诞生也间接印证了逻辑史(包括现代逻辑的历史)②的存在。其次我们要把今天的逻辑研究追溯至近代早期乃至中世纪和古希腊,而非仅仅从弗雷格、罗素起步。也不能简单地否定康德、黑格尔、胡塞尔等与当代逻辑风格差异甚大的研究成果在逻辑史上的地位。皮尔士以自己的行动表明,逻辑史上各种创造性理论都有可能促进我们今天正在或即将进行的逻辑研究。③譬如,我们后文将看到,皮尔士所谓第一意向逻辑(first-intentional logic)、后承(consequentia)、日常逻辑(logica utens)、学院逻辑(logica docens)等都是由中世纪逻辑借鉴而来的重要概念。

----

① H. Putnam, "A Half Century of Philosophy, Viewed from Within," in *Daedalus*, Vol.126, No.1, 1997, p.200.

② 比起涅尔夫妇(William Kneale and Martha Kneale)的《逻辑学的发展》以及波亨斯基(Józef Maria Bocheński)的《形式逻辑史》(两书奠定了当代较为流行的观点,即"西方逻辑史分为希腊逻辑、经院逻辑、数理逻辑等三个时期"),新近出版的《逻辑史手册》以及《现代逻辑的发展》更加突出:即便是今天狭义理解的"数理逻辑",也有很长一段不容忽视的、更多带有"哲学语境"而且至少可以追溯到莱布尼茨、康德、布伦坦诺(Franz Clemens Brentano)等人的"诞生史"。参看 *Handbook of the History of Logic Vol.3: The Rise of Modern Logic*, edited by Dov M. Gabbay and John Woods, Elsevier North Holland, 2004 以及 *The Development of Modern Logic*, edited by Leila Haaparanta, Oxford University Press, 2009。

③ 不必避讳,本书作者看重皮尔士的逻辑思想,正是因为他坚定地相信这一点。正所谓"太阳底下没有新鲜的事物",这句话对学术研究尤其适用。

五、逻辑与哲学一样具有开放包容的胸襟

哲学历来因作为知识总汇、关乎心智本身的进步而被称为时代的精神。皮尔士的逻辑学从一开始就是要关注人类思想的形式结构。他认为："逻辑学在这样一个方面是特别的，即它与其说是一组信息，还不如说是对于如何运用心智的认识。"（W 4:xlii）获致真理的过程，才是逻辑学真正关心的问题。在皮尔士的学生马昆德（Allan Marquand）的课堂笔记中，我们可以看到他对逻辑学的此种深层关怀：

> 说实在之物影响我们的心灵与说意见最终会得到确定——这是同一回事。用不着解释我们何以得到同一结论，因为实在之物影响着我们的心灵。我们借由一种**过程**来达到这种最终意见。这样一个过程是什么，那就是我们现在所要考察的逻辑问题。（W 4:xliv）

正因为逻辑关注心智本身的运作，所以，只要能有助于思想分析、推理本性揭示的，都能助益逻辑研究。逻辑学要完成自己的目标任务，必须不能无视或回避生活中的任何探究，它要眼界开放，要有包容的胸襟。须知，人类的经验形式多种多样，而每一种经验都有可能包含着逻辑运用的新发现。这里，学科差异已经不再重要，关键是逻辑学可以从中学到什么东西，从而有助于思想形式研究。

> 虽然我们在研究中尽量讲求方法，尽量考虑"研究的经济性"，然而，对于我们所想到的任何理论加以**尝试**，只要它在被接受之后能够允许我们的研究继续畅行无阻，这在逻辑上是不存在任何过错的（no positive sin against logic）。相反，建立一种阻碍未来朝向真理前进之路的哲学，就是推理上一件不可宽恕的罪过（the one unpardonable offence in reasoning）……（RLT 178－179）

逻辑作为一门科学，要有自我修正、不断发展的可能性，就必须把开放包容

作为首要精神。这种开放性要求逻辑学不仅要有内部的批判,而且要直面来自外部的批判。

皮尔士曾经如此评价科学精神:

> 尽管律师们只要愿意,总有办法排除某些类型的证据,但科学必须不能回避任何东西,甚至人们的猜想和惯例也不能回避。另一方面,科学一定不能把各种不同序列的前提混淆在一起。它必须让本能和迷信说话,不加抑制,听它们说;然后它必须让科学观察来说,同样不加抑制。科学将尽可能建立能够公平对待两个序列的事实的一种理论。但不论是否能够建立起来,它将在各个领域搜寻新的事实以看它们能否证实现有理论,或是要再提出一个新理论。(W 8:346)

这种开放的胸襟,也正是他在逻辑研究中所践行的。在约翰·霍普金斯大学教逻辑时,他曾创建形而上学俱乐部作为逻辑师生们的研讨阵地,但更多时候,往往是数学家、心理学家、哲学家等不同领域的科学家们"汇聚一堂"共同揭开一个逻辑难题。

随着本书的展开,我们将更加清楚地看到皮尔士在100多年前所规划的更多接近于当前英美及欧陆哲学前沿(而非19世纪或20世纪初期哲学主流)思想倾向的一幅"后逻辑实证主义"的逻辑学图景:它具有不同于革命(revolution)的演化(evolution)特征,不同于二分法(dichotomy)的连续性(continuity)特征,不同于相对主义(relativism)的多样性(variety)特征,不同于绝对主义(absolutism)的客观性(objectivity)特征,它倾向于自然主义(naturalism)却完全不是还原论(reductionism),它弘扬物理学(physical)精神、科学(scientific)精神、逻辑学(logical)精神,却从一开始就反对赤裸裸的物理主义(physicalism)、科学主义(scientism)或逻辑主义(logicism)。皮尔士把一生中大部分时间用于逻辑研究,他坚持把广义逻辑学作为其哲学体系的一个核心分部(现象学在前,形而上学在后),并声称自己的哲学与其他哲学家的区别性特征在于其安全可靠的逻辑学,再加上它又如此符合融会可错论与客观性的哲学发展潮流,以至于在很大程度上他的逻辑学代表了其哲学研究。也正是出于这样一种考虑,本书书名写成《皮尔士哲学的逻辑面向》。

第二章　数学及其逻辑:皮尔士在现代逻辑上的地位

　　上一章中,我们站在皮尔士理论大厦的上空鸟瞰皮尔士逻辑在其科学分类法中的地位。在本章以及接下来的两章中,我们将深入皮尔士广义逻辑思想的内部,试图从数学、指号学、实用主义等三个不同的面向,细部展示皮尔士独特的"哲学逻辑"。

　　数学被今人誉为科学皇后[1],作为科学家的皮尔士对数学给予高度重视。他从小深受父亲本杰明这位哈佛著名数学家的影响,并于 1880 年入选伦敦数学学会、1891 年入选纽约数学学会(1894 年改名为美国数学学会)。皮尔士身体力行地为数学相关领域做出自己独创性的贡献。不仅如此,他还把由数学研习所形成的严格精神带入自己的其他科学甚至哲学思想之中。1894 年,皮尔士在致友人的一封信中表示,他所要做的特别工作是"把现代数学的精确性引入哲学之中,并把数学的观念应用于哲学"[2]。后来,当凯特纳和普特南编辑整理皮尔士 1898 年剑桥讲坛讲稿时,也注意到:如果可以改变原题目的话,这个系列的演讲完全有理由命名为"数学的后承"

---

　　① 哪种科学可以称得上"科学皇后",在历史不同时期是不同的。皮尔士本人在承认数学重要性的情况下,很多时候把哲学作为科学的"女王蜂"(the queen bee of the sciences)。

　　② Carolyn Eisele, *Studies in the Scientific and Mathematical Philosophy of Charles S. Peirce*, edited by R. M. Martin, The Hague: Mouton, 1979, p.277.

（consequences）。（RLT 1 - 54）因此，我们可以在不忽视其他科学对皮尔士哲学影响的前提下说，皮尔士后期较为成熟的哲学乃奠基于数学成果之上的一种"数理"哲学。在皮尔士由数学向哲学的应用工作中，逻辑学尤其有关数学的逻辑是最为重要的一个方面。本章将表明，皮尔士的数学逻辑不同于当时作为应用数学的"形式逻辑"；虽然它只是作为数学应用的逻辑学，因而并非其逻辑的全部构想，但不论从皮尔士所写的逻辑作品的比重来看，还是从他的逻辑对哲学思想的影响程度来看，此种关于数学的逻辑学乃其逻辑学整体之中的核心内容。与此同时，从皮尔士对数学与逻辑之关系的独特把握中，我们可以看到他在逻辑代数、关系逻辑、存在图等所谓标准现代逻辑研究方面的那些有别于数学家的执着追求。

第一节　皮尔士的数学观念

数学在皮尔士科学分类法中居于纯理论科学的最高位置，也就是说，数学不需要任何其他科学的理论支持，而任何其他科学都在某种程度上需要由数学提供理论原理。这种观点并非历来得到承认，尤其是从现代逻辑主义者的方案来看，至少他们的逻辑是先于数学的。为此，我们首先详察皮尔士在科学分类法中对于数学的定位以及皮尔士所理解的数学工作。

一、皮尔士的数学观

不知从何时起，人们把数学界定为有关数量的科学。这是一个至今仍具有吸引力的定义，皮尔士承认"数量在几乎任何数学分支中都有用"，譬如布尔代数作为一种二值代数，其中就有一种最简单的数量系统；甚至可以说"所有数学都在运用一种完全类似于数量系统的脚手架"。（PM 21；CP 3.561）但皮尔士同时以更大篇幅试图向我们表明，那种把数学限于数量科学的教科书式定义多半只是一种误解，真正的数学是以最高抽象性为根本特征的。

　　首先,作为数量科学的所谓古典数学的定义,在古希腊那里并不同于今天。因为古代意义上的数学与古代意义上的量这一概念是紧密联系在一起的。在为鲍德温《哲学与心理学辞典》所撰写的词条"量"中,皮尔士指出:所谓量乃"实体借以在部分之外拥有部分的任意偶性",这种古老定义要比现代抽象序列关系的意思具体得多。(CP 2.362)在亚里士多德那里,量要么是离散的,要么是连续的。连续量或者为度量(magnitude),或者为时间。于是,古代数学所处理的量乃广义上的具有数目、度量或绵延的偶性,或者说是各种拥有量的形式,因而我们也看到有所谓音乐的数学。其实,在公元5世纪及之前的罗马学校中,几何、算术、天文、音乐曾被公认为数学的四大分支,公元前100年亚历山大的费罗(Philo of Alexandria)甚至把数学界定为"有关感知和反省所提供观念的必然结论的科学",其中不仅包括数论和几何学,同时还包括应用算术、测地术、机械制造和射影几何。(PM 25;CP 4.230)所以,如果我们要在现代常用意义上来理解"数学乃数量科学"这一定义,那么显然是对古代定义的一种误解。亚里士多德虽然没有给出有关数学的形式定义,但在多处表明一种观点,即,数学不应该根据它所研究的东西来界定,而应该按照其独特的抽象方式及抽象程度来界定。(PM 16;CP 3.554)

　　其次,从近代数学史上看,只有早期一部分人曾坚持数学乃数量科学的观点。皮尔士指出,近代数学曾有一段时间几乎遗忘了从古代就有的射影几何,特别是在虚数受到关注以前,所谓数学乃数量科学的定义确实非常符合17、18世纪数学的实际情况。(PM 17;CP 3.555)但19世纪的康德在《纯粹理性批判》中明确反对把数学界定为有关数量的科学。在他看来,数学的真正特征不在于它所处理的对象,而在于它所采用的方法,即通过研究结构(construction)或图表(diagram)。对此,几何图形自不必说;即便是在代数中,符号公式所要达到的重要目的也是对数学家眼前问题所涉及的关系以一种示意图的方式作概略式表现。数学家罗万·汉密尔顿(Rowan Hamilton)和德摩根受到《纯粹理性批判》影响,也抛弃数学作为数量科学的定义,但对康德的肤浅理解,最终使得他们得出另一种定义,即数学乃有关纯粹时间和纯粹空间的科学。皮尔士认为,如果汉密尔顿和德摩根能够认真阅读康德著作的话,他们就不会得出那样的结论,因为数并不比其他概念更多地涉及时间和空间。其实,汉密尔顿的意图可能只是通过那样一种定义反对把虚数引入几何,而德摩根本人也大量从事逻辑代数等无关于时空的数学研究;另一方面,自从非欧几何为我们熟知以后,真正的空间科学和时间科学正逐步发展成为一种实证的经验科学,这些科学需要数学的帮助,但它们更多属于广义物理学的分支。因此,在汉密尔顿和德摩根之后很快出现了新型的数学定义或对于康德定义更为贴切的理解。关于这一点,皮尔士提到了他同时代的两个人:一是他的父亲本杰明·皮尔士于 1870 年称数学是"得出必然结论的科学",并强调数学要"从主体上"而非"从对象上"得以界定;一是克里斯托(George Chrystal)在《大英百科全书》第九版中认为数学的本质在于对纯粹假说的设立以及这种假说的特殊性。由于必然推理只能适用于纯粹假说的领域,二人的定义其实为同一种。

最后,历史上有哲学家仍然坚持所谓数量科学的数学定义,主要是因为他们没有认识到数学比哲学具有更高的抽象性特征。关于到底应该是数学位于最前面还是哲学位于最前面,皮尔士注意到,历史上亚里士多德曾追随柏拉图,后来大多数人又追随二人,从而把哲学视为比数学更抽象的科学。但他强调,柏拉图后期成熟的学说其实是与数学紧密联系在一起的,甚至柏拉图的理念在本质上都是数学的,即无关现实存在(Actual Existence)而只涉及潜存(Potential Being);因而在柏拉图那里,数学仍旧是最抽象的。另一方面,大多数哲学家之所以不认为数学是最抽象的,也是因为在近代之前数学家尚不清楚他们的工作完全不是要探究实际事实如何,而是专门研究假说。(RLT 114 - 115)事实上,到了近代,已有不少哲学家开始把数学看作比哲学更抽象的科学,譬如,法国的孔德、里博(Ribot),德国的叔本华(Arthur Schopenhauer)、冯特(Wilhelm Wundt),英国的凯夫(Cave),等等。(CP 1. 240 n2)如我们在第一章所见,数学是发现型科学中唯一不关注事实而只涉及假说的科学(即非实证科学),数学能为诸实证科学提供数学模型,因而往往有所谓的数理物理学、数理经济学、数理逻辑学,等等。在这方面,皮尔士特别提到逻辑学与数学的关系。他指出,"数学与哲学的一个门类即逻辑学具有十分紧密的关联,因而不需凭借任何敏锐性我们就可发现二者之间的相关性"(CP 1.245),尤其是说,数学与逻辑学都密切相关于抽象推理,以必然性为特征的数学推理往往还成为逻辑学所关注的最重要推理形式。然而,一旦承认数学乃最抽象的发现型科学,由于逻辑学属于哲学分部,因而逻辑学就不能像现代逻辑主义者所认为的那样为数学提供根本原理。恰恰相反,根据皮尔士的科学分类法,数学倒是能为逻辑学提供根本原理。有关逻辑与数学的复杂关系,我们将在下一节中详细展开。

二、皮尔士所理解的数学工作

由于抛弃了传统上所谓数量科学的定义转而接受一种以最高抽象性为本质特征的数学观念,在皮尔士那里,数学工作已经具有一种新的内涵。他一方面把数学作为最自由的科学,另一方面也把某种可错论带入数学。

皮尔士指出,从数学的真实功能看,数学原本就是一种专门涉及假说的、有关必然结论之得出的科学。要认清数学家工作的真实本性,一种简单的方法是看在科学探究活动中数学家被要求发挥什么样的功能。实际上,数学或多或少总是一门行业手艺(trade)。[①]最初的情况可能是,工程师、保险公司、土地买家或物理学家等发现自己有必要查明某些所谓事实的必然结果如何,可由于这些事实过于棘手,他们无法按照通常方式进行处理;接着,有数学家被请进来,并听取了他们对事情的陈述。数学家认为,他没有义务对所陈述的诸多事实进行核实,于是他完全不顾那些事实的正确与否,直接予以充分认可。但是,他感到工程师、保险公司、土地买家或物理学家的陈述存在不便之处。那就是,虽然乍一听起来他们的陈述不算复杂,但若要进行精确分析,便很快会发现由于事情条件错综复杂,数学家往往很难准确说出事情的结果如何;与此同时,他们所讲到的那些事实往往并不足以回答所面对的问题。在此情况下,数学家所要完成的第一重大任务就是,虚构出另一个更为简单的、他能够驾驭的问题形式,而且这种虚构出的问题要与他之前所要回答的足够类似,以成为原问题的替代品。经过如此工作,所有与前

---

① 在皮尔士的科学分类法中,数学乃位于最上层的最为抽象的科学,它是唯一与经验事实无关的科学。但是数学观念的形成与其他科学一样,最初无一不是源于生活经验,譬如,数、点、线、面等这些数学对象都来自生活技艺。

提结论关系无关的内容都被抽取掉了,剩下的骨架似的或示意图式的抽象问题倒是使得其中的重大关系得以突出,也更加便于从此假想形式推出必然结论。因此,总体上看,数学家所要做的事情只有两件:先是设计一种纯粹的假说,把一切无关结论之推断的内容都剥离开,而且不关心该假说是否符合实际事实;然后是由此假说推出必然结果。(PM 18–19; CP 3.559)数学"不做外部观察,也不把任何东西断定为真实事实。当数学家处理事实时,它们对他来说只不过是'假说',因为他自己并不关心它们的真假"。(PM 14; CP 3.428)正因为如此,数学可谓是所有科学中最自由、最抽象的科学,它致力于通达一种纯粹的潜在可能世界。皮尔士之所以如此看待数学工作,是与他所主张的科学自然分类思想有关的。因为,我们看到他曾经这样强调:

> 如果我们不是把科学视为已发现真理的知识体,而是作为探究群体所从事的一种生动事业——我认为这正是关于科学的自然分类法所表达的意思——那么我们就必须在数学中包含一切属于数学家工作必不可少的东西;因此我们必须既包括数学家对于假说的构想也包括他对假说之结论的推导。(PSP 341)

在指出数学工作乃有关纯粹假说的必然推理的同时,皮尔士强调:数学家在得出必然结论时,他所凭借的正是康德所强调的结构。这种结构是心灵的创设,它是数学家根据假说所提供的觉象(percept)而形成的。这里可能有人提出,觉象不是任何知觉判断由以形成的知觉对象吗?的确如此!事实上,皮尔士正是把数学工作与基本的认识论问题联系在一起。他说,知觉判断

> 迫使我们接受而不提供任何理由。知觉判断的这种难以抗拒的强制性恰恰是构成数学证明的效力之所在。……确实,任何数学证明的困难都恰好在于与知觉判断各方面都类似的一种判断,只是说它所涉及的不是强迫于我们知觉之上的一种觉象,而是我们想象力①的创造

---

① 谈起想象力,可能会使人把科学家与诗人联系在一起。但皮尔士告诉我们,与诗人们的想象相比,科学家的想象是温驯的,它没有太多"血肉"粉饰,更注重对自然本性赤裸裸的揭示。参看 W 8:290。——引者注

物。这种判断,就像对于知觉判断"我眼前的这个东西看起来是黄色的"一样,并不存在太多的缘由。(CP 7.659)

或许,数学能成为最抽象科学从而为所有其他科学提供理论支持,其中原因之一便是数学家以自由创设的觉象作为出发点。在根据觉象建立起相应的图像结构后,数学家便通过观察对其进行检查,并进行一些心灵实验(如添加辅助线、公式变形等),以便在其各个部分之间发现原先在觉象中所未予显示的新型关系。由于一切观察实验的对象都只是数学家自己所创设的图像,这些图像的状态他都能完全清楚、毫无混乱;而且,由于数学推理乃基于对他自己的想象力所创造的假说(这种构造可写在纸上)的观察,在此意义上,数学家的工作便具有了必然性特征。不过,以必然推理为主要工作任务的数学科学,并不能导致数学结论的绝对不可错性。相反,数学依赖于人的观察活动,而一切人类行动都是可错的,因而数学结论也可能会出错,譬如某个人的计算失误。只是数学中的错误具有自我修正的特征,不需要任何先天保证,数学家共同体凭借足够的仔细和认真,就能最终达到唯一结论。譬如,虽然某个人的某一次计算会出错,但在重复足够次数之后,原先错误的计算最终会得到修正。因此,虽然认识论上的可错论具有普适性,但数学工作本身实际上是无真假可言的,也就是说,它具有实践上的不可错性(practical infallibility)。①

如上把数学工作定位于一种观察性科学,或许对许多人来说仍显得难

---

① 苏珊·哈克在《可错论与必然性》一文中认为皮尔士在可错论是否适用于数学知识这一问题上是含糊不清的,参看 Susan Haack, "Fallibilism and Necessity," in *Synthese*, Vol.41, No.1, 1979, pp.37–63。但笔者主张,如果我们更多关注数学在皮尔士科学分类法中的前逻辑地位,或许就能澄清皮尔士关于可错论哲学与数学实践不可错性之间的关系。皮尔士在无关逻辑批判的意义上承认 2+2=4 是"不可错的",但是当我们就事实问题谈论两个东西加上两个东西等于四个东西时,易错倾向就很明显了。他的一段话(哈克也曾引入其中片段),我们不妨完整地引用于此:"如果认为可错论是指 2 乘以 2 有可能不等于 4,那就完全误解这一学说了。我已经指出过,我的目的不是怀疑人们通常可以精确进行**计数**。可错论也不是说个人不可能获得有关他们心灵构造物的确切知识。对此,它既不肯定也不否定。它只是说人们对于事实问题(concerning questions of fact)不能获致绝对的确定性。数不过是由人出于计算目的而设计出来的名称系统。说在某个房间内有两个人,这是一个有关真实事实的问题。说每个人有 2 只眼睛,这是事实问题。说房间中有 4 只眼睛,这是事实问题。但是,说**假若**有 2 个人而每 1 人有 2 只眼睛,那么就**将会**有 4 只眼睛,这不是事实陈述,它是有关我们自己创设的数字系统的陈述。"(CP 1.149)

以理解。①为了加深对皮尔士此种观念的认识,我们不妨继续补充两点。第一,皮尔士把数学中的演绎推理区分为推论型演绎(corollarial deduction)与定理型演绎(theorematic deduction),并将此区分作为他关于数学方法的第一真正发现。②他告诉我们:

> 数学作为一门严肃的科学,在其假言性这一本质特征之外,还有一个附带的特性——亚里士多德学者们所谓的 proprium(共通特性)——它在逻辑上极其重要。那就是,所有"哲学家"都跟随亚里士多德认为除了他们所谓的"直接"证明或"demonstration why"——他们用此来指仅仅运用一般性概念并在结论中只出现定义内容中的某一项(假若其诸词项本身都能得到明晰界定)的证明——之外,其他任何证明都不能视为完全满意的,然而数学家却蔑视此种推理样式,他们反过来赞赏哲学家们指责的"纯粹"间接证明或"demonstrations that"。那些可借助哲学家所吹捧的那类推理,由其他命题推导的命题被数学家作为"推论"(corollaries)记下。这就是说,它们像几何学中的一些真理:欧几里得本人认为并不值得特别提到,而后来编者们以花环或花冠(corolla)标注,将它们每一个插在页边,意思可能是指这些小的评注要归功于他们。在定理或至少在所有重要定理中,要求有另一种不同的推理类型。这时,局限于一般性词项是不行的。有必要写下或想象某种明确的个体化图式(schema)或图表(diagram)……(PM 27-28)

关于这后一种带有图式的推理,皮尔士将其视为真正的数学推理③,并强调:

---

①　皮尔士曾提到:许多人一直困惑不解,为何数学一方面是纯演绎性质的必然科学,另一方面又呈现了一系列连续不断的惊人发现。为了解决这种"矛盾",他试图抛弃其中的某一方面来重新界定数学,但最终都失败了。参看 EP 1:227。

②　Charles Peirce, "Corollarial Reasoning," in *Commens*: *Digital Companion to C. S. Peirce*, available at http://www.commens.org/dictionary/term/corollarial-reasoning(Retrieved 2023.2.3)。

③　有学者已经注意到,皮尔士对于两种演绎的区分与当代关于可判定性的讨论具有明显关系:正如现代逻辑学家强调是关系谓词的出现使得基础逻辑不可判定,皮尔士同样认为只有在关系逻辑发展起来之后定理型推理才容易看见。参看 Claudine Engel-Tiercelin, "Peirce's Semiotic Version of the Semantic Tradition in Formal Logic," in *New Inquiries into Meaning and Truth*, edited by Neil Cooper and Pascal Engel, Harvester Wheatsheaf: St. Martin's Press, 1991, p.207。

"根据一般性词项来思考是不够的。有必要**做出**一些事情。几何学上,要画辅助线。在代数上,要进行合理转换。于是,观察的能力被调动起来了。"(CP 4.233)正是在这种意义上,皮尔士称"数学需要有最彻底的发明、最具动感的想象,需要有一种概括能力,与其日常工作相比,形而上学、生物论、宇宙论方向的哲学家们的自负表现在此方面显得微不足道"。(CP 4.611)第二,皮尔士对数学对象的理解不同于弗雷格等人的柏拉图主义。他曾在谈及近代科学成功的教训时说:任何成功的科学都具有一种观察方法,但此种观察并不限于对外部自然对象(natural objects)的观察,因为数学工作中所采用的观察方法就是另外一种。在他看来,伟大数学家高斯对数学的看法是精辟的:"代数就是一种用眼看的科学(a science of the eye),只是它观察的是最有高度抽象特征的人造对象。"(CP 1.34)这里,皮尔士把数学观察对象作为一种个人抽象产物,显然与现代数学哲学中的柏拉图主义正相反。[①]因为,众所周知,后者认为,数学家所达到的成果、所运用的概念都不是什么创造发明,而是一种对原本就存在于现存世界之外的一组事实或真理的发现。[②]也就是说,在皮尔士那里,数学工作的理想性并不在于其专门揭示概念世界的自然秘密,而在于其绝对的自由设定、无关乎事实世界,在于它以纯粹的人造假说作为观察对象。[③]这种作为数学工作对象的假说通常为一种关系形式。譬如,$1/f_1 + 1/f_2 = 1/f_0$ 作为光学上一种焦距关系的等式,其字母和公式便脱离其原来所代表的意义,成为数学上可以进行感官观察和变换实验的一种对象。(CP 4.530)认识到这一点差异,理解皮尔士关于数学观察性

[①]　普特南曾提及:有当代柏拉图主义者如哥德尔(Kurt Gödel)也把"数学直觉"类比于知觉(参见 Hilary Putnam, *Reason*, *Truth and History*, Cambridge University Press, 1981, pp.145-146)。但是,由于皮尔士强调数学是基于假说和想象的,显然从前文他关于数学证明与知觉判断间关系的观点并不会得出柏拉图主义结论。

[②]　当然,这里并不是说皮尔士认为数学上的"无理数""虚数"等所谓抽象观念是不真实的东西。我们在下文将看到,皮尔士认为词项、概念等一般性东西代表了一种不同于现实事物的存在。只是,皮尔士相信所谓数学公式或符号是人自身的创设物,尽管有时这些公式符号背后包含真实的一般性观念。

[③]　维特根斯坦在《数学基础评论》中也说过:"数学家是发明家而非发现者。"参看 Ludwig Wittgenstein, *Remarks on the Foundations of Mathematics*, edited by G. H. von Wright, R. Rhees, G. E. M. Anscombe, translated by G. E. M. Anscombe, Basil Blackwell, 1978, p.99。

的论断就会容易得多。①

　　正是凭着上述数学观念,皮尔士在数学基础领域做了许多大胆而独创的尝试工作。皮尔士学者艾斯利将其数千页有关数学的作品整理后以"新数学原理"为题分五大卷出版,其中既包括数论、连续统、线性代数、矩阵理论、概率、非欧几何,也包括数学教育方法、地图投影、四色问题、度量理论,等等。举例来说,皮尔士在 1881 年《论自然数的逻辑》(W 4:299 - 309)和 1885 年《论逻辑代数:对于记法哲学的贡献》(W 5:162 - 190)中基于序关系较早给出了一种公理化自然数系统,他的做法早于皮阿诺(Giuseppe Peano)在《算术原理》中所运用的后继算子。在大约写于 1890 年的一篇题为《对于数论的逻辑研究》的手稿中,皮尔士提出是否存在一种算法来解答数论中的方程式,从而以一种更为一般化的方式预见了希尔伯特(David Hilbert)1900年在国际数学大会上提出的第十问题。②

第二节　从数学到逻辑学

　　皮尔士在当时以及现在被视作美国知名数学家,但从他自身的追求来讲,所有数学工作都是为了逻辑学工作。在皮尔士那里,逻辑学与数学紧密相连,而从科学的自然分类来看,二者又是两门不同的科学。逻辑学要总结概括数学工作中的逻辑,同时又要超越数学的眼界;逻辑学要运用数学的方法来工作,同时又要坚持自身的目的。在皮尔士作品中,我们看到出现过

---

　　①　皮尔士关于数学工作乃对于图表的观察实验的观点已成为当代数学教育哲学中的一个热点。参看 Daniel G. Campos, "Peirce's Philosophy of Mathematical Education: Fostering Reasoning Abilities for Mathematical Inquiry," in *Studies in Philosophy and Education*, Volume 29, 2010, pp.421 - 439; Doug Anderson, "Peirce and the Art of Reasoning," in *Studies in Philosophy and Education*, Volume 24, 2005, pp.277 - 289.

　　②　皮尔士提出要把这些方程式转换为布尔代数,但并未指出如何解答。这一问题最终由马蒂亚塞维奇(Yurii Matiyasevich)给出否定答案。参见 W 8:55 - 56 及 Irving Anellis, "Did Peirce Have Hilbert's Ninth and Tenth Problems?," available at https://arisbe.sitehost.iu.edu/menu/library/aboutcsp/ANELLIS/csp&hilbert.pdf(Retrieved 2023.2.4)。

"逻辑数学"(mathematics of logic)、"数学逻辑"(logic of mathematics)、"形式逻辑"(formal logic)、"严格逻辑"(exact logic)等称法,这些词与现代逻辑学中的常用概念"数理逻辑"(mathematical logic)或"符号逻辑"(symbolic logic)关系复杂,我们将在皮尔士的思想框架下梳理它们各自的含义,尤其是他在代数相关领域中所做工作的逻辑相关性,进而帮助我们在今天明确逻辑与数学之间的关系。

一、logica utens 作为数学家的"逻辑"

众所周知,使用论证与研究论证是不一样的。早在亚里士多德之前,古希腊哲学家巴门尼德(Parmenides of Elea)就运用论证来支持他的哲学观点;但到其弟子芝诺(Zeno of Elea)那里,才开始意识到并反思论证规则。另一方面,我们还常常注意到,某些人不懂得逻辑理论,照样可在许多情况下拥有很强的推理能力而不违反逻辑。对于这种现象,皮尔士特别关注,在其正式谈及逻辑科学时经常区分两种"逻辑"。现实中我们处理问题时,总会有两种情形:一种情形下,我们求助于那"可以控制的"思想;另一种情形下,我们受"不能控制的"认知活动的驱使。与之平行,我们开展各种推理活动(作为典型"可控"的认知活动),有时能意识到甚至能讲出背后的"推理规则",有时却讲不出来甚至意识不到背后有什么"推理规则"。后一类推理活动是人类习得性的却类似"潜意识"或"自动化"的思想过程,不受既有"逻辑理论"的批判,皮尔士借用中世纪经院学者的术语"logica utens"指代其中所显示的"逻辑能力"。拉丁词"utens"由"uti"演化而来,意为"用处(use)";因此,"logica utens"可译为"日常(常识)逻辑"或"逻辑本能(直觉)"。[①]而前一类推理活动往往诉诸专门一套"规则"理论,从而对推理的根基和效度有着更多的"反省性"和"自控度",皮尔士借用中世纪经院学者的术语"logica

---

① 《西方哲学英汉对照辞典》(尼古拉斯·布宁、余纪元主编,人民出版社,2001年)将"logica utens"词条翻译为"非形式逻辑"。这在某种意义上表达了此种逻辑的非正式性,但"非形式逻辑"在当代逻辑文献中有另外的专门所指,因此笔者认为,基于词源学而采用"日常逻辑"或"逻辑本能"的译法可能更为贴切。

docens"来指代其中所涉及的专门理论。拉丁词"docens"即英语中的"docent",字面意思为"教师、讲师";因此"logica docens"可译为"学院逻辑"或"逻辑学"。粗略来讲,学院逻辑是指科学研究中自觉建构起的关于推理对错好坏的"逻辑"理论,也就是通常被我们称作逻辑科学的那些学问。而日常逻辑广泛地指那些未专门接受逻辑教育之人实际用以决定推理对错好坏的"逻辑"实践,多体现在一些"习惯"或"本能"中。皮尔士在约翰·霍普金斯大学担任逻辑教师时曾提出两个教学目标:

> 第一,交流逻辑本能,培养学生成为推理专家,能够形成明晰的观念,避免谬误,知道在什么地方需找证据;第二,让他们熟悉渗透于我们所有语言和常识中的逻辑观念,并向学生指出它们的涵义及价值所在。(W 4:xxvi)

这里,前一目标基本属于逻辑技能上的"日常逻辑",后一目标则基本属于皮尔士限定之后的"学院逻辑"。

根据此种所谓逻辑理论与实践的区分,再来看上节中我们所讲到的数学家工作。数学工作中包含了最为精确的推理技术,但它主要是一种推理术,是一种日常生活中所运用的类似本能的天然推理技能。虽然自然科学家常常要根据是否能用于提供实证知识来评估自己的方法,但数学家却不必如此评价他们的方法。数学家尽情发挥自由想象力,充分运用自己的逻辑本能,他并不关心自己编织的假说是否与某种实际相符,也从不怀疑自己推理方法的适当性。①"数学通过自身形成的逻辑本能进行推理,完全不需要求助于学院逻辑;因为数学中所产生的推理之争没有任何一个需要交由有关思想的哲学原理来裁决。"(CP 1.417)数学推理之法是自明性的,其显明性要高于任何理论。②要避免数学中的过错,别指望先天指定任何"逻辑法

---

① 根据类似于数学家推理的这种特征,皮尔士有时把不关心"如何实现"的信念改变过程称为inference,而对于过程有所自觉的信念之变,则称为 reasoning 即 rational inference。但 inference 与reasoning 之间的这种区分在皮尔士那里并非始终如一;很多时候,他是在不作任何区分的意义上等同使用二词的。

② 当然,不只是推理理论如此。皮尔士曾经指出,大多数时候,单单理论对于我们的日常工作很少有用或毫无用处。(CP 2.3)这当然不是说理论没有价值,而是说理论的价值绝不是要取代或抑制人的自然本能。

则”;一切数学过错只有依靠数学自身的批判才能得以修正。对数学推理,逻辑学所要做的只是描述它们。(CP 2.192)①换句话说,倘若我们认为逻辑学的功能就是对推理的好坏对错进行反思,那么数学家典型的推理工作可谓是“前逻辑学的”或“逻辑学上无所谓好坏的”。与皮尔士同时代的维特根斯坦在《数学基础评论》中说过类似“数学先于真理”的话,其意思大致与皮尔士这里的说法一致。②

　　但是,事情的另一面是,逻辑学提供了对于数学推理实践的刻画和分析,它是对逻辑本能的理论提升;虽然这种提升对于数学工作本身没有太大必要性,但它对于数学方法的推广应用却是不可或缺的。数学推理拥有独特的推理形式,其必然性却不是数学本身研究的对象。皮尔士指出,数学家很少有成为逻辑学家或过多关注逻辑学的;因为两种心灵习惯是直接相对的,数学家不愿费心去查清他在证明中出于便利所引入的理论步骤是否在逻辑上必要。(CP 4.614)是逻辑学家在对数学家的工作方式加以分析,也只有逻辑学才能提供有关数学推理的理论刻画。有关数学推理的逻辑理论,是运用逻辑学对于数学推理的刻画;但需要注意的是,能用逻辑刻画数学譬如算术等数论内容,并不意味着数学依赖逻辑。所谓“数学逻辑”,其主要工作在于“表明存在数学真理可由此必然得出的一些一般命题,同时这些命题可作为数学家不涉及任何经验或直觉假定而考察之对象的定义”(W 2:59 -

----

①　著名皮尔士学者胡克威在对皮尔士关于数学的前逻辑地位进行考察后,有一句更加透彻的说法,即,“虽然逻辑学必须为某种扩展性推理方法的采用作**辩护**,但它为数学工作所能做的却只是对其有效性进行**描述**和**解释**”。参看 Christopher Hookway, *Peirce*, Routledge and Kegan Paul, 1985, p.183。需要注意的是,皮尔士这里讲逻辑学对数学推理实践进行描述与他讲逻辑学从自然科学的具体方法实践中概括出一般性逻辑方法时,具有不同的含义。因为在皮尔士的科学分类法中,数学位于逻辑学之前,而各种自然科学位于逻辑学之后。据此,前者可能是指逻辑学对于一种人类行为进行解释说明,而后者可能是指逻辑学对于具体理论方法的一种归类划分。

②　维特根斯坦说道:“不受置疑的那些步骤是逻辑推理。但之所以它们不受疑,不是因为它们‘理所当然符合真理’——或者类似的某种说法——不是的,只是说那样是被称作‘思想’‘言说’‘推理’‘论证’的。这里根本不存在所论者与实在之间是否符合的问题;逻辑是**先于**此种符合的;其意思是说,这就好比测量方法的确定是**先于**有关长度命题的正确或不正确的。”参看 Ludwig Wittgenstein, *Remarks on the Foundations of Mathematics*, edited by G. H. von Wright, R. Rhees, G. E. M. Anscombe, translated by G. E. M. Anscombe, Basil Blackwell, 1978, p.96, 45e。如果我们把维特根斯坦在书中所谓的“逻辑”放在皮尔士的科学分类法中理解,应该就是数学家所运用的逻辑本能,由此这里所说的便是“数学先于真理”之意。

60；CP 3.20），其关键的作用在于教育和学习。要提供一种令人满意的数学逻辑，并不是一件容易的事情，康德在《纯粹理性批判》中有关分析判断与综合判断的区分就是一个有关数学逻辑的问题，而欧几里得《几何原本》第一册也包含典型的数学逻辑，因为该书的隐秘主题正是逻辑结构。（EP 2：302）皮尔士对于数学教育曾发出这样的感慨：

> 确实，数学教给我们一种推理类型。实际上，那是它主要的教育价值。但能理解数学之逻辑的教师太少！太少人能够理解学生困惑的心理！学生在欧几里得几何上遇到困难，一半都是教材存在逻辑上的问题。"（CP 1.657）

数学无疑是最纯粹、最自由的科学，但如果没有逻辑学对数学推理中所运用的逻辑本能的理论提升，数学推理便永远停留于一种自然本能，而无法转变为一种便于理解和学习的推理理论。正如皮尔士在谈论逻辑学教育的重要性时所进一步谈到的：

> 任何行为的理论对该行为的完成都帮不上忙，只要我们所要做的事情是仔细描述过的因而可以由我们机体的无意识部分来支配。对于这样的目的，常识法则甚至不用法则将是最好不过的。你不可能用分析力学来玩弹子游戏，你也不能用政治经济学来开店。但是，当遇到需要开辟新路径时，脊髓之力就不够用了；我们需要大脑，需要大脑来作为心灵器官，需要用一种人文教育来提升我们的心灵。而人文教育——就其与理解的关系来讲——就是指**逻辑学**。逻辑学对它来说是不可或缺的，其他任何东西都不能代替。（W 4:379－380；HP 941－942）

笔者认为，皮尔士重提中世纪的本能逻辑与学院逻辑之分从而把逻辑学限定于理论逻辑，这不仅对于解释数学工作，而且对解释日常生活中的许多"逻辑性"问题都具有说服力。铭记上述区分，我们就可以在不带有贬低逻辑学之意的前提下说：逻辑学对生活并非万能的或绝对必不可少的，逻辑学作为对推理类型及其好坏的集中反省，其功能主要在于对某些理论方法的规范。在没有逻辑学之前，在逻辑学未触及的地方，同样存在着"逻辑思维"活动，在那里逻辑学没有介入或不必发生作用。数学推理只有在作为一种逻辑方法被自觉应用于其他理论科学之后，才会进而成为逻辑学的研究对象，也正是在这种意义上，我们可以说，许多数学家很可能会是推理高手，却不会是逻辑学家。

二、形式逻辑与严格逻辑

　　虽说数学家的典型工作中并不运用专门的逻辑学，但这并不意味着就不存在有关数学的逻辑学。如何总结数学工作中的逻辑思维或如何把数学应用于逻辑学，成为他一生关注的一个焦点。有时候，他采用"数学逻辑"来指逻辑学家对于数学实践所做的描述和刻画，将其作为逻辑学工作的一个重要领域。①譬如，他曾把"数学逻辑"列为其逻辑著作的一章，并称"我认为这是我曾写过的最有力的逻辑部分"。（PL 229）有时候，皮尔士又用"逻辑数学"来指布尔学派试图从数学上对于亚里士多德逻辑进行刻画处理的一种努力，将其作为一门应用数学。不过，更多时候，皮尔士用以表示"数学应用于逻辑学研究"这一工作的名称是"形式逻辑""严格逻辑""符号逻辑"或"数理逻辑"。这些不同概念的界定，明显存在相互交叉之处；而且皮尔士自己有时也在松散的用法上加以混同使用。但考虑到皮尔士的科学分类法以及皮尔士对这些词的惯常用法，我们可以区分以下两个层次的概念：

　　一是作为"应用数学"的"形式逻辑"，它是强意义上的"数学向逻辑的应用"。形式逻辑一词在今天是一个异常模糊的用语，这可能是由于"形式"一词的含糊性；有时我们把数学符号作为形式，有时它也可泛指一切结构性的东西，因而有些数学符号表述可能并非真正的形式，有些形式也可能不带有任何数学符号。即使在皮尔士的时代，形式逻辑的所指也存在很大差异。最典型的就是，大多数英语和法语逻辑著作中基本上都遵循布尔把形式逻

_____

　　①　在皮尔士的时代，一种公认的逻辑划分是数学逻辑（演绎）与科学逻辑（归纳）。而皮尔士自己的做法是，通过总结概括数学、自然科学及其他任何成功科学的逻辑方法进而发展一种更广泛的逻辑学。

辑作为"有关逻辑学的数学分析",而不少德国人(施罗德除外)则更强调形式逻辑作为规范科学的意义,对此皮尔士曾在文章的一个脚注中专门提到:"'形式逻辑'有时(主要是德国人)也用来指那样一种逻辑部分,其使得形式逻辑差不多就等于全部的逻辑了。"①(CP 4.244 n1)总的来说,皮尔士本人接受了德语世界中把逻辑学定位于规范科学的做法,即便他认为德国逻辑学家大都是拙劣的推理者;但在"形式逻辑"用法上他最终还是采取了英语著作中的通行做法:"形式逻辑是一门数学科目"(CP 2.533),它代表着有关逻辑学的数学,或者说,应用于逻辑学的数学。在把形式逻辑定位为应用数学后,皮尔士强调要以数学抽象方法来推进形式逻辑研究,他还曾为此感慨:许多进行形式逻辑研究的人竟是"非数学家的头脑"。(CP 4.263)在他看来,作为应用数学的形式逻辑虽然是最简单的数学,它对于逻辑学的发展却很重要,逻辑代数为亚里士多德三段论逻辑带来的革命性推进足以说明这一点。1902年在准备收入《小逻辑》的一篇题为"至简数学"的手稿中,皮尔士提出"要考察某些极其简单的数学分支②,由于它们在逻辑学上的用处,我们将给出相对详细的处理,虽然对数学家来说,它们几乎不值得考察"。(CP 4.227)这里所指的便是作为数学分支的"形式逻辑"。对于为什么在一部逻辑学著作中专门考察这些初步性的数学内容,皮尔士给出了"双重动机":(1)在研究推理理论时我们需要关注数学方法,因为推理活动构成了数学工作的主体;(2)与任何其他科学一样,逻辑学也具有数学部分,而且其中大多在我们研究逻辑的一开始就可以直接学习,不需要任何预备知识。(CP 4.244)不过,用处归用处,形式逻辑毕竟是一种应用数学,并不能等同于逻辑学本身。在某种意义上,形式逻辑所代表的主要是一种推理术,顶多可以看作逻辑学中的数学部分,而不是推理理论本身;如果把形式逻辑作为逻辑学的唯一内容,这种狭隘的逻辑只会成为"正确推理"(right reasoning)的障碍。(CP 4.242)真正的逻辑学家必须对推理进行分析,若非这样,即便是亚里士多德的三段论也

---

① 弗雷格研究专家斯鲁格(Hans D. Sluga)在考察德国当时逻辑研究的历史语境时也指出:弗雷格所使用的"形式逻辑"一词最早是由康德发明出来的,以区别于古代意义上的亚里士多德逻辑。参看 Hans D. Sluga, *Gottlob Frege*, Routledge, 1980, p.12, p.49。

② 皮尔士有时把数学科学分为逻辑数学、离散量数学和连续统数学。——引者注

将显得琐碎无用。谈到这里,有人可能提出形式逻辑真正的称法或许应该是"符号逻辑"①。但是,皮尔士告诉我们,所谓符号逻辑其实也只是借助特殊的符号系统来研究的逻辑,符号系统的目的和宗旨仅仅是:

　　对于逻辑学理论的研究,而根本不是要构建一种演算来帮助推演。这两种目的是不相容的,因为为逻辑研究而设计的系统应该是尽可能分析性的,把推理分为尽可能多的步骤,将它们统统展示于尽可能最一般的范畴之下;而演算,恰恰相反,应该旨在尽可能地化简步骤的数目,运用专门的符号以使它们适应于特别的推理类型。如果有两种方式来表达同一事实或者有任何多余的符号,这就应该被看作旨在进行逻辑研究的系统的缺陷,但对于一种演算来说,有两种方式表达一种事实,这并不是什么严重的问题。(CP 4.373)

　　二是作为"数学应用"的"严格逻辑",它可看作弱意义上的"数学向逻辑学的应用"。这里,我们在用词上由"应用数学"到"数学应用"的弱变,大致相应于由"mathematics"(数学)到"mathematical"(数理)的弱变。由此,皮尔士所谓的严格逻辑可看作与"数理逻辑"同义。如果"符号逻辑"所谓的符号主要限于方便精确表现的数学符号,那么"符号逻辑"也可归于这一层次。与作为应用数学的形式逻辑相比,这一层次所表达的"数学向逻辑学的应用"工作侧重于"逻辑"二字;也就是说,虽然此种工作同样涉及大量数学思想,但此时的数学技术只是用以达到逻辑目的之工具。从皮尔士本人对"形式逻辑""严格逻辑"两词的使用语境来看,也基本上都是,用前者略带贬义②地称那些只关心数学却不关心逻辑的逻辑代数工作,用后者略带褒义地称像自己一样以逻辑研究为目的的逻辑代数工作。若从传统学科界限来看二

①　这里的符号可能并不限于数学符号。后文中我们将看到,皮尔士对于符号逻辑的理解其实与他的指号学观念紧密相关。
②　可以猜测,皮尔士之所以把"形式逻辑"作为贬义词使用,可能是因为"形式"二字常常使人联想到只看外表粉饰而不重实质内容的形式主义,而后者对于倡导科学求真精神的皮尔士来说是要极力避免的。

者,或许并不能武断地认为其中一个为数学而另一个为逻辑,皮尔士本人有时似乎也认为"形式逻辑"既是数学又是逻辑学。但是,倘若考虑到第一章中皮尔士所谓自然的科学分类依据乃一种生活方式的独特性,皮尔士的此种层次之分可能并非没有必要。

正因为上述考虑,若有当代读者因为发现有不少自称形式逻辑学家的人实际上是以逻辑研究为最终目标的或者他们只是把形式逻辑作为一种数学方法应用于逻辑学而已,从而认为把形式逻辑简单地定位于数学有失公允,那么,皮尔士可能会站出来说:如果是仅仅把形式逻辑作为逻辑学中的数学部分,那么这种工作毋宁在"严格科学"的意义上称为"严格逻辑"更好。在皮尔士看来,所谓严格科学就是说在该科学中从日常经验中所得出的概括结果要以公理化形式进行陈述,即借助于数学推理能够严格推演出该理论的其他部分;而严格逻辑就是说,有关推理效力和强度的理论应该做成这样一种科学。以这种方法所进行的逻辑研究,使得逻辑学家在发现错误①后能立即进行修正,它在皮尔士之前曾由帕斯卡(Blaise Pascal)、伯奴利(Daniel Bernoulli)、欧拉(Leonhard Euler)、拉姆贝特(Johann Heinrich Lambert)、德摩根、布尔等逻辑代数家所开展;但皮尔士向我们强调:对于严格逻辑,存在一种误解,即认为其目标在于为开展各种推理或各种演绎性探究提供一种演算法或半机械式方法。这种想法与其说是严肃的严格逻辑学者的观念,不如说是反对严格逻辑的人所提出的。不能忘记,"严格逻辑的真正目标在于借助数学,发现一种无可争议的推理理论";只是说,迈向这一目标的第一步是"以数学的严格性、确定性、简单性把逻辑学所考虑在内的一般经验事实表述出来"。(CP 3.618)应该承认,在现代逻辑研究中,我们经常要运用到代数方法,而且它相对于日常语言更有助于我们进行明晰性推理,尤其是在对数学推理的分析上很具有优势。但皮尔士同时提醒我们要警惕两种陷阱:一是有可能会令"严格逻辑"研究堕落为微不足道的无用功,或者太过于基础而不具有数学意义,或者太过于琐碎而不具有逻辑学意

---

① 这种错误主要是由于严格逻辑研究者未能找到合适的方法把数学思想应用于某个逻辑领域。

义。二是要避免把严格逻辑所运用的符号规则误认为是逻辑学的第一原理，如果一种代数所包含的成百个纯形式定理都不具有逻辑上的重要性，那这只能被视为严格逻辑的一种缺陷，尽管其在某方面特别便利。除此之外，皮尔士还主张，一般的严格逻辑大都运用代数方法，但"对于逻辑学的研究来说，我们很难肯定图表方法就不具有优越性"。（CP 3.619）在本章第四节我们将看到，皮尔士在文恩图之上所发展的存在图系统表明，虽然图表不易用于比较复杂的情形，但它们能比代数方法更直接地引向对逻辑问题的最终分析。最后一点，皮尔士在评论施罗德《逻辑代数讲义》时曾明确指出他所理解的广义严格逻辑包含三个分部，即我们上文所提到的理论语法、批判逻辑及理论修辞。（CP 3.430）这意味着，数学方法的运用并未界定逻辑学的范围，倒是这种方法可适用于逻辑学各个分部。

当然，单是澄清皮尔士对于"形式逻辑"与"严格逻辑"的上述用法，还不够。一个自然而然的追问是：皮尔士为什么认为"形式逻辑"属于数学而非逻辑学？ 或者，根据皮尔士的建议，我们到底应该怎样区分逻辑学与数学？

三、数学与逻辑的关系辨

对于今天的学者，数学和逻辑学同为基础科学，二者关系之紧密不言而喻，尤其是在罗素《数学原理》等数理逻辑思想诞生以来。遗憾的是，一个关键的问题始终未得到充分关注，那就是，在多大程度上或者在何种意义上，数学与逻辑是紧密相关的。这或许是由于当代学术用语（如符号逻辑、哲学逻辑、数理逻辑、形式逻辑等）本身的混乱，或许是由于当代科学重心转向计算主义认知从而忽略了很多概念层面的工作。但这个问题却关系到各自的学科定位及它们的未来走向。皮尔士作为弗雷格同时代的逻辑学家、数学家和哲学家，对于正统现代逻辑观念的形成和发展做出了奠基性贡献（具体可参看本章第三、四、五节），但他的反逻辑主义倾向以及有关科学的自然分类思想使得他始终对于逻辑学与数学的混同保持高度警惕。从皮尔士的观点来看今天逻辑学与数学的学科界分，笔者认为，以下三个方面亟须引起关注。

第一，如何来理解数学的重要性，逻辑学在什么意义上求助于数学？

"科学皇后"的称号足以表明现代人对于数学地位的看重,但我们该如何来理解数学的重要性呢?是因为其结论的严格性,还是其记法的简单透明,还是其推理主题的无内容?皮尔士通过翔实的剖析告诉我们,数学的主要特征在于它关注的是纯粹假说,其工作不涉及任何经验强制性,也就是在这种意义上数学是完全自由的,可谓是"自由科学"。而数学的重要性也正是源于此。我们知道,一切知识都是源于知觉,而知觉判断形成中的一个重要基础正是觉象。从某种意义上来说,由于数学专门涉及心灵的自由想象即觉象,数学家的工作正是对我们观察活动的最集中、最精彩的心灵再现。虽然与日常(外部)观察中的"被动(所与)"现象相比,数学家的想象显示出更多"主动性",但二者在本质上都是一种觉象。正是这一点是过去乃至今天很少有人意识到的,而之所以皮尔士能在数学工作与一般认识活动之间建立起这样的关系,则主要是因为他坚持把数学推理视为对于图表的观察,进而又区分开推论型推理和定理型推理。如我们在第一节中所提到的,所谓推论型推理是指,先把一推理的所有前提表现于图表中,然后必须在此图表之上进行某种创造性的实验,也即是增加某种在原前提中所未出现的其他构造,即"外来观念",如辅助线,最后通过对此修改后的图表进行观察,才能认识到结论为真。而所谓推论性推理则是指,先把一推理结论的所有前提表现于图表中,然后通过对图表进行观察,不必要引入任何其他构造,可直接发现结论为真。由此,皮尔士认为,数学推理其实与日常认识活动一样包括有某种观察和实验,它正是人类逻辑本能的显现。数学想象独立于任何逻辑规则:不管推理者是否知晓某种法则,他都会首先运用这种图像结构的。(CP 3.560)不过,任何东西的重要性之源也正是其局限性之源!由于数学是唯一只涉及假说而不关心事实世界的科学,其推理形式甚至成为必然推理的代名词,而这也常常使得数学家鄙视其他科学尤其是形而上学中的推理。但是,皮尔士警告我们,也正是缘于这一点,数学家充分显露出自身的局限性:"一旦自己涉足哲学,他的推理就很容易变得异想天开、有失稳妥,因为他认识不到,在他所踏上的这个新领域中,精致的演绎并不比在化学或生物学中更加有用。"(CP 3.560)以逻辑学为例,数学无疑为逻辑学提供了极其有用的工具模型,"若不大量运用数学,逻辑学可能就不会获致对于其问题的答案。实际上，所有形式逻辑都只不过是应用于逻辑学的数学"。（CP 4.228）但是，从学科分类来看，逻辑学与纯假言性的数学具有显著的不同，因为它是实证科学，具有直接的事实断言。确实，作为关注应然问题的规范科学，逻辑学与形而上学不同，并非仅仅是甚至并非主要是发现实际上存在什么；因而，它具有一种显著的数学特征，至少是在其方法论分部（因为它非常符合数学推理的条件性特征，作为方法论的逻辑学是要分析借助指定手段如何达到所要求的目标这一问题）。可是，

> 这顶多只是说，它要求助于数学；它具有一种数学分支。但我们对于任何科学都可如此说。存在一种数理逻辑学，正如存在数理光学和数理经济学①一样。数理逻辑是形式逻辑。形式逻辑不论如何发达，都是数学。然而，形式逻辑绝不是逻辑学的全部，甚至不是其主要部分。它很难算得上真正逻辑学（logic proper）的一部分。逻辑学必须界定其目标；如此一来，它就更加依赖于伦理学或目标哲学，其依赖程度要远远大于逻辑学方法论分部对于数学的依赖。（CP 4.240）

这段引文中，皮尔士似乎在不加区分地使用"形式逻辑"与"数理逻辑"，并暗示它们既是数学又是逻辑，但其主要强调的则是真正逻辑学与真正数学的不同。其实，"exact logic"中的"exact"本来既有严密之意也有苛求之意。数学方法纵使有千般万般好处，但无论任何时候，总有一些逻辑事实不能以数

---

① 有关数理经济与经济学本身的类似关系，数十年之后著名经济学家、哲学家哈耶克（Friedrich August Hayek）在对一度流行的"经济演算"（Economic Calculus）或"纯选择逻辑"（Pure Logic of Choice）进行方法论批判时给予了充分论述。譬如，他说："在社会科学中运用数学与试图估量社会现象二者之间并无必然的联系，虽然那些仅仅熟悉数学基础的人尤其容易相信它们之间具有关联。为了刻画某些类型的复杂结构关系，数学可能是——而在经济学中正是——绝对不可或缺的，但它可能永远没机会知道出现在用以刻画那些结构的公式之中的具体量级（被误称为'恒量'）的数值。"参看 F. A. Hayek, *The Collected Works of F. A. Hayek*, Volume XIII: *Studies on the Abuse and Decline of Reason*, edited by Bruce Caldwell, The University of Chicago Press, 2010, p.114, n.10。哈耶克不否认形式演算在经济学中的地位，但他强调："当有主流经济学家误认为它所刻画的情境与解决实际问题具有直接相关性时，此刻我们一定要铭记，它根本不涉及社会进步，它对于主要问题的研究来说顶多算是一种有益的预备课。"参看 Friedrich A. Hayek, "The Use of Knowledge in Society," in *Individualism and Economic Order*, The University of Chicago Press, 1948, p.91。——引者注

学方法刻画,或者说,尚未发展出合适的数学理论。譬如,由于现代数学技术发展的局限,逻辑学上的"蕴涵"这一核心概念始终未能以适当的数学技术得到全面、充分的刻画。因此,严格逻辑一词即便更多强调了数学技术的逻辑目的,但它必定不能代替逻辑学本身。正如克里普克(Saul Kripke)就数学形式化方法与哲学推理的关系所说的,"不要以为形式化能够超越日常哲学推理的能力,以一种方式机械地得出哲学结果。对于哲学,并不存在任何数学替代品"①。一项科学工作算不算逻辑学,关键是看其工作目的;如果不能最终在推理分析上做出推进,再"严格"的工作顶多也只能算是"半途而废"的逻辑或"不完整的"逻辑。

　　第二,如何来理解逻辑学的必要性,数学在什么意义上符合逻辑？逻辑学的重要性,很多时候是与"合理""合乎逻辑"的说法联系在一起的,似乎一旦忽视逻辑学便会导致"不合逻辑"的结论。但在皮尔士看来,这是典型的逻辑学"承诺过多"的例子。因为在科学分类法中,在逻辑学之前至少存在数学、现象学、美学、伦理学等四个科学分支,这些科学不是从逻辑学获得指导而是反过来为逻辑学提供原理。有些人可能会问,难道那些科学中就没有逻辑了吗？显然我们不能那样说！如本节前文所述,根据皮尔士的说法,我们所谓的逻辑经常在日常逻辑与学院逻辑这两个不同意义上使用。实际上,许多时候,包括在数学、现象学、美学、伦理学等科学工作中,我们所凭借的是日常的逻辑本能,并不求助于逻辑科学,也就是说,并不需要事先专门学习逻辑学。正因为如此,皮尔士对于当时在戴德金(Julius Wilhelm Richard Dedekind)等数学家那里所流行的逻辑主义进行了驳斥。(CP 2.215；CP 4.239)他指出,科学史证实纯粹数学是不需要逻辑学作为奠基原理的,如果有什么部分的逻辑学是数学所要求助的话,那也只能是作为应用数学的那一部分逻辑,因此数学所需要的并非什么先在的逻辑科学,而只是数学自身；数学所要做的只是从假说上得出结论,假若它碰到难题,由于其争论只涉及假说之结论,只要对其中的假说再进行认真研究而无须诉诸作为推理理论的逻辑学,就

　　① Saul Kripke, "Is There a Problem about Substitutional Quantification?" in *Truth and Meaning: Essays in Semantics*, edited by Gareth Evans and John McDowell, Oxford: Oxford University Press, 1976, p.416.

足可以解决掉它自身的任何难题。（CP 1.247）数学家从有关假说推出必然结论，其所凭借的并非任何作为推理理论的逻辑学，而只是一种自发形成的本能逻辑。数学家的推理总能符合不矛盾律等逻辑规律，但数学家之所以能避免自相矛盾的命题，并不是依靠哪一位逻辑学家明确开列的逻辑法则：数学家只是凭借自己的智力水平相信某两个特殊命题不能同时为真，他们没有求助于（trust to）或承诺（commit to）任何一般原理，不过是觉察（perceive）到或认识（recognize）到一种数学必然性：自相矛盾的命题不能同时为真。（CP 2.191）这种本能意识当然有可能在后来表明为错，但数学家的错误只有通过更多、更细致的数学工作才能得以修正。总之，逻辑学不可能包含所有的人类知识，尽管似乎一切知识都在某个维度涉及"逻辑思维"。逻辑学以推理理论或思想规范为根本观念，凡是与推理过程分析无关的都不能算作真正的逻辑学内容，这看似会造成对逻辑学的"贬抑"，实则从另一方面论证了逻辑学在相应领域的不可或缺性。譬如，由于逻辑学直接关注观念理解，任何人要想获得对于数学推理的理论把握，就必须运用逻辑学；而在科学分类法中位于逻辑学之后的形而上学、诸特殊科学等实证科学就更不用说了，它们需要从逻辑学获得原理和根据。任何特殊科学由于必然假定某种形而上学，因此也间接地依赖于逻辑学。

　　第三，当代数理逻辑在什么意义上是逻辑学，在什么意义上不是逻辑学？当代数理逻辑在数学家那里和哲学家那里很可能具有不同的意谓，但是如果把数理逻辑等同于本书中皮尔士意义上的纯形式逻辑即有关逻辑学的数学，则我们可以肯定地说，那只是应用数学，其重要性当然也只能泛泛理解为数学的重要性。如上所述，数学对于逻辑学当然是有用的，尤其是数学方法的运用对于现代逻辑的诞生产生了直接的推动作用。但逻辑学的研究不应该局限于数学模型阶段，更何况对于许多逻辑问题我们目前确实尚未找到合适的数学工具，譬如，除实质蕴涵外，皮尔士还曾批评康托的实数连续统是"伪连续统"；为了能找到足以刻画逻辑上"真连续统"的数学工具，他还努力开拓拓扑几何的新方向（参看第六章）。须知，"数学并非实证科学；因为数学家认为自己有权说 A 是 B 或 A 不是 B，他唯一的义务是：只要他说 A 是 B，他就得坚持一致到底"。（CP 3.428）这种几乎绝对自由的"权利"是不能移植到逻辑学世界的。很遗憾，有些数理逻辑学家至今未能认识到,在逻辑学那里,有一些东西是他们无权自由假定是或不是的,有一些东西是他们真切感受并"被迫"加以断定的。如果当代数理逻辑是把数学方法原原本本照搬于逻辑学之中,进而认为这种有关逻辑学的数学就是整个逻辑学了,那么我们只能说他并未在进行真正的逻辑学研究。因为逻辑学研究具有自己的目的,从某种意义上说,把数学方法借鉴到逻辑学之中,这只是逻辑学研究第一步的"脚手架"工作,真正的逻辑学研究是要在拆掉脚手架后继续工作的;如果停留于脚手架工作,如果没有把逻辑学的数学建模作为整个逻辑学研究的一部分来考察,他的研究顶多只能是一种应用数学。当然,当代的"数理逻辑"用法也有可能是作为"有关数学的逻辑学"而提出的,或者如一些数理逻辑教科书经常所用的题目"写给数学家的逻辑学"。如果是这样,这当然无可非议,因为数学家的确经常使用必然推理形式,照此来说的确存在一种属于数学家的逻辑。但是,必须明确的是,这种意义上的数理逻辑主要用于数学学科的理论建构,或者说,大多是数学教育家们所运用的,而非原创型的数学工作者必须或实际遵循的。而且,这种有关数学的逻辑学只是逻辑学的一部分,仅限于为数学家所用;逻辑学的目的并非仅仅是服务于对数学观念的理解,而是要达到获致真理的思想法则。逻辑学的最高价值在于"为我们提供对于推理过程的理解"(CP 2.5),而它所要理解的此种推理远不止于数学推理。

四、逻辑学家眼中的逻辑代数

在皮尔士那里,逻辑学与数学乃两门不同科学,甚至在他的科学分类法中,逻辑学与数学也并非直接相邻的学科,因为二者中间至少还隔着现象学、美学、伦理学等科学门类。但是,由于前文论及的原因,二者实际上常常混同使用。这一点最突出地表现在皮尔士时代的逻辑代数工作上。正如algebra of logic 的名称所示,此项工作基本上普遍被归在代数范围内。① 正是

---

① 可能与此不同的是,由于在逻辑主义方案中数学被化归为逻辑,因而弗雷格、罗素等人的工作有时倒被认为是逻辑学而非数学。

因为较早地意识到科学界的这种社会现象,皮尔士在自己的逻辑作品中不止一次地重申:逻辑学作为一门独立的古老学科,它不是代数,也不是演算(calculus);逻辑学有助于数学证明的发现,但并不关心结果的检验。[①]皮尔士的逻辑代数研究,代表着一位逻辑学家从代数出发又超越代数的眼界和追求。

作为一位真正意义上的逻辑学家,皮尔士积极卷入了当时国际上对于布尔代数的研究和改进的热潮,但他对于逻辑代数的关注从一开始就有着不同于数学家的目的。[②]布尔 1854 年的《思想规律研究》出版后在数学界引起了巨大反响,但皮尔士的关注点却在于其对于逻辑学的影响。他认为该书"一定会在逻辑学上产生划时代的意义,因为它所包含的思想一旦成熟,将能与亚里士多德的《工具论》相媲美"。(W 1:224)具体在对布尔代数的研究过程中,皮尔士作为逻辑学家与其他作为数学家的研究者之间的差异甚是明显。正如他所说:

> 逻辑学家不怎么关心某某假说以及它们的后承,除非这些东西能够用于阐明推理之本性。数学家强烈关注的是高效的推理方法,希望有可能把它们用到新出现的问题上;但他作为数学家却不愿意对该方法进行细分研究,对他来说数学方法是理所当然的。逻辑代数对于这两类人所扮演的角色,对于理解这一点具有指导意义。数学家会问这种代数作为演算具有什么价值。它能被用来解开一个复杂问题吗? 它会一举产生出远程推论吗? 而逻辑学家却不希望这种代数具有如此特征。相反,对他来说,这种代数把推理分解成更大数目的明晰逻辑步

---

① 在诸多说法中,皮尔士较为直接和坦率的一种是:"我不认为……安全可靠的推理可以从代数演算工作中得到任何助益。严格性是必要的;但那并不是机器的严格性。"(PPM 4)关于"逻辑学不是代数",我们在当代逻辑学家中也不难找到呼应,譬如,奎因在谈到未经解释的三值逻辑时,就明确指出那是抽象代数而非逻辑,参见 W. V. Quine, *Philosophy of Logic*, Second Edition, Cambridge, MA: Harvard University Press, 1986, p.84.

② 甚至对于代数本身,皮尔士有时也倾向于将其发展为逻辑的一部分。他曾提出:最为广泛意义上的代数是要展现我们在设定某些指号服从特定法则后推导结论的方式,因而可以视为逻辑学的一部分。(W 3:83 - 84)

骤,这一点相对于另一种更为迅速达到结论的代数将是一种优越性。他要求这种代数把推理分解成最基本的步骤。因而,逻辑代数中那种对于这两类研究者的一方是优点的东西,在另一方研究者看来却是一个缺点。一方研究的是**关于**结论推导的科学(the science *of* drawing conclusions),另一方研究的是**那种**求导必然结论的科学(the science *which* draws necessary conclusions)。(CP 4.239)

如果我被要求说出逻辑学家和数学家之间在思维特性上的区分,我会说,后者总是寻求解决难题,而前者则忙于分析推理以便看到它们的要素究竟是什么。数学家经常无法明确指出他的前提真正是什么,也不能明确说出其证明的难点在于何处,就此而言是不合乎逻辑的,然而他却提出和创造了强有力的方法。(W 4:510)

总之,数学家在逻辑代数中做(practise)推理,逻辑学家借助逻辑代数**研究**(study)推理。

数学家希望得出结论,而他对于过程的兴趣只是为达到同样结论的一种手段。逻辑学家不关注结论可能是什么;他渴望理解结论借以达到之过程的本质。数学家寻求最快速便捷的安全方法;逻辑学家则希望使这一过程中的每一最小步骤得以清楚地凸显出来,以便于它的本质能得到理解。①

对于自己在逻辑代数方面的研究动机,皮尔士坦言:"在逻辑学方面,我研究逻辑代数的动机一直是,渴望精确揭示一般推理及其主要类型的本质要素是什么。要构造一种强有力的演算,那一直都不是我所关注的。"(CP 8.316)1879年秋,他在一篇手稿中也明确写道:"逻辑代数有两种目的,即,(1)数学目的,解决问题,从给定前提发现所要得出的结论;(2)逻辑目的,分

---

① Quoted in Kenneth Laine Ketner, *Elements of Logic*: *An Introduction to Peirce's Existential Graphs*, Arisbe Associates, 1996, p.24.

析推理并明确显示出它们的有效性依赖什么。而在我看来,后者是首先需要达到的一个目的。"(W 4:21)"逻辑代数的第一目标是要表现出对论证的最终分析。"(W 4:23)

正是基于对逻辑学目的的终极关怀和深刻认识,皮尔士在逻辑代数研究中并不刻意构造工具性的形式演算,更多是通过数学技术的帮助,实现对于论证、命题以及演绎本身的逻辑分析。虽然他的逻辑代数研究成果曾发表在数学类杂志上,但他始终不忘自己的研究属于逻辑学工作,甚至还曾由于坚持说自己的"逻辑代数"论文属于逻辑学而非数学,被《美国数学杂志》编辑纽库姆拒稿。[①](W 3:xxxiii – xxxiv)也就是说,即便在逻辑代数工作中,皮尔士的逻辑倾向也总是能跃然纸上。因为他坚信:逻辑学不是方法的艺术,而是分析方法的科学,是形成关于推理结论与前提之间关系的理论。(W 4:510)

第三节 逻辑代数

虽然逻辑代数最初是由数学向逻辑学的推广应用,但对皮尔士来说,逻辑代数只是他希望由数学方法推进逻辑问题研究的一种尝试。正因为这样,本书并不试图重建皮尔士类似弗雷格、罗素、奎因那样的规整形式演算系统,而侧重于把握和梳理其在逻辑代数等工作中所表达的逻辑新观念。在本节以及下一节,我们将尽可能回答"出于哲学体系上或逻辑追求上的考虑,皮尔士为什么要研究逻辑代数和存在图"这一问题。笔者认为,从逻辑学的角度看,皮尔士实质上是把逻辑代数和存在图作为一种工具性记法,从而服务于逻辑分析目的;也正是在对逻辑记法的选择和评价中,我们看到皮尔士的那些工作逐步远离数学而走进逻辑学的内核。

---

① 皮尔士通过逻辑代数所开展的逻辑研究,在当时社会不仅遭到数学界主流的排斥,也遭到了哲学界主流的反感。譬如,1898 年詹姆士为皮尔士安排剑桥讲坛系列演讲时,也曾多次要求将其原讲稿中的数学技术部分删除,使得皮尔士整个系列演讲险些流产。详情可参看 RLT 1 – 54。

一、皮尔士逻辑代数工作概览

谈起逻辑代数,那些只读弗雷格、罗素、奎因等著作的人可能会感到陌生。为此,在具体介绍皮尔士的逻辑代数工作之前,我们有必要先简单回顾一下现代逻辑诞生之初及早期的一些情况。正如今天很多人所知道的,莱布尼茨的先驱性工作被认为像"日出"一样,给逻辑学带来了新生。他首次以明晰的形式提出的两个著名设想"普遍语言"和"理性演算"给后来的逻辑学家们指明了前进的方向,激励着他们不断完善直至现代逻辑的创立。然而,诚如刘易斯所说,"在莱布尼茨之后,这两种兴趣发生了某种分离"①。如果说"符号逻辑"一词重于"表意文字"而"逻辑斯蒂"(logistic)一词偏于"演算",则我们可说,作为整体统一体现在莱布尼茨那里的现代逻辑"理想",自他之后却朝着有所不同的两个方向发展:在某种意义上,"普遍语言"的设想导致了"符号逻辑",而"理性演算"导致了"逻辑斯蒂"。这两条路线的并行或对立,突出表现于弗雷格和布尔学派(Booleans)之间。②虽然布尔在年代上要早于弗雷格,但如弗雷格研究专家斯鲁格(Hans Sluga)所指出的:"弗雷格并不是因为布尔和其追随者开始对逻辑学产生兴趣的。"③布尔学派在逻辑代数的研究上,试图在代数学和逻辑学之间进行类推,把代数思想拓展至逻辑学领域④,因而他们把逻辑学(至少是他们眼中的形式逻辑)看作数学的一部分。然而弗雷格一开始就反对这种做法⑤,他从对数学基础的严格性追求出发,试图把算术(乃至整个数学)作为逻辑学的一部分。本书这里所要谈论的皮尔士

---

① C. I. Lewis, *A Survey of Symbolic Logic*, Dover Publications, Inc., New York, 1960. p.4.

② 这两条路线的分歧,在当代研究文献中有时被称为 BPS(Boole-Peirce-Schröder)传统和 FPR(Frege-Peano-Russell)传统的对立。由于今天 FPR 传统替代曾经占据支配地位的 BPS 传统而成为正统,通常认为前者代表新派,后者代表旧派。

③ Hans Sluga, "Frege Against the Booleans," in *Notre Dame Journal of Formal Logic*, Volume 28, Number 1, January 1987, p.81.

④ 抽象代数把代数学对象由普通的数字体系扩展到代数形式和结构,而布尔学派所做的很多就是在这同一方向上的扩展工作。

⑤ 这也是弗雷格及其著作在当时不受重视的主要原因:在很大程度上,施罗德对《概念语言》一书的评论导致了其灾难性的埋没。

逻辑代数工作，正是此种环境下一位布尔学派逻辑学家的"符号逻辑"研究。

布尔最初的逻辑代数基本上是一个有关"和""或""否"等运算的概率演算，但布尔的"或"运算只适用于不相容的类之间。布尔的"不相容"加法排斥了"$x+x=x$""$\neg(xy)=\neg x+\neg y$"和"$\neg(x+y)=\neg x\ \neg y$"等规则，这在逻辑演算上带来了诸多不便。在 1867 年向美国科学院递交的《论布尔逻辑演算的改进》一文中，皮尔士使得布尔代数摆脱了上述困难。他在自己改进后的系统中定义了现代逻辑中今天常用的"相容加"[①]：

令 $a+, b$ 代表整个包含在 a 和 b 之中的所有个体。这里所执行的运算将在两个方面有别于算术上的加法：第一，它所涉及的是同一性（identity）而非等值关系（equality）；第二，为 a 和 b 所共有的东西不能像在算术上那样计算两次。（W 2：12）

在相容意义"逻辑加"的基础上，皮尔士还引入了它的逆运算"逻辑减"，他相信这将可以提供否定算法。关于这些工作，皮尔士称："布尔没有利用这里所谓的逻辑加和逻辑减。引入二者之后有三个好处：它们给予系统一种统一性；它们极大便利了系统的运算；它们使得我们能够表达**特称**命题。"（W 2：21）整体上看，皮尔士前期在逻辑代数上的工作主要就是对布尔已有的处理方法进行改进，以便为亚里士多德三段论提供一种更为自然而令人满意的代数刻画。但是，当皮尔士试图用布尔代数来处理更为复杂的几何学推理时，他发现了布尔代数自身的不足，那就是，无法表示关系推理。

于是，我们看到皮尔士 1870 年在《对一种关系逻辑记法的刻画，源于对布尔逻辑演算的一种观念扩充》一文中谈道："关系词在逻辑学著作中通常很少受到关注，唯一值得注意的一次对于支配关系词的形式法则的研究包含在《剑桥哲学会报》第十卷上德摩根先生一篇有价值的论文中。"（W 2：359）皮尔士试图把德摩根的关系逻辑与布尔的逻辑代数方法结合起来，以期把布尔代

---

① 皮尔士后来称：耶芳斯（William Stanley Jevons）在 1864 年，格拉斯曼（Hermann Günther Grassmann）在 1872 年，施罗德在 1877 年，麦柯尔（Hugh MacColl）在 1877 年也相继独立地提出了这一用法。

数拓展至整个形式逻辑范围(既包括传统上只涉及绝对词项的三段论,也包括关系词推理)。他相信,基于他所刻画的这种新记法而构成的演算系统将有助于解决当前形式逻辑研究中所遇到的一些困难问题;在 1903 年的一次讲演中,他不无骄傲地称自己这项逻辑代数工作乃“自布尔的开创性工作以来所曾出现的最为重要的……贡献”。①整体来看,皮尔士的关系演算明显受到父亲线性代数的影响,经他改进后的关系演算共包含:三类逻辑词项,即绝对词项、简单关系词和共轭(conjugative)词项;一个基本二元关系运算,即—<;三个二元关系运算,即加、乘、幂;补运算;逆运算。皮尔士首先按照代数上的习惯,规定了一些运算条件(类似于公理)和记法约定(类似于推理法则);然后,对那些运算和符号做出解释。此外,皮尔士还通过引入函数 0^x,试图表示亚里士多德三段论中所出现的量词;但量词记法并未得到凸显。1880 年,皮尔士的论文《论逻辑代数》公开发表在刚创办不久的《美国数学杂志》上。文中,皮尔士对他 1870 年论文中的工作进行重新梳理,并正式给出了对于布尔代数的格论处理法;借由一种由蕴涵(implication)向演绎(deduction)的转换法则,他在自己的命题逻辑系统中预见到了“自然演绎逻辑”中的诸多思想。他还在文中尝试表现全称量词与特称量词之间的对偶性,但约束变元的思想尚不明显。

直到 1883 年约翰·霍普金斯大学论文集《逻辑学研究》出版,我们看到皮尔士在《注释 B:关系逻辑》一文中正式使用含有量词的公式,他有关量词的思想以及一阶逻辑语义学浮出水面。文中皮尔士证明了三段论完全可以在关系演算中得到处理,在此过程中他发现有关谓词逻辑前束范式的语法及语义,并认识到存在量词和全称量词可解释为基于命题函项之上的最小上限(即关系和)和最大下限(即关系积)。皮尔士在该文中所呈现的关系演算,与此前 1870 年和 1880 年的论文相比,更为抽象和代数化。他把关系和(代替原来的幂运算)作为关系积的对偶运算引入,从而获得一种完全对称、更便于使用的代数系统:加与乘对称,布尔算子与关系运算对称。施罗德 1895 年《逻辑代数讲义》对关系演算的扩展以及 1987 年塔斯基和吉范特(Steven Givant)《对于无变元集合论的形式化》以关系代数语言对集合论的

① Quoted in Geraldine Brady, *From Peirce to Skolem: A Neglected Chapter in the History of Logic*, North-Holland, 2000, pp.23-24.

形式化处理都是以皮尔士的这个关系演算为基础的。

　　然而,皮尔士在逻辑代数方面最成熟、最完备的工作则是在 1885 年发表在《美国数学杂志》上的论文《论逻辑代数:对记法哲学的一种贡献》中呈现的。皮尔士该文的前两部分为"第一意向关系逻辑"和"第二意向逻辑",二者分别对应于今天的一阶谓词逻辑和二阶逻辑。虽然与现代标准逻辑系统相比缺乏单独呈现的句法规则,但现代带等词的一阶逻辑基本思想已完全出现在皮尔士那里;皮尔士在二阶逻辑部分,还给出了某些关于并、单元素集、补等集合论概念的公理。皮尔士对于自己这项工作很满意,认为它将"开启形式逻辑的新生命"。(PL 167)这并不只是自诩,该文后来被包括皮阿诺、怀特海、刘易斯、塔斯基在内的许多著名逻辑学家都作为经典文献加以引用。

　　当然,以上这些只是对皮尔士逻辑代数工作极其粗略的概览。跳过就其他目的而言并非无关紧要的许多技术细节,我们在本节的兴趣点在于:通过这些包含诸多数学技术的代数记法系统,皮尔士到底如何推进了逻辑基本问题的研究。接下来,我们将以他对系词与量词这两个核心概念的逻辑分析为例展开。

二、关于系词的逻辑分析

　　作为一位有着深厚逻辑史积沉的逻辑学家,皮尔士对传统逻辑中占据重要地位的系词给予了充分关注。他早期在逻辑学上的大量工作(包括逻辑代数)都可看作对系词这一独特逻辑关系的形式和抽象属性的探索,他曾在其手稿中多处专门谈及系词,有时甚至把"三段论理论"称为系词理论。作为《哲学与心理学辞典》逻辑学类条目的主要撰稿人,皮尔士在"(严格)逻辑"词条中指出,系词联结主项与谓项,只是一种偶然的、次要的功用。他接受了德摩根把"系词"在本质上视为关系的思想[1],有时直接使用"关系系词(relative copula)"一词。通过把系词关系严格限制于包含型系词(copula of inclusion),进而将系词等同于推衍关系(illation),他从现代逻辑视角对系

---

　　[1]　参看约翰·巴斯摩尔《哲学百年·新近哲学家》,洪汉鼎等译,商务印书馆,1996 年,第 138 页。皮尔士在论及系词时,曾多次提到德摩根的这一重要见解,并称这一论断实质上是同亚里士多德学说相一致的。

词的逻辑性质做了深刻诠释和充分拓展。

首先,直言命题、条件命题和推理本质上是同一逻辑关系。在皮尔士看来,直言命题、假言命题和选言命题的区分其实仅仅是语言表达上的不同,而不是逻辑形式结构上的不同。任何命题都可以"如果……,那么……"的假言命题形式来表示。"A 是 B"(如"所有人都是会死的")可以不被描述为由主项("所有人")、系词("是")和谓项("会死的")组成,而是认为它在断定"任何有性质 A('人')的事物也都具有性质 B('会死的')"或"如果任一事物是 A('人'),则这同一事物就是 B('会死的')"。同时,他认为,传统逻辑中的词项和命题本质上都体现着"推理":词项①是未展开的命题,是去除了主项的命题;命题是未展开的推理,只是去除了断定因素的推理②,词项、命题和推理之间的区分不具有逻辑重要性。为此,皮尔士常常把词项、命题与推理等同起来对待,也因而将主项、前件和前提无差别地处理,将谓项、后件和结论无差别地处理。这一点是皮尔士逻辑学中的永恒主题之一。他指出,"这种等同处理,据此所有被发现对于词项、命题或推理为真的东西也同时对于所有三者为真,是一个最为重要的推理动力"。(W 4:170)

其次,系词和推衍、Barbara 有着共同的逻辑特征。皮尔士说:"1867 年以来我一直主张,只有一个主要且根本的逻辑关系,即 ergo 所表示的推衍关系。对我来说,命题只是脱去前提和结论断定性的论证。这就使得每一命题实际上都是条件命题。"(CP 3.440)因此,就命题与推理来说,它们各自指的是同样结构的逻辑关系,即"如果……,那么……"(其中没有包含对前提和结论的断定)或"所以(ergo)"(其中包含着对前提和结论的断定)等语言形式所表现的推衍关系。③这种推衍关系是所有命题都包含的一种基本的和主要的关系,也正是系词"是"所表达的那种关系。他认为,系词关系与推衍关系是同一种关系,二者的最主要特征就是 Barbara 所表达的事物间最简单、最显然的那种传递性关系(transitiveness)。皮尔士说:"从系词所表达的关系与推衍关系的等

---

① 皮尔士主要是指谓词,因为在他看来,语言意义的基本单位是谓词或动词,而不是个体变元或名字。

② 有意思的是,这种思想在黑格尔及马克思主义辩证逻辑中也有明确的表达。

③ 从"A 推断出 B"这一演绎,我们可推出"如果 A,那么 B",反之亦然。这正是当代"演绎定理"的核心观念。

同,可以产生出一种代数。"(W 4:173)我们不妨这样说:"每一种演绎都证明了一种蕴涵,而每一种蕴涵都源自一种演绎,这正是皮尔士的出发点。"①

正是由于认识到直言命题、条件命题和推理本质上乃同一逻辑关系,推衍、Barbara 和系词三者之间有着共同的传递性特征,皮尔士紧接着引入了蕴涵记号"—<"来表示这种最为广泛而重要的关系。②系词"—<"的所有形式属性可概括在以下三个命题中,即(1)任何对象都是其自身,或者 a —< a;(2)如果 a 是 b,那么无论什么对象是 a,它也是 b,或者: a —< b, x —< a,所以 x —< b;(3)如果两个词项相互间处于这种关系,那么它们所指示的对象之间没有什么差别,或者:如果 a —< b 且 b —< a,则 $a=b$。(W 3:91;W 3:97)皮尔士说,"符号—<或'是'(它在语言中的等同词)被逻辑学家称为系词"(W 3:90),"每一命题,无论什么类型,都可以'A 是 B'这个一般形式来表达"(W 3:96),而"逻辑学研究者需要使自己熟练地将命题转换为标准形式 a —< b"(W 3:90)。如"灵魂是不死的"可转换为"灵魂—<不死的","鱼能游"可转换为"鱼—<能游的东西","猫吃老鼠"可转换为"猫—<老鼠的天敌","每个人都爱自己"可转换为"人—<自爱者";而"如果下雨就多云"可转换为"仅在下雨时才存在的对象—<仅在多云时才存在的对象","有人是黑人"可转换为"所存在的无论什么对象—<仅在黑人存在的事态下才存在的对象"(W 3:90)。

值得注意的是,虽然皮尔士在他的逻辑代数系统中对"—<"细致刻画,有时还将其用作基本算子来构造命题演算③,但他对作为系词的蕴涵记法"—<"主要还是立足于逻辑学本身所进行的一种系统外考虑。④在 1880 年

----

① Brady, Geraldine, *From Peirce to Skolem: A Neglected Chapter in the History of Logic*, North-Holland, 2000, pp.64 - 65.

② 皮尔士本人称,这一记号是由他和麦柯尔同时引入的。皮尔士还曾从另一角度来创立蕴涵记法,将其看作逻辑否定和析取的组合缩略记号。如在 $\overline{p}+q$ 中,字母 p 上方的水平杠是否定记法,字母 p 和 q 之间交叉的垂直杠与水平杠(加号)是析取记法,原本的否定记法和析取记法在此合起来是作为单一记号表示"p 蕴涵 q"。这种否定析取合一的记法清楚地告诉了我们:蕴涵可以用否定和析取加以定义,p 蕴涵 q 就是非 p 析取 q。

③ 从命题系统来看,皮尔士对于系词的形式刻画正是现代经典逻辑中常用的实质蕴涵;但是皮尔士从逻辑学上对于实质蕴涵一直是持有保留态度的。有关讨论,可参看张留华《费罗、第奥多鲁与皮尔士》,《哲学研究》2003 年增刊。

④ 皮尔士在逻辑代数中坚持以"—<"代替数学中的"=",因为前者是比后者更简单的一种关系。他强调,在逻辑代数中这样做是不容置疑的,"如果有人不接受,那仅仅说明他没能理解逻辑学的本质目的乃论证分析而非推断艺术"。(W 4:23)

《论逻辑代数》一文中,皮尔士谈道:

> 逻辑学认为推论不仅是推导得出的而且是要接受批判的;因此,我们不仅需要 $P\therefore C$ 这一形式来表达论证,还需要 P_i —< C_i 的形式来表达其推行原则(leading principle)的真。这里 P_i 指前提类中的任一成员,C_i 指相应结论类中的任一成员。符号—<就是系词,主要表示:关于 P_i 类的命题为真的每一事态,也是关于 C_i 类的相应命题为真的事态。(W 4:166)

可以看到,"—<"与"推行原则"概念密切相关。那么何谓论证的推行原则呢? 皮尔士说:"每一种推衍都涉及一种判断,即,如果前提所代表的**这些**命题为真,那么结论所代表的与它们有关的一个命题必定或有可能为真。此种判断中所隐含的原则……被称为论证的**推行原则**。"(W 2:23)任何有效的论证,其相对应的推行原则都为真。对此,有当代读者或机智地指出:此种推行原则完全可以作为"大前提"来看待,或者,放在形式系统内部,它不过就是一个前提命题或推理法则。但二者实际上是不同的。因为,不论我们如何试图通过新增大前提或推理法则来取代某个推行原则,仍旧可以找到不能转换成论证前提或系统内法则的那种推行原则。正如刘易斯·卡罗尔(Lewis Carroll)在著名的新追龟辩中所追问的那样①,你虽然可以新增"如果 P 则 C"作为前提或法则来为"从 P 推导出 C"做辩护,甚至你可以再新增"若如果 P 则 C 且如果 P,则 C"作为前提或法则来为"从 P 推导出 C"进一步辩护,但是每一个新的论证仍旧有一种未加明示的推行原则。这种不可能被消去或转换掉的推行原则,在皮尔士看来就是逻辑原则(logical principle);它"包含着除前提 P 之外要为结论辩护所必要的一切"(W 4:166),它是"为了维持任何论证的逻辑有效性必须设定为真的一个原则"(W 4:168)。由此来看,皮尔士以"P_i —< C_i"所表示的推行原则并非简单的一个系统内公式,

---

① 参看 Lewis Carroll, What the Tortoise Said to Achilles, *Mind*, Vol.4, No.14, April 1895, pp.278-80。虽然我们不能说皮尔士最早发现了这一"悖论",但从二人作品发表日期来看,皮尔士的论述要早于卡罗尔近三十年。

它不仅是一种推理法则,而且是一种元逻辑层次上的推理法则。皮尔士曾经提到,邓·司各脱及后期经院学派在逻辑学中通常不谈三段论而突出一种叫作后承(consequence)的推理形式:"断定一旦前件为真则后件也为真的命题被称为后承。"(CP 4.45)后承概念与我们在皮尔士逻辑代数中所遇到的"P_i —<C_i"不无关联,而且他本人的确也在与"包含型性系词"相同的意义上用过"后承型系词"(copula of consequence)这种称法。总之可以说,皮尔士"—<"记法背后所表达的乃是作为推理基础的一种事实性的(factual)或实质性的(material)原则,是类似中世纪"论题准则"(topical maxims)的一种东西。[①]当代数理逻辑读者不必感到惊讶[②],这种将逻辑问题与事实问题关联在一起的做法在皮尔士那里并不罕见。皮尔士甚至把"P_i —<C_i"看作一种最基本的心灵法则:"心灵法则的形式就是一种思想状态与另一种由之导出的思想状态之间的关系为传递关系,就像逻辑系词一样"(W 8:128);因此它可以看作时间传递性在我们心灵中的反映,是"为逻辑心智(a logical mind)这一概念所明显预设的"(W 3:106)。在他哲学作品的更多地方,皮尔士把蕴涵、推衍、后承等逻辑概念与信念(belief)、法则(rule)、习惯(habit)等用以表示一般性事实的概念基本上做无差别使用。在本书后面章节,我们也将看到与之密切相关的连续性法则在皮尔士哲学体系中的重要地位。

三、关于量词的逻辑分析

与传统形式逻辑相比,一阶逻辑的一个重要特征是它能够更加自由地处理量词,或许正因为如此,一阶逻辑经常被称为量词逻辑或量化逻辑。对皮尔士来说,量词的发现与他在改进布尔代数的基础上引入关系逻辑有关。1898 年,皮尔士回忆说:

[①]　Otto Bird, "What Peirce Means by Leading Principles," *Notre Dame Journal of Formal Logic*, Volume III, Number 3, July 1962.

[②]　其实,只要我们能承认"条件语句并非只是可靠或合理与否,而是与任何陈述事实的直言命题一样,本身具有真假值",就等于承认"条件语句包含有事实性的东西"。

至于我的 1867 年逻辑研究,各种事实向我证实我的形式逻辑方案仍旧是不完全的。一方面,我发现它极不可能以三段论形式去表现任何几何推理过程,或者甚至不能表现布尔逻辑代数以外的任何代数推理。并且,我此前已发现布尔的代数需要拓展才能够表现第三格的普通三段论;我虽曾构造过这样一种拓展,但显然那只能作为权宜之计,必定存在发源于该代数观念本身的其他某种方法。此外,布尔的代数显著暴露了自己的不足。集中这些想法,我发现了关系逻辑。(CP 4.4)

结果,皮尔士不仅从记法上大大推进了德摩根的关系演算,而且将关系演算与逻辑代数研究紧密地结合起来,从而使得新的逻辑代数能够表现任何常见的命题和推理。[①]

皮尔士有时把量词的发现归功于自己在约翰·霍普金斯大学的学生米切尔,但皮尔士本人对于米切尔的影响很明显,而且皮尔士对量词记法的阐述要远比米切尔成熟。米切尔最初以 F_1 代表"所有的 U 是 F",用 F_u 代表"有 U 是 F",其中 U 表示论域,下标 1 和 u 分别表示全称量词和存在量词。这看似没什么特别的,但关键是米切尔这里的"F"为布尔公式,譬如,$\bar{a}+b$ 或 ab;于是我们在 $(\bar{a}+b)_1$(代表"所有 a 是 b")、$(ab)_u$(代表"有 a 是 b")公式中看到:量词部分与其他部分分开单独表示,而不是像原来那样由其他布尔算子间接表示(如以"$AB \neq A$"来表示"有 A 不是 B")。皮尔士在 1885 年《论逻辑代数:对记法哲学的一种贡献》一文中对于此种新思想表述得极其清楚。他说,米切尔的方法"实际上在于:把整个命题表达式分成两个部分,即涉及某个体的纯布尔表达式与告诉我们是什么个体的量化部分"。(W 5:178;CP 3.393)这样一来,如果 k 代表"他是国王",h 代表"他是快乐的",则布尔公式 $(\bar{k}+h)$ 就表示我们所谈论的这一个体或者不是国王,或者是快乐的。接着加上量化部分,我们可以得到"Any$(\bar{k}+h)$",表示这一点适用于该有限论域中的任何个体;或者得到"Some$(\bar{k}+h)$",表示有一个体存在,他或者不是国王,或者是快乐的。同样地,"Some(kh)"表示有国王是快乐的,而"Any

---

① 皮尔士有时将关系逻辑同普通逻辑的关系比作三维几何同点线几何的关系。(CP 4.1)

(kh)"表示每一个体都既是国王又是快乐的。皮尔士同时指出，这种新记法的规则很显然，譬如，把 Any(x) 和 Any(y) 放在一起，等同于 Any(xy)；由 Any(x) 和 Some(y)，可以得到 Some(xy)。在此基础上，皮尔士把新思想推广应用到关系逻辑中，并引入了两个在后世颇具影响的量词记法即 Σ 和 Π。[①]他说，Σ 和 Π 是一种更为形象直观的记法，Σ 代表亚里士多德三段论中的量词"有的"，实际上是任意数目项之逻辑和[②]，即 $\Sigma_i x_i = x_i + x_j + x_k + \cdots$[③]；公式中数目众多的 x_i、x_j、x_k… 只要有一项为真，$\Sigma_i x_i$ 即为真；而只要 $\Sigma_i x_i$ 为真，x_i、x_j、x_k…中必有某（些）项为真。而 Π 代表亚氏三段论中的量词"所有"，实际上是任意数目项之逻辑积[④]，即 $\Pi_i x_i = x_i x_j x_k \cdots$；公式中众多 x_i、x_j、x_k…必须均为真，$\Pi_i x_i$ 方为真；而只要 $\Pi_i x_i$ 为真，x_i、x_j、x_k…都会为真。把这种量词应用于关系逻辑，譬如 x 为一简单关系，则 $\Pi_i \Pi_j x_{ij}$ 意味着：所有 i 与所有 j 都处于关系 x 之中；$\Sigma_i \Pi_j x_{ij}$ 意味着：有些 i 与所有 j 处于关系 x 之中；$\Pi_j \Sigma_i x_{ij}$ 意味着：所有 j 与有些 i 处于关系 x 之中；$\Sigma_i \Sigma_j x_{ij}$ 意味着：有些 i 与有些 j 处于关系 x 之中。（W 5:178–180）

　　以上对量词的逻辑刻画完全独立于弗雷格，其清晰和准确程度几乎跟现代逻辑中的标准分析一样。这里不去具体对比皮尔士与弗雷格二人的量词逻辑系统到底有何异同。由于皮尔士逻辑代数的工作重心在于逻辑分析，我们倒是应该进一步表明：皮尔士的此种量词刻画究竟意味着一种什么样的逻辑分析，它在哲学上的关怀到底是什么？为此，在进入下一章具体展开其指号学理论之前，需要先熟悉其中的一类指号——索引（Index）。我们将发现，皮尔士的量词逻辑其实体现的是他对命题理论的深层次分析。

---

　　① 当代逻辑文献中用 $\bigwedge xBx$ 和 $\bigvee xBx$ 分别表示全称量词和存在量词，这种用法与皮尔士创造量词记法的思想是完全一致的。因为上述记法中的 $\bigwedge$ 和 $\bigvee$ 是分别被看作概括合取和概括析取的，如，设一个体域有 n 个个体，$\bigwedge xBx$ 就等于 $Ba_1 \wedge Ba_2 \wedge \cdots \wedge Ba_n$。当然，当今逻辑教科书中的标准量化符号是 $\forall$（全称量词）和 $\exists$（存在量词），皮尔士这里的 Π 和 Σ 在今天经常用来表示有别于经典"对象量化"的"替换量化"。
　　② Σ 作为总计（summation）记号是由欧拉最初提出的。把逻辑和与存在量词联系起来，皮尔士可能是受布尔代数中的 1+1=1 原则的启示，即只要一分子项为真，整个式子就为真。
　　③ 这里的求和公式以及下面的求积公式中，皮尔士在等式的右边包含与左边相同的下标 i 的做法，从现在的代数来看可能是不合适的。
　　④ Π 作为乘积（product）记号是由笛卡尔和高斯提出的。

　　皮尔士指出,作为一种指号,索引的着重点在于:其处于一方面同指称对象,另一方面同人们思想的动态联系之中;无论怎样,索引对于对象的指涉要使得人们能根据此种索引找到那一个对象。如果 A 对 B 说"有火!"B 会问"在哪里?"这时 A 就不得不求助于索引来告诉听者 B 如何才能发现他所谓的火。譬如 A 用手指向有火的地方,手指就立即与火动态联系起来了;同时 B 的注意力、思想也由这一索引被动态吸引着。通俗来讲,任何能集中我们注意力的事物都是一索引性指号,如气压低且空气潮湿是下雨的索引,风向标是风的方向的索引,等等;特别地,在数学中,我们常用的字母也大都用作索引,只是它们所指的对象有时被认为是存在于数学家头脑中的构设。与普通的逻辑学内容相连,有两类索引特别重要。一类是上述所用"A""B"之类的索引,它们往往充当自然语言中的普通名词,如我们说"如果 A 和 B 之间是婚姻关系,C 是他们的孩子,而 D 是 A 的 brother,则 D 是 C 的 uncle",这里 A、B、C、D 等索引词的使用,使得我们能在语言中方便地同时指称多个对象。另一类就是皮尔士所谓的选择代词(Selective Pronouns)(语法学家可能会叫作不定代词),即量词。根据这种索引词的指示,我们(听者或读者)知道该如何做才能找到(或挑选出)我们所欲求的对象;而且,其中选择操作的规则、方法正体现着量词的本质。所有选择代词中又主要有两类特别重要,即全称选择词(Selectives)和特殊选择词,前者包括"所有""任何""每一""无一""无论什么"等等,它们意味着,听者或读者随意选出那特定范围中的任一示例,都可进行同样的断定(即可被同一个谓词所谓述)。后者包括"一些""某物""某个""一个"等等,它们告诉听者或读者,只要你在那特定范围内进行挑选,总可找出适于那一断定(即命题的谓词)的对象。举皮尔士喜欢引用的一个语句"Every man loves a woman."为例,它等值于语句"Whatever is a man loves something that is a woman.",其中"whatever"就是全称索引词即全称量词,"something that"就是特称索引词即特称量词。除此之外,皮尔士还把"一两个""几乎所有""除了一个其余全部"等以及时间副词、地点副词等统统划在了选择代词类。

　　如果把此种量词和命题主词放在一起做进一步分析,我们会发现与当代逻辑学家 J.欣迪卡等人对量词的博弈论解释或者对话逻辑(dialogic logic)极大的相似性。皮尔士说,充当命题主项的表达式有两类:一类是简单索引表达式,这一般是专名或代词。①另一类是由通名和量词组成的不确定性(indeterminacy)表达式,其中的不确定性又包括由存在量词表达的非限定性(indefiniteness)或模糊性(vagueness)和由全称量词表达的限定性(definiteness)。根据一般的认识,前一类主项能直接指示对象;问题是后一类主项如何起到确定对象的作用。为此,皮尔士设想了命题语境中的说话者和解释者两个角色,"说话者实质上是他自己命题的辩护者,他希望经过解释它能成为可辩护的。解释者却并不如此感兴趣,在没有尽力考察它之前并不能给出充分解释,他**相对地**处于一敌对态度,寻求最少辩护性的解释"②。他指出,包含通名和量词的一类主项并不指示任何确定对象,而是向我们显示,为发现可以适用谓词于其上的对象,说话者和解释者应如何行动,从而也起到了索引词的作用。非限定性的不确定索引,表示说话者(而不是解释者)有权自由选择索引指号所表现的一对象,这样的指号就是存在量词;③限定性的不确定索引,表示解释者(而不是说话者)有权自由选择索引指号所表现的一对象,这样的指号就是全称量词。如果命题中包含多重量词,则每一存在量词显示说话者对于一对象的选择权,而每一全称量词显示解释者相应的选择权。如"某一妇女被每一天主教徒爱慕"意思就是"说话者(一个拥有充分手段的性情好的人)可以找到一索引,其对象将是一妇女;纵使解释者(一个不怀好意的人)选择任一对象为天主教徒的索引,则那一天主教徒必定爱慕那个妇女"。于是,对包含量词的任意命题,其"真"均可定义为说话者有能力成功防御解释者的攻击以守卫命题。正是在这种意义上,当代逻辑学家希尔皮南把皮尔士称为博弈论语义学的先驱。④

需要格外引起注意的是,皮尔士的上述分析并不只是对现代逻辑某种

①　这主要是一种个体常项。

②　Quoted in Risto Hilpinen, "On C. S. Peirce's Theory of the Proposition: Peirce as a Precursor of Game-Theoretical Semantics," in *The Monist*, Vol.65 No.2, p.185.

③　也正是在此意义上,皮尔士常把量词称为选择词。

④　希尔皮南指出,虽然皮尔士没有拥有完整定义的策略(strategy)概念,但他的"对攻击的可防御性"概念已经非常接近博弈论对真的定义。更多皮尔士关于条件句及可能世界的思想,可参看 Risto Hilpinen, "Conditionals and Possible Worlds: On C. S. Peirce's Conception of Conditionals and Modalities," in *The Development of Modern Logic*, edited by Leila Haaparanta, Oxford University Press, 2009, pp.551 – 561。

语义学的预言,而是有着更深层次的哲学关怀。一方面,皮尔士上述关于量词的逻辑分析通过索引性指号让逻辑命题与现实世界中的个体事物建立起了联系,从而为逻辑命题的经验指涉提供了支持。①皮尔士强调:虽然并非每一个命题主词都必须是个体,但该命题主词所指的对象必须是借助索引词能够在经验世界找到的对象,因而其本身必须是独立于任何一般性概念的。故此,我们不可能在一命题中将其自身作为关涉对象,即纯粹的自指性命题是不可能得到理解的;我们也不可能让一命题断定自身为真或者让一个论证对其自身的效力下断语。②(参看 EP 2:166 - 169)另一方面,皮尔士的关系逻辑及其量词分析使得我们对个体性有了新的认识。正如他所说,原来的布尔代数由于没有量词,每次只能论及同一个体,所有性质或类都是对同一主项中的同一个体而言的;而有了关系逻辑,有了量词,我们则能够同时不特定地论及多个个体,从而也使得一个命题可以有好多个个体作为主项。(W 5:177)与此相关,原来我们通常认为排中律是普遍适用的,它是对个体性的界定,因为对同一个体来说"S 要么是 X 要么不是 X";但是由于"任何""有些"等"概称主词"(general subjects)出现在命题中,排中律就不能简单适用了,因为我们不能说"要么所有人是高的,要么所有人是不高的"。(EP 2:168)关于这些方面,本书有关指号学及连续性问题的章节将做进一步讨论。

第四节　图式逻辑

正如前文所论,在皮尔士看来,数学是一门观察型科学,所谓代数公式正是数学观察的一种常见对象;而逻辑学家之所以选择代数记法,实质上主要是

① 后来,奎因所谓的"存在就是约束变项的值"这一著名论断,也正是在此种意义上提出的。
② 皮尔士不同时期的作品多次涉及说谎者悖论这样的自指性命题,并提出了多种尝试性解决方案。由于此种论述出自他的晚期作品,我们有理由推断它代表了皮尔士比较成熟的观点。有关皮尔士思想与说谎者悖论这一议题的诸多相关性,可参看 Richard Kenneth Atkins, "This Proposition is Not True: C. S. Peirce and the Liar Paradox," in *Transactions of the Charles S. Peirce Society*, Vol.47, No.4, 2011。

帮助我们对数学推理进行逻辑分析。基于此种考虑,我们不难理解皮尔士为何未曾建立像罗素和怀特海那样规整而固定的形式演算系统;相反,他一直试图改进原有的代数记法,以更加方便逻辑学家对于论证本身的分析。[①]沿着此种思路,大约在 1885 年之后,我们看到皮尔士在原有代数记法之外追求一种便于逻辑分析的形象记法。此种新记法继承了历史上欧拉图、文恩图的直观特征,同时又具有堪与关系逻辑相媲美的表现力。这就是著名的存在图(Existential Graphs),皮尔士将其称为自己的"名曲",并相信是"未来的逻辑"。

一、皮尔士图式逻辑的思想来源

我们在导论部分讲过,皮尔士自认为在先天生理特征上具有一些异于常人的地方,譬如,左撇子、脑部言语功能笨拙、空间功能强化等等。这些让皮尔士从小对于图像思维或思想实验有一种类似于爱因斯坦的爱好。[②]除此之外,皮尔士对于贝克莱论视觉著作的阅读以及他从小对于化学图表的接触,也令他对于图像在思想研究中的地位颇为重视。然而,真正促使皮尔士开始思考图式逻辑可能性的则是:1886 年,英国著名数学家、四色定理提出者肯普(Alfred Bray Kempe)把自己刚刚发表在《伦敦皇家学会哲学会报》上的文章《有关数学形式理论的研究报告》寄给皮尔士,文中肯普为了展示基本数学形式所引入的一种基于化学图表的图式记法直接激励了皮尔士对存在图的发明。自此之后,皮尔士逐步认识到,其实在逻辑代数中逻辑学家对于关系的表征也具有明显的图式特征。而到了 1892 年,皮尔士在有关伟人心理学的研究中更是断言:

> 开普勒绝妙的思想方法在于他先在心中形成对于所面对的复杂事态的一种图式或纲要式表征,忽略掉所有次要内容,保留下本质的东

① 上节我们提到的系词和量词记法,只是皮尔士众多记法贡献的两个典型例子;更多可参看张留华《Peirce 逻辑记法哲学研究》,硕士学位论文,华东师范大学,2002 年。

② 据称,爱因斯坦在 16 岁时就能自主运用思想实验。有关皮尔士与爱因斯坦二人在这方面的类似,可参看 Beverley Kent, *Charles S. Peirce: Logic and the Classification of the Sciences*, McGill-Queen's University Press, 1987, pp.207 - 209。

西,然后再观察图表诸部分之间令他想到的关系,在图表上或在自然对象之上进行各种不同实验,最后记录下结果。(W 8:290)

从有关图表记法的历史来看,最初当人们开始使用几何图形来表示事物的基本空间关系(即有时所谓的拓扑结构)时,自然而然想到采用特殊的直观图形记号来显示我们思想中逻辑关系的基本内容,于是便有了逻辑图这一方便的工具。由于这种表示法具有明显的直观性,能自然相合于人们的正常思维过程,犹如图画一样展现在人们面前,它很快在逻辑学等思维科学的教学中得到广泛应用:利用它们把所要理解的各种逻辑关系以一种看得见的图表化的形式呈现出来,帮助学习者把握复杂、难懂的逻辑关系。从逻辑发展史来看,逻辑教学中的图表应用具有悠久的历史传统,几乎可以说,一直是与逻辑学同步发展的。早在亚里士多德那里,为表示属种关系上概念连续划分时所采用的分支树图,就是典型的逻辑图。如此呈现的属种关系,一目了然,极易掌握;它后来被发展为著名的波菲利图。在亚里士多德之后,后人为注释其逻辑思想尤其是三段论,也设计各种逻辑图,以帮助自己和他人理解,如鲁尔(R.Lull)、莱布尼茨等。甚至在逻辑代数时期对于亚里士多德逻辑的创新研究中,逻辑图在阐释新方法时也发挥着重要作用;然而,发展起来的逻辑图并不仅仅是作为直观的教学工具,它开始表现出更为深刻的意义。1761年瑞士数学家欧拉在给德国公主的信中第一次把欧拉图方法引入逻辑分析;这种系统不仅比此前的逻辑图更能直观地呈现逻辑关系,而且开始尝试独立地解决类逻辑中的实际问题。1880年文恩在《论命题和推理的图表化和机械化表现》一文中基于环概念首次采用固定位置的交叉环形式再加上阴影和叉号("×")来表征并解决三段论、类逻辑等问题。在某种意义上,皮尔士的存在图逻辑工作也正是沿着这条线对文恩图的一次重大拓展。皮尔士把逻辑图与科学观察联系在一起,相信图表并不仅仅是一种辅助工具,还是一种比标准线性记法更有利于逻辑分析的记法。他强调逻辑学研究需要观察,而图表能够像化学图演示分子的复杂结构一样把命题及推理的复杂结构展示给我们。我们心灵关于对象的思想过程可以逻辑图的形式(即所谓"思想动画")被形象地展现在推理者面前,然后通过对图表的观察,可开展实验。在这一过程中,只是对图表的操作代替了在化学实验中对实物的操作;化学家把这样的实验描述为向自然(Nature)的质疑,而现在逻辑学家对图表的实验就是向所关涉逻辑关系之本性(Nature)的质疑。(CP 4.530)对图表的实验操作,相当于逻辑学上的"推理演算"或"公式变换",它可揭示关于实在(the reality)之结构的某种根本的东西。

存在图之所以被称为"存在的(existential)"图表,与皮尔士一直关注的关系概念有着密切联系。皮尔士指出,他早期的一个工作就是拓展布尔的观念以把关系观念或至少是所有实存关系考虑在内。而他用"实存关系"是指任一关系 R,使得:任一与 x(这里 x 是某一特定对象)有关系 R 的东西不存在,假若 x 是不存在的。如明亮的绿皮肤的妇女的爱人是不存在的,假若这样的妇女不存在。[①]为处理这样的关系,他曾发明几种不同的指号系统,一个叫作一般关系代数,另一个叫作二元关系代数,而最后他倾向于一种图式记法。借助这种记法,如果有人在纸张上写下无论多么复杂的断定即前提,然后根据一些规则进行擦除和插写操作,他将能在眼前从前提"读出"必然性结论。皮尔士 1896 年时提出的图式记法是实体图(entitative graphs);到了 1897 年,他最终转向比较成熟的存在图。在他看来,存在图"非常奇妙地揭示了逻辑分析的真实本性和方法"。(SS 86)

二、存在图作为一种逻辑记法

皮尔士有时把存在图分成 Alpha、Beta 和 Gamma 三部分,后来的研究发现,存在图 Alpha 部分在表达和演绎能力上对应我们今天常用的命题逻辑,而 Beta 部分对应于我们今天常用的一阶逻辑,Gamma 部分虽然未及完成他就去世了,但已富含今天所谓模态逻辑、高阶逻辑的思想。其中,Alpha 部分和 Beta 部分的一致性和(弱)完全性以及向标准代数记法逻辑的可转换性已经由奇曼(Jay Zeman)、罗伯特(Don D. Roberts)、怀特(Richard B. White)等

[①]　Charles S. Peirce, *The New Elements of Mathematics*, Vol. 4, edited by Carolyn Eisele, The Hague: Mouton, 1976, p.162. 皮尔士在另一处解释说:同一论域中不同对象间的关系(有别于来自不同论域的两个东西之间的指称关系),要么是维持在特征之间或是法则之间的关系,要么是维持在实存个体对象之间的关系。前者可以称作"模态关系"(modal relation),后者可称作"实存关系"(existential relation)。(CP 3.574)可以看出,实存关系所凸显的是皮尔士范畴论中的"第二性",参看本书第三章第三节和第六章第三节。

人给以证明。①存在图作为逻辑推导的一种形式技术，与常见代数的线形记法相比，不仅具有简单精致的推理规则，也可直接转换为自然语言，堪称逻辑史上第一个完美的图式推理系统。

整体来看，皮尔士的存在图是一种自然演绎系统②，Alpha 部分以否定和合取为基本联结词，而在 Beta 部分再加上存在量词作为基本联结词。Alpha 部分的推理规则（在皮尔士那里为 Convention 或 Permission）有擦除（Erasure）、插入（Insertion）、重写（Iteration）、去重写（Deiteration）和双重否定（Double Negation）等规则，在 Beta 部分又多出了针对同一线的规则。以下（表一）是皮尔士存在图与现代逻辑标准记法的对比。

表一

代数记法	存在图记法	代数记法	存在图记法
$p \wedge q$	1. p　　q	$\exists x(Px \wedge Qx)$	5.
$p \vee q$ 即$\neg(\neg p \wedge \neg q)$	2.	$\exists x(Px \wedge \neg Qx)$	6.
$p \rightarrow q$ 即$\neg(p \wedge \neg q)$	3.	$\forall x(Px \rightarrow \neg Qx)$	7.
$p \leftrightarrow q$ 即$\neg(p \wedge \neg q)$ $\wedge \neg(\neg p \wedge q)$	4.	$\forall x(Px \rightarrow Qx)$	8.

----

① 具体可参看 Jay Zeman, *The Graphical Logic of C. S. Peirce*, Ph.D. Diss. University of Chicago, 1964, a revised version available at: http://www.clas.ufl.edu/users/jzeman/graphicallogic/index.htm; Don Roberts, *The Existential Graphs of Charles S. Peirce*, The Hague: Mouton, 1973; Richard White, "Peirce's Alpha Graphs: The Completeness of Propositional Logic and the Fast Simplification of Truth-function," *Transactions of the Charles S. Peirce Society*, Vol. 20, 1984; Eric Hammer, "Semantics for Existential Graphs," *Journal of Philosophical Logic*, Vol. 27, 1998; Sun-Joo Shin, *The Iconic Logic of Peirce's Graphs*, MIT Press, 2002。

② 根岑（G. Gentzen）1935 年独立发现的自然演绎系统与皮尔士这里的非常相近：二者的推理规则都是成对出现，一个是擦除性的，另一个是插写性的。只是前者是代数型的，后者是图表型的。

以 Alpha 存在图为例。作为一逻辑系统，其语法资源可算是最少的：所有图表将只是由命题字母 p、q……和切割线（cut）构建而成，而所有图表都将被写于断定单（Sheet of Assertion）上。所谓断定单就是二维图表被放置的表面。在实际工作中，它可以是一块黑板、一张纸，或是别的什么东西。在断定单上几个图表的并置，表示多语句的同时断定，即相当于"合取"（如表一中的存在图记法 1）；此种记法使得并列关系的多重复合语句的表征极其便利。所谓切割线，即为否定某一断定而在其外画上的一封闭曲线（与形状、大小无关）①，它相当于标准代数记法中的否定记号。切割线在断定单上分出了肯定区域（外部）和否定区域（内部）两部分；如果有多条切割线，则被切割线奇次（从外向内数）包围的区域为否定域，被偶次（从外向内数）包围的区域为肯定域。显然这种切割线与欧拉图中的圆环含义相似，但在存在图中多重圆环的使用使得多重、复杂的否定能便利地得以表征，如表一中存在图记法 2。

在 Beta 存在图中，皮尔士新增了一种形象性记法即同一线（Lines of Identity），用以连接不同的谓词（用大写字母 P、Q 等表示）。同一线往往是任意形状和大小的一条连接线，它可视为无数断定存在的点（spots）的连续统，凡被这些连续的点连接的端词（即谓词）便意味着有某种"同一性"；实际上它是用来表示被连接到的端词能同时谓述某一对象。如表一中的存在图记法 5 即意味着，在断定单上存在着同时是 P 与 Q 的对象，也即"有 P 是 Q"或"有 Q 是 P"。显然这里的同一线起到我们常见逻辑教科书中量词的作用，量化和约束着变项；更确切地说，同一线相当于"存在量词"。因为，凡在同一线端处被连到的图表便意味着，在特定语境中存在的某物具有那一图表所表征的性质；凡在同一线两端处被同时连到的图表便意味着，同时具有那些图表所表征的性质的东西存在于特定语境当中。而全称量词就靠同一线再加上切割线的帮助来表示，如表一中的存在图记法 7 即为"所有的 P 都不是 Q"。②

存在图系统是当今皮尔士研究中的一个热点，它尤其吸引了一批逻辑

① 这种线不一定是标准的圆圈和椭圆圈，只要是封闭性的画线即可。
② 从现代标准数理逻辑视角对存在图句法、推理规则的更多介绍，可参看张留华《Peirce 逻辑记法哲学研究》；刘新文《图式逻辑》，中国社会科学出版社，2012 年。

学家从标准数理逻辑的视角对存在图系统进行解读。但是,就本书来讲,这些将不作为重点。笔者主张,对皮尔士哲学意义上的逻辑科学来说,存在图更重要的贡献在于:它提供了一种逻辑分析的工具性记法,使得对演绎推理过程的观察分析更为便利。正如日常语言学派分析哲学家斯特劳森敏锐洞察的那样,逻辑学家在建构系统过程中真正所做的只是希望借此教给我们大量"有关日常话语的逻辑"。[①]此外,站在当代逻辑哲学的高度来看,皮尔士在代数记法之外新创造了这种图式记法并坚信后者在逻辑研究上优于前者,这使得逻辑的记法选择或评价问题成为后世逻辑哲学研究中的一个重要议题。皮尔士存在图作为罗素标准演算系统的一种成功的择代记法,这至少可以促使我们在今天重新思考现代逻辑的表征形式问题。关于这一点,本节最后一部分将结合现代逻辑从数学进步中所获得的启示给予初步讨论。

三、逻辑的表征问题:来自数学进步的启示

数学的巨大进步与长足发展正是发生在"+""-""×""÷""="">""<"等这些简明易用的代数记法产生之后。许多数学上的革新在很大程度上都依赖于某一明晰记法的采用,而且由于对记法的明智选择,数学也变得更加易读。可以说,若没有紧凑而精确的记法,甚至算术就是困难的,而高等的数学分支更加不可能。也正是在此意义上,有人把代数形容为数学的"语言"。事实上,19世纪代数和几何的抽象化发展,以不同的方式对现代逻辑的诞生起着显著的推动作用。如果说在几何学领域随着巴氏和黎氏几何的出现,现代逻辑从中学到了公理化思想,在代数学领域随着方程式演算等方法的凸显,现代逻辑从中获得了理性演算上的灵感;那么,二者对于现代逻辑共同的贡献,可以说是简易方便的数学记法及其可借鉴性。从某种意义上看,正是许多所谓"人们讨厌而机器喜欢"的数学记法的引入,推动了现代逻辑的萌芽和诞生。对此,我们从现代逻辑的先驱者和奠基者们对数学记

　① 　P. F. Strawson, *Introduction to Logical Theory*, Methuen & Co. Ltd., 1952, p.58.

法的关注程度上足以感受到。莱布尼茨曾设想一种通用代数来反映世界的结构,以至于我们能通过考察记法来判定对象间的严格关系。德摩根和布尔以代数学家的眼光来考察逻辑学,一度形成逻辑代数学派。弗雷格虽然在莱布尼茨之后走着与布尔学派不同的道路,但同样追求"普遍语言"的实现;1879年,他出版小册子《概念语言,一种按算术的公式语言构成的纯思维公式语言》,此书标题德文是 *Begriffsschrift*,取自特伦德伦堡(A. Trendelenburg)对于莱布尼茨的"典型语言"(a characteristic language)概念的译法,在今天的英语文献中译为"conceptual notation"(概念记法)。[①]为避免数学和逻辑研究中的语言混乱,皮阿诺也曾制定了一套表意记法,后来被罗素和怀特海在《数学原理》三卷本中采用。[②]总而言之,记法革新及其所带来的数学进步为现代逻辑的成长提供了直接的动力和资源。这一点在皮尔士那里甚为明显。可以说,他的逻辑代数是对于数学中代数"公式"精神的继承,而存在图则是对于数学中几何学"图形"精神的继承。皮尔士不仅通过布尔代数和关系逻辑中一系列记法的不断改进,最终达到了现代一阶逻辑的主要内容;而且通过在代数系统之外发展一种形态完备的存在图系统,渴望实现一阶逻辑之外更多的现代逻辑内容。那么,这些工作可以为我们今天带来什么启示呢?

皮尔士自己称,图式逻辑与代数逻辑相比能更好地实现逻辑理论研究的目的,因为存在图是以可视化方式来尽可能地凸显各种逻辑关系。[③]到底图式逻辑能否最终超越代数逻辑,现在还难以预测。不过,如果局限于以现代标准数理逻辑的观点来看,皮尔士的存在图恐怕很难成为一种更为优越的形式。如今不少逻辑学家和皮尔士学者在研究存在图时只是把图式逻辑先翻译为标准的代数记法,然后再作考察和评价,似乎唯有借助当代标准记

---

① 弗雷格指出,他的概念记法可视为对莱布尼茨普遍语言理想的部分实现。他说,算术、几何和化学的记法可看作莱布尼茨理想在特殊领域的实现,而他自己的记法把这些独立领域联结在一起,形成了更具一般性的公式语言,使得任一知识领域之内或之间的演绎关系都仅用这种语言就可展示出。参看 Harold W. Noonan, *Frege:A Critical Introduction*, Polity Press, 2001, p.37.

② 有关逻辑代数记法及逻辑记法的发展历史的更多信息,参看张留华《Peirce 逻辑记法哲学研究》。

③ 需要强调的是,由于皮尔士对图式逻辑的关注是与其逻辑学目的紧密相关的,由于他主要是把图表作为一种记法即主要关心图表作为指号的表征功能,他对于那种忽视图表与实在世界之关联的图式处理法,是持有异议的。参看 CP 3.423.

法才能理解皮尔士的逻辑思想。笔者认为,记法改进对数学与逻辑学发展的推动这一事实,以及皮尔士先后从不同记法角度尝试对逻辑学进行的革新工作,这些所带给我们的启示不应该只是:历史上曾经有各种不同的尝试,它们兜兜转转,最终达到了今天某种标准且理想的形态。相反,历史考察的结果应该促使我们更多对"逻辑的表征"这一问题进行反思。因为,现代数理逻辑被普遍认为比传统三段论优越,主要是由于其提供了一种更富表达力的记法体系或形式系统。但是,逻辑学到底应该寻找什么样的表征形式,究竟应该如何评价逻辑系统的表征力,以及是否表现力强便意味着更好的逻辑理论? 皮尔士的工作告诉我们,在我们走出亚里士多德的传统逻辑之后,新逻辑的表征系统可以不止一种,而且可以不断改进;他还向我们暗示:图式记法有可能比目前通行的代数记法更有利于逻辑分析。我们不必过多拿存在图来证明皮尔士预见了哪些现代标准数理逻辑的成果,倒是需要认识到他这些逻辑工作更具一般性的"探索"价值。事实上,在皮尔士那里,除了存在图,还有一种类似化学中化合价图示的二维表征法,即价分析法(Valency Analysis)。[①]

那么,探索什么,朝向什么探索呢? 笔者的初步回答是,为着更好地理解我们的思想过程,为着更有助于论证分析。如果我们铭记逻辑学的根本目的在于思想分析,如果我们认识到所谓代数系统、图式系统等只是我们在逻辑记法上的不同选择,则至少在记法改进上可以说现代逻辑的发展是开放的。尽管莱布尼茨设想逻辑学要使用一种"普遍语言",但此种"普遍语言"究竟是什么样的记法,对此我们仍需要继续探索。皮尔士的工作让我们更加清楚,我们曾经所使用的记法不止一种,而且我们正在使用的记法也无须限于一种。正如在皮尔士之后有学者所指出的那样:

　　　　我们所有人都在从事和利用着有效推理,但我们实际完成的推理

[①] 可参看 K. L. Ketner, "Peirce's Most Lucid and Interesting Paper: An Introduction to Cenopythagoreanism," in *International Philosophical Quarterly*, 26(4), 1986, pp.375 – 392 以及 Robert W. Burch, "Valental Aspects of Peircean Algebraic Logic," *Computers Math. Applic.*, Vol.23, No.6 – 9, 1992, pp.665 – 677。

（reasoning）在许多方面不同于被大多（形式）逻辑学家研究的推理（inferences）。人们实际进行的推理典型地包括进了通过一个以上媒介获取的信息。相比之下，形式逻辑至今还关注这样的有效推理：它基于仅一种形式的信息即语句形式。近来，许多哲学家、心理学家、逻辑学家、数学家和计算机科学家已经不断意识到多模态推理（multi-modal reasoning）的重要性，而且许多研究已经在非符号的（non-symbolic）特别是图式表征系统领域着手进行。①

第五节 皮尔士心中的现代逻辑

通过上两节中对皮尔士逻辑代数和存在图方法的示例，我们已粗略了解他在那些方面的逻辑思想。接下来，我们要做的除了可以更深入地钻研其某一专题的"数理逻辑"思想，还有更重要的就是，如何在面向未来的当下语境中看待他的那些贡献。关于皮尔士的现代逻辑贡献，目前有不少学者依然采用现代标准数理逻辑的路子进行评价；但是正如本章一再强调的，皮尔士对逻辑观念的把握与当代数理逻辑主流存在明显差异。虽然绝不能忽视皮尔士对标准数理逻辑传统的贡献，但依据他的整体思路，似乎一种覆盖更广泛、更注重历史连续性、更具经验关怀的现代逻辑才是他心目中的逻辑发展方向。

一、皮尔士对于标准数理逻辑的贡献

通常，人们首先会在自己的当前位置回看历史。同理，我们发现，后人对皮尔士现代逻辑贡献的第一次清算正是站在今天标准数理逻辑的高度来

---

① Sun-Joo Shin, Oliver Lemon, and John Mumma, "Diagrams," in *The Stanford Encyclopedia of Philosophy*(Winter 2018 Edition), Edward N. Zalta(ed.), URL = ⟨ https://plato.stanford.edu/archives/ win2018/entries/diagrams/⟩.

看皮尔士的逻辑代数、存在图等"严格逻辑"工作。当这样看时,邱奇(Alonzo Church)、波亨斯基、涅尔夫妇等现代逻辑史专家很快发现皮尔士的一系列"成就"。譬如,他区分了逻辑运算和算术运算,独立引入了相容意义下的逻辑加。主张把论域"1"视为有限域,与无限全体域观点区别开来。把"推衍""包含于""蕴涵"等观念引入了符号逻辑之中。将逻辑代数与关系逻辑紧密结合起来,使得关系逻辑更具有精致性和可演算性。不仅明确表述了实质蕴涵,还较早引入了真值表方法和归谬赋值法,并将它们作为命题演算的判定程序。指明了化归命题公式为合取范式和析取范式的一般程序,并运用了前束范式等方法。在弗雷格《概念语言》问世仅仅六年后,独立提出了现代意义上完整的量词和约束变元概念。较早区分了一阶逻辑(他所谓"第一意念关系逻辑")和二阶逻辑("第二意念关系逻辑"),提出了对于等词的现代二阶定义,还把有限集定义为不能同其真子集建立起一一对应关系的集合。所发明的一套精致代数形式的逻辑记法,影响了后来成为标准记法的皮阿诺-罗素记法,还直接被施罗德采用和推广,成为知名的皮尔士-施罗德记法。最早区分了代数记法和图表记法,同时以两种记法形式呈现命题演算和谓词演算,较早使用了自然演绎系统。基于对欧拉图和文恩图的改进而创立的存在图等图表系统,在逻辑图表发展史上具有里程碑式的意义,也直接在认知科学领域引起了多模态推理或可视化推理的研究趋向。早于美国逻辑学家谢弗(Henry Maurice Sheffer)30多年,以单一逻辑联结词即皮尔士箭头构造出了命题演算系统;提出了后世以"皮尔士律"命名的重要逻辑规律。较早表述了模态逻辑、三值逻辑、模糊逻辑等思想;发现了博弈论语义学的基本原理。从后世主流逻辑学家的评价来看,1922年,波兰著名逻辑学家卢卡西维茨(Jan Łukasiewicz)在一次演讲中,在把莱布尼茨和布尔分别视为现代逻辑的第一、第二奠基人之后,指出"德国的弗雷格、美国的皮尔士和英国的罗素是我们时代数理逻辑的最杰出代表人物"①。1937年,K.门格尔(Karl Menger)在《新逻辑》一文中,将逻辑代数的发展归功于布尔、皮尔士

① Nathan Houser, "Introduction: Peirce as Logician," in *Studies in the Logic of Charles Sanders Peirce*, edited by Nathan Houser, Don D. Roberts, and James Van Evra, Indiana University Press, Bloomington and Indianapolis, 1997, p.5.

与施罗德,将命题演算的发展归功于皮尔士与施罗德,将量化理论的发展归功于皮尔士与弗雷格。①即使是罗素,到了 1959 年出版《西方的智慧》一书时,也指出:虽然不大容易清楚地了解皮尔士的立场,但他无疑是 19 世纪后期最具独创思想的人之一,而且肯定是迄今最伟大的美国思想家。在逻辑学上,罗素说,他完成了许多重大发现,特别是发明了后来逻辑学家们广泛运用的真值表方法以及一种新的关系逻辑。他还特别提到了皮尔士的图式逻辑。②

　　上述评价大多更像是我们刚从弗雷格、罗素等逻辑教材中走出后直接拿教材观点来看皮尔士的。也正因为这样,人们很快发现尽管皮尔士拥有很多独立的"预见",但与弗雷格、罗素等人相比,他的工作明显缺乏系统性、全面性、成熟度,顶多具有历史兴趣。于是,不足为奇,作为现代标准逻辑集大成者的当代著名逻辑学家奎因,在评论《皮尔士文集》第三卷和第四卷逻辑作品时将皮尔士的贡献视为无关紧要的。冯海耶奴特(Jean Louis Maxime van Heijenoort)在其主编的现代逻辑权威文献《从弗雷格到哥德尔:数理逻辑的来源》一书中,更是把皮尔士完全排除在外。如此一来,所谓的皮尔士逻辑贡献似乎已经以多数票得到定论了。但是,从历史进程的复杂性以及未来发展的可能性来看,此类评价难免不公。

　　一种不失公允的评价,应该把皮尔士放在 19 世纪的历史语境下进行考察,也应该考察皮尔士与弗雷格、罗素等人研究动因上的不同,还应该考察皮尔士对后世逻辑研究的实际影响。其实,随着对皮尔士逻辑以及现代逻辑发生史的深入研究,我们很快发现,皮尔士在 19 世纪所从事的逻辑代数研究与当代社会占据主流的弗雷格、罗素逻辑属于截然不同的两条路线。前者强调抽象代数思想,尝试以代数方法研究逻辑学,目的在于改进自亚里士多德以来的逻辑学;而后者强调数学基础研究和公理化思想,对亚里士多德逻辑几乎持完全否定的态度,目的在于为数学奠定可靠的基础。当这样看

---

① Nathan Houser, "Introduction: Peirce as Logician," in *Studies in the Logic of Charles Sanders Peirce*, edited by Nathan Houser, Don D. Roberts, and James Van Evra, 1997, p.5.

② 伯特兰·罗素:《西方的智慧:从社会政治背景对西方哲学所作的历史考察》,温锡增译,商务印书馆,1999 年,第 276—277 页。

待历史和考虑问题时,我们的研究视角变得更加宽广,认识结果也大不一样。

1982 年,普特南在《皮尔士这个逻辑学家》一文中注意到奎因、冯海耶奴特对皮尔士等逻辑学家的"无礼",他极力反驳"逻辑学是一门古老的学科,而自 1879 年以来已成为一门伟大学科"以及"逻辑学由弗雷格发明"等偏狭论断。普特南惊奇地发现,许许多多在现代逻辑中耳熟能详的东西,实际上竟是通过皮尔士及其学生们的努力才为逻辑学界所知晓的,甚至"一阶逻辑"一词也应归功于皮尔士。他指出,在拥有合法的优先主张权的意义上,弗雷格的确是早于皮尔士"发现"了量词,但皮尔士及其学生是在有效的意义上发现了它,因此现代量化理论的真正起源应该是在皮尔士的工作中。譬如,怀特海就是通过皮尔士才了解到量化理论的。除弗雷格之外没人曾以弗雷格记法发表一篇论文,而许多著名逻辑学家如洛文海(Leopold Löwenheim)、斯柯伦(Thoralf Albert Skolem)、策梅勒(Ernst Friedrich Ferdinand Zermelo)等人倒是采用了皮尔士-施罗德记法①,许多著名结果和系统就是以这种记法发表的。普特南最后在无意贬低弗雷格贡献的情况下得出结论:没有弗雷格,一阶逻辑(及其元数学研究)也会因为皮尔士的工作而存在。②

到了 1985 年,对于皮尔士一向持轻视态度的奎因,在一篇书评《麦黑尔论布尔》中,似乎也改变了原有看法。他开始承认皮尔士的确在弗雷格发现一般量化理论后独立地达到了现代逻辑中的这一特征性成果。他称,"逻辑学变成数学的一个重要分支,只是等到一般量化理论在弗雷格和皮尔士手中出现时才开始的"③。

1995 年,迪博特在《皮尔士与当代思想:哲学探究》一书中发表对奎因的回应文章《皮尔士在逻辑史上被轻视的地位》。他一开始就提出,就"能耐

---

① 实际上,除了普特南提到的这些人物,皮阿诺、希尔伯特、塔斯基等都基本上继承了皮尔士-施罗德记法。

② Hilary Putnam, "Peirce the Logician," *Historia Mathematica*, Vol.9, 1982, pp.290－301.

③ W. V. Quine, "MacHale on Boole," in *Selected Logic Papers*, Enlarged Edition, Harvard University Press, 1995, pp.251－257.

(ability)"来讲,皮尔士同亚里士多德、布尔、弗雷格一样,完全属于最顶尖的逻辑学家。皮尔士在现代数理逻辑上的影响要远比通常所认为的更加巨大,而且实际上超越了弗雷格(虽然这一大胆断定需要许多限制性解释)。他同时指出,精确刻画皮尔士的逻辑史地位是一个困难的问题,因为我们需要将皮尔士放置在他生活的那个 19 世纪逻辑学背景下,同时需要考察同时代的弗雷格、德摩根、格拉斯曼、特伦德伦伯格(Friedrich Adolf Trendelenburg)以及其他许多我们今天仍不能熟知的逻辑学家。[①]

　　1997 年,欣迪卡的《皮尔士在逻辑理论史上的地位》一文呼应了冯海耶奴特曾经提出的"作为语言的逻辑与作为演算的逻辑"的区分[②],并进一步指出:弗雷格同早中期罗素、早期维特根斯坦、维也纳学派、奎因、海德格尔等同属于一个传统,在他们眼中,只有大而全的一个世界即现实世界,现实世界是我们语言的唯一解释,不存在多数可能的世界,因而从根本上否定模态逻辑的合法性,否认真理的可判定性;而皮尔士同历史上的布尔、施罗德、洛文海、塔斯基、哥德尔(Kurt Gödel)、后期卡尔纳普(Rudolf Carnap)等则属于另一个传统,他们支持包括可能世界理论(模态逻辑)、模型论、逻辑语义学和元逻辑等在内的一系列理论。因此,皮尔士逻辑工作长期遭受低估的主要原因在于:皮尔士身后的几十年正处于普遍主义传统的压制下,很少有人会对其思想感兴趣;而只有在逻辑学家和哲学家们普遍接受模型论传统之

---

　　① Randall R. Dipert, "Peirce's Underestimated Place in the History of Logic," in *Peirce and Contemporary Thought: Philosophical Inquiries*, edited by Kenneth Laine Ketner, Fordham University Press, 1995, pp.32 – 58.

　　② 虽然他的《从弗雷格到哥德尔:数理逻辑的来源》一书没有收入皮尔士的逻辑作品,但冯海耶奴特在同年发表的论文《逻辑作为语言与逻辑作为演算》中主张把历史上的现代逻辑分为两个不同传统来看,因而其在书中很可能仅仅收集了其中一个传统的作品。冯海耶奴特的问题在于:他仅仅把"逻辑作为演算"传统限于布尔本人的逻辑而没有看到布尔之后皮尔士、施罗德等人更重要的发展;他似乎把"量词逻辑"作为弗雷格"逻辑作为语言"传统的最大优势,但没有看到"量词逻辑"几乎同时独立出现在布尔学派的逻辑作品中;他一方面似乎把《从弗雷格到哥德尔:数理逻辑的来源》一书集中介绍弗雷格、罗素等"逻辑作为语言"传统的作品,但书中大量收入的斯柯伦作品却明显属于"逻辑作为演算"传统。参看 Jean van Heijenoort, "Logic as Language and Logic as Calculus," in *Synthese* 17, 1967, pp.324 – 30 以及 Volker Peckhaus, "Calculus Ratiocinator Versus Characteristica Universalis? The Two Traditions in Logic, Revisited," *History and Philosophy of Logic*, Volume 25, Issue 1, pp.3 – 14。

时,皮尔士思想的价值才能逐步得到彰显。①

2000 年,布拉迪(Geraldine Brady)的《从皮尔士到斯柯伦:逻辑史上被忽略的一章》一书可谓是对此前普特南在《皮尔士这个逻辑学家》一文中的诸多断言的详细论证。该书在标题上有意与冯海耶奴特一书的标题"由弗雷格到哥德尔"形成对照,它以大量的文本分析告诉我们一阶逻辑到底是如何经由皮尔士等人的贡献而形成的。作者再次向世人澄清:

> 今天有一种常见误解,认为既然弗雷格是第一个掌握一阶逻辑的人,因而洛文海的工作一定也可能经由罗素或希尔伯特而源自弗雷格。但情况并非如此。事实上……我们现在所谓一阶逻辑的中心思想完全包含在施罗德和皮尔士的著作中,虽然表述形式在现在看来属于难解的记法,但洛文海恰是从他们的思想中获取主要灵感的。"②

二、如何来应用数学的逻辑? 拿什么来超越传统逻辑?

老实说,上述新兴的评价声已足以让皮尔士站在了与弗雷格同等重要的位置上。不过,在笔者看来,它们仍旧是局限在当代标准数理逻辑的角度

---

① Jaakko Hintikka, "The Place of C. S. Peirce in the History of Logical Theory," in *The Rule of Reason: The Philosophy of Charles Sanders Peirce*, edited by Jacqueline Brunning and Paul Forster, University of Toronto Press, 1997, pp.13 – 33. 在该文中,欣迪卡特别提到关于逻辑论域"有限域"或"无限域"的理解所带来的不同结果。关于无限域的观点,最为典型的是早期维特根斯坦,其名言"一切真命题都是重言式"和"逻辑命题是描述世界的脚手架"的提出,正是基于一种无限域的认识;他把现实世界与我们的语言(认为我们只有一种自然语言或人工语言)一一对应起来,认为我们对任何系统都只有一种解释,任何时候我们都不能跳出我们唯一的语言去言说我们自己。在逻辑史和哲学史上弗雷格、罗素以及当代的奎因都接近这样的观点,他们认为,现实世界是语言的唯一解释,不存在多种不同的可能世界,从而否定模态逻辑的合法性,否认真理的可判定性或主张"真"的无法言说(ineffable)。

② Geraldine Brady, *From Peirce to Skolem: A Neglected Chapter in the History of Logic*, Elsevier, 2000, p.6.在皮尔士逻辑代数的后世影响方面,施罗德的中间作用是巨大的。虽然施罗德在三卷本《逻辑代数讲义》中很多时候只是把皮尔士的思想加以整理和发挥,但正是施罗德的工作直接激发了斯柯伦函数以及洛文海定理的提出。此外,施罗德的名字还出现在著名的施罗德-伯恩斯坦定理中。认识到皮尔士逻辑对后世所产生的这种实际影响,对论证皮尔士工作对现代逻辑的奠基作用非常关键。因为,这告诉了我们,皮尔士的工作相对于弗雷格的"标准逻辑",绝不仅仅是一种不成熟的"预见"或不够方便的"另类",而是一种"活着的"传统或脉络。

来评价的,尽管在视角上越来越宽。皮尔士的逻辑关注点与当代数理逻辑的主流不尽相同,他更加注重逻辑学本身的进步和发展,因此,我们应该超出标准数理逻辑的视野,尽可能立足于他本人对于逻辑学本身的理解来看他心目中的现代逻辑。

　　关于皮尔士哲学的"真面目",胡克威曾经谈道:往往是初看上去,皮尔士的许多哲学观点与现代哲学讨论的主题具有直接相关性,甚至常常听人说他预见了 20 世纪哲学所关注的这一个或那一个学说;但是深入研读皮尔士的作品后会发现,他的思想并不能完全由现代哲学主流思想得以解释,反而更像罗蒂所断言的那样是一位传统的哲学家。①不过,应该看到皮尔士只是在哲学追求目标上属于传统型的,虽然他追求现代人逐步弃绝的体系哲学,但他的每一个哲学学说都不是松散的思辨,而是充分体现着现代哲学的严格精神。正如胡克威所指出的,"对罗蒂所敬仰的一些思想家来说,传统上的哲学问题和志向在被揭示出一些错误后就随之消失了;对皮尔士来说,它们仍旧存在,只是变得更具可行性"②。也就是说,他哲学的目标和问题虽然是"传统的",但完全有望得到当代哲学家们的理解和同情。在笔者看来,皮尔士哲学被指责"过于传统",或许只是暴露出现代哲学曾经具有的狭隘。现代哲学对传统哲学进行了激烈的方法论批判,但传统上哲学孜孜追求的一些问题并未由此而得到解决。正如罗蒂所说现代哲学抛弃了某些旧问题并发现了某些新问题,但是哲学上一些恒久的问题并未消失,也并非在今天就不值得关注,相反它们亟待在现代哲学的新方法论下得到进一步阐明和研究。这里,我们在评价皮尔士的逻辑学工作时,情况同样如此。我们不应该仅仅站在现代标准逻辑的立场上来评价皮尔士,而应该更多立足逻辑学本身,从现代逻辑的发展取向上全面看待其逻辑贡献。皮尔士为现代标准逻辑的成型奠定了基础,但他同时也提出了许多有关现代逻辑的未来发展

---

　　①　虽然罗蒂早期曾把皮尔士与维特根斯坦类比,但最后他还是把皮尔士作为与杜威不同的传统哲学家。在《实用主义的后果》一书中,罗蒂指出:"他对于实用主义的贡献不过给出了一个名称,并激励了詹姆士。皮尔士本人仍旧属于最具康德特征的哲学家。"参看 Richard Rorty, *Consequences of Pragmatism*, University of Minnesota Press, 1982, p.161。

　　②　Christopher Hookway, *Peirce*, Routledge and Kegan Paul, 1985, p.3.

的设想和建议。逻辑学中有一些恒久问题（譬如，逻辑与思想方法、真理发现等之间的关系），是现代逻辑成型之初未曾注重但在长远发展中必须重新关注的。数理逻辑的记法已经普及运用，接下来的事情一定是"回归逻辑学本身"。正如当代某些哲学思潮所强调的，我们通过语词来研究问题，但不能忘记语言的关指性（aboutness）或意向性（intentionality）。

需要重申的是，我们无意反对逻辑代数或数理逻辑在整个逻辑学发展中的重要地位；但或许问题的关键在于：我们到底如何界定现代逻辑？ 如果不是拘于某种标准的数理逻辑形态，如果我们能在充分尊重逻辑学传统的情况下来思考逻辑学的整体发展，我们就要弄明白"我们该拿什么来传承和超越传统逻辑，我们又该如何来应用数学的逻辑"。正如现代科学哲学家一直在思考"近代自然科学到底是因何而成功的，哲学究竟该从自然科学的成功中学习什么"①，数理逻辑学家似乎也一直困扰于"现代逻辑到底该怎样才能用好数学技术"这样的问题。一般来讲，现代学者都认为逻辑和哲学应该从数学的严谨以及自然科学的成功中受益；但问题在于："怎样才算是恰当地学习？"②

皮尔士说过：

> 哲学要有严格的思想，而所有严格思想都是数学思想（mathematical thought）。……我只能说，我是在严格科学的哺育下长大的，如果说我知道数学精确性（mathematical exactitude）所在的话，那就是我对自己哲学推理之特征的看法。③

遗憾的是，这句话是模糊的，因为上文我们已经指出 mathematics 与

---

① 虽然我们看到皮尔士把通常所谓的自然科学仅仅作为他科学分类法中的"特殊科学"之一类，但此种广义上的科学观念并不阻碍皮尔士把自己形容为"自然科学之子"（scion of natural science）。转引自 Mats Bergman, *Peirce's Philosophy of Communication：The Rhetorical Underpinnings of the Theory of Signs*, London and New York：Continuum, 2009, p.6。

② 其实，关于形式化方法在哲学研究中的地位，当代所谓"形式哲学家"的认识也不尽相同。参看 *Formal Philosophy*, edited by Vincent Hendricks and John Symons, New York：Automatic Press, 2005 以及 *Masses of Formal Philosophy*, edited by Vincent Hendricks and John Symons, New York：Automatic Press, 2006。

③ Christopher Hookway, *Peirce*, p.182.

mathematical 之间具有强弱差异。从皮尔士的科学分类法可以看出，这里显然不是说他的哲学要归于数学；皮尔士在说哲学依赖于数学时的意思仅仅是说"逻辑学应该依靠数学来止息原则上的争议，而……本体论哲学也应该类似地依靠逻辑学"。（PM xvii）所以，对皮尔士的说法我们必须灵活而谨慎地进行理解。数学工作的严格无疑令人折服，而数学的应用形式却是多样的。生活中有关数学的运用处处存在，譬如音乐、绘画、建筑等，但我们很难说这些技艺中必定有什么演算系统；另一方面，现代哲学家经常运用思想实验来帮助分析①，虽然可能没有运用任何数学符号，但它为生活情境所建构的抽象模型不免让人想到是数学思维方法的体现。具体到逻辑学来说，皮尔士也有过类似论述：

> 一种流行的看法认为，逻辑学的成功要求有数学家的头脑。但这是不对的。我必须说，以数学方式看待问题的习惯具有很大的好处，因而数学倾向在任何一种科学中都或多或少具有助益，不论是物理科学还是道德科学。但是，杰出的数学天赋对逻辑研究是完全没有必要的。（W 4:381；HP 943）

也就是说，数学之重要是没有问题的，但数学中什么才是对逻辑研究完全必要的呢？这个问题的另一种形式是"逻辑学该怎样从数学家的推理实践中获益"。笔者认为，逻辑学必须利用一切可能的数学工具来帮助进行推理分析，而到底如何应用，应该由逻辑学目的来决定。不同的学科对数学有着不同的应用，纯粹的数学家并不把自己的问题及等式作为有关实际问题的"表征"或"同构"，他不知道也不关心自己的数学工作会与事实问题有什么相干。但是，作为逻辑学家，你就不能不考虑那些有关推理本性的"深层关怀"，甚至可以说它们才是逻辑学中至关重要的"大事"。逻辑学在应用数学时必须彰显自己的关注点。出于对增加工具的渴望，逻辑学希望运用数学

---

① 思想实验作为哲学方法，当然也存在局限。具体可参看 Timothy Williamson, *The Philosophy of Philosophy*, Oxford：Blackwell, 2007, Chapter 6。

模型。但什么样的数学模型才是好的? 这个问题只能由逻辑学自身来回答。真正的逻辑学必然涉及对模型的选择和评估。①不仅如此,甚至其他科学在建构数学模型时,也必须首先进行逻辑分析。因为,"实际问题出现后,物理学家试图找到与该实际问题尽可能类似的一个可以解决的数学问题。这牵涉到对问题进行逻辑分析,将其变成方程式"②。

　　谈及对逻辑学本身目的与功能的把握,皮尔士认为,康德的解读是亚里士多德之后的哲学家中最为深刻的。康德被皮尔士称为"近代最伟大的哲学家"(W 1:451),"被普遍认可为哲学大师"(W 1:241),其《纯粹理性批判》是"人类知识界最伟大的著作"(W 1:104)。相比之下,康德对逻辑学的研究在皮尔士等逻辑代数工作者看来存在明显的不足,尤其是他的断言"逻辑学从此不能再前进一步"被认为早已过时。基本上,康德逻辑就是以亚里士多德逻辑为主的传统逻辑。早在 1880 年约翰·霍普金斯大学形而上学俱乐部里,皮尔士曾递交一篇题为《根据现代逻辑来看康德的〈纯粹理性批判〉》的文章;文中,皮尔士"把康德对于'先天综合判断何以可能'问题的回答与现代逻辑对于'一般综合判断何以可能'问题的回答进行比较",并认为康德对后一问题的回答是不完整的,但现代逻辑的回答却可应用于前一问题。(W 4:xlviii)后来,皮尔士进一步感到,对于康德逻辑的现代改造可能关系到其整个哲学体系的稳固性。他说:

　　　　如果我们承认有关命题的逻辑区分必然包含在推理之中而且源自人类心灵的本性,那么"原因""实在性"等这些在命题区分中必须预设的概念同样如此。……如此一来,整个康德体系依赖形式逻辑系统的真实性和必然性,因为正是后者提供了有关命题的那些区分。如果后一系统是假的,康德哲学必定坍塌;然而,即便坍塌,似乎也必定可以代之以一种同样奠基于形式逻辑的正确分析之上的真正体系。(W 5:xxxv)

这种体系重建的宏伟目标,成为皮尔士"新逻辑"的使命所在。也正因为如

---

　　①　根据皮尔士的指号学,所谓模型只是一种指号,具体来说就是图示表征。有关这方面的更多论述,可参看 Christopher Hookway, *Peirce*, p.186。
　　②　Christopher Hookway, *Peirce*, p.185.

此,我们看到,与弗雷格等人选择对现代逻辑的另起炉灶不同,皮尔士显然并不是要抛弃康德传统逻辑及其功能,他更多是结合逻辑代数等最新技术成果,拓展和改进了亚里士多德逻辑。①也就是说,皮尔士心目中的"新逻辑"或"现代逻辑"乃是为实现理论建构的整体目标而对康德《纯粹理性批判》中旧逻辑的超越。这种"现代逻辑"从今天来看可能不够"纯粹",却是真正强有力的。皮尔士一生中,纵然在某个阶段把逻辑代数或概率理论等作为其工作的重点,但他无论何时都没有忘记逻辑学在理论建构中的使命。1881年,在他准备撰写的一部"现代"逻辑著作中,既有他著名的逻辑代数,也有"科学逻辑阐释"系列,还有"逻辑与科学方法""推理方法"等方面的内容。(W 4:li)从1882年秋季和1883年春季的逻辑课内容来看,他也是既采用德摩根和施罗德的著作作为教材,也采用他的"科学逻辑阐释"系列作为课本;既讲授数学推理、概率理论方面的课,也讲授归纳推理、科学推理本性、物质构造理论有效性考察、新式逻辑与哲学问题的关系,等等。(W 4:lv)从他1883—1884学年的高级逻辑课程的计划来看,更是涉及皮尔士思想的方方面面;其中我们不仅看到前面所提到的各种内容,而且有传统三段论、《后分析篇》《论题篇》、谬误等所谓传统逻辑的内容。(W 4:476-489)总之,在皮尔士看来,尽管现代逻辑要尽可能运用业已出现的最新数学方法,但由此所进行的逻辑学改进工作必须以它在超越康德逻辑上的伟大使命为最终指引。在逻辑学中应用数学方法与在历史的基础上改进和发展康德逻辑,此乃皮尔士"逻辑走向现代的进程"中密不可分的两项任务。

三、再论逻辑作为一门科学:"发展到现代的逻辑学"

自古代起,一直存在有关逻辑是工具还是科学的争论。通常认为,是亚里士多德创立了逻辑科学;但也正是在亚里士多德那个时代,后人整理其逻

---

① 关于皮尔士推理理论的亚里士多德渊源,参看 Risto Hilpinen, "Aristotelian Syllogistic as a Foundation of C. S. Peirce's Theory of Reasoning," in *Aristotle and Contemporary Science*, Vol.1, edited by D. Sfendoni-Mentzou, New York: Peter Lang Publishing, 2000, pp.109-125。关于康德对于皮尔士早期逻辑定义的影响,可参看 Emily Michae, "Peirce's Adaptation of Kant's Definition of Logic: The Early Manuscripts," *Transactions of the Charles S. Peirce Society*, Vol.XIV, Issue 3, Summer 1978。

辑著作时将它们冠以《工具论》之名。进入近代,由于培根针对亚里士多德权威而撰写《新工具》,又出现了到底真正的逻辑是演绎还是归纳的争论。然而,现代逻辑史上最有影响的争论还是在弗雷格、罗素等人的数理逻辑思想出现以后。一时间逻辑阵地从哲学家那里转向数学院系[1],甚至有人认为自弗雷格开始才真正有了逻辑学;[2]而更为流行、更为标准的观点则是直接把数理逻辑称为现代逻辑。[3]新近的研究表明,皮尔士作为逻辑代数的主要代表人物,独立于弗雷格和罗素,对于这种现代逻辑的形成和发展做出了重要贡献;但是,我们已经发现,皮尔士对于现代所流行的这种逻辑观在许多方面都是持有保留意见的,尤其是他在逻辑学的定位上表现出更加周全审慎、更为尊重传统、更注重理论统一性的显著特点。对照前一章中有关皮尔士逻辑学的定位,我们在这里要再次强调两点。

第一,逻辑服从于经验实在,它属于实证科学。现代数理逻辑明确主张逻辑的数学特征即不涉及任何经验事实,甚至认为逻辑学是比数学更加抽象的科学,因而一度出现以逻辑为数学奠定基础的逻辑主义潮流。皮尔士虽然是逻辑代数学派的主要代表,但他在逻辑现代转型上的最初动机只是将数学拓展应用至逻辑学,因而难以设想他会把数学还原为逻辑学。更为重要的是,在皮尔士看来,逻辑学原本就不同于以纯假说为对象的数学,它在根本上是一种实证科学。确实,特别是从亚里士多德三段论来看,逻辑学似乎不涉及任何经验成分。就像纯粹数学一样,它几乎只限于考察假设事态下的情况,其所谓法则也不需要经验事实的支持,因为逻辑法则都只是条件性的而非直接的、绝对的,逻辑学的规范性也正好在于其法则所带有的条

① 以德国为例,曾经内涵丰富的逻辑传统在大约1830年至1930年间逐步分化为心理学、认识论、科学哲学、形式逻辑等哲学新分支,以至于逻辑最终从一门哲学演变为数学。有关这段历史的概述,参看Volker Peckhaus, "The Way of Logic Into Mathematics," in *Theoria* 12(1), 1997, pp.39-64。

② 参看张留华《逻辑学:从"是"到"蕴涵"》,《华东师范大学学报》(哲学社会科学版)2005年第3期。

③ 哲学家哈克提醒我们注意:这种"以偏概全"的命名现象在人类社会中并不少见。除了这里以特定的弗雷格-罗素逻辑指代一般的"逻辑学"以外,我们更多见到的是以某一品牌的产品指称该类产品,譬如,以产品商标"Xerox"指代"复印机",以商标"Hoover"指代"真空吸尘器"。参看Susan Haack, "Revisions, Revisions, …," in *A Lady of Distinctions*: Susan Haack, *The Philosopher Responds to Her Critics*, edited by Cornelis de Waal, Amherst, New York: Prometheus Books, 2007, p.53。

件性。但是，逻辑学关注应然而非实然问题，并不意味着逻辑学就与数学一样完全无关于实证真理或经验事实。相反，逻辑推理从一开始就被迫诉诸经验。即便逻辑原则不能为论证前提增加任何东西，就此而言可以说它是"空的或纯形式的命题"，但逻辑原则本身却是与任何论证都相关的、所有话语都要予以设定的一种基本经验事实。（W 4：167－168）只是这种经验，并非特殊科学所谈到的借助专门仪器、经过有计划的努力才发现的某专门经验，而是我们每一个人所经历的共同经验或常识。皮尔士说过，"我不相信有什么东西能够彻底达到实在观念。但另一方面，任何人都不能真诚地怀疑事情总是很接近实在。那些不存在质疑空间的事实，就它们与推理的关系而言，是逻辑学应该加以考虑到的"。（CP 2.532）正是从这些经验事实出发，逻辑学确立或设定了自己的一些基本事实，譬如，知识是由某种形式体现的，一种知识表征会影响另一种知识表征，因而存在有推断；每一种好的推理都怀有一种期望即获致真相，并因而受到这种目标的支配。再譬如，命题有对错之分，存在着怀疑这种东西，等等。这些事实是极其普遍和常见的，大多暗含于自然语言的日常使用之中，甚至可以说是"强迫于我们之上的"，任何明眼人都会确信它们绝非某种空洞的公式或顶多只是假设；但正是这些事实使得逻辑学成为可能，若没有这些，逻辑学便没有任何探究动机了。一位逻辑学家从这些"强制性"事实出发，他不会接受任何不是他"被迫"认可的东西。（CP 2.65；CP 3.428）皮尔士强调，逻辑推理所体现的正是探究求真的精神或者"实事求是"的精神。

　　事实乃确实的东西（hard things），它们不在于我如何思想，不论你、我等任何人或任何一代人如何发表意见，它们都不为所动。我想知道的正是这些事实，以不令自己失望和遭受失败。由于它们最终必定会强加于我身上，要尽可能让我对它们有所知晓，并为之做好准备。归根到底，这正是我推理的全部动机。因此，很清楚，我希望如此进行推理以便那些事实不会且不可能令我的推理预期失望。如此推理是否与我的心灵冲动相符？那类问题不具有重要性。我进行推理并非为了获得某种推理乐趣，而只是要避免失望和惊奇。（CP 2.173）

也正因为如此,我们注意到,皮尔士把"逻辑上的"(logical)定义为"无关其他任何事实的,除了逻辑学需要加以认可的那些,譬如,有关怀疑、真实、虚假等的事实"[①];并把"逻辑必然性"(logical necessity)定义为"这样一种必然性,即一指号应该符合一真实的对象"。(EP 2:306)

第二,逻辑学是关于人类思想的规范科学,但其规范性并不限于演绎推理。由于坚持纯粹抽象科学的定位,现代数理逻辑把必然性作为逻辑学的第一特征,因而也往往把演绎之外的一切或然性推理视为非逻辑推理。但在皮尔士那里,由于逻辑学以符合实在为最终目的,逻辑学所关注的推理也应该直接涉及我们真实的经验世界;可是,很显然,在含有经验过程的任何世界上,总有某种推理类型:它是有效的,但在纯数学世界却是无效的。(CP 2.193)这些在经验世界有效而在数学世界无效的推理,不仅有基于自然事实的归纳推理,而且有从知觉认识发展而来的外展推理。皮尔士一生中始终强调,逻辑推理具有演绎、归纳、外展三种不可或缺的形式,任何有关真实世界的探究过程都同时包含这三种推理(参看本书第五章)。而所谓规范性,并不一定意味着只是把必然推理从其他推理中区分开来,逻辑学作为规范科学,其工作的关键是区分推理活动的好坏,这种好坏评价不仅涉及数学演绎推理的好坏,而且涉及归纳推理以及外展推理的好坏。此外还有一点是重要的,即,逻辑学是有关思想之必然条件的规范科学。现代标准数理逻辑试图绝对化地清除掉逻辑与心灵和思想的天然牵连,但是,只要我们坚持"思想要合乎逻辑"这一共识而且不至于把逻辑与思想之间的关系神秘化(譬如认为逻辑学是为思想立法的"上帝"),有关逻辑推理与思想规范之间的关系就需要专门而细致的分析研究。

总之,不能忘记,今天的逻辑学应当依然是承担特定历史使命的一门完整科学,本质上它是从亚里士多德经由中世纪发展到现代的逻辑科学。尽管在某段时期为强调其某种特征,我们常常称现代逻辑为符号逻辑、数理逻辑等等,但是"符号""数学"等都不能被视为本质特征。

---

① C. S. Peirce, "Logical," in *Dictionary of Philosophy and Psychology*, J. M. Baldwin(ed.), The Macmillan Company, 1925.

第三章　指号学:皮尔士的广义逻辑学

指号学是皮尔士学界近些年的最大热点,甚至可以说是皮尔士思想在后世学术界产生最广泛影响(在向多种学科延伸的意义上)的一个方面;但不能忘记,指号学在皮尔士科学分类法中就是广义逻辑学,它是皮尔士晚年思想成熟时期明确提出的一种逻辑学框架。皮尔士告诉我们,任何思想都是通过指号进行的,指号是推理得以开展的唯一载体,对于各类指号及其关系的分析凝结着我们对于推理本身或探究工作的思考。通过本章,我们将明白,皮尔士在数学逻辑上的工作与弗雷格-罗素传统表现出不同,根本上是由于他把逻辑研究放在了指号学这一更大语境下;我们也将看到,皮尔士的指号学作为一种通识科学,最为全面地呈现了有关推理分析的哲学思想。

第一节　从历史上看指号学

指号学(semiotics)即关于指号(sign)的一般理论,中文文献中有时译为"符号学"。提起指号学,现代的索绪尔(Ferdinand de Saussure)、莫里斯

(Charles W. Morris)等都是有名气的代表人物。①皮尔士与历史上的某些指号学理论具有继承关系,但他的指号学完全独立于当代流行的索绪尔符号学。莫里斯指号学通常被认为是以皮尔士为开创者的美国指号学派的杰出代表,但它的指号学包含着对皮尔士本来思想的误读。在不忘指号学发展历史统一性的同时,有必要看到:在皮尔士那里指号学有着独特的定位。从其思想体系内部看清皮尔士指号学的理论地位,正是本书的着力点之一。

一、历史上指号学的基本观念

指号与语言共生,但理论上指号要早于语言。在日常生活中,往往遇到这样的情况:做一件事对于人们相当容易,但要表达人们怎样做事却很困难。如果不能(像维特根斯坦所说的那样)通过实指(obstension)定义得以说明,这时作为说话者(书写者)的人就需要通过指称、表征等功能来使听者(读者)辨认某事。指号最初就是因人们认识活动中的这种指称、表征的需要而出现的。现代哲学中的指称理论认为,如果人们要认识一对象,此对象本身并不会自动跳入我们的思想领域,往往必须借助一精神过程来描述从而理解另一对象,因此首先得有指号作为意义媒介。对指称和表征理论进行研究的目的正是描述一对象如何把另一对象带进我们心灵,如何一看到对象 A,有人就可想到对象 B,即使 B 不在眼前。

指号,简单地讲,就是使得某人可以用其他事物来解释某物的实体。在此背后的另一种意义上讲,指号实际上也是一种关系:通过指号,我们能表征和解释,能发展知识和含义。亚里士多德曾经说过,"语言只是内心经验的符号,内心经验自身,对整个人类来说都是相同的,而且由这种内心经验所表现的类似的对象也是相同的"②。其中"语言""内心经验"和"对象"组

---

① 如果把指号学与语言哲学联系起来,则维特根斯坦等人也可算得上一派。有关皮尔士指号学与维特根斯坦相关思想的比较,参看 Ahti-Veikko Pietarinen, *Signs of Logic: Peircean Themes on the Philosophy of Language, Games, and Communication*, Chapter 8, Springer, 2006。更多关于皮尔士指号学与相关学派的比较,可参看 Gérard Deledalle, *Charles S. Peirce's Philosophy of Sign: Essays on Comparative Semiotics*, Part Three, Indiana University Press, 2004。

② 《亚里士多德全集》第一卷,苗力田主编,中国人民大学出版社,1990 年,第 49 页。

成了完整的指号关系。奥格登和理查兹在《意义的意义》一书中的图示最能
说明其中的三角关系①:

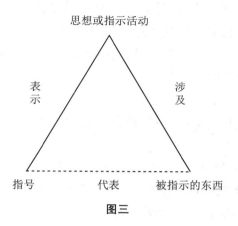

思想或指示活动

表示　　　　　　　　　涉及

指号　　　代表　　　被指示的东西

图三

　　由于人类的任何思想认识活动都是在运用指号,甚至每一事物都可视
为指号,一套专门研究指号的学问——指号学——在当代已经成了一种广
为采用的框架,帮助我们拓宽理论视野。从历史溯源来看,指号学
(semiotics)至少同古希腊的医学和哲学一样古老。这一词语本身来自希腊
语,意指“sema”(标记)或“semeiotikos”(指号的观察者)。在古希腊,指号学
主要被当作症候学,是当时医学的三大分支之一。②中世纪经院学者在奥古
斯丁(St. Augustine of Hippo)等人指号理论的基础上刻画了一种广义指号理
论“scientia sermocinalis”,包括语法、逻辑学和修辞学三个分支。③在 17 世纪
末,英国经验论者洛克(John Locke)重新在哲学中引入“semeiotike”,把指号
理论与物理学和伦理学并称为科学三大部门。但通常认为,直到 19 世纪末
20 世纪初,指号学的理论成分才被瑞士语言学家索绪尔和美国哲学家皮尔

---

　　① C. K. Ogden and I. A. Richards, *The Meaning of Meaning*, Harcourt Brace Jovanovich, Inc.,
1989, p.10.

　　② 更多有关指号学古代传统的讨论,可参看 D. S. Clarke, *Principles of Semiotic*, Routledge and
Kegan Paul, 1987, pp.12 – 19。

　　③ 更多关于中世纪指号学的讨论,可参看 Stephan Meier-Oeser, *The Stanford Encyclopedia of
Philosophy*(Summer 2011 Edition), Edward N. Zalta(ed.), URL = ⟨ https://plato.stanford.edu/archives/
sum2011/entries/semiotics-medieval/⟩。

士作为一门独立的学科充分发展。大体来说,他们代表了现代指号学发展的两个思想流派,即索绪尔所谓的 Semiology(一般译为"符号学")和皮尔士所谓的 Semiotic(本书译为"指号学")。为此,我们将首先通过二人基本思想的比较来看皮尔士指号学的独特定位。同时,由于当代很多人是通过莫里斯而了解到皮尔士指号学思想的,我们还将指出莫里斯所诠释的指号学与皮尔士本人思想之间的一些差异。

二、与索绪尔、莫里斯指号学的比较

索绪尔本人认为,符号学的核心概念即指号应包括可感觉的能指(signifier)和可理解的所指(signified),每一个指号都是能指(一个相关联的形式)和所指(所表征的概念)的特殊组合。同一概念可能被其他能指表示,同一能指可能指称其他东西,而每次组合,我们将得到不同的指号。如指号"tree"就是能指(字母"t-r-e-e")和所指(概念树)的特殊组合,该组成物本质上是一种社会约定。他还认为,指号是以系统形式存在的,而不是孤立的;语言就是指号的系统。总体上,在索绪尔看来,符号学是"研究在社会范围内指号生活的科学",它是更具一般意义的语言学,也可看作社会心理学的一部分。索绪尔符号学推进了语言学概念及方法论的发展(除了我们提到的那些,还包括语言与言语的区分以及共时性与历时性的区分等),进而对现象学、结构主义、解构主义、后现代主义等法国人文主义思潮产生了重要影响,譬如,列维-斯特劳斯(Claude Lévi-Strauss)就基本采用了索绪尔的理论框架,梅洛-庞蒂(Maurice Merleau-Ponty)、罗兰·巴特尔(Roland Barthes)、拉康(Jacques Lacan)、鲍德里亚(Jean Baudrillard)、德里达(Jacques Derrida)等也都将自己的工作奠基于索绪尔的指号概念。[①]

与索绪尔相比,皮尔士的指号学有着不同定位:如果说索绪尔符号学更接近作为特殊科学的语言学或心理学,皮尔士指号学则是完全不同于任何

[①]　有关索绪尔指号学影响之广的一个例子是,新近出版的《指号学词典》专门关注以索绪尔等人为代表的法国学派,而不考虑以皮尔士为代表的美国学派。参看 Bronwen Martin and Felizitas Ringham, *Dictionary of Semiotics*, London and New York: Cassell, 2000。

特殊科学的。因为我们在第一章中看到,在皮尔士科学分类法中,指号学属于哲学科学,它是不同于各特殊科学的通识科学。作为通识科学,皮尔士指号学立足于普遍现象的基本要素,因此可应用于作为专识科学的任何一门特殊科学(包括物理类科学,也包括心理类科学),而不像索绪尔符号学那样仅仅限于某些人文科学或精神科学。与此相关,我们在后文还将看到,与索绪尔强调意义解释即社会约定的任意性不同,皮尔士指号学更加突出真理的客观性。在索绪尔那里,有关指号的根本关系是语言实体与人类思想之间的约定关系,因而他很少关心对于世界本身的指称和表征;同时,由于过度强调指号的约定性,日常语言之外的其他指号如病理征兆、象形符号等很少进入他的视野,由此,作为指称根据的相似性及因果联系也未被他关注。而在皮尔士那里,指号的根本功能是作为对实在世界的"指称"①,这种指称很多时候包含着人为约定关系,但同时还包含着相似性、因果联系等自然关系。

在 1938 年《指号理论的基础》一书中,莫里斯多次提及并盛赞皮尔士的指号学思想。莫里斯的"指号"概念涵盖广泛,既有语言指号又有非语言指号,他把此种颇具一般性的指号学与米德(George Herbert Mead)的行为主义经验论、卡尔纳普的逻辑实证主义结合起来,从而实现科学的统一。莫里斯的指号学在当时的美国产生了深远影响,由他所引入的"指号过程"(Semiosis)概念以及指号学三要素"指号载具"(sign vehicle)、"所指"(designatum)和"解释者"(interpreter)在哲学界和指号学文献中几乎成为标准术语;他所命名的指号学三分部,即"语形学"(syntactics,或译"句法学")、"语义学"(semantics)和"语用学"(pragmatics)更是被广泛采用。一时间,莫里斯指号学成为美国指号学派的奠基人,或至少是皮尔士指号学的权威阐发者,人们甚至不去追究莫里斯指号学的思想来源与皮尔士本人相比是否可靠。令人遗憾的是,当我们带着莫里斯的那些指号学思想回过头去查看皮尔士完整的指号学文本时,很快发现前者在关键地方存在对后者的严重误解。莫里斯对皮尔士

---

① 当然,由于后文论及的皮尔士对"实在世界"的独特把握(尤其是同时包含第一性、第二性和第三性),其所谓的"指称"也不完全等同于当代主流语言哲学中的"指称"概念。

指号学的诠释是行为主义的,他试图把皮尔士思想与当时所流行的实证主义、行为主义等同起来;但这完全是削足适履的做法。因为皮尔士指号学从一开始就反对狭隘的实证主义和经验论,莫里斯看似通俗的解读却忽视了皮尔士指号学的实在论根基。杜威可能是最早发现莫里斯颠倒皮尔士指号学思想的一位哲学家,他在《皮尔士有关语言指号、思想和意义的理论》一文中对莫里斯指号学提出了诸多批评。①首先,莫里斯最初把指号学简单地划分为三类:语义学研究符号与其所指示的对象之间的关系,语用学研究符号与作为解释者的人之间的关系,句法学研究符号与其他符号之间的形式关系。这在某种程度上等于把原本在皮尔士那里属于三元关系的指号过程拆分成三个不同的二元关系。②也就是说,在皮尔士那里紧密关联在一起的东西,被莫里斯无意间拆毁了。其次,莫里斯误解的根源之一在于他把皮尔士的"解释项"(interpretant)简单地转换为"解释者"(interpreter),这看似易于理解,实则是歪曲。在莫里斯那里,所谓解释者就是对指号进行解释并根据其刺激和反应模式赋予指号以意义的有机体;如果只是让这样一种解释者来决定所指之意义,那么指号使用者的"解释权"未免过于随意。倒不是说皮尔士的"解释项"经常不涉及作为解释者的人③,问题的关键是:在皮尔士那里,解释项可以是另一种指号,其本身也是需要解释的。换句话说,根据皮尔士指号学,单个的指号不具有意义或并不能真正称为指

---

①　John Dewey, *The Later Works*, Vol.15, edited by Jo Ann Boydston, Southern Illinois University Press, 1989, pp.141–152.

②　或许正是因为看到这一点,莫里斯在1946年出版的《指号、语言和行为》一书中修改了自己以及卡尔纳普有关语义学、语用学、句法学的定义,他说以下区分保存了流行的关于指号学区分的主要特点而同时去掉了这些区分的某些限制与含混:"语用学是指号学的这样一个部分,它在指号出现的行为中研究指号的起源、应用与效果;语义学研究指号所具有的各种方式的意谓;语形学研究指号的种种联合,而不考虑这些联合的意谓,也不考虑这些联合和它们在其中出现的那种行为之间的关系。"他同时强调:"对指号的充分说明,将包括对所有这三方面的考虑。把指号学的一个特殊的研究说成是属于语用学、语义学或语形学,这是合理的并且常常也是方便的。但是,一般地说,更重要的是:我们应记住指号学这个领域是一个整体,我们应使特殊的问题和一切同它有关的东西联系起来。本书是有意地要强调指号学的统一性,而不把每个问题分成语用的、语义的和语形的因素。"虽然这里的行为主义依然明显,但对于指号三元关系的整体性似乎有了更多的认识。参看莫里斯《指号、语言和行为》,罗兰、周易译,上海人民出版社,1989年,第262页。

③　皮尔士对解释项的字面定义是:指号对某个现实的或潜在心灵(作为解释者)所造成的一种限定。(EP 2:492)这里的"心灵"是广义的,包括但不限于个体解释者。

号,指号过程并不止步于某个解释者,而是形成一个链条:较前的指号由较后的指号提供意义,而较后的指号又有后来的指号提供意义,并不存在最终的"终结"。在指号学语境下,人、有机体及其他一切都是指号,都可以作为解释项,它们之间并无严格的认识主体与客体之分;而莫里斯拒绝把解释者作为指号,杜威认为这正表明他仍然囿于传统的"心物对立"的认识论,未能认识到皮尔士指号学对传统认识论的超越。

三、皮尔士的指号学

以上通过与索绪尔、莫里斯二人的粗略比较,我们看到了皮尔士指号学不是什么。现在,我们从正面来看它究竟是什么。

在皮尔士看来,没有指号,我们就无法思考(CP 5.251);每一思想本身都是指号(CP 5.253)①,甚至人自己也是指号(CP 5.310)。简单来说,指号是"在某一方面或以某种能力相对于某人代表某物的东西"(CP 2.228)。②更确切的说法是:"指号是我们通过知道它而知道得更多的某种东西。……指号作为一种对象,一方面与它的对象具有关系,另一方面与一种解释项具有关系,使得解释项与该对象的关系符合它自己与对象的关系。"(CP 8.332)正如哈贝马斯在理解这一定义时所指出的,这里综合了两种关系:"代表"(stand for)关系和"相对"(stand to)关系,前者显示了指号的表征功能,后者说明了指号的可解释性。③皮尔士特别强调,意义并非直接隶属于指号,相反,那里包含有一完整的指号过程(即意义的发生过程):每一个指号过程都涉及由指号(sign,有时也作为 representamen,即"表征体")、对象(object)和

---

①　有人可能认为指号是思想的对象,对此皮尔士说:"我们思想所及的东西不可能与思想本身具有不同的本性。因为正在进行思考的思想与直接的思想对象是从不同视角所看的同一种东西。因此,贝克莱就此而言是完全对的;虽然当他由此种明显的道理推导出自己的唯心论时犯下了错误。"(CP 6.339)

②　这里的"某一方面"或"某种能力",皮尔士有时称之为指号的"根基"(ground),可以是某种相似性,也可以是某种指示或约定性。

③　Jurgen Habermas, "Peirce and Communication," in *Peirce and Contemporary Thought*: *Philosophical Inquiries*, Edited by Kenneth Laine Ketner, Fordham University Press, 1994, p.245.

皮尔士哲学的逻辑面向（修订版）

解释项（interpretant）组成的三元基本关系。①其中，对象是任何欲被表征的东西，是指号的最终目标，决定（determine）②着指号。指号代表和表征着对象，它们是目标之手段，被用来投映或刺激对象。解释项决定于（determined by）指号，它不是给定的，而必须被解释者（interpreter）（如单个人、科学家共同体或其他）创造出；它在此三元关系中占据着重要位置，指号借助解释项的中介作用而与对象结合起来。值得注意的是，这里的解释项本身可看作同一对象的另一指号，它是代表同一对象然而相对于另一解释项的另一表征体，如此不断下去，形成了不可分割的指号链，而每一个又都涉及一个三元结构：指号–对象–解释项。这种三元关系是不可化归的，正如不能把"A 把 B 给 C"拆成"A 放下 B"和"C 拿起 B"一样。另外，任何处于三元指号关系中的"对象"并非一种"物自体"，因为它也会在另外的指号链中充当"指号"，因此我们在认识过程中所最终看到的并不只是一条无限延伸的直线，而更像是很多条线交织在一起的绳索。

为了进一步说明皮尔士所谓的三元指号关系，我们这里令 $s(x, y) = z$ 意指：指号 x，相对于解释项 y，指称对象 z。于是，皮尔士的指号关系实际上就是从"指号–解释项对"到对象的函数 s。在此基础上，我们可刻画皮尔士指号思想的一条基本原则：如果 $s(x, y) = z$，而且 $s(x', y) = z'$，则 $z = z'$。也就是说，如果两指号具有相同的解释项，则它们就指称同一对象，因为，如果（反之）同一解释项总是与不同指号的不同（而非同一个）对象相结合，那本质上将使得指号与其对象间的关系成为二元（而不再是三元）关系，不再受解释项影响。③进一步地，我们可刻画出皮尔士指号思想的另一基本原则：如果 $s(x, y) = z$，则总是存在 $y' \neq y$，$s(y, y') = z$；存在 $y'' \neq y'$，$s(y', y'') = z$；……。也就是说，在形成一给定指号之意义的解释项序列中不存在"最终的指号"，

---

① 在皮尔士作品中，"sign"或"representation"有时是指代表此种三元关系的"指号过程"，有时则是指作为该三元关系中的关系项之一的指号。为与指号关系或指号过程区别开来，皮尔士有时用"表征体"（representamen）来表示后者，当代指号学家则会用"指号载具"（sign-vehicle）。

② 皮尔士这里的"决定"应该从广义上来理解，他对"determine"的换用词有"specialize"（专门化）、"limit"（限定）、"influence"（影响）等等。

③ 当然，"解释项"本身有时需要做出一些区分，参看第四章第二节。

被一指号指称的对象是因解释项连续体(continua)中指号的不断发展而逐渐显现出来的。①根据这种观点,我们在下一章中将看到,皮尔士著名的实用主义原则其实就是为了"使我们的观念清楚明白",为了克服语言或概念上的混乱而把某种(对于人们不太清晰的)指号(如"一物体是硬的")逐步翻译成更清晰的指号(如"不会被大多数物质刮破"等等)的一种方法。

应该看到,与历史上及同时代其他有关指号的学说相比,皮尔士指号思想纵使有着自己的独特定位②,但它们之间有不少核心观点是一致的。譬如,人在认识过程中需要凭借指号;指号是需要进行解释的;指号与人的交往分不开;等等。从当代指号学本身的发展来说,我们应该更多关注不同学派的共同思想以及各自的优势。③不过,本书作为一项皮尔士研究,希望进一步弄清楚皮尔士指号学的内部复杂性及其独特的出发点、历史渊源、理论目标。皮尔士本人主张,指号学作为一门通识科学,属于哲学的分部,是一种规范科学,其根本功能在于对作为求真媒介的指号进行有关必然原则的分析。此论调在当代文艺理论中所流行的指号学那里,无疑会是一种"惊人之言";但本章接下来将力图表明,这在皮尔士那里却正是他所要竭力维护的广义逻辑学观点,而且,不论从历史渊源还是从共同追求来看,实现逻辑学与指号学之间的统一都是合理可行的。

第二节 指号学作为逻辑学

"指号学作为逻辑学"虽然看上去难以置信,但由于指号学乃研究指号

---

① Albert M. Sweet, *The Pragmatics and Semiotics of Standard Language*, The Pennsylvania State University Press, 1988, pp.12 - 20.

② 皮尔士更多关于指号复杂关系的分析,我们将在第四章中结合实用主义准则予以介绍。

③ 当代指号学研究的领域几乎无所不包,因为不少人把广义上的指号学分为人类指号学(Anthoposemiotics)、动物指号学(Zoosemiotics)、内生指号学(Endosemiotics)。参看 Roberta Kevelson, *Charles S. Peirce's Method of Methods*, Amsterdam/Philadelphia:John Benjamins Publishing Company, 1987, p.ix - x。

的理论,逻辑学乃研究推理的科学,而人们推理总归要凭借某种指号,人们把握指号也总是包含着某种推理;因此,仅就此而言,将指号学与逻辑学联系在一起并非绝无可能。事实上,从历史追溯中可以看到:古代的指号这一概念最初正是与证据、推理等概念紧密关联着的。而且,皮尔士提出把指号学作为逻辑学,这在近代早期思想中也有着直接渊源。

一、指号与推理:一种古老观点

在论述逻辑学与指号学的关系之前,我们首先考察古代历史上指号与逻辑学核心概念即推理之间的自然关联。

指号在古希腊曾用作"semeion""tekmerion"的同义词,意思为"暂时没有或暗藏的某种东西的证明、证据或征兆",接近汉语中所谓的"信号"。如烟作为火的指号,云对海上的水手来说是即将到来的暴风雨的指号。而更多时候,指号是作为医学症候来对待,被用来从症候推出病人所患疾病。譬如,面红作为发烧的指号,在医生那里就是从面红这一指号推测出发烧这一疾病。这些自然的、证据性指号是当时人们的关注中心。

基本上,古希腊人对指号的研究与对推理的研究结合在一起,在他们看来,在指号解读过程中担当中介作用的正是命题、推理等。罗马哲学家昆体良(Marcus Fabius Quintilianus)曾明确指出三种时序的指号:妇女生产是过去性交的指号,这里由指号推出被指称之物,是由结果到原因;重伤是死亡的指号,这里由现在被观察到的原因推到未来的结果;相比之下,浪则是同时发生的风的指号。这实际上是在讲三种方向的推理。亚里士多德曾区分不可错的、必然性的指号与可反驳的、或然性的指号:妇女产奶是生产的指号,发烧是生病的指号,这都是必然的;呼吸过速是发烧的指号,则是或然的。这实际上是对推理模态的认识。斯多葛学派受此影响,并通过对条件句的研究来形成他们的指号观念;他们认为,"semeion"一词代表着描述可观察事实的命题或莱克顿(lecton),它是某种推理的组成部分,借以推出某一指号所指称或代表的东西。这种推理形式就是 Modus Ponens(可译为"分离律"或"肯定前件式"):指号作为一前提,另一前提为以它作为前件的条件句,于是指号所指代的东西通过分离出后件而被推导出来。一般地讲,如果 X 是可感觉到的一指号,Y 是指号所指代的不可感觉到的东西,我们就能凭借以下推理形式从 X 推出 Y:

$$X$$

$$如果 X 那么 Y$$

$$Y$$

这里,指号 X 的作用正是要揭示出 Y,使得我们只要一观察到 X,立即就能领会到 Y。因而指号 X 是否指代 Y 的问题,就变成了指号 X 作为前提能否推出 Y 的问题。指号与推理的联系昭然于此。[①]

上述有关推理与指号关系的认识,在当代并未消失。我们看到在《语言和语言学百科全书》中,人们依然把哲学中对指号观念的理解区分为联想的(associative)传统和推理的(inferential)传统,前者认为指号的定义性特征是它代表其他东西的属性,后者主要把指号视为感知者可以从中(依据经验世界知识)推出其他东西的一种可感对象或事件。[②]尤其明显的是,今天在语用学研究中,人们依然把(指号的)指称与推理联系起来:"为了成功指称的发生,我们必须也意识到推理的重要性。因为实体和语词之间不存在直接的关系,听众的任务就是正确地推出,说话者通过使用一特殊的指称表达式,到底意指哪一实体。"[③]

二、现代逻辑学家眼中的指号

进入近代,尤其是随着现代逻辑的诞生,符号逻辑成为新逻辑的代名

---

① 参看 D. S. Clarke, *Principles of Semiotic*, Routledge and Kegan Paul, 1987, pp.12 – 14。

② 参看 *The Encyclopedia of Language and Linguistics*, Vol.7, article "sign", R. E. Asher(editor-in-Chief), Pergamon Press, 1994, pp.3885 – 3888。

③ George Yule, *Pragmatics*, Oxford University Press, 1996, pp.17 – 18。

词,指号问题再次引起特别的重视,成为许多现代逻辑学家和哲学家关注的焦点。此种关注与古代关于自然指号与逻辑推理之间关系的分析略有不同,更多集中在符号逻辑对于指号作为推理记法的运用上。可以说,符号逻辑就是在借助指号来研究推理,而如果照此把符号逻辑加以解释和运用,我们就进入了宽广的指号学研究领域。

在这方面,现代符号逻辑早期奠基人布尔是一个显著例子。他的名著《思想规律研究》,在第一章"导论"之后,紧接着第二章便是"论一般指号,尤其是适用于逻辑科学的指号;兼论这些指号所服从的规律"。他指出:

> 不论我们认为指号所代表的是事物及其关系,还是认为指号代表着人类理智的概念及其运作,在研究指号的规律时实际上就是在研究所显现出来的推理规律。倘若这两项研究之间存在什么差别的话,那种差别也并不影响我们对于形式规律的科学表达……只关系到这些结果呈现于心理时的模式。①

根据布尔,作为推理工具的语言,其所有的运作可以借助由文字标号(如 x、y 等等)、运算号(+、-、×)和等号(=)构成的指号系统来开展。这些逻辑符号的规律,部分符合代数学上相应符号的规律,但也存在一些差异。布尔的开创性工作引发了"改进代数记法以适用于逻辑学"的研究热潮。对许多布尔学派的逻辑学家来说,所谓代数系统或形式刻画,根本上只是一种记法;发明或选择一种方便的指号系统,乃逻辑学的一项重要工作。前一章我们看到皮尔士在逻辑代数与图式逻辑方面的工作就是对布尔指号思想的一种发挥。与布尔、皮尔士不在一个传统,深受弗雷格、罗素影响但同样对指号问题给予特别关注的一个人是德国逻辑学家和哲学家卡尔纳普。他认为逻辑句法就是形式的语言理论,科学哲学就是对语言的逻辑分析。他在《语言的逻辑语句》《语义学引论》等书中所提出的对象语言与元语言之分以及对诸多语义概念的精彩分析令他与塔尔斯基等人一道成为现代逻辑语义学的

---

① George Boole, *The Laws of Thought*, Prometheus Books, 2003, p.24.

重要代表人物。他受莫里斯影响而引入的语法学、语义学、语用学三分的观点更是在逻辑学界产生深远影响。可以断言：正是逻辑学领域内的这些工作进而影响了整个哲学研究的路子,一时间指号学理论成为现代哲学研究中的热点。正如波兰逻辑学家沙夫(Adam Schaff)所指出的：

> 毫无疑问,对指号的一般理论的需要,是起因于数理逻辑和新实证主义的诸倡导者对语形学和语义学所表现出的那种兴趣。这些思想倾向从语义学哲学出发,认为语言学是唯一的或至少是主要的哲学分析对象,就必得从指号在语言问题中的作用这个方面,来对指号进行一种全面的分析。①

同样地,我们也看到哲学家和逻辑史专家波亨斯基在《当代思想的方法》一书中这样总结当代人对指号学与逻辑学之间关系的讨论情况：

> 棘手的问题是：指号学领域和演绎逻辑领域之间的界限如何划清。在有些哲学流派,尤其是逻辑经验主义学派看来,逻辑和语言分析是一回事。即使不赞同这种极端见解,要将两者区别开来,常常也谈何容易。很久以前,像亚里士多德这样的人已经将其指号学(即他的专著《论修辞学》的前五章)置于其逻辑学名下。要是从方法论的角度看,撇开可能采纳的基本的哲学立场,这两者的区别只能说是有些任意的和相对的。②

三、皮尔士对于指号学的逻辑学规划

尽管古代就有关于指号与推理关系的认识,现代逻辑学家中也不乏把逻辑学研究与指号学研究紧密结合之人,但他们大都并不把逻辑科学整体

---

① 沙夫：《语义学引论》,罗兰、周易译,商务印书馆,1979 年,第 91 页。

② J. M. Bochenski, *The Methods of Contemporary Thought*, Dordrecht, Holland：D. Reidel Publishing Company, 1965, p.30.

上等同于指号学研究,更少有人去论证逻辑学与指号学统一的可能性。①历史上,最早明确提出逻辑学作为指号学设想的一个人是近代的洛克。②在1690年《人类理解论》的最后一章"论科学的分类"中,洛克提出:在人类理解的范围内,科学分为三类:有关事物本性及它们之间的关系、作用方式的科学,称为物理学(Physica);有关人自身为了幸福目的所应做之事的科学,称为实践学(Practica);有关获致或交流前两种知识的途径的科学,称为指号学。

> 第三个分支可称为semeiotike(指号学),或关于指号的学说。指号中多为语词,所以它可以方便地称为逻辑学(logike, logic)。这种科学所要做的是考察人心为理解事物以及向别人传达知识所运用的那些指号的本性。……观念和语词乃知识的重要工具,倘若想要考察人类知识的全部,就应当考察观念和语词……在经过清晰衡量和适当考察之后,它们或许会为我们提供另一类逻辑学(logic)和批判学(critique),有别于我们向来所熟悉的那种。③

洛克的这一设想虽然是在现代符号逻辑及现代指号学诞生之前,却受到了皮尔士的重视。在现代科学和哲学发展的新语境下,皮尔士重新论证了洛克"指号学作为逻辑学"的设想,可谓是真正在现代科学分类法中把逻辑学与指号学等同起来并试图论证二者统一性的第一人。皮尔士希望自己的这种新逻辑体系替代19世纪里影响广泛的密尔《逻辑体系》,能够在20世纪获得成功。

---

① 我国国内也曾有学者提出,"逻辑符号学是逻辑学的一个重要组成部分"或者"逻辑作为正确思维和成功交际的理论",但大多数人只是把指号学与逻辑学作为相互交叉的学科。参看周礼全《逻辑——正确思维和成功交际的理论》,人民出版社,2001年;李先琨:《符号学与逻辑学》,载《逻辑符号学论集》,百家出版社,1991年。

② 通常,洛克不被看作一位逻辑学家。不过,《洛克的语言哲学》一书告诉我们:洛克的指号学经验论(semiotic empiricism)的一个主要思想来源则是《波尔·罗亚尔逻辑》。参看 Walter R. Ott, *Locke's Philosophy of Language*, Cambridge University Press, 2004。

③ John Locke, *An Essay Concerning Human Understanding*, Penguin Books, 2004, p.635.

　　皮尔士一方面关注古代史上有关指号与推理的自然联系,认为"所有推理都是某种指号的解释"(EP 2:4);另一方面充分感受到指号或记法对于逻辑表征系统的重要性,认为要想拥有完美的表征就必须仔细考察各种指号的本性。最初,皮尔士的指号学研究与现代逻辑研究似乎是平行的。在他看来,洛克的指号学对于逻辑学来说过于广泛,逻辑顶多算是指号学的一部分。譬如,他在早期逻辑研究中仅仅谈及代数记法的改进;在 1867 年《新范畴表》、1868—1869 年《思辨哲学杂志》"认知系列"、1871 年"贝克莱评论"等五篇被认为皮尔士指号学奠基之作中,他也并未论及指号学与现代数学逻辑的相关性。但是,随着皮尔士有关指号研究以及现代逻辑研究的深入推进,我们看到他的 1885 年《论逻辑代数》的副标题为"对于记法哲学的一种贡献",文中第一部分就论"指号的三种类型"。之后在皮尔士有关逻辑学著作的多次规划中,指号理论往往单独作为一部分。在 1903 年,我们看到他在科学分类大纲中,这样描述自己的"大逻辑"观:

　　　　由于所有思想都借助指号进行,逻辑学可以视为有关指号的一般法则的科学。它有三个分支:(1)理论语法(Speculative Grammar)或有关指号……本性和意义的一般理论;(2)批判学(Critic),对于论证进行分类并确定每一种论证力量的效度和强度;(3)方法论(Methodeutic),研究在对于真理的调查、阐明和应用中所采用的诸种方法。每一分部依赖它之前的分部。(CP 1.191)

最后直到 1909 年,我们才看到皮尔士在手稿中开始像洛克那样明确写下题为"作为指号学的逻辑体系"的篇章。

　　这当然不是向两百多年前洛克观点的简单回归。因为在洛克那里,指号与心理学意义上的"观念"和唯名论意义上的"语词"紧密联系在一起;而皮尔士则是在实在论意义上的"思想"(thought)层面研究指号。他强调:"正如我们说物体在运动中(in motion)而非运动在物体中(in a body)一样,我们应该说我们在思想之中(we are in thought)而非反之。"(CP 5.289)这种"思想"是一般的,而非心理学家所关注的个体心灵;与此种"思想"融为一体的指号在被界定时"并不比把线界定为粒子在一时间间隔内逐步占据的位置更多涉及个人思想"。（PSP 343）借用皮尔士曾经用过的一个隐喻，我们可以说：讲逻辑学关注思想与讲它关注思想的包裹即指号是没有差别的，因为思想就像洋葱一样，它只是一层一层的包裹，除此之外什么也没有。（EP 2:460）没有了心理主义和唯名论，皮尔士在实在论基础上对以探求真理为目标的逻辑推理与指号过程之间的关系做了细致入微的讨论。在他看来，所有思想都是指号，一切思想都是推理，推理（而非概念或判断）是心灵认知的基本单元，不存在不经指号、不用推理而产生的"前提命题"，也不存在指号终结、永远无须再做任何推理的"结论命题"。指号学通过各种指号所具有的功能来解释推理的本质，这与逻辑学对于论证的全面分析乃是一回事。

> 我们可以说，指号目的即思想目的在于表达出真理。指号为真所要服从的法则必定就是推理法则；而科学智力所运用的诸多指号必定首先能够导致推理。因而，衍推关系（the illative relation）是第一位的、最为重要的指号学关系。（CP 2.444n1）

或许有人觉得，逻辑学是研究推理的，而指号至少是语言指号通常包含词项、命题和推理，因此二者似乎并不能对等。对此，皮尔士指出词项、命题和推理三种不同的语言形式实际上表达着同一种逻辑关系：

> 对我来说，命题只是脱去前提和结论断定性的论证。这就使得每一命题实际上都是条件命题。同样地，"词项"或类名对我来说不过是索引或主项为空或不定的命题。通名（common noun）碰巧在印欧语系中带有很特别的一点。在大多数其他语言中，它与动词或分词并非截然分别。"人"若说是本身意味着某种东西，那它就是指"我正想到的东西是人"。此种学说……赋予逻辑学一种很强的统一性。（CP 3.440）

除了逻辑学内部提出的上述异议，对"逻辑学与指号学的等同"这一设想还可能会受到来自指号学界的批评。譬如，美术、音乐等方面的指号学研究能等同于逻辑学吗？对此，其实我们只需回想一下指号学在科学分类法中的地位便能回答。因为，在不排除对指号进行其他方面有价值研究的前提下，皮尔士把自己的指号学定位于一种哲学科学。①他说，虽然"一首音乐会曲子是一种指号，一个命令性的单词或信号也是指号"，但"逻辑学并不正面关注这些指号中的任何一种"，它通过界定所处理指号的种类而从反面关注这些指号；"在我们的时代，除了逻辑学家之外不可能有任何人去研究那些非逻辑指号的一般机理"。（PSP 340）作为广义逻辑学的指号学是"形式指号学"②，是"形式的或准必然的指号理论"③。

　　通过把这种学说刻画为"准必然的"或形式的，我的意思是说，我们对我们所知道的那些指号的特征进行观察，从此种观察中，借助一种我不反对称为抽象（abstraction）的过程，我们对"科学"智力（即能够通过经验进行学习的大脑）所运用的所有指号的特征**必定是**（must be）什么，得出一些显然可错因而在某种意义上绝非必然的陈述。至于那种抽象过程，它本身就是某种观察。我所称为抽象观察力（abstractive

①　虽然皮尔士指号学并非某种作为特殊科学的指号研究，但这并不阻碍它可以应用于音乐、绘画等艺术作品研究中。有关这方面的尝试，参看 Françoise Caruana，"'Origin' in the Peircean Interpretation of a Painting," in *Peirce and Value Theory*：*On Peircean Ethics and Aesthetics*，edited by Herman Parret，Amsterdam/Philadelphia：John Benjamins Publishing Company，1989，pp.313－333 以及 Arjan van Baest and Hans van Driel，*The Semiotics of C. S. Peirce Applied to Music*：*A Matter of Belief*，Tilburg，The Netherlands：Tilburg University Press，1995。

②　所谓形式科学，在皮尔士看来是指查明研究对象必然条件的科学，它所要回答的问题是："某物为能算得上某种东西，它必须满足什么特征，以及有了这些特征，某种东西可以有什么样式？"皮尔士把形式科学区分为数学的与非数学的。数学乃最纯粹的形式科学，它只关注人自己的心灵构设；而其他非数学的形式科学，包括指号学（即逻辑学）、现象学、伦理学、美学、形而上学等哲学分部，则都属于衍生型的形式科学，因为它们所研究的形式并非自己心灵构设出来的，而是已经建构出来的事物所具有的形式。在此意义上，数学可谓是"建构型"（constructive）的形式科学，哲学可谓是"重构型"（reconstructive）的形式科学。参看 James Jakób Liszka，*A General Introduction to the Semeiotic of Charles Sanders Peirce*，Indiana University Press，1996，pp.2－3。

③　这里所谓的形式科学当然与指号学作为广义实证科学并无矛盾。杜威曾在对皮尔士的解读中清楚地认识到这一点，他说："指号的运动，虽然**具有**形式，但它本身却是实质性的或事实性的，而非形式上的。"参看 John Dewey，*The Later Works*，Vol.15，edited by Jo Ann Boydston，Southern Illinois University Press，1989，p.145。

observation)的官能是普通人都能很好地认识到的……一种熟悉的经验是,每个人都渴求某种超出其现有手段的东西,然后通过问"假若我有充足的手段来满足那种渴求,我还会渴求那种完全一样的东西吗?"来关注那种渴求。为了回答此种问题,他反省内心(search his heart),而就在这样做时他完成了我所谓的抽象观察。他在想象中为自己做了某种粗略的大纲或轮廓图,他通过图像来考虑对所假想的这种事态需要做出什么修改,然后进行检查,也就是说,对他所想象的东西进行**观察**,以便看到是否能发现同样热切的渴望。这样一个过程实际上与数学推理非常相像,借此我们能够就什么东西在各种情形下**总能**(would be)适于指号达成结论,只要运用指号的人拥有科学智力。(CP 2.227)

也就是说,指号学正是我们第一章中所提到的通识科学,它不同于特殊科学部门对"实然"问题的关注,而是要获得一种"应然",即便此种"应然"的必然性不同于数学必然性。

无论如何,此种与指号学相等同的逻辑学观念是宏大的。不过,根据此种逻辑观,我们现在回过头去看上一章中所见到的皮尔士数学逻辑与标准数理逻辑相比所具有的"奇特性",一切就不难理解了。现代数理逻辑激烈反对任何心理主义倾向,通常它只关心推理形式,而不注重推理形式之后的思想认识;更多时候它把认识问题直接推给认识论哲学。甚至在数理逻辑家所撰写的逻辑哲学著作中也从不涉及思想分析或观念分析这些工作①,而只是侧重于诸形式系统之间的比较对照。与此不同,皮尔士虽然早期大多从事逻辑代数方面的研究,但他越来越清晰地意识到,逻辑的目的在于思想分析,且代数记法也并非符号逻辑的唯一形式。逻辑代数的处理对象归根结底只是思想的指号,而指号形式多种多样,既有通常的约定性符号(symbol),又有索引(index)性的,还有形象(icon)性的。实际上,推理可谓人类思想的范式,而任何思想过程都是以指号为载体的;因此,逻辑学作为有关推理的

———————————

① 这些有关思想分析的工作目前在关于"非形式逻辑"或"批判性思维"等的逻辑著作中倒是经常提到。

一般理论,应该拓展成一种指号学。经过如此等同化处理之后的指号学是有关一般思想的科学,而此时的逻辑学也依然是规范科学,只是其具体形态变成了规范指号学。所以,如果我们把皮尔士在数学逻辑方面的贡献放在其指号学语境下来理解,不仅不会对皮尔士不同于标准数理逻辑的研究方法感到奇怪,而且可以说,正是由于其对于符号逻辑一开始的独特关注点,让我们并非偶然地看到皮尔士最终把逻辑学与指号学等同起来。从"符号逻辑"(Symbolic Logic)到"指号学逻辑",看似只有一步之遥,却真实反映了皮尔士在经过长期逻辑研究之后的成熟思考和认识升华。晚年,维尔比夫人在与皮尔士的长期通信中曾对逻辑学家皮尔士转而关注"自己的"指号理论(在她那里称为 Significs)研究表示感激,但皮尔士立即回信告知:自己关注指号理论并非对于惯常关注路线的越轨,而是从十二三岁读到瓦特利"逻辑"以来一直保持的一种专注。[①]一如他所言:

> 研究任何东西——包括数学、伦理学、形而上学、重力学、热力学、光学、化学、比较解剖学、天文学、心理学、语音学、经济学、科学史、惠斯特牌、男人和女人、葡萄酒、度量衡——都不再是我力所能及,除非是作为一种指号学研究。(SS 85 - 86)

第三节　指号分类法及其在逻辑上的应用

指号是分类的,这一点在古代及现代其他指号学家那里都已经被意识到。亚里士多德在《解释篇》中曾提到:"口语是内心经验的符号,文字是口语的符号。"[②]这实际上涉及口语、文字两类不同指号。历史上,也曾多次出现过自然性指号与约定性指号的分法以及语言指号与非语言指号的分法;

---

① 正因为这样,皮尔士在《国家》杂志上把维尔比夫人 1903 年的《何谓意义?》与当年出版的罗素《数学原理》放在一起进行评论,并认为二者都是"真正重要的逻辑作品"。参看 SS 157 - 159。
② 苗力田主编:《亚里士多德全集》第一卷,中国人民大学出版社,1990 年,第 49 页。

今天,我们又常见到自然指号与人工指号的分法。然而,真正对指号类别进行系统分析并对后世产生广泛影响的却是皮尔士。皮尔士站在哲学的高度,以范畴论为基础,对各种指号的逻辑地位进行了详尽而全面的分析。他的指号分类法不仅是对**亚里士多德**、**康德**等人的范畴论改进后的结果,而且是长期研究逻辑代数和存在图的一种思想结晶。

一、指号学的现象学基础:范畴论

亚里士多德《工具论》被认为是逻辑学的开山之作,因此后人往往把旨在推进亚里士多德逻辑研究的著作命名为"新的工具论",譬如培根的《新工具》(*Novum Organum*)、惠威尔的《新工具新论》(*Novum Organon Renovatum*)。然而,不少人似乎忘记了亚里士多德的《工具论》是以《范畴篇》开始的。皮尔士作为指号学的逻辑学,旨在重构近代以来的逻辑科学,它开始于亚里士多德《工具论》所开始的地方,即范畴论。当然,并不是说近代以来就没有人曾继承亚里士多德的范畴论思想。譬如,康德的先验逻辑,最基础的部分就是其"十二范畴表";康德之后,黑格尔辩证法中"正反合"的范畴理论也是众所周知的。问题在于:皮尔士认为康德等人的范畴论建立在传统逻辑带有语言偶然性的命题区分理论之上,没有把关系逻辑考虑在内,因此是不可靠的。①更重要的是,按照一种自然的科学分类法,皮尔士试图发展一种不同于形而上学意义的新范畴论,即他认为,真正意义上的范畴理论在科学分类法中应该属于现象学,而非形而上学;它是"前逻辑"的,因而应该是范畴论为

---

① 皮尔士一方面承认《纯粹理性批判》作为一本逻辑著作的伟大,譬如他说"康德1781年的《纯粹理性批判》发起了一场哲学革命,他具有一位逻辑学家的伟大才能。虽然不幸的是他认为传统逻辑已至完美且没有进一步发展的空间,但这种观点并未阻挡他提出大量虽非直接却间接地影响传统逻辑发展的思想"。(CP 4.37)另一方面,皮尔士认为康德的那种作为先验哲学根基的形式逻辑存在问题,譬如他说:"在60年代早期我热情地皈依康德,至少就《纯粹理性批判》的先验分析论来说。我坚定地相信判断功能表和范畴表这两个表,似乎它们直接来自西奈山。黑格尔……阻止了我。康德指出了范畴之间的某些关系。我发现还有别的关系;这些别的关系,如果它们同某概念系统具有任何有规律关联的话,就属于一个比康德列表更为庞大的系统。这时从中产生了一个问题:两年来我每天花费三个小时进行思考,结果精确地证明出康德的形式逻辑有错误。"(CP 4.2)

逻辑学提供指导原则,而非反过来。①

　　现象学是皮尔士哲学科学的第一分部,如前文所述,它属于通识科学,是对所有现象之所以作为现象的必然条件的一种形式研究。现象学不像物理学、化学、地质学等特殊科学那样凭借特别设计的仪器设备,它的方法是对人的共同经验的观察和分析。如果说我们有时候不能发觉这些共同经验,那往往是因为它们在我们生活中太过于普遍以至于未被留意。在现象学分析中,我们运用到许多抽象、概括等与数学推理相同的方法,但它所关注的却是我们想象和假设之外的、我们每个人睁开眼睛所立即遇到的实实在在的"现象世界"。譬如,我们说"它是光"或"这里有光",其中就涉及抽象过程;②我们说"蜜具有甜味"或"鸦片能让人睡觉是因为它具有安眠药性",这其中就涉及概括过程。③正是凭着这些前逻辑的经验性的现象学分析,皮尔士得出了用以替代康德"十二范畴表"的新范畴表:第一性、第二性、第三性。④皮尔士称它们为毕达哥拉斯范畴;它们在不同时期分别被写作 One、Two、Three,或 First、Second、Third,或 Firstness、Secondness、Thirdness,而比较容易理解的说法则是"感觉"(feeling)、"反应"(reaction)、"思想"(thinking),或"性质"(quality)、"反应"(reaction)、"表征"(representation),或"可能"(possibility)、"现实"(actuality)、"法则"(law)。需要说明的是,皮尔士对范畴论的研究,其主要目的仍在于逻辑学。他早年提交给美国艺术与科学学院的《论新范畴表》一文一直被皮尔士作为一篇重要的逻辑论文。新范畴表的发现,是他"对于斯芬克斯之谜的猜想",甚至被他称作"对哲学的唯一贡献"。皮尔士没有

_____

　　①　当然,某种作为数学一部分的关系逻辑是处在现象学之前的,但那并非意味着逻辑学为范畴论奠基,而只是说数学为现象学奠基。

　　②　皮尔士区分了两种抽象过程,当我们说"它是光"时只是分离式的抽象(precisive abstraction),当我们换作说"这里有光"时则是有实体设定的抽象(hypostatic abstraction)。

　　③　皮尔士这里的"概括"不同于归纳,因为它既可以是上升的"ascend",也可以是下降的"descend"。更多关于皮尔士"抽象"方法的论述,参看 Jay J. Zeman, "Peirce on Abstraction," *The Monist*, Vol.65, 1982, pp.211–229。

　　④　读者将在本书中发现,与此有关的三分法在皮尔士的各种思想分析中频频出现。这很容易使得我们猜想皮尔士可能是从黑格尔那里得到的启示。但皮尔士告诉我们,开始的很多年他是一直厌恶黑格尔的,最终让他信服三范畴的不是黑格尔有关思想三阶段的"正反合"理论而是自己长期的独立研究结果:它们虽然令人反感,但是真实的。参看 SS 24–25。

像胡塞尔那样系统的现象学著作,①其范畴论主要是为超越康德逻辑而准备的,换言之,所谓范畴论就是他逻辑学即论证划分理论的导引或前言。

1894 年,皮尔士对范畴理论在逻辑学中的应用已有比较成熟的想法。他在一篇题为《何谓指号?》的手稿中强调:我们在研究推理或指号之前,必须意识到有三种不同的心灵状态。第一,假设一个人在做白日梦。假设他所想到的只有红色,其他什么也没有。也就是说,他不提出或回答有关红色的任何问题,也不对自己说他对其感到愉悦,而只是注视着它被幻想出来时的那个样子。或许,当他对红色想得疲倦时,他会换作别的颜色譬如玫瑰色,但他那样想时依然不带任何理由、不受任何强迫,它是无拘无束的类似嬉戏一样的幻想。这时的心灵状态就接近于皮尔士所谓的第一性,即独一无二的(sui generis)感觉,或更确切地说,是一种不涉及任何其他东西的"味"(flavor)。除非在半睡半醒时,我们很少有人完全处于此种纯粹而简单的感觉状态。但是,每当我们清醒时,总有某种东西显现于我们心灵之中,那种不受任何强迫、不带任何理由而显现的东西就是感觉。第二,设想做白日梦的那个人突然听到大声拖长的汽笛声。声音一响,他为之一惊。他本能地试图摆脱噪声,两手捂住耳朵。并不是说它令人不快,而是说它强加于他身上。这是一种本能的反抗。当我们自己遇到外部阻力时,也是这样的情况:我们自己的反应只针对那种阻力。这种作用与反作用的感受是我们对事物真实性的感受,可以称作皮尔士所谓的第二性,即反应。它在任何单一的感觉中都不会出现,而只出现于一个感觉被另一感觉打破之时,因而涉及两个东西。第三,设想这位白日梦者不能够阻挡刺耳的声音,他走开,试图从门口逃出。假设刚刚汽笛声响起时门咣的一声关上了。而我们这个人

① 皮尔士在晚年把现象学(phenomenology)重新命名为 phaneroscopy、phanerochemy 或 ideoscopy;根据后文将提到的术语伦理学,这可能意味着他与当前所流行的胡塞尔现象学之间的某种实质上的不同。有关二人现象学之间的观点异同以及皮尔士与胡塞尔、舍勒(Max Scheler)等德国现象学家之间实际存在的学术联系,可参看 Herbert Spiegelberg, "Husserl's and Peirce's Phenomenologies: Coincidence or Interaction," *Philosophy and Phenomenological Research*, Vol.17, No.2, 1956, pp.164 - 185; Charles J. Dougherty, "The Common Root of Husserl's and Peirce's Phenomenologies," *The New Scholasticism*, Vol.54, No.3, 1980, pp.305 - 325 以及 Mohammad Shafiei and Ahti-Veikko Pietarinen (eds.), *Peirce and Husserl: Mutual Insights on Logic, Mathematics and Cognition*, Springer, 2019。

一开门,汽笛声就停止了。他备感放松,想着回到座位上去,因而又关上了门。不过,他一回到座位上,汽笛声又响起了。他问自己是否关门与此有关,于是再一次打开了这扇神秘的大门。当他打开时,声音就停了。此人这时所处的心灵状态就接近于皮尔士所谓的第三性,即思想。个人意识到了学习,他经历了一个过程,最后发现一种现象受规则支配;他对行为方式有了一种一般认知。这第三种状态不同于前两种,因为它涉及三个东西,其中之一是使我们由一个行动走向另一行动的手段或中介。(EP 2:4 - 5)

以上三种心灵状态,代表着现象世界的三种基本存在形式,是三种模态(Modality),即 may-be、actually-be 和 would-be,也是三种经验域(Universes of Experience)。①它是普遍而弥漫的,具体到不同的特殊现象上,有多种多样的表现形式。与现象学对现象本身的研究不同,逻辑学主要是研究现象与真理的关系,因而它只关注一种现象即指号现象。就其概念本身而论,指号属于现象学中的第三性范畴,因为它是一个同时涉及指号、对象与解释项的三元关系组。但是,就所有能用作指号的东西来说,指号又分为不同类别。范畴理论在指号的内部分类中起着指导作用。皮尔士由现象学研究所得到的范畴论在应用到指号理论中之后,产生了许多极富创见的指号分类法。

二、指号的分类和范围

皮尔士曾对指号作过 72 种定义和很多种分类,但有一种分类非常著名且被广为接受,那就是像标(icon,有时写作 likeness 即"相似物",或 image 即"图像",早期的写法是 copy 即"摹本")、索引(index,有时也写作 indication 即"指示物",早期的写法是 sign 即"信号")和符号(symbol,有时也写作 general sign 即"一般指号")的三分法。任一指号,必定或是像标,或是索引,或是符号;它取决于其指称、表征对象的不同方式。

　　每一个指号受其对象决定,一是通过分有该对象的一些特征,此时

_____

①　关于三种不同的经验域,参看 EP 2:434 - 435。

我称该指号为**像标**;二是通过在个体存在上与个体对象具有实际关联,此时我称该指号为**索引**;三是通过多少可以近似性地确定它将由于一种习惯(我对该词的用法包括天然倾向)而被解释为指示该对象,此时我称该指号为**符号**。(CP 4.531)

"思想的实质在于这三种不同的成分。"(CP 6.338)

像标是基于相似性的"直接"表征。①作为指号,它总是具有与对象(即使对象不存在于现实世界)相似的特征(可以是结构上的类同),而且正是这种特征才使之有意义。如铅笔线作为像标就代表着几何线,还有图像、地图等所具有的作用。像标性表征仅仅能让人看一下即可,它是最弱的一类,它的解释者不必被知道。或许正因为这些原因,像标性表征往往是最常用的一种。在交际过程中,像标非常重要。设想两个人远离各自所在的种族,他们没有共通语言,被安排在一起,却必须交流;这时,他们会怎样做呢? 借助模仿性声音,借助模仿性手势,也借助图片! 而这就是三种像标。的确,他们也会使用其他指号,如手指指向或类似的东西。但是,像标毕竟是描述他们心中事物和行为的性质的主要手段。当人们第一次开始在一起交谈时,基础语言也必定大多属于直接模仿性的语词或他们给予图片的约定性名称。古埃及语言是非常原始的一种语言,它大都以图片的形式存在,它们不是名词,不是动词,只是图式思想。

索引是"间接的"表征。②作为指号,它总是与对象有着事实上的联系,如果对象不存在,它也将失去作为指号的特征。索引性指号指出或就是由对象留下的物理标志,如表示火的烟、指纹、带色的树叶、工具把手上的凹痕等等;还如,具有弹孔的模子就是一次射击的索引性指号。索引性指号是所有三种指号中最有意思的,因为人们的头脑不得不做出概念上的跳跃,这使得人们能更加积极地卷入指号之中。作为一种指号或一次表征,索引的着重点不

---

① 这里要注意,一指号属于像标并不仅仅在于这一指号与对象有相似性,而在于这一指号正是通过那一相似性来进行指称活动的。

② 这里同样要注意,一指号属于索引并不仅仅在于这一指号与对象存在自然联系,而在于这一指号正是通过那一联系来进行指称活动的。

在于其与对象的相似或类同,也不在于其具有对象的偶然约定的某种特征;而是在于其处于一方面同对象,另一方面同人们思想的动态联系之中。无论怎样,索引对于对象的指涉要使得人们能根据此种索引找到那一对象。有关索引的例子我们在前一章有关量词的分析中已经谈到一些,这里可以补充的是:除了量词或代词①之外,时间副词(如"上午""晚上""很久以前")、地点副词(如"附近""不远处")、介词短语(如"在左边""在右边""在上面")、序数词(如"第一""第七""最后一个""三分之二")等也都带有索引的特征。

最后,符号是基于一致性或约定(或圣奥古斯丁的 consensus)的"抽象表征"。②作为指号,它与解释项关系非常紧密,常常是约定的产物;若是没有被理解,它就不会有意义。譬如,大多数文字、声音,用来标示危险的红色、表示第一的数字"一"、表示基督教的十字架、表示国家的旗帜,等等。通俗地讲,这类指号具有指代作用,只是因为有人(或其他有机体)想让它们那样,在理想状态下,它们就指代着人们(或其他有机体)所欲求的东西。但也有出错的,那就是在人们(或其他有机体)对如何约定符号存在分歧时。因此,在具有不同习惯(约定)的不同环境下,人们(或其他有机体)就采用了不同的符号。③

与像标、索引、符号此种三分法④相连,皮尔士还提出了另外两种重要分

---

① 皮尔士曾在别处指出,传统语法学家把"这""那"等称为 pronoun,这意味着他们完全没有注意到那些词所具有的指示作用。因为从字面上看,pro-noun 就是"代名词""副名词"的意思,这是一种荒谬的称谓。实际上,名词倒是应该反过来称为"代指示词""副指示词"。参看 CP 3.422。

② "symbol"一词在现代语言中是有歧义的,但皮尔士认为,他这里对"symbol"的界定是该词在亚里士多德等古代逻辑学家那里的习惯用法。有关词源学的分析,参看 EP 2:9。

③ 这里我们之所以在"人"之外加注"其他有机体",是不希望把皮尔士的符号限于人类文化。因为皮尔士对于符号的理解并非只是一种文化约定,它更重要的是一种行为习惯;这种习惯既有后天习得的习惯也有天生的自然倾向。就此而言,皮尔士并不认为存在自然指号与人为(文化)指号之间的截然划界。这一点我们在第四章第二节中将谈到。有关皮尔士对符号的定义与德国符号学家卡西尔(Ernst Cassirer)的不同,可参看 Winfried Nöth, "The Criterion of Habit in Peirce's Definitions of the Symbol," in *Transactions of the Charles S. Peirce Society*, Vol.46, No.1, 2010, pp.82–93。

④ 应该说,皮尔士的像标、索引和符号的指号三分法,是综合和提炼历史上各种类型的指号后的重新表述,很具有代表性。但在当代流行的指号学研究那里,指号的范围仍然是受限制的,他们大都集中于符号一种指号,而无视或否定其他两种指号的存在。的确,在不同历史时代,指号研究曾经历过范型的转换。在古希腊哲学中,指号本来是指自然性指号;到了中世纪,约定性指号成为范型指号,特别是在霍布斯和洛克那里,指号就被限制为符号或语言表达式;甚至在现代逻辑诞生之时,人们常常给它冠以"symbolic(symbol 的形容词形式)logic"之名。但是,如上所述,三种指号每一个各有特点,相互不可替代,"一个不能少"。

类法。他说：

> 指号以三种三分法进行划分。第一种所根据的是，指号自身是纯粹的性质，或是现实存在，或是一般法则；第二种所根据的是，指号与其对象的关系在于指号本身具有特征，或在于指号与其对象具有某种存在关系，或在于指号与其解释项的关系；第三种所根据的是，解释项是把指号作为一种可能性指号，或是作为事实性指号，或是作为理性指号。（CP 2.243）

显然，上述刚刚所提到的三分法乃第二种三分法。其余所谓第一种是指"准指号"（qualisign）、"单指号"（sinsign）、"类指号"（legisign）的三分法。准指号在得到体现之前不能实际作为指号的特性，它所体现的东西与其作为指号的特征并无任何关系；单指号是作为指号的真实存在的东西或事件，其中涉及一个或多个准指号；类指号是一种法则而非某单个对象，它往往通过其实例即单指号而进行指称。有关类指号与单指号的区分有时被称为 type 与 token 的区分。所谓第三种三分法是指"述位"（rheme）、"双位指号"（dicisign 或 dicent sign）和"论证"（argument）。论证是指出意在确定什么解释项的一种指号；双位指号即命题或准命题，是指出意在表示什么对象的一种指号；述位即词项，是不具有独立部分的、被认为表示某种可能对象的指号。把三种三分法综合起来，再考虑到"每一准指号都是像标""每一像标都是述位""每一论证都是符号"以及"每一符号都是类指号"等因素，皮尔士最后得到 10 类指号。（CP 2.254-263）晚年他又提出可以有 10 个三分法，共产生 66 类指号。对于指号的具体类别数目，皮尔士似乎最终并未找到完美的方案。幸运的是，本书不必深入这些细节，将主要从像标、索引、符号的三分法来考察他关于指号学分析的基本思想。

三、三种指号在推理及认知中的不可或缺性

我们上面讲"任一指号必定或是像标或是索引或是符号"，并不是说"我们实际所用的指号必定是纯粹的三者之一"。纯粹的像标、索引、符号在我

们生活中是极少见的;所谓指号分为像标、索引或符号,实质上主要表示指号具有不同的表征方式。事实上,通常情况下我们都是把主要担当什么角色的指号冠以什么指号之名。譬如,我们习惯说所有语言性指号都是符号,但有些象形特征强的符号作为像标性指号的符号替代物,既可称作像标性符号,同时也可看作约定性的像标;而有些符号如指示代词或专名①的作用类似于索引,可称为索引性符号,同时也可看作约定性索引。为直观阐释以上三种指号,我们可借助当今指号学研究中的两个概念:动因(motivation)和任意(arbitrariness),以图四显示三者关系。图中的矩形包括了所有指号,矩形内部以斜线分成两部分:如果指号与对象间存在某种程度上的必然性,我们就说它是有动因的(motivated);如果指号与对象间不存在任一程度上的必然性,我们就说它是任意的(arbitrary)。在矩形的下方,根据"有动因"程度和"任意"程度之高低,从左到右标示着像标、索引和符号。像标性指号可谓是最有动因而最少任意性的,它基于与对象的相似性,最容易理解,因此是透明的;符号性指号是最有任意性而最少动因的,它与对象没有明显联系,理解它需要首先知道约定,所以是不透明的;而索引性指号的动因量和任意性均居中,它基于与对象的物理联系,是半透明的。

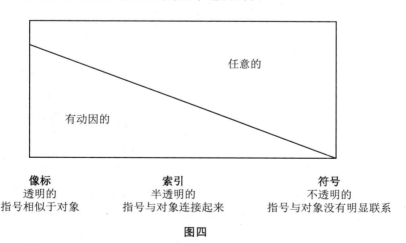

图四

① 严格来讲,皮尔士对于"专名"(proper name)的界定是"述位型索引式类指号"(Rhematic Indexical Legisign)(CP 8.341);有时他把专名称为"次索引"(sub-index)。(CP 2.330)

图四告诉我们,就生活中实际所用的指号而言,虽然根据程度之别可以大致区分三种指号,但它们之间并无严格界线。也就是说,像标、索引、符号作为不同的表征功能,实际上常常是交叉或结合的。不仅如此,我们这里还要进一步强调,这种交叉或结合并不是可有可无的一种特征。事实上,皮尔士告诉我们,"在所有推理中,我们都必须混合使用像标、索引和符号。我们不能去除它们中的任何一种","推理的艺术就是掌控这些指号并探明真理的艺术"。(EP 2:10)接下来,我们分别来看三者各自在推理及认知中的不可或缺性。

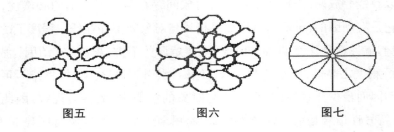

图五　　　　　　图六　　　　　　图七

像标的不可或缺性主要体现在它在数学推理的运用中。数学家的推理主要是依赖像标的运用,像标正是他们的科学门枢。像标对数学家的用处是,它们能够非常精确地暗示假想事态的某些新内容。皮尔士举例说,图五是一条缠绕的曲线,它连续不断地改变曲率,一会顺时针一会逆时针,一会逆时针一会顺时针。图六是在图五基础上继续缠绕而得到的,它使得每一反向弯曲点与另一反向弯曲点交织在一起。图六可看作很多鹅卵石平铺在一起,而实际上是由图五改变而成的;这一点,没有图的帮助是看不出的。同样,代数方程"$a_1x+b_1y=n_1$, $a_2+b_2y=n_2$"也是像标;"事实上,每一个代数等式就它借助代数指号(其本身并非像标)来展现所关注数量的关系来说,都是一种像标"。(EP 2:13)前一章中我们看到的皮尔士图式逻辑更不必说了。除此之外,像标的重要性还在于任何其他科学甚至是哲学的推理在某种意义上都类似于数学家所运用到的推理。因为数学家的工作本质上就是对图像进行观察实验,而一切推理都只在于"对像标的观察",尽管其他科学中所运用的"像标"不同于数学中的自由假说。

　　语词对发达的思想来说无疑是必要的,但在思想过程中,它仅扮演第二位的角色;能够在其上进行操作和实验的图表或像标,才是最为重要的。……所有推理都是实验,而所有实验都是推理。如果是这样,哲学上的一个结论就非常重要,即,实际上不存在任何本质上不属于图式推理或数学推理(mathematical reasoning)的推理;因而我们对任何不能够以图表形式进行标示的概念都不能承认。……好的推理关注可看到的清晰图像。听觉来的观念(auricular ideas)是大多不健全思维的源头。(W 8:24)

索引的不可或缺性在于指谓(denotation)功能。皮尔士指出:

　　像标在意谓(signification)方面是非常完美的,它使得解释者直接面对所意谓的那种特征。就因为这一点,它是最好的数学指号。但它缺乏指谓功能。它不能让人确信它所表征的某某对象真正存在。而索引在此方面却是最为完美的,它把对所指谓对象的经验现实地引向解释者。(EP 2:307)

　　换句话说,纯粹的像标即光有图像永远不可能传递任何真实信息。譬如,图七看似一个车轮,但观者不能确定它是现实存在的某种车轮还是某种幻想出来的车轮。事实上,单纯的符号也遭遇同样的问题,任何纯符号性的语词组合也不能传递信息。譬如,有甲乙两人在乡下小路上碰面,发生了下面的对话:

　　乙:那所房子的主人是这个区域最富有的人。
　　甲:哪所房子?
　　乙:难道在你右边大约7千米处的小山上你没有看到一所房子吗?
　　甲:是的,我想我看到了。
　　乙:很好,就是那所房子。

通过上述对话,甲获得了所需要的信息。但假若乙走到一个偏僻的村庄说

"一所房子的主人是那个地区最富有的人",这样说并没有指示什么东西,除非他能向对话者解释如何从他所在的位置出发找到那个地区以及那所房子。他若不这样解释,就不能表明自己在谈论什么东西。实际上,在任何言谈对话以及交流认识中,为了指明一个对象,我们通常都要规定时间和地点,而且总是要显示有关该对象的经验如何能与听者的先前经验建立联系。①为了规定时间,我们必须从已知的年代算起,或者从当前,或者从耶稣的假定诞辰,或者从类似的东西,总之必须与听者经验建立联系。我们还必须计算时间单位,除了求助于听者经验,我们无法令人知道我们所要运用的单位是什么。同样,地点也必须相对于某个已知位置才能得到刻画,距离单位的运用也必须根据某根棍子或其他人们所经常直接或间接用来测量的东西。尽管地图作为一种像标可以用来标识地点,但除非地图中带有已知地点(譬如当前所在位置)的标记、比例尺等,否则我们永远不能真正找到另外的地点。

　　符号的不可或缺性在于它能断言或约定一些东西。虽然像标善于意谓,索引善于指谓,但它们什么也没有断定。如果像标可以解释为语句,那么一定是"虚拟语气"的句子,只会是"假设一个图像有三条边"这样的。索引要是解释为语句,也一定只是类似于"瞧那儿!""当心!"的祈使句或感叹句。与二者不同,符号则是直陈句(indicative)或宣告句(declarative),并且能够按照需要转化为其他语气的句式。更重要的是,符号能通过一定的解释把像标与索引的功能整合起来,它能宣称索引所指谓的对象是被像标所意谓的东西表征的。以"loveth"一词为例,与其相连的必然有一种"某人爱某人"的心灵图像,同时必定有索引词让我们找到某些具体的人,而"loveth"的作用则是断言后者被前者表征。(EP 2:16-17)在符号同时包含像标和索引的意义上,符号被皮尔士称为真指号(genuine sign),而像标和索引则被称为不同程度上的简并指号(degenerate signs)。(CP 2.92)虽然按照范畴论的

　　① 这一点在成人与学习语言的孩子的对话中尤其明显。成人有时自认为清楚地解释了一个东西,但其实孩子并不能听懂,因为成人并没有把所要解释的东西与孩子自己的经验建立现实联系。除非成人让孩子直接接触到那个东西或让那个东西与孩子的已有经验建立联系,否则孩子永远不可能明白成人在谈论什么。因为同一对象可能对经验丰富的人来说很容易建立多种多样的索引性关联,对于经验尚浅的人来说却很难找到索引性关联。

说法,像标当然属于第一性,索引属于第二性,而符号属于第三性,但在第三性必然同时设定第一性、第二性成分的意义上,皮尔士说:索引、像标、符号的复合体可以称为符号,其中的索引部分让我们与实在世界紧密关联,可谓是思想肌体的骨骼部分;其中的像标部分为我们提供各种营养成分,可谓是思想肌体的血液部分。(EP 2:10)尽管如此,第三性的符号绝非第一性像标和第二性索引的简单合并:

> 它们既不能展现像标所展现的那种意谓特征,也不能像索引那样令我们确信其所涉对象的实在性。许多谚语都表达了此种脆弱性的意思,譬如,"语词什么也证明不了"(Words prove nothing)之类的。然而,它们具有一种伟大的力量,却是简并指号缺少的。唯有它们能表达规律。它们的作用也不限于理论上。它们能用来实现合理性(reasonableness)和法则。"正义"和"真理"这些词在习惯性地忽视这些东西的世界上全然遭到嘲讽,然而它们却属于这个世界所包含的最伟大力量。它们创造了自己的捍卫者,给予他们实力。这样说不是修辞或隐喻的说法:它是一种重大而牢固的事实,逻辑学家应该对其加以考虑。(EP 2:307–308)

四、逻辑表征系统中的三种指号

谈到指号分类与逻辑分析的关系,我们最后不得不讨论现代形式系统,因为那通常被认为是现代逻辑的主要特征之一。当追溯皮尔士指号分类法与逻辑代数系统及存在图系统的关系时,我们发现:皮尔士在数学逻辑形式刻画上的工作不过是从另一方面验证了他的指号分类法。

在皮尔士看来,所谓符号系统或形式系统对逻辑学就是一种记法。简单地提出某种记法,这往往并不能作为逻辑学的"正题"(subject-matter)。因为,逻辑学家同时要求有一种好的、合适的记法来帮助实现有关推理本性的分析。因而,他要追问形式系统中"各种指号的源起"以及"基本公式的理由"①,他还

---

① 值得注意的是,皮尔士把在逻辑代数研究中提出的许多重要公理模式都称为像标。

要研究"记法是什么""记法都有什么类别""记法的功用和目的是什么"等所谓"记法哲学"(philosophy of notation)问题。正是在"记法哲学"的意义上,我们看到皮尔士从逻辑代数和存在图的研究重新回到指号学这一广阔的逻辑学语境,再次见证"逻辑学就是有关指号本质特性的研究"。(EP 2:311)

在1885年发表于《数学杂志》的《论逻辑代数:对记法哲学的一种贡献》一文中,皮尔士在列出像标、索引、符号三种类别之后强调:"在完美的逻辑记法系统中,这些不同类别的指号都必须全部用上。"(EP 1:227)他在这篇典型的"数学逻辑"文章中重申各类指号的不可或缺性:符号,是唯一的一般性指号,没有符号,命题中将不会有一般性,而一般性对推理是至关重要的。譬如,欧拉用以表示词项关系的环,这显然是像标功能,但凡用过的人都知道它们缺乏一般性,不能用来表达概称命题;于是文恩在上面增加了阴影,而阴影就是一种约定性指号即符号。代数中用以表示数量或函数的字母也都具有约定性。但是,单单符号并不能规定论域对象,任何一般词项都做不到这一点。任何描述都不可能把现实世界与想象世界区分开来。因而,我们需要有代词等索引性指号,而且越是论域对象复杂就越需要有索引性指号。譬如,逻辑代数中所引入的量词记法就是一种索引。光有符号和索引,我们可以表达任何命题,但无法对命题进行推理,因为推理就在于:构建一像标或图表①,使其各部分间的关系能表现出与推理对象各部分间的关系完全的类同,然后通过对于像标进行想象中的实验(包括替换、插入、删除等运算),再观察其结果,以发现其各部分之间所未曾注意到的隐蔽关系。即便我们可以用"乘法对加法的分配律"这类说辞来替代"$(x+y)z=xz+yz$"这一像标性指号,但如果不将其转化为可感图像,我们是根本无法应用乘法分配律的。当然,像标虽在数学推理中占据突出的地位,但并不意味着数学就只是一种对相似性的考察。皮尔士所要说的是:

图表就其具有一般意谓来说,并非纯粹的像标;但在我们的推理过

---

① 在其他地方,皮尔士指出:像标在数学家工作中的运用,主要有两类:"一个是用线画出的几何图形,另一个是点或字母的排列组。"(PSP 333)

程中,我们很多时候忘记了那种抽象性,图表成为我们所关注的唯一东西。正如在对于一幅画的凝视中,有时候我们没有意识到它不是事物本身,真实世界与复本世界的区分消失了,此时它成为纯粹的梦——不具有任何特殊的存在,也不具有一般性。那一刻完全是对一种**像标**的凝视。(EP 1:226)

第四节　指号学的分部与逻辑学的拓展

皮尔士的范畴理论以某种间接的方式也影响了他对作为逻辑之指号学的内部划分。皮尔士在"第一性""第二性""第三性"的范畴意义上把指号学分为三个分部,分别命名为"Originalian Logic""Obsistent Logic"和"Transuasional Logic"。(CP 2.93)关于三个分部的更易懂的称谓,晚年比较成熟的表述是理论语法(Speculative Grammar)、批判学(Critic)、方法论(Methodeutic)。在早期文章中,他还有其他一些叫法,譬如,普遍语法(Universal Grammar)、逻辑(Logic)和普遍修辞(Universal Rhetoric),一般语法(General Grammar)、一般逻辑(General Logic)和一般修辞(General Rhetoric),形式语法(Formal Grammar)、逻辑(Logic)和形式修辞(Formal Rhetoric),纯语法(Pure Grammar)、专门逻辑(Logic Proper)和纯修辞(Pure Rhetoric),等等。从前后名称上的变化中,我们至少可以看到两点:第一,皮尔士早期似乎有狭义逻辑与广义逻辑(即指号学)之分,但最终认为"逻辑学"之名应该赋予整个指号学,一般理解上的"逻辑"称作批判学倒更为合适;第二,从"普遍""一般""形式""纯粹""理论"这些修饰限定词的使用来看,皮尔士所谓的"语法"和"修辞"不同于普通理解上的语言学家或修辞学家的那些工作,他更希望将其作为一门哲学科学或通识科学,从而与作为指号学或广义逻辑学的推理现象研究建立起内在联系。本节中,我们首先试着揭示皮尔士拓展逻辑学至指号学的动机所在,然后通过对皮尔士指号学各分部的考察,认清皮尔士逻辑学的关注范围。

一、为什么要拓展逻辑范围？

如第一章所见，在皮尔士看来，科学本质上在一种探究真理的活动，而一种自然的科学划分也不是以研究材料或内容进行的，而是根据探究者所怀有的目的即主要事务所在。由此，我们看到皮尔士在不同的场合这样来谈论有关推理研究和分析的这门科学。譬如，在 1895 年所写的书稿《逻辑简论》(*Short Logic*) 的一个章节中，他指出："逻辑的主要事务是探明已有推理的好坏、强弱"，"为了指出已知思想方式是否正确，必需考察思想都表达哪些事实。于是，以推理艺术为主要事务的那些人必须关注这一点"，"思想艺术也要求我们关注那些能够经济地用于理性目的的思想形式"。(EP 2:18 - 19) 1901 年在为《哲学与心理学辞典》撰写的"逻辑"词条中，他说：

> 那部分……研究论证构件并进行论证分类的逻辑学，常常被认为包含整个逻辑学；但它更为准确的称谓是批判学……
>
> 通常都认为在我们所谓的批判学之前应该有一种学说。它考察在什么意义上以及如何存在真命题和假命题，还有任何思想或指号类型为了断定某种东西必须符合什么样的一般条件……
>
> 通常还认为，在批判学之后还紧跟着另一学说，它属于逻辑学或者与逻辑学密切相关。……它必定包含获致真理所必需的一般条件。(CP 2.205 - 207)

在 1903 年的手稿"若干逻辑论题纲要"中，他写道："由于所有思想都借助指号进行，逻辑学可以视为有关指号一般法则的科学。它具有三个分支：理论语法……批判论……和方法论。"(EP 2:260)

> 逻辑学在历史上以及就每一个人来说都开始于对区分好坏推理的渴望，现已发展成了一般指号理论。它的三个分部是生理意义上的理论语法，分类意义上的尤其判定推理好坏的逻辑批判学，以及有关重大

研究和阐释路线设计原理的方法论。(EP 2:272)

在 1904 年为《通俗科学月刊》所写但最终并未发表的一篇手稿中,他继续写道:

> ……一门称作指号学的科学,被许多思想家等同于逻辑学。在罗马学园里,语法、逻辑、修辞被感到是同族的并构成了所谓"trivium"的完整一体。这种感觉是有充分根据的,因为所提到的三门学科与指号学的三个基本分支相对应:第一分支被邓·司各脱称为理论语法,研究对象以何种方式可以作为指号;第二分支是逻辑学的主导部分,最好称之为理论批判学(speculative critic),研究指号与独立于它的所表征对象之间的关联方式;而第三分支则是理论修辞……(EP 2:327)

在 1906 年的一篇关于现象学的手稿中,他还说:

> 逻辑学的中心问题是看是否一给定思想真的就是(即适合作为)另一给定思想的发展。换言之,它就是对论证的批判。因此,在我的早期文章中我把逻辑学限制于对此种问题的研究。但自那以后,我逐步认识到,任何一门科学在其特定发展阶段上的正当领域都是对同一社会群体的人能够真正致力于给出解答的那些问题的研究;而且我认为就现在我们有关指号的认识状态来说,有关指号划分以及特定类型指号的要素的整个学说必须由同一群研究人员来研究。因此,我把逻辑学进行拓展,使其包括所有必然的指号学原理……最终我认识到三个分部:思辨语法……批判学……和方法论……(CP 4.9)

在 1909 年写给维尔比夫人的一封长信中,皮尔士再次强调:"对于通常科学之界限的研究使得我相信逻辑学家应该拓展他的研究,把不属于任何其他人研究的每一个**相关论题**(every allied subject)考虑进来……"(SS 118)

上述不同时期的说法暗示我们,皮尔士拓展逻辑学至少有三种动因:

(1)逻辑学拓展为指号学,这是过去许多重要思想家的普遍观点,特别是"三艺"在中世纪被当作一种整体去教育。(2)逻辑学自古以来都被视为一种有关思想形式的科学,或者按皮尔士的说法,"逻辑学是有关自控的或有意的思想的理论"(EP2:260),然而,所有思想都要凭借指号来进行,因而有关指号的本性或原理必须加入逻辑学的考察范围。(3)即便逻辑学的核心是区分论证好坏,但为了完成这一中心任务,必须同时对推理的本性进行深入分析,而当我们这样做时又必定涉及推理与有关人类认识的基本事实、推理的各种表征形式、推理与求真等等。对此,或许有人说,逻辑学应只做自己的事,有关语法和修辞的工作已经有单独的学科在研究了。但问题的关键在于:现代语言学或修辞学中的相关工作很多都不是逻辑学所真正需要的,它们属于特殊科学的层面,而非哲学认识;为了真正达到有关推理分析的目的,逻辑学就不能指望或等待其他人去做他所需要的那种与推理分析密切相关的语法和修辞工作,而必须自己来做。当然,如果有一天,随着相关研究工作不断走向成熟,会专门独立出哲学意义上的语法学或修辞学,则逻辑学工作将大大便利和省力;但无论如何,那些语法或修辞工作是与推理研究密切相关的。笔者认为,皮尔士坚持把逻辑学拓展为指号学,根本原因在于它通过广泛历史研究所形成的一种"逻辑学理想",即逻辑最终乃人类追求真理、探究知识、推进科学的方法论。也正是由于这一点,我们看到皮尔士以指号学逻辑的"苛刻标准"直言批评当时代表数理逻辑研究最新成果的施罗德《逻辑代数讲义:严格逻辑》一书,并强调代数处理方式不能掩盖逻辑学本身:

> 现在面世的这本 1766 页的著作中,只有 125 页的导论对理论语法进行了简要考察,而其余部分以及所有即将问世的续篇都局限于狭义逻辑①的演绎分支。书名页的"严格逻辑"用词,他所指的是以代数方式处理的逻辑学。虽然此种处理法对于严格逻辑是有助益的……但它显然不能等同于严格逻辑。代数处理方式的主要利处,他讲得十分精练,那就

---

① 这里所谓的狭义逻辑(logic proper)就是皮尔士指号学的第二分部即批判学。

是："使得专门学科免于语言习惯给人类心灵带来的羁绊。"而且,基于此种代数可以建立一种演算,由此我们可以在某些棘手问题上方便地得出精确结论。这样的应用,已经大量出现;甚至数学因而增加了新的定理。但是,这些应用往往使得制作便捷演算成为逻辑研究最为紧迫的目标任务之一。施罗德教授沿着这个方向做了很多工作;当然他的成果很受人欢迎,即便它们并不就是我们最期望获得的东西。(CP 3.431)

事实上,遍览历史,皮尔士以指号学之名所表达的这种逻辑理想,不论是在亚里士多德的"工具论"中,还是在中世纪所谓"辩证法"或"方法的方法"中,还是在近代以来的各种"新工具"中,都有鲜明的体现。从某种深层意义上说,此种理想体现了历史上各类逻辑学说的共同追求或根本追求。只要这种理想在今天仍然有吸引力,逻辑学就应该担当起自亚里士多德以来所被赋予的功能;抛弃了这种理想,逻辑学的价值将大大削弱,名不符实。

考虑到我们对上述动因的分析,被皮尔士拓展为指号学之后的逻辑,显然绝非简单的词项逻辑、命题逻辑、论证逻辑三部分之和,也绝非当代所流行的句法学、语义学、语用学三部分之和;毋宁说,皮尔士的指号学从三个不同方面关注和研究逻辑学的核心问题。有关他这种广义逻辑学的内容结构,皮尔士在生前没有机会详细展开,只留下了一些有关理论语法、批判学或理论修辞的不完整手稿。最集中展示其指号学逻辑基本框架的一次机会,是皮尔士在1902年为申请卡耐基学院项目资助而递交的一份逻辑研究项目报告。该报告在现存皮尔士手稿中标号为 MS L75,后由兰斯戴尔将其不同版本整理编辑后发表。①从报告所列出的36个专题来看,第15至19个专题主要涉及指号学第一分部,包括"理论语法的本性""理论语法总纲""论词项""论命题""论论证";第20至26个专题主要涉及指号学第二分部,包括"总的批判逻辑""第一前提""机会的逻辑""论归纳有效性""论外展的证成""混合论证""论谬误";第27至33个专题主要涉及指号学第三分部,

① 该份手稿发表在网站。Arisbe：The Peirce Gateway, available at https://arisbe.sitehost.iu.edu/menu/library/bycsp/L75/l75.htm(Retrieved 2023.2.4)。

包括"方法论""论研究经济学""论研究路线""论学说体系""论划分""论
定义及观念明晰性""论客观逻辑"。这些当然只是一些初步研究计划,但能
让我们较为完整地把握皮尔士指号学逻辑的构架。接下来,本节将以此为
线索,同时参考他在其他地方虽不完整但有相关细节的论述,试图呈现被皮
尔士拓展至指号学后的逻辑学的基本内容。

二、第一分部:理论语法

作为指号学的逻辑,第一步工作就是认清指号是什么或者什么是指号,即
指号作为指号都需要满足什么样的法则。正是在此意义上,它被称为"理论语
法",类似于普通语言学中的"语法"所担当的角色。但如果我们记得,皮尔士
所谓的指号是与思想融为一体的,那么这项工作的哲学意义就在于:它实质上
所关注的是思想表达的必要条件,是思想产生意义所要满足的法则,因而属于
某种类型的意义理论。①此外,从指号学作为通识科学来看,所谓理论语法其实
是通过对指号现象的观察,揭示有关指号尤其是自然语言(譬如主词、谓词、系
词、否定词、量词、关系词,等等)的一些基本事实,这些事实在非心理主义的意
义上属于认识论范畴,它们是逻辑发挥批判功能所不可或缺的先决条件。②

笼统而言,所谓指号的形式条件也就是指号的定义。有关指号的定义,本
章第一节中已略有介绍。这里,我们可以大致理出四条形式要件:(1)任何东
西要能成为指号,必须首先指向或关涉某个"外部"对象,即必须超出自身而有
所关指。(2)任何东西要能成为指号,必须在某一方面表征对象或与对象关
联,即必须在自身身上具有指称根据。(3)任何东西要能成为指号,必须是相

---

① 与普通语法学对于语言使用习惯的描述不同,理论语法显然更多是规范性的。皮尔士指出,
再也没有比把构成逻辑学第一部分的理论语法奠基于语言习惯用法之上更为荒谬的了。(EP 2:221)

② 在当代哲学文献中,最接近皮尔士作为指号学的语法的,可能要算是维特根斯坦的"哲学语
法"概念了。参见陈嘉映《说理》第三章,华夏出版社,2011 年。福柯在《词与物》一书中所谈论的
17、18 世纪"一般语法"(general grammar)可能从另一视角稍许揭示了皮尔士所谓理论语法的历史
渊源。他把"一般语法"界定为"有关一类指号的科学:借助这些指号,人们把个人感知汇聚起来进
而构造出他们连续顺畅的思想"。参见 Michael Foucault, *The Order of Things: An Archaeology of the
Human Sciences*, Routledge, 2002, p.81。

对某种解释项而指涉对象,即必须能由另外的指号得到解释或翻译。(4)指号自身、对象及解释项三者必须构成一种不可化归的三元关系,其中任何一个成分只能在此三元关系中才能得到理解。这最后一条很重要,它告诉我们:任一指号要能指称某个对象,必须能由其某一方面的特征被解释为那个对象的指号;任一指号要得到解释,只能根据其某一方面的特征去表征某个对象;任一指号要说自身具有某一方面的特征,只能是通过被解释为对指称对象的表征。上述要件在皮尔士的很多有关指号的定义中都有明确体现,譬如,

> 　　**指号**或**表征体**是指第一性的东西与第二性的所谓**对象**处于一种真正的三元关系中,它能够决定第三性的所谓**解释项**,因而解释项自身与同一对象所具有的三元关系,与前一个三元关系乃同一种。此种三元关系是**真正的**,也就是说,三要素紧密结合于其中,其方式绝不同于任何二元关系的复合。(EP 2:272 – 273; CP 2.274)

总之,任何东西成为指号,并非因为其具有某种内在特征而自然而然充当指号,而只是因为它能满足上述形式条件。反过来说,任何东西只要满足上述形式条件,它都可以作为指号;也正是在此意义上,皮尔士说世界上充满了指号,甚至人自身就是指号。从指号在人们熟知的逻辑理论中的体现来看,它要么是词项,要么是命题,要么是论证。按照皮尔士的说法,论证是独立显示其意在决定何种解释项的一种指号,命题属于并非论证但能独立指出其意在表示何种对象的一种指号,词项则是不具有上述独立功能的简单指号。(CP 5.139)在有关词项、命题和论证的“理论语法”中,凝聚着人类普遍指号现象中的一些基本事实;对于这些“语法”的遵守或者对于这些“事实”的设定,成为逻辑批判的前提条件。

　　有关理论语法部分具体所涵盖的内容,我们看到皮尔士在卡耐基学院申请报告中分别从词项、命题、论证来考察指号之作为指号的条件。在“论词项”部分中,皮尔士文字很少,提出把1867年发表在《美国艺术与科学学院会议录》上的《论逻辑内涵与逻辑外延》一文作为基本内容,进而拓展至各种词项。查看《论逻辑内涵与逻辑外延》一文,我们发现:皮尔士在其中通过内涵和

外延这些概念来分析词项指号(主词或谓词)的"意谓"(connote)、"意指"(denote)功能,他把"词项广度"界定为既定信息状态下词项所谓述的所有实在事物,把"词项深度"界定为既定信息状态下词项所能断定的所有真实特征,进而提出有关词项三要素的著名公式"信息=广度×深度"。①此种词项分析,显然就是指号三要素说的一种体现。至于皮尔士说要在该文的基础上进行拓展,我们在1896年皮尔士发表在杂志《开放法庭》上的《革新的逻辑》一文以及他1903年一份带有"理论语法"小标题的手稿中看到,他从指号分类角度分别论述像标、索引和符号,并把述位(rheme)与传统仅限于通名、不包含系词的词项(term)区分开来。他指出,等同于通名的词项并不能构成命题的谓词,除非插入动词;而述位(即去掉某些或全部主词的命题部分)本身则包含了动词(包括系词),它应该是真正意义上的词项。(CP 3.425 - 455; EP 2:272 - 288; EP 2:309 - 311)因此,全面考虑词项中的三类指号且把词项由通名拓展到述位,至少代表着皮尔士所谓对《论逻辑内涵与逻辑外延》一文相关内容的拓展方向。

　　在"论命题"部分,皮尔士认为判断之本性乃当时德国逻辑学界的一个争论热点,他提出要区分命题与判断,同时试图给出一种非心理主义的断定理论;②还提出要对命题进行分类。从其他有关作品中,我们可以更清楚地

---

①　历史上有关"内涵"一词的不同英文表达包括 comprehension、intension、internal quantity、force、connotation、depth、matter、content 等等;有关"外延"一词的不同英文表达包括 extension、external quantity、scope、denotation、breadth、sphere、circuit 等等。当然,皮尔士的公式"信息=广度×深度"与传统逻辑中有关概念内涵外延反变关系的讨论有关系,但皮尔士的论述更具一般性,他甚至以此来区分哲学上的几个常用概念。譬如,概括(generalization)是在不改变信息的情况下增加广度、减少深度;归纳(induction)是在不改变深度的情况下对广度作某种增加,从而也增加了所相信的信息;抽象(abstraction)是在不改变广度的情况下减少深度,从而也减少了所设想的信息;指定(specification)是在不改变广度的情况下增加深度,从而也增加了被断言的信息;假设(supposition)是与指定相同的一个过程,但它只有所设想信息的增加;确定(determination)是任何深度上的增加;限制(restriction)是任何广度上的减少;下降(descent)是不改变信息情况下的广度减少、深度增加。参看 W 2:70 - 86。

②　皮尔士于1896年发表的《革新的逻辑》一文中结合施罗德的1895年《逻辑代数讲义》对理论语法所做的解说,甚至把断定本性的问题作为唯一内容。他首先批评施罗德等德国逻辑学家把逻辑视为主观感觉问题的做法,并从指号学作为通识科学的特征出发指出:理论语法依赖所有能够使用语言进行交流的理性人的共同观察,其所代表的是人类有关断定本性的基本认识;"证明并不在于对我们每人曾经怀疑或将会怀疑的那种东西给予多余的、超越可能的确定性,而在于去除确实产生或至少在某个时间产生的那些疑问。我们在开始逻辑研究之初对各种不同论题带有大量的意见;而且我们在持有它们时都带有某种信心,但是当我们研究逻辑学之后回看它们时常常感到好笑。不过,仍旧有一小部分意见是逻辑学从未动摇过的;而在这些之中就有关于断定的某些观察结果"。(CP 3.432)

看到他对命题作为一种指号的更为详细的分析。基本上来看,皮尔士是从主谓二分的角度对命题进行分析,他把逻辑命题定义为能独立表示其对象的复合指号,"拿一个东西谓述另一东西(predicate one thing of another)就是说后者为前者的一种指号":命题谓项是在解释者的心灵中激起某种图像或梦想的像标,命题主项是用来识别谓项所表达的东西的索引。命题作为指号,其对象就是主项所表示的东西,其解释项就是命题的谓项,由于在皮尔士的指号理论中,指号与其解释项(作为另一指号)拥有同一对象,所以,(真)命题中主项和谓项分别作为一指号,它们也应具有相同的对象。他还指出,命题应包含两种指号——索引性指号和像标性指号,否则,它将不能传达信息。①命题的主项或者是一索引或者是一索引性符号,其功能是把解释者(读者或听者)的注意力引向某(些)对象;命题的谓项是像标性符号,它表征对象的特性,即命题关于对象所说的内容。只有索引和像标的合并使用,命题作为指号方能给出对象的信息,即谓项是主项作为其指号的那个东西的一种指号。(EP 2:379)在皮尔士有关命题断定的理论中,他还提到了假言命题、直言命题和关系命题之间的区分,费罗蕴涵与第奥多鲁蕴涵之间的不同,等等。其中有一点与当代逻辑哲学中关于自谓性命题的讨论有关,需要特别提到。那就是,皮尔士认为,命题作为符号必须断言某种东西②,而且它不能把自身作为对象。如此一来,所谓"这个命题传递了有关自身的信息""将'斯芬克斯'一词作为一般用语来指谓任何专门适用于每一'斯芬克斯'符号的东西"等完全不具有任何意义,也就是说,根本不能算作命题。(EP 2:276)至于所谓的自谓性命题"这个命题是错误的",它当然也不是一个命题,即便我们基于费罗的观点将其看作一个真命题,它也是自相矛盾的。(CP 3.446; SS 72)避免自相矛盾的设定,是逻辑学中一个基本的"语法"前提。

在"论论证"部分,皮尔士提出要对论证的本性从各个方面做充分考察。

---

①　因为纯粹的索引只是引起了人们对某事物的注意,但并未传达此事物的任何信息;而纯粹的像标只是显示(show)了某种内容(与像标相像的东西),但并未说出(say)任何事物。

②　命题主词所指谓的对象必须是能够找得到的,虽然它不一定是现实存有的事物。如果对象不存在,就会出现自相矛盾的命题。这一点与传统逻辑中有关概念非空或存在含义(existential import)的讨论具有联系,很多谬误的出现均与此有关。参看 EP 1:69-72。

所有论证要么是演绎、归纳或外展,要么是它们的混合类型。演绎是必然推理,但它若是应用于概率问题,虽然本身仍旧是必然的,却变成了把概率作为结论。归纳通过实验来获得先前所提问题的答案,它又分为两类:一个是外延型的,侧重于数量;另一个是内涵型的,类似于对于肯定或否定答案的猜测。外展严格说来并非实验性的,它所做的观察不是针对先前问题进行的,而是本身就提出一个假说来解释令人吃惊的现象。皮尔士还提出要在外展推理、第二种归纳和或然性演绎(即概率推理)之间做出区分。关于推理的三分法,皮尔士举例给予了说明。假设我坐在公车上,注意到对面一个人仪表与行为方式相差很远,令人惊讶的是那些不同特征竟然结合在同一个人身上。我试探性地自问:或许他之前做过牧师,因为他的形象就是那种人的,他可以作为前任牧师(ex-priest)的一个像标性指号。于是,这就有了一种像标性论证(iconic argument),也就是外展推理。接下来,我想到,如果他之前做过牧师,他就应该削发了;而为了检验这一点,我同他交谈,设法让他脱掉帽子。他脱掉帽子后,我发现他的确削发了。现在,我可以说他大概之前做过牧师。与此前仅仅根据感觉上的相似性来判断不同,此时所得到的结论是在因果预期得以事实验证后得出的,它是一种索引性论证(indexical argument),也就是归纳推理。再接下来,当此人脱帽时我在帽子上看到一个人名,我不怀疑那就是他本人的名字。我下车后去找当地教区长官,问他叫作帽子上那个名字的人是谁;他告诉我那是一位先前做过牧师的人。我又问,他是叫作那个名字的唯一一个人吗? 他回答说,可能总共有 15 个人,其中 14 人居住在本地,还有一个 20 年前去了外地,杳无音信。此时,虽然帽子上的名字与前任牧师不具有外观相似性,而且与此人作为前任牧师之间也不存在因果联系,但是有关它的解释却令其成为此人之前做过牧师的一种符号。于是,虽然之前此人削发只是一种偶然,但现在他的名字对于我意味着十四分之一做过牧师的可能性。这里所运用的论证就是一种演绎推理。

三、第二分部:批判学

在规定何谓真正的指号之后,开始进入指号学的第二分部,即我们要问

"如何以指号进行正确思想？""何谓好的推理或好的思想？"这些问题是逻辑学的中心，也正因为这样，皮尔士有时称指号学的第二分部为狭义逻辑或普通逻辑。在这一部分，逻辑学关注指号正确表征其对象，即告知我们有关对象的真实信息的必然条件，因而涉及对于各类推理过程的分析、论证的划分及推理安全性评估。在 1911 年的一篇有关逻辑批判学概要的未完成手稿中，虽然皮尔士尚未谈及批判学的具体内容，却明确给出了有关"批判学"的定义，那就是"有关各种不同推理方式所能给予的确信类型及确信程度的理论"。较早时，即 1892 年皮尔士曾在《开放法庭》上以"论证的批判"为名公开发表了一篇论文；虽然也不能算是完整的批判学，但其中显示了皮尔士所谓批判学的一些关注点。文中第一部分，皮尔士利用关系逻辑的最新成果试图表明：传统上认为"A 是 A"所表示的同一律①是所有肯定式三段论有效性的充分条件，而矛盾律和排中律则是否定式三段论的充要条件，这实际上是错误的。在第二部分中，皮尔士重点介绍关系在论证分析中的运用，并强调图表能有效帮忙分析论证中的逻辑关系。总体上，皮尔士似乎在该文中认为，有关论证的批判应该关注论证的真正基础，而在此过程中可以运用代数、存在图等专门设计的指号体系。

有关批判学所涵盖内容最为全面的论述，还是在皮尔士 1902 年的"项目计划书"中。在涉及具体的某类推理之前，皮尔士首先在"论第一前提"部分中考察了知识的两种来源即经验和推理。皮尔士对康德著名的分析判断与综合判断之分以及"先天综合判断何以可能"这一问题提出反心理主义批评，指出：应该用"推断而来的判断与基本前提之间的划分"代替"先天判断与后天判断之分"，应该把对"先天综合判断何以可能"的追问转为"那些判断如何被知道为真"的追问。所谓基本前提或第一前提，是不受学院逻辑批判的一种判断，它们是对当前觉象（percept）具有某种表象（appearance）的判断，譬如某人说"月亮看起来是明亮的"；这种经验所得不是指感知印象，而是一种知觉判断。知觉判断，在说话人拥有时不受任何质疑、被完全相信，

---

① 皮尔士认为，"A 是 A"如果意味着"A 与 A 同一"，那么一旦我们在三段论中以关系词"爱"替代"是"，很多三段论立即失效；因此，三段论的理论基础并非主词与谓词的同一关系，而是关系项之间的传递关系。这种传递关系，如我们在第二章中所指出的，正是所有蕴涵与推断的基本特征。

可以说是"禁不住"或"无理由"产生的一种判断。与此不同，推断而来的判断则必须总是保持被怀疑的状态，它们若被接受则需要经过各种论证方法的辩护，即它们要经过论证方法推导而来；它们在多大程度上得到接受，取决于把它们推导出来的那些论证方法在多大程度上得到辩护。对各种类别的论证进行辩护说明，是逻辑批判学的中心任务。

在"第一前提"之后，皮尔士分别从演绎、归纳、外展等三类基本推理对论证方法的可靠性进行了考察。他说，演绎本身是不受批判的，因为它属于必然推理，本身就使得其结论显明，要对显明之物进行辩护是无价值的，那样并不能使其变得更为显明；①但与概率有关的演绎却是能接受批判的。于是，在"机会的逻辑"部分②，皮尔士提出要讨论有关概率的起源和本质、客观概率与怀疑之间的关联、"长远"（long run）的本性、在何种意义上数学世界存在概率、概率在数论上的应用，等等。他说：并非任何偶发事件都一定要有特定概率，譬如证人讲真话就没有确定的概率；真实证据与确定结论之间的关系并非一种数学函数，其中涉及"分布""抽样"等事实情况；数学计算是专门应用于假说情况的演绎推理，一旦被应用于归纳或外展推理中就完全错误了。在"论归纳的有效性"部分，他打算考察不同类别归纳的可靠性以及归纳在什么程度上能够增强或削弱效力，他要表明：无限坚持下去的归纳最终会导致错误结论，这在数学上是不可能的。他说通常认为的归纳有效性依赖自然齐一性的观点是错误的，归纳的有效性取决于存在一种人类长

---

①　皮尔士这里并未过多提及演绎论证的有效性问题，但他在早年《逻辑规律有效性的根据》一文中（EP 1:57），以三段论中的演绎推理为例进行了如下说明：如果一个指号普遍地指代第二个指号所指代的一切东西，而这第二个指号普遍地指代第三个指号所指代的一切东西，那么第一个指号普遍地指代第三个指号所指代的一切东西；这一点，任何清楚理解这些词意义的人都不会产生怀疑，因此对于此种三段论一般形式的推导仅仅就是对这里的共同设定（suppositio communis）进行解释。皮尔士似乎认为，演绎论证的有效性依赖我们对于论证中所用语言的使用，因而它依赖批判学之前理论语法部分有关指号现象的"基本事实"。或许也正是在此意义上，常见的三段论演绎推理往往被称为是演示性的（demonstrative），即推理的有效性（虽然不是推理结论）已经包含在前提之意义中。

②　皮尔士那里的机会（chance）并非数学统计上的概念，而是一个哲学概念，因而更多关注事实世界上事件发生的可能性。皮尔士关于机会和概率的理论很复杂，其中不乏有重要意义的论题，譬如，普特南在《实在论的多副面孔》最后一讲就把类似"为何我们要期望有可能发生的东西"的问题称为"皮尔士谜题"，并认为它是有关人类在世界上的处境的一个重大问题。参看 Hilary Putnam, *The Many Faces of Realism*: *The Paul Carus Lectures*, Open Court, 1987, pp.80 - 86。

远必定可以发现的实在,其安全可信性完全取决于探究者的诚实与技巧。在"论外展的证成"部分,他打算在前人的基础上考察那些需要进行解释的现象即惊奇现象,进而得出属于自己的真正的外展学说;他还说要建立某些属于此种思想方式的规则。在对三类推理进行有效性考察后,他还对混合型论证(其中有类比论证)做了一个专题,因为实际运用的推理往往是各种基本论证形式的混成。最后,他还把五种谬误以及预防谬误的规则做了解说,他说谬误虽然不属于纯粹的逻辑学话题,但有关它们的考察是有益的,因为当前流行的逻辑及哲学著作(尤其是德语作家们)中充满了大量谬误。

四、第三分部:方法论

本节开头我们讲过,皮尔士坚信逻辑学的历史任务必须与求真或科学探究联系在一起。好的思想方式,最终(或迟或早)必定能达到真理;但在实际探求真理的过程中,我们往往还要关注如何能更为快捷有效地获致真理。这其中涉及探究者在经济方面的考虑。在最优化实现或应用有效推理方式的意义上,皮尔士把他的逻辑学第三分部称为方法论。放在指号学语境下看,方法论是要考察通过指号进行意义交流传递的必然条件,要探明一个指号产生另一指号即一思想导致另一思想的法则;它主要关注指号的效力(force)问题或对于心灵的吸引力问题。也就是说,我们不仅要选好、用好指号,而且要使之得到交流、理解和认可,因而它又可称为理论修辞。在 1904年的一篇手稿中,皮尔士打算专门考察指号学的这一分部,可惜并未最终完成这次写作;在其中我们看到皮尔士把"理论修辞"定义为"有关指号……产生物理结果的本质条件的科学",并指出:"虽然我们经常带有蔑视语气地说'仅仅是语词',因为指号本身并不能产生任何强力(brute force)①,然而我们

---

①　皮尔士指出,brute 作为名词一般用来称呼禽兽,其中的意思就是说它们乃非理性的即不能够进行自控;因此,当我们说某种动物是 brute 时并不带有谴责之意,"它们是 brute"这一借口可以解释它们任何看似荒唐的行为。皮尔士这里的 brute force 正是在此意义上将 brute 作为形容词使用的,即用来指"丝毫不来自理性的力量,就像警察或执行官手臂的肌肉力量,即便它服从的是理性"。参看 SS 66 - 68。——引者注

一般都认同……一般观念是语词……通过不论什么机制……在某种真正而专门的意义上一般观念的确产生了巨大的物理效果。"(EP 2:326)这里明显涉及思想观念的力量,也正是在此意义上并借用黑格尔的用语,皮尔士有时把理论修辞称作客观逻辑。皮尔士把方法论作为指号学逻辑中最生动、最高级的部分,并称它将导致最为重要的哲学结论;遗憾的是,皮尔士对方法论这一分部的专门论述是三个分部中最少的。尽管如此,我们还是可以从有关论述中看到皮尔士在方法论或理论修辞上真正关注的东西。正如皮尔士学者里斯卡(James Jakób Liszka)所说,"一旦理解了皮尔士对理论修辞的意谓,我们就能清楚地看到他的大量工作都专注于此。事实上,理论修辞弥漫于皮尔士的整个作品中,只是它没有以系统化方式整理起来而且有许多散断的线索"①。

有关方法论所涵盖的具体内容,我们还是从皮尔士的"项目计划书"来看。皮尔士说,在方法论中,我们设定所考察的指号符合批判学的条件并且是真的,正如批判学逻辑询问指号是否以及如何符合其意指的最后对象即实在,方法论则寻找所意欲的最终解释项并询问指号为了适合该意图必须符合什么样的条件。他说,在方法论中我们可以诉诸在理论语法或批判学中不允许的某些方法,方法论是对优势(advantages)的一种理论研究,因而很类似政治经济学的纯数学部分;它尤其关注外展或以假说开始的推理。在三类基本论证中,外展是唯一在被承认有根据后还要询问是否有优势性的一种论证;但是由于启发或发现工作(heuretic)的理论整个归在方法论下,方法论不能忽视任何一种论证。他说,期望在时间所能揭示的东西之外发现任何东西,不仅是无望的,而且是毫无意义的,因而所谓发现就是让或迟或早发生的事件加速,因此发现的艺术就纯粹是一个经济学问题了;有关研究的经济学是有关发现艺术的主要学说,外展推理是发现工作的第一步,其中涉及经济考虑。皮尔士还说,历史上被研究最多的方法论内容是有关词项的定义或划分方法,除了这些以及有关科学研究的经济学,方法论还涉及有关科学研究的路线,即从科学分

① James Liszka, *A General Introduction to the Semeiotic of Charles Sanders Peirce*, Indiana University Press, 1996, p.78.

支的历史比较看科学自身发展的合理轨迹,还涉及学说体系之间的合理性比较。最后皮尔士还把客观逻辑包括进来,它主要关注观念作用于外部世界的逻辑过程;他说我们完全可以不带隐喻地说"真理和正义是这个世界上最伟大的力量",因为思想观念并不仅仅是物理世界的一种样式(aspect),它凭借一种不同于机械决定论的目的因,可以推动思想观念的捍卫者并给予他们力量。

从皮尔士对于方法论的定位来看,在理论语法及批判学之外的一切能够促进真理实现的考虑都至少与逻辑学的这个第三分部有关,要不然逻辑学仍然存在不足以担当求真工具的使命。因此,笔者认为,他在"项目计划书"中所设立的专题似乎只是特别提到的几个方法论方面。指号学家里斯卡新近对于皮尔士理论修辞的一些发展值得关注。他指出:逻辑与修辞曾经在罗素及实证主义者那里发生严重分化,他们认为单纯的形式逻辑就能说明科学知识,但随后波普尔、库恩、劳丹(Larry Laudan)等人的工作表明科学哲学应该关注具体探究过程中的另外一些重要因素,可以说皮尔士提出把方法论作为逻辑学的一部分,正是及早预见到科学认识的复杂性。同时,里斯卡大胆猜测,皮尔士关于科学态度、科学精神、科学共同体等方面的论述也应该归在方法论之下。①里斯卡文中的许多断言仍有待结合皮尔士文本以及当代哲学的最新研究进行进一步论证,但至少他将共同体作为方法论逻辑的重要内容是有充分根据的,因为皮尔士明确强调逻辑学应该根植于社会原则之中:

　　……死亡使得我们冒险以及推理的次数有限,也使得它们的平均结果不确定。概率及推理这些概念依赖一种假定,即这种次数是无限大的。由此我们碰到了困难……我看只可能有一种解决办法。在我看来,我们被迫如此,逻辑性(logicality)无情地要求我们的利益**不能**有局限。它们必须不能止于我们自身的命运,而应该包括整个共同体。这个共同体也一定不能有限度,它要拓展至所有我们能够进行直接或间接理智交往的人类。……谁若是不牺牲自己的灵魂来拯救整个世界,在我们

①　参看 James Liszka, "Peirce's Revolutionary Concept of Rhetoric," in *Proceedings of the Applying Peirce Conference*, Helsinki, Finland, 2010。

看来,整体来说他的所有推理就是不合乎逻辑的。(CP 2.654)

第五节　从指号学说开:重新理解反心理主义

指号学涉及的范围过于庞大,我们无法全部在本章呈现。况且,尽管指号学逻辑是皮尔士开创的新领域,但他本人也承认自己是一位新手,面对巨大的工作量,只能挑选重要的问题讲。(EP 2:413)皮尔士指号学的许多细节问题,在当代哲学讨论中是很有意思的;但除了个别问题我们将在后面章节涉及外,它们大都不得不在本书中略去。不过,在本章的最后我们还是需要对皮尔士指号学逻辑的一种可能误解进行特别澄清。

如上,我们跟随皮尔士把逻辑学归结为指号学,从而把某种认识论包含于其中,这在经历过反心理主义浪潮的当代逻辑话语中,极易被指责为心理主义的"复苏""抬头"。笔者认为,今天有许多逻辑学家坚持与知识理论划清界限,可能主要就是因为惧怕认识论一度背负的心理主义罪名。如果不能澄清皮尔士指号学与心理主义的"牵扯",皮尔士的此种逻辑框架就很难在当今学界得到理解和推广。另一方面,虽然反心理主义一度成为弗雷格、胡塞尔之后主流哲学(既包括分析哲学也包括大陆哲学)的一个响亮口号和醒目标语,但心理主义到底是什么,或者说,反心理主义到底是在反对什么?或许这至今仍是一个不够明晰的问题。①作为 20 世纪分析哲学、现象学之外

---

①　在新近出版的《哲学、心理学及心理主义》一书中,多位学者较为详细地考察了哲学中所谓的心理学转向的种种复杂情形:心理主义与反心理主义之争本身就源于心理学既研究主观心理现象又演变成为实验科学这一特殊的学科地位,不少习惯上被归为心理主义阵营的哲学家实际上也并非批评者所假想的那种激进类型,不少被尊称为反心理主义英雄的哲学家实际上也并非完全避免了心理主义的嫌疑;而且,即便在反心理主义占上风之时,许多心理主义在乔装为直觉主义逻辑和数学、认知主义、自然主义认识论后又能重新得到承认。因此,笼统意义上的心理主义与反心理主义之争仍是无定论的。具体参看 *Philosophy*, *Psychology*, *and Psychologism*: *Critical and Historical Readings on the Psychological Turn in Philosophy*, edited by Dale Jacquette, Kluwer Academic Publishers, 2003。有关心理主义的一种科学社会学式的考察,也可参看 Martin Kusch, *Psychologism*: *A Case Study in the Sociology of Philosophical Knowledge*, London and New York: Routledge, 1995。

第三大哲学传统即实用主义的创始人,皮尔士既与弗雷格一道成为现代逻辑的奠基人,又与胡塞尔拥有极其接近的现象学理论,因此他似乎必然无疑会站在反心理主义阵营。事实上,深入皮尔士作品内部,我们的确发现皮尔士正是自始至终明确反对当时所流行的心理主义趋向。但实情并非如此简单。因为有研究发现皮尔士可能是美国第一位实验心理学家,他的理论与当代几乎任何心理学研究领域都有相关性。[1]同时皮尔士还看到:(1)尽管逻辑学不能奠基于心理学之上,但它直接关注思想本身;(2)尽管心理学不能替代哲学思考,但哲学的一大特征正是心灵研究;(3)虽然真正的心理学仅属于特殊科学,但其实任何科学都带有一种目的因或精神因。在本节中,我们将为皮尔士指号学的心理主义指责正名,同时从皮尔士关于指号学与心灵研究之间关系的复杂性辨析入手,试图为理解和把握逻辑及哲学上的心理主义与反心理主义之争开辟新的视域。

一、关于逻辑学与心理学的关系

皮尔士终生致力于逻辑学研究。作为现代逻辑的创始人之一,他坚决反对英国密尔及德国西格瓦(Christoph von Sigwart)等人的心理主义逻辑,反对把逻辑工作完全主观化、个人化,并坚持在指号学语境下开展逻辑研究,强调个体心理、生理、语言等方面的实际状况对于推理逻辑性的不相关。但同时他始终认为,作为规范科学,逻辑学是有关思想法则的科学,逻辑学以助益思想为要务,推理也总是设定某种心灵事实,不关注心灵和思想本身的逻辑学只会沦为琐碎的形式主义。甚至可以说,我们的逻辑其实就是"有关心灵运作的逻辑"。(CP 4.539)

早在同时代德国人弗雷格、胡塞尔的反心理主义高歌唱响之前,皮尔士在1865年哈佛讲演"论科学逻辑"中,把2000多年来有关逻辑的诸多定义分为两类,即具有心理特征(或人类学特征)的逻辑与不具有心理特征的逻

---

[1]　Clyde Hendrick, "The Relevance of Peirce for Psychology," in *Charles S. Peirce and the Philosophy of Science: Papers from the Harvard Sesquicentennial Congress*, edited by Edward C. Moore, University of Alabama Press, 1993, p.333.

辑。后者包括把逻辑学界定为有关证明或推断的科学的,或把逻辑界定为有关真理的科学的,或把逻辑界定为有关计算的科学的;前者包括把逻辑界定为有关讨论的科学的,或把逻辑界定为有关认识或理解的科学的。皮尔士本人倾向于不具心理特征或人主观特征的逻辑定义,但他认为上述那些声称不具心理学特征的定义都是不完整的、有缺陷的;相反,在当时被许多逻辑学家归在心理派的康德定义,即逻辑乃有关心灵活动(知性、理性)规律的科学或有关普遍思想形式的科学,却受到皮尔士的青睐。皮尔士同时还指出,实际上,虽然这一定义的前半部分带有明显的心理特征,而后半部分却很少有什么心理特征。遗憾的是,康德之后很多逻辑学家常常把这一定义粗暴地修改成各种明显具有心理主义特征的定义,譬如密尔说"逻辑是用于评估证据的有关理解活动的科学",德摩根说它作为一种探究工作所考察的是推理中的心灵活动,还有人说逻辑所处理的是有关思想中灵魂活动的法则。总之,在某种意义上,当时逻辑学领域中心理主义的流行是与对康德定义的理解分不开的。为此,皮尔士把恢复对康德定义的正解作为他反心理主义逻辑研究的一个重要前提。

他毫不客气地指出,上述密尔等人的说法都是极其错误的,"逻辑学与理解工作、心灵活动或智力事实毫无关系。这一点已有康德学者多次表明。而我要进一步表明,我们应该接受彻底非心理主义的逻辑观,而且我们这样做时并不必完全颠覆已确立的观念"。(W 1:164)这里,皮尔士句末所说的意思是:康德逻辑学在本质上与心理学无关,而且我们可以在康德定义的基本框架下得出彻底非心理主义的逻辑观念。我们将看到,皮尔士把对康德定义的诠释重点放在了对逻辑、思想和符号三者关系的把握上。他以写在黑板上的"所有征服者都是屠夫,拿破仑是征服者,所以拿破仑是屠夫"为例进行解释:

　　　　当我写下这个三段论时,它对我而言具有一种特定的逻辑特征;你们大家在读到它时也具有同样的逻辑特征;如果你们明天读到它,它也会具有同样的逻辑特征;只要它一直在黑板上,它就会保留同样的特征,不论有谁读到它。现在,这一逻辑特征仅仅是一种**思想**吗?我在写这个三段论时的所想,作为一个事件,不同于你们任何一个人的所想;而你们每一个人再次读到它时的思想也不同于你们刚刚读到它时的所想。这些思想有很多个,但该形式却只有一个。因为书写在黑板上的那种东西保持不变。因此,一直决定着该形式的是我所写下的东西。……那种逻辑特征属于我们的思想,但至少同样程度上也属于书写在黑板上的东西。(W 1:164-165)

事实上,这里书写在黑板上的东西只是一种符号,我们心中每一种思想也都只是一种符号,而逻辑法则是适用于所有符号的(既包括内部符号也包括外部符号)。"我们为何要合乎逻辑呢? 因为我们希望我们的思想成为事实的表征或符号。因此,很显然逻辑应用于思想只是因为后者是一种符号。所以,逻辑主要是应用于符号的。"(W 1:166)但是,皮尔士并不打算放弃"思想"一词而只把逻辑与符号联系在一起,因为毕竟"逻辑乃有关思想形式的科学"乃我们最容易理解的说法。在此,皮尔士表现出一贯精细的语义分析,他认为我们完全可以在客观意义上来理解"思想",逻辑形式所涉及的思想并不一定是某某实际的思想过程,而只是一种符号表征、一种"可能的思想"(possible thought)、一种"普遍思想"(thought in general);逻辑形式已经实现在符号本身内,每一种符号表征都具有逻辑关系,不论它是否实际上被想到。因此,当我们跟着康德说逻辑是有关普遍思想形式的科学时,我们真正所要说的可能就是它乃关于符号表征形式的科学,其中并无额外的主观心理特征。

此外,皮尔士还提到,在康德那里,"形式"也不像通常所认为的那样属于心灵直观问题,它可以完全脱离开心理学进行考察,譬如几何和代数学都表明我们可以完全不涉及任何心理学而进行研究。由此我们看到,皮尔士以符号表征超越个人思想,以普遍的、客观的可能思想超越个人的、主观的实际思想,以思想规范语境超越心理描述语境,从而完成了对康德逻辑定义的反心理主义诠释。正如他自己所说,对康德的逻辑观,他"坚守该定义的本质,但要从一种视角去看,以使得它不具有比实际更多的心理学关涉"。(W 1:306)在1866年的洛厄尔讲演中,皮尔士进一步重申自己的反心理主

义立场,他说:

> 面粉检查员不必知道小麦凭借何种力量生长;分析化学家不必发现他所考察的物质凭借什么过程生产出来的。同样,逻辑学家也不关心论证是依照什么心理过程产生的。这是一个简单而重大的论点,我从理性上赞同,而且我作为逻辑学者所有与之有关的经历都证实了这一点。(W 1:361)

皮尔士这种指号学语境下的反心理主义在他后期的存在图逻辑中表现明显,他坚持从客观意义上来理解"思想"和"心灵":指号可以看作是准心灵(quasi-mind)(CP 4.550),思想并不必与人脑相连(CP 4.551),甚至机器[①]也能进行推理。他强调真正的逻辑不同于思想的"自然史",并明确指出,"当我说存在图把动画思想置于我们面前时,我所意谓的思想在本质上不涉及生理及其他偶然事件"。(CP 4.8)

除了从指号学语境出发提出反心理主义立场外,皮尔士还从对诸推理类型的分析、对推理与知觉判断的关系的把握、对德国逻辑学家中的感觉主义倾向的批判等多个侧面强化自己对于逻辑研究与心理学关系的立场。

首先,在1898年的剑桥讲坛系列演讲中,皮尔士在第三讲开始之前特意重提了逻辑学完全独立于心理学。他指出,逻辑与心理学的关系是非常基本的一个问题,

> 若是不能完全清晰地理解这一点,你一进入逻辑学便有可能深陷泥潭。我所提出的命题是:逻辑学,在严格意义上,完全无关于你如何思考。……狭义的逻辑学[②]所关注的主要是区分推理的好坏以及或然

　　[①]　机器可以看作一般思想,是抽象产物。我们说机器能进行三段论推理,当然不是说,机器能代替人的实际思想,而只是说它能表现一种逻辑关系,即"如果能以如此这般语言形式所表达的事实为真,则其表达式与这些事实具有某种关联的另一事实也为真"。(CP 5.329)皮尔士这里"一般思想"与"实际思想活动"之间的区分,在当代英语哲学文献中,有时表示为 thought 与 thinking 之间的不同。

　　[②]　皮尔士演讲的主题是狭义逻辑即论证批判,但他不忘强调,他所谓的"逻辑学无关于我们如何思考"这一论断同样也适用于广义上的逻辑即指号学。(RLT 143)——引者注

推理的强弱。其次,逻辑学还关注为了做出这些推理区分而必须研究的所有东西。此外,就再没有什么了。于是,演绎论证是否为真的问题不过就是:是否在某种不论什么**为真**的领域中,前提所述**事实**为真而结论所述**事实**却并不同样**为真**。(RLT 143)

也就是说,演绎论证所关注的问题只是"一个假说与另一假说之间的数学关系。考察整个事情到底是以何种方式思考的,这跟逻辑问题毫不相干,这就好比是在探究那些命题是用英语写成的还是用匈牙利语写成的"。(RLT 144)至于归纳推理和外展推理,由于它们乃演绎推理的反向变型①,因此也是与我们实际如何思考不相干的。

其次,在1901年为鲍德温《哲学与心理学辞典》撰写的"逻辑"词条中,皮尔士专门批评了在逻辑推理中诉诸直接意识的做法,即主张某些推理为好或坏那是因为它被感觉如此。这种观点以德国西格瓦为典型,他把逻辑学奠基于我们对于矛盾难以抑制的内心排斥或者"有关必然性的直接感觉"之上。皮尔士以欧几里得的某些命题为例进行驳斥,他说:2000多年来,人们都坚定不移地感觉这些命题的证明是正确的,但直到最后我们才发现其中存在错误。显然,如此求助于直接意识是不可靠的,"在推理中,某人可能感觉他一定是正确的;但此种确信仅仅'依靠'自身,这等于没有任何依靠"。(CP 2.209)不幸的是,这种观点在许多逻辑学家那里都不同程度地出现,甚至施罗德也在某种程度上继承了西格瓦的观点。有时皮尔士把这种建立于内心满足之上的逻辑研究倾向与伦理学上的享乐主义、美学上的主观主义、形而上学上的观念论归在一类。(CP 5.85)

最后,在1903年的哈佛讲演中,皮尔士把知觉判断作为逻辑推理的起点,并强调知觉判断中包含有一般性成分;这不免有心理主义之嫌。但他立即澄清,这绝不是把某种心理学命题作为基础:

我的原则绝对不允许我在逻辑学中运用心理学。我完全限定在无

---

① 关于这方面的讨论,参看本书第五章第一、二节。

可置疑的日常经验事实以及由其可推演而来的东西。我所意谓的知觉判断只是绝对强迫我所接受的一种判断,而且其过程是我完全不能加以控制因而也不能进行批判的。(CP 5.157)

在下文将看到,此种知觉判断类似于人类常识,绝非某种心理学研究结论。

尽管皮尔士一生中多次表现出强烈的反心理主义倾向,但若要准确界定皮尔士有关逻辑学与心理学关系的立场,我们必须同时指出事情的另一方面,即在皮尔士那里逻辑学确实乃关于思想的科学,而且其成熟的逻辑学观念远没有通常的形式逻辑那样"纯粹"和"局限"。皮尔士一方面说逻辑并非关于我们实际如何思想的科学,另一方面说它是关于我们应该如何思想的科学;一方面说逻辑学不关心我们应该如何思想以符合实际用法,另一方面说它要关注我们应该如何思想以便真实地思考。(CP2.51)因此,在他所反对的与所坚持的之间似乎只有视角之别,而不存在是否相关于思想这一差别。作为一门规范科学,皮尔士特别要求逻辑学关注人的思想规范,以有助于人的思想习惯更适于获致知识、追求真理。为此,他很不看重德摩根所划分的八种简单命题,认为它们中任何一个都没有什么特别的重要性,并评论道:"形式逻辑一定不能太过于形式化;它必须表征一种心理学事实,否则将有堕落成数学娱乐的危险。"(CP 2.710)他这里所说的"心理学事实"主要是指"我们总是从推理前提所代表的信念状态达到由其结论所代表的信念状态",也就是说,逻辑学由以产生的最初观念就是"一命题由另一命题而得出",无之我们将不能学到任何东西,也不可能修正任何意见。事实上,皮尔士曾不止一次提到逻辑学与心理学的相近之处,比如说:"心理学当然不与心外之物打交道。而逻辑学则更是如此。到底是否有**实在体**这种东西,逻辑学家不去作决定。"(CP 2.65)再比如:"两个哲学分支相比较而言,逻辑学好像与心理类科学联系更密,形而上学与物理类科学联系更密。"(RLT 116)。他还说:"推理是由心灵来执行的。因此,逻辑学家一定不能完全忽视有关心灵的科学。"(CP 7.418)甚至皮尔士还直接把贝克莱、康德等人的认识理论放在他所谓的狭义逻辑之前,作为他广义逻辑即指号学的理论语法部分。而且在狭义逻辑之后，还有一种学说由于与推理理论密切相关，因而属于逻辑学范围，即理论修辞。众所周知，所谓语法和修辞在过去一般都被认为是与形式逻辑的"纯粹性""客观性"无法相比的，而在皮尔士看来，逻辑学为了达到自身目标，就必须同时包含这些内容，况且这些内容并不一定要等同于通常所谓的心理学理论（这一点我们将在下一部分详细论证）。

　　回过头去，我们如此明确逻辑学作为思想科学的这一特性，这并不意味着皮尔士对自己的反心理主义立场有所妥协，只是说他的反心理主义并非泛泛而论，而是有特定的批判对象的。因为，皮尔士坚持认为，作为规范科学的逻辑学，其所关注的思想是独立于你我的，也就是说，那是不涉及任何主观随意性的"思想"。正如他所说："逻辑学是关于思想的科学，不仅是指作为心理现象的思想，而且指一般意义上的思想、思想的一般法则和种类。"（RLT 116）他在卡耐基项目申请书中有专章论述逻辑学的心灵概念，并强调："逻辑学家的心灵概念一定不同于心理学家的。如果逻辑学家谈论什么心灵运作——他是值得这样做的，虽然在科学上并非必不可少——那对'心灵'的意谓必定很不同于心理学家的研究对象。"[1]他还以不同的说法表示：逻辑学作为思想科学，其所涉及的是精神上（psychical）而非心理学上（psychological）的事实，"那些逻辑学家一直把**精神**事实与**心理学**事实混淆起来，但是二者之间的区分却是任何想踏上那条通往严格真理的狭窄小路的人都要首先予以考虑的一种区分"。（CP 5.485）[2]

二、关于哲学与心灵研究的关系

　　或许有人注意到，皮尔士在逻辑学领域所驳斥的心理主义很多时候并

<hr/>

　　[1]　C. S. Peirce, "On the Logical Conception of Mind," available at https://arisbe.sitehost.iu.edu/menu/library/bycsp/L75/ver1/l75v1-05.htm(Retrieved 2023.2.4).

　　[2]　海德格尔从自身本体论出发提出的有关思想的一种基本区分，即，作为思想活动的思想（thinking as an act of thinking）与作为所思的思想（thinking as what-is-thought, the "thought"），可视为对皮尔士这里所谓"思想"概念区分的另一种表达。参看 Martin Heidegger, *Logic: The Question of Truth*, translated by Thomas Sheehan, Indiana University Press, 2010, p.45。

非近代意义上的实验心理学,而往往是对逻辑推理中自我、个体等主观相对因素的批判。这似乎与近代心理科学成型之后日益彰显的心理主义浪潮有所不同。为进一步解释皮尔士的反心理学主义,我们不妨把视线投射逻辑学所在的整个哲学范围来看:哲学研究到底在什么地方不能沿着心理科学的路线走? 哲学研究又在什么意义上需要涉及心理事实?

　　我们先来看,心理学在皮尔士时代的地位及其在当时哲学家中的影响。虽然今天大都认为有关反心理主义的声音最早是在逻辑学领域响起,但我们一定不能忘记:心理主义最初是作为一种哲学趋势①,而且反心理主义之所以成为一种新的时代强音,也主要是因为哲学家们的努力。②在皮尔士的时代,心理主义几乎成为一种时尚,而之所以有这种趋向性,主要是因为许多哲学家高度评价心理学作为科学所取得的荣耀。1901 年,皮尔士在一篇伦理学书评中慨然指出,"科学心理学在过去 40 年间所取得的巨大成功,而很自然地被人们赋予一种地位,这种地位在哲学上是不应该给予任何单纯的特殊科学的,但它正是心理学一直以来竭尽全力所要拥有的"。(CP 8.158)1903 年,皮尔士在为《哲学与心理学辞典》第二卷所作的评论中再次谈道:20 世纪之初的哲学趋向之一就是把心理学视为哲学(包括范畴论、美学、伦理学、逻辑学、形而上学)的关键。

　　　　这种倾向自笛卡尔以来就一直有;而大约在 1863 年之后,每一位哲

---

　　①　一种常见的说法是,近代心理学正是从古代哲学这一知识总汇中逐步独立出来的。

　　②　进入 20 世纪,心理主义遭到大批权威哲学家共同而一致的反对,当时的布伦坦诺为之不禁感慨:"心理主义的罪状已被加在我的知识理论之上。这个词最近开始用到,许多虔诚的哲学家一听到它——像许多正统天主教徒听到现代主义这个词一样——就在自己胸前画十字,仿佛恶魔就在其中。"(转引自 *Philosophy*, *Psychology*, *and Psychologism*: *Critical and Historical Readings on the Psychological Turn in Philosophy*, 2003, p.1)库什(Martin Kusch)的知识社会学研究也为我们提供了有关反心理主义的有趣史料:(1)作者收集了 19、20 世纪之交被指责为心理主义的 139 位哲学家的文本,其中排在前列的有胡塞尔 21 次、密尔 13 次、马赫(Ernst Mach)12 次、冯特 10 次、布伦坦诺 9 次、休谟 8 次、洛克 6 次、贝克莱 6 次,甚至弗雷格也有 1 次。(2)1913 年,来自德国、奥地利、瑞士的 107 位哲学教授联名致信德国教育部,要求废除实验心理学家作为哲学教授席位的候选人。(3)1911 年,胡塞尔写信给马堡大学的那托普,建议哲学教授组成协会一起对抗实验心理学家。(转引自 *Philosophy*, *Psychology*, *and Psychologism*: *Critical and Historical Readings on the Psychological Turn in Philosophy*, 2003, pp.190 - 191)

学学者即便认为当前的倾向太过于心理主义，他也对于心理学的科学价值比以前有了新的更高评价。我们看到，这门科学曾经在人们争论第一知识的时代比任何哲学分支都更加深陷形而上学迷雾，然而几乎突然地，薄雾抹去，一下子如 6 月的上午一般明亮清澈。（CP 8.167）

正是心理学的这种"首度昌盛"，使得汉密尔顿等许多哲学家愿意把哲学等同于心理科学，从而把逻辑学以及美学、伦理学都作为心理学研究的分支。但是，当众多哲学家对心理学所取得的进展欣喜若狂，进而要把哲学心理学化时，皮尔士则更多看到了心理学的困境及其在哲学研究中的无能为力。皮尔士作为职业科学家，他从不否认心理学这门实验科学已取得的一系列成就，但他坚决反对心理主义倾向，即要把心理学这门特殊科学的原则普遍地向哲学等其他科学渗透。把哲学的一切都奠基于科学心理学之上，或者说，把哲学仅仅作为一种应用心理学，皮尔士认为这是当时大多数哲学家都"操之过分"的地方。因为，大凡仔细的研究者很快就能发现，心理学与物理学一样也必然要预设某种世界观即形而上学理论，也就是说，心理学作为一门特殊科学，必须奠基在哲学研究之上。

如果心理学需要依赖形而上学，而形而上学依赖逻辑学，特别是如果像有些人所主张的那样，逻辑学又依赖伦理学，那么把伦理学、逻辑学和形而上学反过来奠基于心理学之上，这种循环的自我支撑就毫无基础可言了"。（CP 8.167）

综观皮尔士有关哲学与科学心理学关系的论述，我们将发现，以上有关逻辑学的非心理学定位只是皮尔士哲学反心理主义的一种局部显现，因为逻辑学在皮尔士的科学分类法中被明确作为哲学的一个分支。皮尔士的反心理主义在更广泛的语境下是与他对哲学与心理学学科性质的辩证分析分不开的。以下，我们从两个方面继续看：

第一，哲学作为涉及人类经验的实证科学，其所处理的现象完全不同于实验心理学中的那种特定经验；它所研究的心理事实更多属于当代一些哲

学家所呼唤的"哲学心理学"。在第一章中所讲到的皮尔士科学分类法中,
我们一般所指的 19 世纪昌盛发展的"科学心理学"只能归在专识科学下广
义心理科学中的一个分支。同时,皮尔士的分类法是一种层级结构,上下各
科学分支之间具有依赖关系,即在下位的、更具体的科学依赖于在上位的、
更抽象的科学,而事实上,哲学虽然位于数学之下,却在特殊科学之上;因
此,既然二者属于完全不同的层面、具有不同的观察方式,哲学工作不可能
被心理学研究所替代,哲学这一更为抽象的科学也不可能从心理学这一更
为具体的科学中获得指导性原则,后者对于哲学的作用更多在于提供思想
材料。当然,仅仅搬出皮尔士的科学分类法,从而把哲学与心理学分列开
来,这样的说明似乎不够充分。因为,或许当代反心理主义者所指的心理学
并非就是皮尔士特殊科学中的那一分支。

　　澄清心理学的所指对我们这里的分析至关重要。从皮尔士文本来看,
他前后所使用的"心理学"一词意义确实也很广泛,有时简直可以包括一切
关于心的研究。譬如,他经常提到近代早期笛卡尔、洛克等人的心理学,这
些工作主要涉及观念联想、抽象、习惯、信念、意图等等,皮尔士的经典两篇
《信念的确定》和《如何使我们的观念明晰》也正是在此种意义上被当代著
家指责为心理主义;但我们将看到,这实际上是对皮尔士的误读。①因为这些
研究工作即使称得上广义的心理学,但绝不同于现代实验心理学;在某种意
义上,它们是宽视野的、意义深厚的、不局限于实验技术的哲学研究。对此,
皮尔士本人有着明确的认识:

　　　　由笛卡尔至康德这一时期的逻辑学家们不能因为很少看到心理学
　　与逻辑学的区分而受到太多指责,由于他们时代的心理学不论是理性
　　的还是经验的,大多只在于对思想产物的逻辑分析,这一点我们今天的
　　每一位心理学家都会承认。甚至詹姆士·密尔(James Mill),尽管他
　　《有关人类心灵的分析》具有非凡的说服力,但其门徒们对心理学的理

---

　　① 有关对皮尔士心理主义指责的清理和正名,还可详细参看 Jeff Kasser, "Peirce's Supposed
Psychologism," *Transactions of the Charles S. Peirce Society*, 1999(3), pp.503 – 526。

解也远不同于现在的理解。(CP 2.41)

为了把这种广义心理学与作为特殊科学的心理学或近代实验心理学区分开来,皮尔士有时把后者限定为生理心理学①,而除此之外的内省心理学似乎归在前者。在某种意义上,近代突起的作为科学的心理学所涉足的领域只是生理心理学,而内省心理学方面几乎不受重视,因此可以说,近代实验心理学并未真正理解何谓心灵以及心灵何为。笔者认为,这是一种极其敏锐的洞见②;有了这种区分,我们很容易达到对近代实验心理学的局限性的认识,也很容易看到近代实验心理学与哲学的心灵研究工作之间的旨趣差异。事实上,当代哲学家安斯康姆(G.E.M.Anscombe)在《意向》等著作中所呼唤的"哲学心理学"就是皮尔士在近代实验心理学之外所看到的这种属于广义心理学的哲学研究。如果我们今天能以此种哲学心理学的视角来看待皮尔士本人在"经典两篇"中的"探究逻辑",定然不会得出任何"心理主义的嫌疑";因为与上述皮尔士对近代早期哲学家的心理学工作评价一样,皮尔士所做的工作也完全不同于像近代实验科学一样的狭义心理学。如果说如上节所论,逻辑学作为哲学也关注心灵的话,而且如本节所论,近代以来心理学已逐步演变和限制为一种特殊的实验科学的话,那么,不论我们如何选择不同的术语,有一点是明确的,即逻辑学所谓的"心灵"都是不同于心理学所处理的"心灵"的:

由于今天的心理学家不仅拒绝声称任何**灵魂**知识,而且竭力避免谈到**心灵**,后者现在根本不作为科学术语;因此,我不打算说逻辑学如

---

①　皮尔士有时把作为特殊科学的心理学称为"专门(proper)心理学"即研究有限心灵运作的经验科学,它是有关"心灵的生理学"。(EP 2:501)也正是在生理心理学的意义上,皮尔士曾指出:只有在心理学理论结束的地方,所谓有意识进行的有控制的思想才真正开始。(CP 2.63)因为,近代实验心理学只是描述性的,真正意义上的反省并未进入其视域。也因此,我们甚至看到皮尔士在约翰·霍普金斯大学的第一堂逻辑课是从讨论逻辑学与生理学的关系开始的。

②　后来的哲学家海德格尔在谈到现代反心理主义哲学运动时,从古希腊词源学的角度进一步澄清了我们所谓"心理学"之概念的长期模糊性。他用欧陆哲学惯有的术语表达了皮尔士所谓两种不同进路的心理学研究,即,解释型心理学与理解型心理学。参看 Martin Heidegger, *Logic*:*The Question of Truth*, translated by Thomas Sheehan, Indiana University Press, 2010, pp.29 - 30。

此不涉及心灵。我想采用一种意义上的心灵以使得上述说法可得到证实;但在任何说心理学——今天所承认的科学心理学——处理心灵的意义上,我要说逻辑学对其毫不关心。(EP 2:311)

第二,相对于一些典型的成功科学,实验心理学所取得的进步是有限的;而心理学处于这种状态,其缺乏哲学基础,则是主要原因之一。虽然皮尔士认为心理学在 19 世纪所取得的突破是无可争议的,但他丝毫不觉得在近代各特殊科学中心理学的进步是最大的,相反他认为心理学作为科学还远不够成熟,其进展是相当有限的。1905 年,针对有狂热者提出心理学所取得的进步在所有科学中前所未有的说法,皮尔士不禁叹息,并遗憾地向他们指出以下事实:

> 自 1860 年以来,纯粹数学的基础已得到重构;严格逻辑得到发展;物理学有了光电理论,而且全新的分子力概念得到确立;有机化学贯彻了芳香族化合物学说,还增加了非对称碳原子学说;在无机化学方面,元素划分法已得以揭示,增加了氦氩元素群,而且居里夫人宣布了她魔术般的窍门,除此之外,还开创了一种新的更加科学的化学门类;生物学也同样获得革新;天文学有了新的天体物理学;地质构造学也与其他科学保持同步。甚至在广义心理科学方面,语言学、人种学、考古学和远古史也都发现和完善了新方法。总之,没有一门科学不把心理学远远甩在身后……(CP 8.196)

因此,非常值得深思的一个问题是:一度令学界欣喜若狂从而掀起心理主义热潮的心理学,为什么会是今天这样? 心理学到底出现了什么问题呢? 有人曾暗示,现在心理类特殊科学缺乏一种类似为物理类特殊科学所用的动力学(dynamics)的科学基础。这里,所谓动力学,并非另一门旨在发现新现象的特殊科学,而是侧重于对日常现象即普遍经验迫使我们每一个人所认同的那些东西进行分析:"此种普遍经验可能达不到显微镜下的精确性,但每一个从事实验的人都会认为它们大体上是真实的,因此它们要比任何实验室的实验结果都更加确定。"(CP 8.198)皮尔士认为,这里所提到的心理学所缺乏的基础,正是问题的关键所在。其实,在18世纪出现的常识哲学甚至之前的洛克哲学都可看作是奠基于日常所有人普遍经验之上的基础科学,其中不仅包括动力学方面的,同样也包括作为心理类特殊科学基础的分析理论。(CP 8.199)不能说心理类特殊科学原本就没有与动力学相对应的一种科学基础,而只能说心理主义兴起之后的心理学家们忽视了它们。因为,从刚刚对动力学的解释来看,它显然属于我们上文所提到的通视科学即作为广义实证科学的哲学,与之相应,作为心理类特殊科学的基础的也同样属于哲学;而当时心理学家和哲学家们顽固地把一切哲学奠基于心理学成果之上,正是这种心理主义使得他们无视心理学的理论基础以及哲学科学的功用。以冯特心理学为例,皮尔士认为,冯特自己早期的心理学作品实际上都依赖某种类似"动力学"一样的常识哲学,但是他以心理学研究的方法从事哲学研究时却反对哲学等一切不奠基于特殊科学结果之上的东西,从而走向心理主义的死胡同。如果我们继续援引上文提到的科学分类法来说明,问题可一目了然:心理学作为一种特殊科学,与哲学(即通视科学)相比,属于层级结构的下位,因此它毫无疑问要从上位科学即哲学那里获得理论支持。没有哲学基础的心理科学是不可能的,没有牢靠的哲学支持的心理科学也是没有发展后劲的,因为哲学作为抽象科学,其所处理的对象属于普遍的整体现象,而心理学作为抽象科学,其所处理的对象属于特定的现象片段,后者本来就隶属于前者。由此,也不难理解,我们经常会发现皮尔士在逻辑反心理主义论述中不仅坚持认为逻辑学不能建立于心理学之上,而且反过来强调心理科学需要有逻辑学的支撑。"为了同时既作为心理学又不至于让大部分内容都变成逻辑分析,心理学必须一开始就奠基于逻辑学之上。"(CP 2.51)"逻辑学的确依赖于某些经验事实,其中包括有关人的事实,但它决不依赖于任何有关人心灵的理论或任何对事实进行解释的理论。"(CP 5.110)逻辑学家所考察的经验事实,譬如存在一种怀疑心态而且心灵试图摆脱疑惑,这些绝非心理学作为系统的心理研究所能提供的,相反,有关那些事实的知识完全先于任何心理科学研究,而且丝毫不受心理科学研究的影响。(CP 2.210)

三、关于科学上的观念论与目的论

如果我们不局限于逻辑乃至哲学领域,而放在整个科学领域来看,那么反心理主义者对心理主义之害的担忧实质上涉及科学事业的客观性这一基本价值。似乎,心理主义代表着对科学工作中的一系列主观或心灵因素的强调和张扬。但是,"容许主观因素"或许并不等同于主观主义,"带有心灵因素"也并不等同于心理主义。在笔者看来,心理主义与反心理主义的问题关系到"作为主体的人如何确保自己的科学工作不丧失客观性"这一难题。实际上,皮尔士的反心理主义也正是与其对于科学本性的把握相融通的:在他看来,一种适当形式的观念论是与科学上的实在论相一致的,甚至推动科学发展的正是某种有关法则规律的观念论思想;再进一步讲,目的因或许并不与现代科学相冲突,目的因与动力因同时构成了科学研究工作的重要机制。

第一,在科学上,正如我们可以同时坚持可错论与可知论一样(EP 1:63 - 64),我们也可以同时坚持实在论和观念论,即有一种意义上的实在主义认识论与某种意义上的观念论形而上学并不冲突。①在皮尔士看来,"实在的东西(real things)在本性上是认知性的因而是指示性的,因此所谓实在(the real)就是指代某种真实的东西的"。(EP 1:58)如第一章所论,科学本质上乃一种探究真理的活动,任何科学活动都设定有不以个人意志为转移的、独立于我们主观之外的实在,即科学探究的可能性本身预设了一种实在论。如果把科学规律作为一种思想,那么我们完全可以说,在科学工作中思想支配我们而非我们创造思想。值得关注的是,当我们从形而上学上追问何谓实在时,这种实在论思想同时又是皮尔士所自称的客观观念论。在客观唯心论中,他把物质看作衰微的心灵。不过,我们完全不必担心这种观念论会

---

① 有关皮尔士观念论版本的特殊性,更多可参看 Helmut Pape, "The Logical Structure of Idealism: C. S. Peirce's Search for a Logic of Mental Processes," in *The Rule of Reason: The Philosophy of Charles Sanders Peirce*, edited by Jacqueline Brunning and Paul Forster, University of Toronto Press, 1997, pp.153 - 184。

有害于科学,因为皮尔士的科学观念论决不是要取消物质,相反他同时承认"物质除了作为心灵的特殊化,不具有任何存在。……但是……所有心灵或多或少都带有物质的性质"。(CP 6.268)①皮尔士客观观念论的主旨只在于:有一种普遍心灵或一般思想(如法则等理性存在物)并不隶属于我们个人,所谓具体的物质或心灵都只是普遍心灵或一般思想的外化表现或符号形式,而科学的任务正是由这些外在的现象逐步探究出事物真相。更何况,皮尔士的这种观念论具有"条件观念论"的形态,即"真理(就存在某种'真理'而言)独立于个人意见,这是由于它乃充分的探究必然会最终达到的先定结果"。(CP 5.494)总而言之,设定某种独立于个体意见之外的一般思想存在,并不必然会破坏科学的客观性品质;而且这种特殊形态的观念论是完全可以与科学可知论相一致的。②这一点,我们在第六章讨论他的连续主义哲学时将做进一步澄清。

第二,一种健全的目的因可以在科学中扮演积极的角色。我们在第一章皮尔士有关自然分类的思想中已经看到:自然界中并非只有机械法则,而是同时具有目的因。所谓自然选择就是指有某种确定的目的得以实现;目的因所决定的只是其结果要具有某种一般特征,但并不能确定这种一般结果要以什么特殊方式发生。需要另外强调的是,皮尔士认为,忽视目的因在科学中的地位,便会导致而且已经导致有些人"憎恨科学",因为在这些人看来,不少科学工作只是把目的因转变为动力因。须知,"在对自然的研究中,不考虑目的因是很狭隘的;而把目的因视为物质意义上的动力,则更是胡说,一片混乱"。(CP 1.265)总之,"合理性受目的因的支配"。(CP 2.66)尽管如此,你可能仍旧觉得在科学中承认目的论会导致科学与自然神学的混同。但正如皮尔士在科学本性问题上所承认的,相信能对现象进行推理,相

----

① 皮尔士似乎是在兼顾传统唯物主义与观念论的各自优势,因为在他早期就曾经断言:"没有观念论的唯物主义是盲目的,没有唯物主义的观念论是空洞的。"(W 1:111)

② 一定不止皮尔士一人,笔者相信,很多伟大的观念论哲学家在经过深究后都会最终认同观念论背后的实在主义精神。譬如,与达米特(Michael Dummett)对于弗雷格哲学的解读不同,斯鲁格坚持把弗雷格定位为一位康德观念论者,并指出:"可以在一种意义上把[弗雷格关于客观性的]立场称为实在论,但此种实在论并不与观念论相冲突:它本身就是观念论的一种形式。"(Hans D. Sluga, *Gottlob Frege*, Routledge, 1980, p.107.)

信现象受理性即上帝的支配,这本身是一种高尚而健全的信仰;非体制宗教的生活模式跟科学的生活模式在虔诚和热爱等方面毫无二致。实际上,在皮尔士所处的 20 世纪初曾存在一种广泛的哲学倾向,即认为:

> 要问是否有上帝,是不科学的;唯一合理的问题是,我们有哪一种上帝。……因而……不能说设定一种"神人同性论的"(anthropomorphic)上帝就是浅薄的哲学——假若"神人同性论的"意味着**心灵的**(mental)。更为符合科学方法的问题表述方式倒应该是问上帝是一种什么样的心灵;而且,如果我们不能在某种程度上理解上帝之心,那么可以不失公允地说,所有科学必定只会是欺骗和陷阱。(CP 8.168)

甚至可以说,"在否认我们的本能乃上帝的恩赐以及羞愧地规避神人同性论的宇宙观念时,我们在某种程度上是卑劣的"[①]。(EP 2:193)

---

① 更多有关皮尔士观念论及目的论的说明,可参看本书第六章第三节。

第四章 实用主义:皮尔士的一个逻辑准则

实用主义是皮尔士思想影响最大的一面,或更准确地说,是最为后世乐道的一点;因而很长一段历史时期内,"实用主义鼻祖"成为皮尔士的代名词,实用主义被等同于皮尔士哲学的全部。但是,本书从一开始就指出,皮尔士首先是一位逻辑学家,其他一切要么是为了逻辑研究,要么是逻辑应用。本章将尝试论证:实用主义①自始至终都不过是皮尔士的一个"逻辑准则"(在不同的地方,也被称为"逻辑训言""逻辑学说""逻辑命题""逻辑方法")。如果实用主义是一种有关知识的理论,那么必须同时注意,在皮尔士那里任何知识都直接或间接涉及推理,因此知识理论只是他广义逻辑学的一部分。这样说并非意味着实用主义在皮尔士那里不重要,而是指:他本人的实用主义只能在逻辑学语境下才能得到理解。皮尔士曾如此高度评价自己的实用主义:

> 在将其作为我大多数思想的导引后,我发现随着逐年认识,我对于其重要性的感受越来越强。如果它最终为真,它显然是一种绝好的高

---

① 英语有一种非哲学意义上的"pragmatism",曾经在 1952 年之前尤其是在 19 世纪流行,即"多管闲事、爱干涉"(officious meddlesomeness),现已废用。汉语中自 20 世纪以来也流行一种非哲学意义上的"实用主义",是指"有用就行"。二者都不属于本书所论哲学意义上的实用主义概念。

效工具。它不仅适用于哲学。我已经发现它在我所研究过的每一个科学分支都具有显著用处。(EP 2:133)

但需要强调,他关于实用主义的动因、界定、辩解、证明等无不与其逻辑学体系有关。从实用主义这个皮尔士所谓的逻辑准则切入,我们将能见证皮尔士独特逻辑观念的更多哲学相关性,也能看到,与后世流行的实用主义观念相比,最早版本的实用主义所具有的精致性和复杂性。

第一节　实用主义准则的提出

今天的人通过詹姆士等人获悉,实用主义准则(the maxim of pragmatism 或 the pragmatic maxim)是在皮尔士的"经典两篇",即《信念的确定》和《如何使我们的观念明晰》中提出来的。①不过,很多人并不知晓的是,这两篇文章乃皮尔士为《通俗科学月刊》撰写的"科学逻辑阐释系列"六篇中的前两篇。更少人知道的是,已经发表的六篇文章只是皮尔士未完成的逻辑著作计划的一部分:从其有关手稿推断,已经发表的这些可能只占其总计划作为"国际科学系列"丛书之一的逻辑著作的一半不到。②之所以说到这些,笔者是希望提请读者一开始便注意:实用主义本来就是在皮尔士的逻辑导论部分提出的一种学说。从发表于1877年至1878年间的这些论文来看,皮尔士的实用主义与早期分析哲学尤其是实证主义具有颇多相似观点;在不忘记皮尔士把实用主义作为逻辑准则的前提下,可以说,他关于实用主义作为一种方法的观点,间接促进了分析哲学在美国的接受、传播和发展。

---

① 皮尔士晚年讲,这一学说最早在1873年剑桥形而上学俱乐部期间形成;但至少从公开发表日期来看,詹姆士的说法是对的。
② 有关"科学逻辑阐释系列"的不完整性,参看 W 3:xxii 及 W 3:xxxv－xxxvi。

一、一种比传统逻辑更为高级的定义方法

"考虑一下我们认为我们概念（conception）的对象可以设想有哪些与实际相关的效果。然后，我们关于这些效果的概念就是我们关于这一对象的概念的全部了。"（EP 1：132）这是 1878 年皮尔士在《通俗科学月刊》"科学逻辑阐释"系列论文第二篇《如何使我们的观念明晰》中所明确提出而且在晚期著作中多次重复引用的"实用主义准则"。在该文中，实用主义准则被作为一种获致更高思想明晰性的方法，或者说，是一种科学的逻辑定义方法。

从普通教科书来看，逻辑上的定义在于使我们观念明晰，即，澄清概念的意义。在皮尔士之前，尤其是在笛卡尔、莱布尼茨等人的著作中，对一种观念，流行着两种等级的明晰性标准。众所周知，笛卡尔理性主义哲学强调直觉观念的自明性；他指出，观念的确定性有两个等级，即清楚（clarity）与分明（distinctness）：清楚与模糊（obscurity）相对，分明与混乱（confusion）相对。①分明比清楚要求更严格：一个观念可以是清楚的，而不是分明的，但一个分明的观念永远是清楚的。笛卡尔说"当知觉出现并为心灵注意到时，我称它为'清楚的'……如果一知觉不但是清楚的，而且还与其他一切知觉截然分开，以至于它自身中只包含清楚的东西，我称这一观念是分明的"②。把清楚分明的观念从模糊混乱的观念中区分开来是一件费力的工作。他推崇观念的清楚明白，但始终认为观念的明晰只来自心灵的自我反省（内省）。后来，莱布尼茨采用了笛卡尔有关清楚观念和分明观念之间的区分，并把后一品质描述为对包含在定义中的每一事物的清楚理解；从那以后，近两个世纪的逻辑教科书都模仿了莱布尼茨的用语。但是，这个标准依赖理智能力，它只是简单地宣布真理对人类心灵是自明的，没有充分意识到有很多东西

---

①　在笛卡尔"clear vs distinct"的意义上，我们这里把 clear 和 distinct 分别译为"清楚"和"分明"。但有时皮尔士也在不同的意义上使用"clear"，泛指一般意义上的"清楚明白"，此时笔者则通常译为"明晰"。

②　René Descartes, *Principles of Philosophy*, translated by V.R. Miller and R.P. Miller, Dordrecht：D. Reidel Publishing, 1983, p.20.

看似清楚明白其实模糊不清,于是人们往往批评它未能真正解决人类知识的有效性问题。皮尔士在《如何使我们的观念明晰》一文开始部分,运用较多的笔墨批评了笛卡尔和莱布尼茨等人关于清楚和分明的学说,称其为"逻辑饰物",并指出:"现在正是一个好时候,把此类玩意转移至古玩抽屉,在我们身上戴上适于我们现代使用的某种更好的东西。"(EP 1:126)

皮尔士所谓"某种更好的东西"既是对笛卡尔和莱布尼茨上述学说的超越,也是对传统逻辑定义方法(或曰澄清意义之法)的发展。因为从传统逻辑课本上看,所谓清楚观念和分明观念可以说分别对应着两种逻辑定义方法。最初我们说理解了一观念,通常意味着我们在日常生活中熟悉它所指的一些对象(即能枚举对象),即它是清楚而非模糊的观念(clear and not obscure idea);后来,逻辑学家们又提出了以属加种差为主的诸多语词(verbal)定义方法(即刻画一些特征),澄清和区分不同的观念,从而使对观念的理解进一步达到分明而非混乱(distinct and not confused)之程度。但是,现在,皮尔士告诉我们,为了真正理解一观念,我们需要达到一种更高等级的明晰性。如果前述传统逻辑课本中两种定义分别称为外延定义法和内涵定义法的话,那么,根据皮尔士的公式"信息=内涵×外延",我们应该可以有一种比前两种定义更为全面的方法,即"信息定义法"。这种信息定义法就是现代科学实验中常用的基本方法。正如著名皮尔士学者费奇所指出的,"在熟悉性等级和抽象定义等级之外,科学思维活动展示了一种第三等级的明晰性",但是"达到这种明晰性的规则可能在此前尚未得到充分阐述"(PSP 4)。这种由皮尔士首次阐明的第三等级明晰性标准就是上文所引用的"实用主义准则"。它告诉我们,对于观念的活生生的(living)、最充分的定义在于:我们要知道,如果此观念为真,会有什么样的实践效果产生。

二、一种来自科学实践的逻辑训言

皮尔士之所以能在笛卡尔、莱布尼茨等人关于清楚和分明的学说之上把逻辑定义方法再推进一步,与他所从事的许多工作都有关系。譬如,皮尔士曾说,实用主义准则就是基于思考康德《纯粹理性批判》而引出的。

（CP 5.3）而且，"实用主义"一词本来就是皮尔士从《纯粹理性批判》中的"实用信念（pragmatic belief）"借用而来的：康德将"实用信念"看作几种信念之一，而皮尔士则将"实用信念"视为唯一的一种信念。[1]1908 年，皮尔士在《关于上帝实在性的一个被忽略的论证》一文中也指出，是他在大约 40 年前对贝克莱、康德等人的研究使其达到了对观念的实用主义理解。（CP 6.481）另一方面，皮尔士通过关系逻辑研究认识到：直言命题、假言命题和选言命题的区分其实仅仅是语言表达上的不同，而不是逻辑形式结构上的不同，任何命题都可以"如果……，那么……"的假言命题形式来表示；关系比所谓的本质属性更为根本，因而对象的本质、概念的意义不再是抽象性质，而是一种关系；并不存在什么最终的不可定义的简单概念，一切都可通过关系得到定义。这种认识，也必定以某种方式影响了皮尔士对于概念澄清即逻辑定义的认识，使得他以类似"如果……那么……"的条件关系来界定更高等级的明晰性。[2]

　　不过，笔者认为，皮尔士用作更高等级明晰性标准的实用主义准则根本上乃是对于实践中成功科学方法的一种理论概括。这样说，并没有掩盖康德思想和关系逻辑对于皮尔士实用主义成形的影响，因为《纯粹理性批判》在皮尔士看来本来就是一部有关科学知识有效性根据的科学逻辑著作，而关系逻辑则是代数学家在数学科学上的一种新发现。当我们说实用主义准则作为成功科学方法的总结提升时，旨在表示：实用主义准则是皮尔士从逻辑上研究科学推理方法的结果，或者说，是成功科学方法对于逻辑学的一种训言（lesson）。逻辑学在皮尔士那里本来就是与探求真理有关的，由此可以预料他把"科学逻辑阐释"系列论文的研究目标定位于"对于科学探究方法的刻画"。当在《如何使我们的观念明晰》一文中引入实用主义准则时，皮尔

---

　　① Louis Menand, *The Metaphysical Club: A Story of Ideas in America*, New York: Farrar, Straus and Giroux, 2001, pp.227 - 228.

　　② 其他思想渊源还包括贝恩（Alexander Bain）的信念理论以及小霍姆斯（Oliver Wendell Holmes, Jr.）的法哲学思想等等，甚至还与皮尔士早期代数研究有关。有关皮尔士对贝克莱符号代数的研究及其对他早期实用主义的影响，可参看 Helena M. Pycior, "Peirce at the Intersection of Mathematics and Philosophy: a Response To Eisele," in *Peirce and Contemporary Thought*, edited by Kenneth Laine Ketner, Fordham University Press, 1995, pp.132 - 145。

士说:它是由该系列第一篇论文《信念的确定》中所提出的那些原理直接得出的(EP 1:127);而我们在《信念的确定》中所看到的正是皮尔士对于科学上的探究之法(与固执之法、权威之法、先验之法等其他三种方法相区分)作为确定信念的唯一可靠方法的大量论证,因此,实用主义准则无非就是对作为确定信念之法的那种一般的科学探究方法的总结提升。从本书前文对皮尔士逻辑观念的把握来看,由总结评价科学史上成功的科学方法到提出实用主义这样一种逻辑准则,这也非常符合皮尔士的主张:"逻辑永远不可能从逻辑教材或逻辑课堂上学到。要把实证科学的资料作为逻辑学的根基和车轮。"(CP 7.69)

在《信念的确定》一文第一部分中,皮尔士慨叹"很少有人关心逻辑研究",但同时指出:"完全掌握我们做出推断的能力,是我们所有本领中最后才有的;因为它与其说是一种天赋,不如说是一种长期和艰难的艺术。有关其实践的历史可以成为一本书的重大专题。"(EP 1:110)接着,皮尔士历数从古到今科学家们在改进推理方法上的贡献,他提到了罗吉尔·培根、弗兰西斯·培根、哥白尼(Nicolaus Copernicus)、第谷·布拉荷(Tycho Brahe)、开普勒、伽利略、哈维(William Harvey)、威廉·吉伯(William Gilbert)、达尔文、鲁道夫·克劳修斯(Rudolf Julius Emanuel Clausius)、麦克斯韦等科学家所探求的方法。皮尔士强调:每一项足以影响几代人的伟大科学工作都为我们指出了当时推理艺术上的不足,科学上的每一项重大进步都是逻辑学上的一种训言。在某种意义上,逻辑学的一个重要功能,就是不断从成功的科学史中吸取教训,善于将一种成功科学的方法推广应用到另一种科学中。达尔文的争论大部分是逻辑学问题,他把政治经济学、热力学中的统计方法成功地应用到生物学领域。在气体理论中,虽然我们不能根据关于物体构成的某一特定假说讲出任一特殊气体分子的运动会是怎样,但克劳修斯和麦克斯韦仍能通过对概率学说的应用,预测到:最终某某比例的分子会在给定场景下获得某某速率,每一秒钟都会发生某某的相对数目的碰撞,等等;从这些命题中,我们进而就能推演出某些气体的属性,尤其是关于它们的热关系。同样地,虽然达尔文不能指出变异和自然选择的作用在个体情形下会是怎样,但他证明了:最终它们将会或总会使得动物适应其环境。整体来讲,在信念的确定方面,虽然我们不知道不同的人开始时可能拥有多少极为不同的观点,但凭借科学上的探究之法,经过无数次的自我修正,无限的科学共同体总归会带给我们同一种结论。(EP 1:110 - 111;CP 359 - 364)这是科学史上一切成功实践的共同特征。实用主义作为一种来自科学实践的逻辑训言,所要传达的正是那种唯一的、引领我们通向实在的科学方法要义:通过在不同条件下开展各种不同实验,来确定实验对象的特性。

三、对实用主义准则的逻辑解读

既然实用主义准则是在以刻画科学探究之法为目的的科学逻辑系列论文中提出来的,有关它的解读首先也应该是逻辑学上的。

我们在《信念的确定》一文中看到,皮尔士认为:推理的目标在于由我们对于已知东西的考察进而探明我们未知的其他某种东西,所谓好的推理就是能够由真前提推知真结论的;推理有效性问题并非有关心理活动的问题,而纯粹是事实问题,决定我们由已知前提得出一种结论的是某种心灵习惯,所谓习惯的好或不好也正是根据其是否能由真前提产生真结论,推理的有效与否不是根据其特定结论是真或假,而是根据支配该推理的那种习惯是否能一般性地产生真结论。[①]由此,他进一步指出,支配推理的那些心灵习惯如果以公式表示,就是我们第二章第三节中所提到的推行原则。这些推行原则可能对人们从事极其熟悉的例行性事务并无多大用处,但当我们的理智进入未熟悉领地时,如果没有它们,我们就像远洋航行的一艘船,船上却没有一个人懂得导航规则。无论任何时候,当提出一个逻辑问题时,譬如"某个结论为何被认为是由某些结论得来的",总有许多事实是我们已经设

[①] 需要注意,皮尔士的推理分为演绎、归纳和外展三类,所以这里的"有效推理"不应简单理解为"保真性"。"保真性"只适用于演绎有效性。有效的归纳和外展推理并不追求"前提真时结论必然同时为真",它们追求的是"长远来看无限接近于真理"或"唯此方能促进我们发现原本能错过的真理"。这方面的专题讨论,参看张留华《论推理的规范:皮尔士与当代逻辑》,《华东师范大学学报》(哲学社会科学版)2024 年第 3 期。

定好的,譬如,存在怀疑和信念这些心灵状态①,思想有可能由怀疑转向信念,所有心灵同样受到某些思想转变法则的约束,等等;而推行原则就属于此类事实设定。再接下来,皮尔士把信念这种与怀疑明显不同的心态与作为习惯的推行原则建立联系,他说:信念指引我们的欲望并约束我们的行动,凡相信一种东西都或多或少表示我们本性中确立起了某种将能决定我们行动的习惯,科学探究实际上就是一种由怀疑达到信念状态的努力,信念的产生乃思想的唯一功能。②(EP 1:111 - 115)

到了《如何使我们的观念明晰》一文,皮尔士进一步强调:正如乐曲不同于单个音符,思想也是穿越我们前后相继各个感知的一段旋律,它有开始,有中间,有结尾;作为一个过程,思想的唯一目的就是获致信念,凡是不涉及信念的东西都不能作为思想本身的一部分。他还说:

> 信念的本质是习惯的确立,不同的信念根据它们所产生的不同行为方式而区分开来。如果信念在这一点上没有差别,如果它们通过产生同样的行为法则而平息了同样的怀疑,那么任何仅仅有关它们的意识方式上的差别都不能令它们成为不同的信念,好比以不同的琴键弹奏一首乐曲并非就是弹奏不同的乐曲。(EP 1:129 - 130)

这与实用主义准则已经只有一步之遥,只是此种说法还停留于信念区分标准而非思想观念本身的意义上。不过,由于任何真正的思想都只涉及信念的产生,心理活动中任何与信念产生这一目的无关的都只是思想的增生物,

---

① 皮尔士在此前说过,“每一次心灵运作都是推断,因此,虽然存在不具有信念的无生命对象,却没有任何理智存在物不具有信念”。(EP 1:56)

② 皮尔士承认,思想活动偶尔也会产生其他效果,“譬如,它可以娱乐我们,而且在浅薄的涉猎者中间不难发现,有些人将思想滥用为快乐的目的,以至于一想到他们乐此不疲地从中寻找快乐的那些问题可能最终得到确定,他们就烦恼不已;对将从他们的文学争论场上带走所钟爱的话题的那种实证发现,他们掩饰不住自己的不满”。但是他同时指出:这种倾向正是思想的败坏,“抽掉与之伴随的其他因素,思想的灵魂和意义永远不可能将自己引向信念产生之外的某种东西,尽管其中会有意志力的反对。运动中的思想将获致思想宁静作为其唯一可能的动机;任何信念之外的东西都不是思想本身的一部分”。(EP 1:129)

因而我们看到皮尔士继续说道：为了形成思想的意义，

> 我们只需确定它能产生什么样的习惯，因为一个东西意谓什么不过是说它包含什么样的习惯。而要识别一种习惯则取决于它可能如何指引我们行事，不仅在很可能出现的场景下，而且在仅仅可能发生的场景下，不管其看起来多么不可能。习惯是什么，这取决于它**何时**以及**怎样**导致我们行事。至于**何时**，对行动的每一刺激均源自知觉；至于**怎样**，每一行动的目的都是要产生某种可见结果。如此，我们就涉及切实性（tangible）和实践性（practical）的东西，那是每一思想真正区分的根由所在，无论它会是怎样地隐约；不存在任何精微的意义区分，它竟不包含有一种可能的实践差别。（EP 1:131）

> 我们会在思想中拥有一个观念，而它却同关于事物的可设想的可见效果完全无关，这是不可能的。我们关于任何东西的观念**就是**关于其可见效果的观念；如果我们以为我们还有其他什么，那是自欺欺人，是把仅仅与思想相伴的感知误以为思想本身的一部分。说思想具有与其仅有功用无关的任何意义，那是荒唐的。如果天主教徒和新教徒以为今生来世他们关于圣餐的可见效果意见一致，而在圣餐的元素上存在不一致意见，那是愚蠢的。（EP 1:132）

皮尔士最后总结说，此种有关推理、习惯、信念和思想之关系的理论所导致的正是第三等级的观念明晰性标准，他随即第一次提出了我们上文作为实用主义准则引用的那段话。

以上可谓是皮尔士由对推理本身的分析一步一步引入实用主义准则的思路。很显然，这本身就构成了对实用主义准则的一种逻辑解读。除此之外，我们可以直接从实用主义准则的文本表述出发，看看其提示了一种什么样的逻辑关系。以"硬"这一概念为例，根据上述实用主义准则，我们应该首先去看我们所持有的"硬"都有怎样的一些效果。譬如，我们用"硬"来说钻石不容易被刮破的性质，用"硬"来说水结冰后的变化，用"硬"来说手捏不动某水果的情形,等等。然后,我们注意到:作为"硬"概念之"效果"的这些其实都是一些表示行动法则的条件句。譬如,"如果用刀子来刮钻石,它不会被刮破";"如果水变成冰,它就不易流动了";"如果我用手去捏核桃,它不能被捏瘪";等等。最后,所有关于这些"效果"即各种条件句的集合就是"硬"这一观念的全部意义了。采用一般公式来表示,若我们原有观念为 A,则其全部意义在于所有形式为 $B_i \rightarrow C_i$ 的事实之和。[1]这里,B_i 和 C_i 所代表的并非仅仅限于当前,而是延伸至未来的所有可能情况;也并非仅仅限于探究者自身的经验,而是拓展至所有探究者组成的共同体。[2]如果我们所面对的是有关某观念 A 的推理,那么公式 $B_i \rightarrow C_i$ 其实所表示的就是一系列有关观念 A 的推行原则;这些原则所表示的实践关系乃逻辑学上的后承关系,也就是说观念 A 的意义不在于前件 B 也不在于后件 C,而在于二者之间的必然关系。这种逻辑解读,完全符合皮尔士另一处对于实用主义准则的表述,即,"实用主义作为一条原则是说,每一个以直陈语句表达的理论判断都只是一种令人迷惑的思想形式,其唯一可能具有的意义在于它倾向于强化一种相应的以条件句表达、结果从句为祈使语气的实践准则"。[3](EP 2:134 – 135)

四、实用主义方法在哲学上的积极影响

总而言之,皮尔士提出实用主义主要是作为一种新的哲学方法。这种方法源于对新近以及历史上所有成功科学实践的总结思考;经过逻辑学家对科学探究基本方法的分析提炼,它最终成为可适用于一切由怀疑到信念

[1]　在自然实验中或心理实验中,我们可以把这里的 B 理解为各种涉及 A 的实验条件或背景承诺(如找来或设想某个"硬"东西),把 C 理解为在此条件或承诺下可观察到或可设想的结果(如"钻石被刀子刮不破""冰不流动""核桃未被捏瘪")。如果把 A 也纳入公式,条件句形式将为 $A \rightarrow (B_i \rightarrow C_i)$。

[2]　皮尔士谈道:"任何确定的事实,任何发生于一个人自身的事情,都不会比其他任何东西对他而言更具重要性。"(EP 1:81)而且,在有关"可设想的实践效果"上,可以展开充分的想象力,只要"这种想象最终落到一种可能的实践效果上"。(EP 2:235)

[3]　皮尔士对这种表述的解释是:"其他哲学家可能会抱怨我把实用主义仅仅作为一种逻辑准则而非宏大的哲学原理,因而需要把实用主义准则表述得更像一种哲学立场;但是我也只能把实用主义准则转述成这样一种哲学定理。"有趣的是,从某种意义上,皮尔士的新表述倒是更像逻辑准则了。

的思想过程的"逻辑准则"。需要进一步强调的是,自始至终,皮尔士的此种实用主义方法都是为了从逻辑学出发革新哲学研究方法,试图推进一种哲学"新气质"。

皮尔士认为当时的哲学状态有点像伽利略之前的力学状态,各种形而上学思辨众说纷纭,但人们在讨论这些哲学问题时往往无果而终。这种形势令他感到亟需一种从根本上理清观念、规范讨论的方法,这或许也正是他从小选择逻辑研究作为自己学术使命的动因之一。正如他所说:"我们有权要求逻辑学教给我们的第一课就是,如何使我们的观念明晰;而且它是最重要的一课,只有那些恰好缺少它的人才会轻视它。"(EP 1:126)但是,要令原本已经"无助地沉迷于大量烂泥般观念中的人"产生清晰的观念,要让他们放弃自己长期抱有的东西而接受一种全新观念,谈何容易!皮尔士《如何使我们的观念明晰》一文中引入实用主义准则之前的一段话,显示出他感慨满怀,他讽刺很多人不懂得观念明晰的益处,但相信最终他们会认识到抛弃混乱观念的必要性:

的确,一个民族在诞生过程中要克服不利条件,它有过分富有的语言以及由此自然伴随的大量深不可测的观念。我们在历史上看到,它慢慢地优化其文字形式,最后脱落掉它的形而上学,并且借助永不疲倦的耐性(这常常是一种补偿),在每一分支的心灵造诣中都达到非凡卓越。已知历史进程尚未能告诉我们这样一个民族是否最终会胜过另一个虽拥有观念(就像它语言中的语词一样)很少却对它们掌握极好的民族。然而,对于个人,毫无疑问几个明晰的观念要比许多混乱的观念更有价值。一个年轻人很难被说服牺牲他思想中的大部分来拯救其余,糊涂的头脑最不易于看到这一牺牲的必要性。他这种人,我们通常只能看作先天缺陷者来同情。时间会帮助他,但是,关于明晰性的智力成熟往往来得相当晚。这看起来是上天的不幸安排,因为,对已在生活中安定下来的人来说,他们的错误已带来了巨大影响,明晰性对他们的作用要少于对那些路在前方的人的作用。潜伏在年轻人头脑中的单个不明晰观念、单个无意义公式有时会发作起来,就像惰性物质阻塞动脉,阻碍了大脑的营养,使得其在智力活力充沛、智力正值丰富之时就成为牺牲品,任其憔悴下去。看到这些发生,是多么可怕!许多人长年怀抱一观念(它是无意义的,不能肯定地说是错误的)的某个含糊的影子以作为其嗜好;不过,他热烈地爱它,日日夜夜陪伴它,把整个身心都给了它,为此还荒弃了所有其他工作,总之,已经是与它同住、为它而生活,直到它很可能变成他的肉中肉、骨中骨。之后他在一个明亮的早晨醒来,发现它不见了,就像神话中美丽的梦露西娜(Melusina)[①]一样完全消失了,于是他的生命要素也随之而去。(EP 1:127)

显然,皮尔士认为,他作为更高等级明晰性标准而提出的实用主义准则是解决思想混乱"疾病"的一服良药;因为实用主义在他看来就是"对于生动事实的某种天然引力"(a sort of instinctive attraction for living facts)。(CP 5.64)

有关实用主义作为此类方法之用的观点,在皮尔士晚期思想中依然是他对实用主义价值的主要考虑。他始终明确:自己的实用主义"不是世界观而是一种思维的方法,其目的在于使得观念明晰";实用主义"不是一种形而上学学说,并不试图决定任何东西为真理",而是"一种逻辑分析或真实定义的理论"。[②]1905 年,皮尔士在一篇题为"实用主义"的手稿中再次强调实用主义的方法功用:

它目的何在?它意欲达到什么?它意欲终结哲学家们的一些长期论争,这些论争是任何观察性事实都无法澄清的,然而争论的各方都认为他们能证明对方是错误的。实用主义主张在那些情况下争论各方肯定是相互误解了。他们或者对用词赋予不同的意义,或者其中某一方(或双方)用到了不具有明确意义的词语。因此,我们所需要的是一种

---

① 梦露西娜(又写作 Melusine)是欧洲神话传说中一位生活在泉水和河流之中主管淡水的女神灵。皮尔士这里也暗指与自己刚刚离婚的前一任妻子梦露西娜·费伊。——引者注

② 关于为何倾向于把实用主义作为"方法"而非"学说",皮尔士在一次通信中向我们透露:"一种重大的方法将会修正自身,同时也修正诸学说。学说是结晶体,方法则是酵母。"转引自 Cornelis De Waal, *On Pragmatism*, Thomson Wadsworth, 2005, p.6。

方法，它能够弄清任何概念、学说、命题、语词或其他指号的真实意
义。……实用主义并不试图说出所有指号的意义在于什么，而只是规定
一种决定知性概念即推理所赖以运用之概念的意义的方法。(CP 5.6)

皮尔士很看重这种探知意义之意义的实用主义方法，晚年即使在极其悲观
的时期，他依然坚信自己对这种思想方法的发现乃是他一生之中所取得成
就的两个主要因素之一："我天生很不够精确，更为特别的是，我几乎完全
缺乏想象能力；而我所取得的一切都归功于两件事。第一是像瓶中黄蜂一
样坚定不移，第二是幸运地及早发现了一种任何理智之人都能掌握的思想
方法。"(PL 323 - 324)

　　皮尔士这种令观念明晰、关注语言意义之合法性条件的新思想方法，坚
持把抽象一般的思想观念与具体切实的实践经验联系起来，这在当时黑格
尔哲学流行的思想界如一阵清风，迅速吸引了詹姆士、杜威等人。①这种实用
主义运动不仅流行于美国，而且在欧洲国家也出现了许多"实用主义者"。
正如皮尔士自己所意识到的，实用主义已经是"我们时代思想的一个新要素
(ingredient)"。(EP 2:398)不过，皮尔士实用主义准则的影响力或许并不局
限于实用主义阵营内部，我们可以很容易地在上述皮尔士有关引文中找到
罗素、摩尔等人在后来分析哲学运动中所高呼的类似口号。皮尔士在哲学
上强调逻辑分析的作用，批判观念混乱之害，呼唤思想论证的严格，再加上
他在数学逻辑、自然科学、语言分析上的创造性工作②，使得当代哲学家更多

---

　　①　关于实用主义这种可贵的"清新"气质，詹姆士在《实用主义：一些古老思想方式的新名称》
一书第一、二章有诸多生动的解释。参见 William James, *Pragmatism*, New York：Dover, 1995, p.21。
　　②　也正是这些可以与维也纳学派及主流分析哲学家相匹敌的"刚性"(tough-minded)研究工
作，使得皮尔士在众多美国古典实用主义者中间占有特殊的地位。一位因"二战"移民于美国的德国
逻辑实证主义者曾经认为，詹姆士、杜威等实用主义者虽然"预见"到了某种意义证实原则，但他们在
逻辑严格性、自然科学基础、论证标准等方面都明显逊色于真正的逻辑实证主义，因此美国实用主义
完全应该被逻辑实证主义取代和超越。哲学家伯恩斯坦指出，这一点也是 20 世纪中期实用主义运
动在美国一度陷入低谷的一个主要原因，参见 Richard J. Bernstein, *The Pragmatic Turn*, Polity Press,
2010, pp.11 - 12。有鉴于此，笔者希望在本书中专注于皮尔士这位实用主义鼻祖的通常被视为"严
肃"或"刚性"的逻辑学思想，或可对迄今仍在某些分析哲学家中流行的此种"实用主义成见"起到纠
偏作用。

把皮尔士作为现代分析哲学(当然不能是该词的狭义理解)的一位先驱。譬如,穆尼茨(Milton K. Munitz)的《当代分析哲学》一书就把皮尔士实用主义作为分析哲学"第一章",放在弗雷格、维特根斯坦等人之前。[①]

第二节　实用主义的指号学解读

以上,我们对于皮尔士的实用主义准则的解读主要集中在意义理论上,即主要考察任何观念的意义条件。这是皮尔士实用主义准则的字面理解,也是皮尔士提出实用主义的基本出发点。不过,既然皮尔士的实用主义一开始是作为一种逻辑准则而提出的,同时(如第三章所论)皮尔士更为成熟的逻辑观念是指号学,因此毫无疑问皮尔士的实用主义应该与其指号学具有内在关联。在对实用主义准则的指号学解读中,我们将引入"最终解释项"对前文中提到的三元指号关系进行更为全面和精确的分析。我们可以把作为意义理论的实用主义归至皮尔士指号学"理论语法"的范畴,即只涉及指号之所以作为指号的条件而尚未涉及指号与对象的关系即真理问题,也尚未涉及指号的解释项问题;但随着皮尔士指号学思想的成熟及其与实用主义的融合,他的实用主义最终不再限于理论语法,皮尔士甚至认为自己的实用主义主要属于指号学方法论分部。

一、实用主义准则的指号学表述

1905 年,皮尔士在《实用主义的后果》一文中把他的实用主义准则表述为:"任何符号的全部知性含义(intellectual purport)在于所有一般模式的理性行为(rational conduct)的总和,这些行为条件性地基于所有可能的不同场景和欲求,会随着对该符号的认可而发生。"(EP 2:346)与最早的表述相比,

---

① 　Milton K. Munitz, *Contemporary Analytic Philosophy*, Macmillan Publishing Co., Inc., 1981.

基本句式结构相同,但其中的条件关系更加突出;更重要的是,原有所谓"对象""概念""效果"这些普泛之辞分别被限定为"符号""知性含义""理性行为"。虽然由此尚不能说皮尔士关于实用主义准则的基本思想发生了实质变化,显然这是一种更具指号学意涵的表述。放在指号学框架下看,我们对皮尔士实用主义准则所要表达的逻辑准则能够获得更为精确与多面的认识。

首先,皮尔士把实用主义准则所适用的对象规定为符号或知性概念。这一方面限定了原有表述中的"对象"。因为皮尔士强调,他所理解的作为探明意义之方法的实用主义准则并非适用于"所有观念",而仅仅适用于"知性概念"(intellectual concept)。(EP 2:401)所谓知性概念,是指"推理所赖以运用的概念"或"有关客观事实的论证赖以运用的概念",其字面意思大致就是"可以结合客观事实达到公共理解的概念",从而排除了所谓私人感知印象之类的观念。正如他所说:

> 我的实用主义与感觉特性(qualities of feeling)毫无关系,我可以说,有关此种特性的谓述(predication)就是它看起来的样子,与其他任何东西都没有关系。因而,如果把两种感觉特性处处都相互置换,唯有感觉会受到影响。这些特性在它们自身之外不具有任何内在意谓(intrinsic significations)。然而,知性概念——唯一可真正称为"概念"的指号载体(sign-burdens)——本质上带有某种蕴意(implication),涉及某有意识存在物或某无生命对象的一般行为,因此它所传递的并不仅仅是某种感觉,也不仅仅是某种存在事实,而是有关习惯性行为的"would-acts";任何对于现实发生物的聚结都不能完全填补"would be"的意义。(EP 2:401-402)

经过如此限定后,所谓实用主义准则实际上就是说:对一知性概念的谓述,其全部意义在于确认谓述主体在所有可设想的场景下总会或总不会以某种方式行动;简单来说,也就是:知性谓词的全部意义在于经验过程中某类事件总是会发生于一些现存场合。另一方面,原来实用主义准则容易被理解为它主要用于定义某种概念词,而现在符号在皮尔士指号学中可以是词项,也可以是命题和论证,因此当把实用主义准则所适用的对象规定为符号时,无形中又扩大了它的适用范围。

其次,实用主义准则所规定的符号之意义就是指号关系中的解释项。1868 年,皮尔士在《思辨哲学杂志》上发表"认知系列"论文,系统驳斥了在近代认识论中占据统治地位的笛卡尔主义哲学,并指出:"我们不具有内省力,我们所有关于内在世界的知识都由我们的外部事实知识根据假言推理而得出","我们不具有直觉力,每一种认识都在逻辑上决定于先前认识","没有指号,我们便没有能力进行思想","我们不具有绝对不可知者这一概念"。进而,皮尔士提出:一切思想都处于指号之中,每一种思想作为指号都必须根据另一种指号进行解释。有关皮尔士的这一观点,我们在第三章中提到过,那就是,指号过程是同时包含指号、对象、解释项的三元关系,任何代表某一对象的指号都必须由其解释项给出一种解释。联想至此种指号关系,我们发现在皮尔士的实用主义准则中,同样有类似的三元关系,不论是早期表述中的"对象""概念""效果",还是晚期表述中的"符号""知性含义""理性行为"。于是,我们不由得猜测皮尔士的实用主义准则本质上就是对指号过程的刻画,而所谓"指号的解释项"可能正是实用主义准则所追求的"概念之意义":如果解释项是"对解释者所带来的效果",此种效果无外乎实用主义准则中用于构成意义的"效果"。皮尔士晚年的说法证实了我们的猜测,他指出:"词项、命题、论证的意义就是其整个所意指的解释项。"(EP 2:220;PPM 234)在谈到实用主义准则作为一种确定指号之意义的方法时,他几乎是把"解释项"替换为"意义"从而重申了指号关系的三元性:

> 指号的对象是一个东西,其意义是另一东西。其对象是它所适用于之上的那个事物或场合,不论它多么不确定。其意义是它所赋予该对象的那种观念,不论是通过纯粹的假定,或是作为一种命令,还是作为一种断定。(CP 5.6)

对于以"意义"一词来表示符号的解释项,初看起来,可能在现代哲学中难以接受。因为意义一般被认为是客观的、有待发现的东西,而"解释"一词往往被认为是人的主观行为,如此以意义表示解释项无异于把客观的东西归结为主观产物。但这完全是误解,本节下文将谈到,皮尔士的解释项并不一定是主观的东西。反过来,如果我们能恰当地给予理解,皮尔士以意义等同于解释项的指号学观点有望在当前英美哲学中意义理论与大陆哲学中解释学传统之间架起沟通的桥梁。关于意义理论与解释学的沟通,当然是一个更大的课题,笔者这里难以详述。①不过,可以继而提示的是,皮尔士自己曾为把意义等同于解释项的观点做过一些辩护。他表示:迄今,"意义"一词尚未成为逻辑学上的一个技术用语;为此,根据本书最后论及的术语伦理学,我们有权略微改动"意义"的字义以表达逻辑科学上的一个新概念。从指号学的逻辑观念出发,皮尔士还向我们指出:之所以采用"意义"一词来表示符号的解释项,这主要是康德逻辑学中的一种思想。康德在《纯粹理性批判》中告诉我们:必然推理只是阐明了其前提的意义。关于此说法,许多人认为它所讲的是必然推理的本性即结论对于前提不增添新内容;但其真正重要的意思是说:必然推理是对于前提项之意义的阐明。(EP 2:218‐219;PPM 231‐232)也就是说,意义作为逻辑学上的一个概念,至少可以追溯到康德。②

二、最终解释项:对于实用主义准则的指号学分析

前一章在谈到指号三元关系时,我们曾借助一个数学公式来表示:指号的解释项往往本身构成一种指号,从而需要另一解释项,如此无穷下去,不存在"最终"的指号。进而,由于实用主义准则作为对指号过程的刻画,依此分析,实用主义准则就是为了"使我们的观念明晰"而把某种对于人们来说

---

①　随着分析哲学本身的拓展和深化,有当代哲学家选择把"实用主义的哲学转向"作为消解大陆哲学和英美哲学之间对立的一种新希望。参看 The Pragmatic Turn in Philosophy: Contemporary Engagements between Analytic and Continental Thought, edited by William Egginton and Mike Sandbothe, State University of New York Press, 2004。

②　关于把解释项作为"意义"概念的说明,皮尔士没有提到,但在笔者看来能够得到语言实际用法证实的一点是,(本节下文将看到)皮尔士所谓的最终解释项就是"习惯"即对于"如何做事"的打算。这与英文中 meaning 或 significance 的日常用法是一致的。因为,我们在说"mean to do sth"时所表达的就是一种"意图",而 significance 具有"重要性"之意,其所谓"重要性"也正是依据某某东西对于未来行动的影响效果来看的。

不够明晰的指号逐步翻译成更加明晰的指号的一种方法。但问题在于,我们怎样来理解此种序列的"没有终点"？如果没有进一步的说明,皮尔士的说法很容易被理解为:我们可以对指号进行"狂放不羁""无拘无束"的解释,指号的意义并无最终定论,因此人人都可以让指号具有"随意"不同的意义。这种带有主观任意性的"指号学",事实上已被有些人利用并归咎于皮尔士本人。譬如,德里达在《论文字学》中曾如此理解皮尔士的指号学:

> 先验所指(the transcendental signified)总是在某种时候对于由指号向指号的指称过程设置一个安心可靠的终点,沿着我所谓的对此种先验所指的解构这一方向,皮尔士谈到了很多。我把逻各斯中心论以及此在形而上学看作是对于此种所指的急迫有力、难以抑制的体系化渴求。而皮尔士把指称的不确定性(the indefiniteness of reference)看作一种准则,用以认识到我们实际上是在处理一种指号系统。**凡是开启动态指称的东西都不可能令该动态过程中断。物自体是一种指号。**……所谓的"事物本身"总是原本就是使一种通过简单直觉证据难以发现的**表征体**。**表征体**的作用仅仅是产生一种**解释项**,该解释项本身又成为一种指号,如此无穷下去。所指的自我识别,永远都是隐藏起来的,它总是处在运动之中。**表征体**的特性是,它既是自身又是别的,它是作为指称结构而产生的,它是与其自身分离的。……**被表征者**总是原本就是一种**表征体**。①

如果从积极一面来看,这段话生动阐明了皮尔士的反基础主义思想,即根本不存在最终不可解释的"物自体"之类的东西,一切都处在指号之中。但是,其中的另一种潜藏倾向是消极的,即意义客观性的丧失。关于此种负面倾向可能带来的有害后果,著名皮尔士学者肖特(T.L.Short)指出:

> 否定指称的明确性,这只是掩饰有些人害怕面对实在的幌子,那种

---

① Jacques Derrida, *Of Grammatology*, translated by Gayatri Chakravorty Spivak, The Johns Hopkins University Press, 1997, pp.49-50.

认为只存在游戏(play)的想法会引向集权主义。因为如果不存在实在性,那么就没有理由阻止一个人把他的见解强加于我们其他人之上:"我的观点与别的一样是好的,因此我要让你接受我的观点!"对真理的否定留下一个真空:权力意志会填补上。①

为了更全面把握皮尔士指号学的思想,我们必须提到一个在第三章尚未引入的重要区分,即直接解释项、动力解释项和最终解释项之间的区分。我们将看到,最终解释项的引入,使得皮尔士指号学能避免"无穷解释"的怪圈,也使得皮尔士的实用主义能够与庸俗理解的实用主义更清晰地区分开来。

在由指号、对象和解释项组成的三元关系中,解释项无疑是与心灵相关的一个概念。但解释项并不一定就是某个进行解释的人,因为在皮尔士那里,心灵概念是广义上的,它不一定是现实的,也不一定是单个人。皮尔士在 1908 年写给维尔比夫人的一封信中指出:他有时把解释项界定为"对一个人所产生的效果",但那种用法只是他苦于无法说明自己的广义概念而采用的一种权宜之计(a sop to cerberus)。(EP 2:478;SS 80 - 81)至于皮尔士广义的心灵概念,我们在第六章中将进一步涉及,但可以事先提到的是,皮尔士认为有一种心灵是 commens 或 commind②,意指多个人共同理解的东西。由此,皮尔士区分了三种解释项。一是直接解释项(Immediate Interpretant),又称为情感(Emotional)解释项、内涵(Intentional)解释项、意欲(Intended)解释项、印象(Impressional)解释项、初始(Initial)解释项;二是动力解释项(Dynamic Interpretant),又称为动量(Energetic)解释项、事实(Factual)解释项、中间(Middle)解释项、效果(Effectual)解释项;三是最终解释项(Final Interpretant 或 Ultimate Interpretant),又称为逻辑(Logical)解释项、交往(Communicational)解释项、正规(Normal)解释项、习惯(Habital)解释项、事件(Eventual)解释项。③与此同时,皮尔士把指号关系中的对象区分

---

① T. L. Short, *Peirce's Theory of Signs*, Cambridge University Press, 2007, p.45.

② 很明显,这两个词是皮尔士分别由"common men"和"common mind"合成而来的新术语。

③ 有学者提出皮尔士这里的不同用词并非完全意义相同。譬如,皮尔士学者肖特坚持主张在皮尔士那里,"Logical Interpretant""Final Interpretant""Ultimate Interpretant"是不同的。对此,皮尔士自己并无确定无疑的说法,有待进一步研究。

为直接对象(Immediate Object)和动力对象(Dynamic Object)两种。以上三种解释项分别对应着皮尔士所谓的三个等级的观念明晰性。譬如,我早晨先于伴侣醒来,她醒来后问:"今天什么天气?"这作为一种指号,直接对象是当时的天气情况,动力对象是我被认为能够透过窗帘而得到的印象;直接解释项是该问题字面所表达的全部东西即某某天气的特性,动力解释项是该指号给我带来的效果即我对该问题的回答,最终解释项则是她提出该问题时的意图,即对该问题的回答将如何影响她对当天日程的计划。再譬如,假设我对上述问题回答说:"今天有暴雨。"这又是一个指号,直接对象是有关当前天气的想法,这时已经不是指天气的特征(character)而是指天气的类别性(identity),动力对象是把现有天气与气象条件统一起来后所得到的识别;直接解释项是她想象中的图像即在不同暴雨天所共有的一种模糊图像,动力解释项是此种回答立刻为她带来的失望或其他实际效果,最终解释项是此种回答所具有道德上、科学上等方面的教训(lessons)之总和。(EP 2:498)从这种区分大致可以看出,直接解释项跟人的初始感觉有关,动力解释项与人的心理反应有关,二者都是个体心灵之内的主观"效果",因此如果把对指号解释项的理解限于这些,不难得出"不同个体对同一指号具有不同解释项即意义"的结论。所谓"有用即真理"的庸俗实用主义,从根本上正是因为仅仅从个体心理感觉或心理反应把握解释项的结果:正是因为每个人的解释都只是"直接解释项"或"动力解释项",并不存在某种解释成为误解的可能性,所以每个人都可以根据"对我有用"而为自己的"随意性"辩护。①但是,与前二者不同,最终解释项却是主体间性的 commens,在皮尔士看来,也就是广义的习惯(habit)。

皮尔士指出,所谓习惯绝不仅仅是一种心灵事实。从经验上我们可以看到某些植物也具有"习惯",开挖河沟的人也发现水流具有"习惯",总之,习惯并不就是心理学上的感觉意识,感觉有时只是习惯的一种外部症候。

---

① 有关皮尔士实用主义真理论与其他各种真理论之间的异同,有兴趣的读者可参看 Cheryl Misak, "Pragmatism and Deflationism," in *New Pragmatisms*, edited by Cheryl Misak, Oxford: Clarendon Press, 2007, pp.68 – 90 以及 Cheryl Misak, *Truth and the End of Inquiry: A Peircean Account of Truth*, 2nd expanded edition, Oxford: Clarendon Press, 2004。

(EP 2:418)运用今天科学界及普通生活中常用的一句话来解释,皮尔士所谓广义的习惯就是自然法则或科学规律,即,它是不以个人意愿为转移的客观实在,能为所有个体心灵所共享和检验的一种东西。对指号来说,其最精要的功能就是"确立一种待机据以行事的习惯或一般法则"。(CP 8.332)尽管作为最终解释项的习惯在其他某种意义上(譬如,进入行为人日后或其他人的反思领域)仍可以作为指号,但任何一次完整的指号过程一旦达到习惯,就无须再解释了;它是"明确无疑的",否则就不会是一种习惯。一旦达到习惯,就完成了指号功能,接下来只需要行动就是了。习惯的基本状态,也就是我们第一节中所讲到的信念确定状态,它是怀疑的消除,是"自控行为"(the action of self-control)①趋于达到的、不再有可控空间的"完美的知识"。(EP 2:337)正是通过习惯,我们的内在世界间接地作用于外部世界。因此,就具体某个人或某些人关于某某指号的解释来讲,总是存在"明白无疑而不必再解释"的东西;在任何一次实际的指号过程中,解释项总会最后达到"自满足"的"习惯"。纷争止于"习惯"!但是,习惯或已确定的任何信念状态都不会是绝对不可错的。在新的经验面前,它有可能成为新的怀疑的对象,从而开启新的思想探究;在新的思想过程中,原有的"习惯"于是成为新的指号,进而要求有新的解释项;如此直至无穷,习惯处在无限的变动可能性之中。正如皮尔士在另一处所说:"每个人对自身施加某种程度的控制,都是通过修改自己的习惯。"(EP 2:413)我们止于习惯,进而又从习惯重新出发。这里的关系,有点像是常识与批判的关系:常识是我们的知识起点,任何东西只要能够根据常识得到解释,我们就不会产生怀疑;而一旦出现经验与常识相违背的地方,常识很快就成为我们批判的对象。肖特在《皮尔士的指号理论》一书中为了纠正对皮尔士指号学做任意性理解的可能性,指出关于"指号与解释项关系具有无穷性"的说法是皮尔士早期犯下而晚期

---

① 皮尔士在与英国实用主义者席勒的通信中这样界定"自控":"自控的力量当然不是指自控性运作刚一开始时一个人对于正所做之事的力量。它在于(仅仅提及主要的构件):第一,把他的过去行为与标准进行比较;第二,对他将如何在未来行动进行理性的思虑(这本身就是高度复杂的一种运作);第三,形成一种决心;第四,基于决心,建立一种很强的决断或习惯修正。"(CP 8.320)

加以纠正的一个错误；①不过，鉴于上述分析，在充分考虑肖特所提供有关文本证据的情况下，笔者仍然倾向于认为，皮尔士晚期关于直接解释项、动力解释项、最终解释项的区分并不构成对早期观点的根本否弃。如上所论，皮尔士最终解释项的引入主要是从微观层面对早期有关指号关系思想的一种精细化处理。如果说有什么大的变化的话，那可能是，皮尔士晚年在有关实用主义准则的讨论中更多希望通过把指号限制于知性概念从而多对实用主义准则进行指号学解读。

于是，根据上述有关解释项的区分来看实用主义准则，我们可以再次强调：皮尔士所谓构成概念之意义的"可设想效果"并不能局限于已发生的现实效果，而必须是一种习惯。尽管所谓效果既可以是"may-be"(潜在性)，也可以是"actually-be"(现实性)，也可以是"would-be"(惯常性)，但最终决定意义之客观性的则是第三种解释项，即作为"would-be"的最终解释项(或曰最终翻译)。而如果以条件句来把握实用主义准则，那么对该条件句一定不能作简单化的直陈式理解，要将其作为对于一种习惯的"虚拟"表述。1913年，皮尔士在临终前一年的一封通信中仍然不忘指出：条件命题实质上都是对于一般性的断定，是对于一种"would-be"的陈述，它在相信它的人心中确立起了一种习惯。(CP 8.380)此外，值得注意的是，上述关于解释项区分处理的说法在皮尔士晚年与实用主义传播者詹姆士的通信中被反复提到。这或许表明：他试图通过引入更细致的指号学分析，以阐明隐藏在自己实用主义之中真正重要的东西，进而纠正詹姆士对于实用主义准则的可能误读。②

---

① T. L. Short, *Peirce's Theory of Signs*, Cambridge University Press, 2007, pp.42-44, pp.53-56.
② 关于皮尔士晚期对实用主义准则的解读是否相对于早期发生了重大转变，学界存有争议。笔者在本书中倾向于认为，尽管皮尔士在不同时期所做的阐释和应用有所变化，甚至他在晚期曾批评早期的某些说法不尽如人意，但他始终不认为早期所表述的实用主义准则是错误的。对此，一个显著的文本证据是：在1903年的哈佛系列讲座中，在距离1878年首次提出"实用主义准则"近25年之后，皮尔士重申了早期对于实用主义准则的表述，并未做任何修改。(EP 2:135)另外，虽然早期皮尔士多通过行动来解释实用主义所谓的"效果"，而且也很可能正是类似说法导致詹姆士对实用主义准则的误解，但晚期皮尔士并未因此而否认"行动"与实用主义准则的关系，为了将他的实用主义准则与詹姆士的版本区别开来，他只是提醒我们：在他看来(尽管很可能被詹姆士忽视了)"行动要有目的，而目的是带有一般性的某种东西"，因而他对于"实践效果"的理解自然不同于詹姆士。(参看CP 5.3)

三、习惯的实在性：再论非心理学意义上的"思想"

谈到把习惯作为最终解释项，有必要进一步阐明其实在性。这一点容易被忽视，但在皮尔士逻辑学那里却有着异乎寻常的意义。笔者多次提到，皮尔士认为逻辑学的一个根本前提是存在不以个人是否想到为转移的实在，科学的探究在于发现此种实在，逻辑学作为求真工具也正是要提供一种接近实在的便利路线。上述有关"习惯作为最终解释项"的分析告诉我们：如果说"实在"对人们来说有点不可捉摸，那么"习惯"正好提供了我们认识实在物的一种"凭借"。

在 1911 年有关"逻辑批判学"的手稿中，皮尔士强调：我们说一个东西是实在的（real）①，就是说，对其为真的那些谓词或其中一部分对它为真，而不论现有某个人或某些人对于此种真理（truth）如何想。正是在这个方面的无条件性，构成了我们所谓的实在性（reality）。而习惯作为一种永恒状态，其所包含的事实是，"其主体（the subject of it）在特定条件下**总会**以特定的方式行事"，不论现实中是否有人这样认为；因此，习惯是实在的东西，即便那些条件在现实中永远未得到实现，它也是实在的习惯（a real habit）。（EP 2：457）最初，在首次提出实用主义准则的《如何使我们的观念明晰》一文中，皮尔士就已经认识到"真理"的实在性：如果沿着科学的方法不停探究下去，最终总会达到一种先定"真理"。不过，对永远被遗忘的历史事实、大海深处静静发光的宝石、无人沙漠里悄然变红的花朵等这些"埋藏的秘密"，皮尔士似乎表示些许怀疑，譬如他承认：我们说无法探测的幽暗大海深处某个宝石是否发光，这并未带来多大差别。（EP 1：139 - 140）几十年过后，随着皮尔士指号学逻辑的成型，他的实在论基础已经不再有任何动摇。从他对"实在的习惯"的界定来看，那些"埋藏的秘密"无疑具有实在性，因为此种实在性不依赖现实中有人是否想到它。皮尔士进一步指出，其实在我们正确相信却

---

① 根据对有关史料的考察结果，皮尔士指出"real"一词最初是作为法律的而后又作为逻辑的技术用语被提出来，但集中使用该词的是邓·司各脱。皮尔士这里对于"实在"一词的用法正是邓·司各脱的用法。

模糊存在的东西中,绝大多数都同样是未被认识清楚的,而且随着我们探究的深入推进,这种比例有增无减,我们无法奢望在未来发展的某一天可以把"任何从手中下落的石头总会落到地上"改变成"每一个已经扔下的石头都落地了"。(EP 2:457)显而易见,作为一种"would-be"的习惯,"任何从手中下落的石头总会落到地上"的说法不会受制于任何石头下落的现实情况,因为它指向永远开放的未来。

我们在皮尔士那里还看到,指号学逻辑中所谓的习惯不是心理学意义上的思想,或者说,就是大写的思想。皮尔士一开始就让"思想"摆脱了"暗藏内心""沉默不语"这些外表特征,而是将思想作为理性生命的核心。他指出:思想是像语词意义的某种东西,它可以"体现于"(embodied in,即可以支配)某某现有事物但并不限于任何现有事物。思想经常被认为是意识内的某种东西,但恰恰相反,在现实中是不可能直接意识到思想的,思想是意识将与之相符的某种东西,正如作品符合意识一样。毋宁说,思想变成现实存在之后,它在本性上属于习惯,决定着可能会变成现实存在的东西的样子。关于这样一种习惯,我们可能会意识到一种症候,却不能直接意识到习惯本身。"在更加全面的意义上,[思想之作为]第三性就在于一种习惯的形成。"(EP 2:269)如上皮尔士把"习惯"作为指号的"解释项",这里又把"习惯"与"思想"在同一种意义上理解,我们再一次看到指号学与作为思想规律研究的逻辑学的统一性:二者同样是对科学探知求真之法的总结提升,都在某种意义上把实用主义准则作为它们的应有之义。

四、实用主义准则作为方法论逻辑的一部分

运用最终解释项或习惯来界定概念、命题、论证等符号之意义,这在皮尔士指号学框架中归在理论语法的板块。但有意义的论证不一定就是好的论证,好的论证除了能作为一种真正的指号之外,还要求是能够最终导致真理的论证,是能够促进知识进步的方法。从实用主义准则的表述来看,其中似乎并未直接涉及对各论证之本性的分析,但是皮尔士把实用主义作为科学总方法的一种理论概括,而对实用主义准则的分析又不可能不涉及科学

中所运用的论证方法，因此，关于是否在批判学逻辑板块存在实用主义准则的应用以及二者之间如何相关，仍存在可进一步探讨的空间。无论怎样，实用主义准则无疑是皮尔士方法论逻辑板块的一部分：这除了因为实用主义作为定义理论外，还因为皮尔士明确把实用主义作为有关外展的逻辑问题，而在外展逻辑中我们看到有关知识获得的理论，后者以及定义理论都是指号学方法论板块所关注的。对此，皮尔士本人曾明确表示："很清楚，实用主义主要是方法论的一部分"，"实用主义……不过是方法论的一个法则或者有关逻辑方法的学说"。（PSP 375 n.15）

皮尔士说：

> 实用主义者……关于探明语词和概念意义的方法不过就是所有成功科学用以获致……特别程度确定性的那种实验方法；——这种实验方法本身只是古老逻辑法则"凭着他们的果子就可以认出他们来"（by their fruits ye shall know them）①的一种特殊应用。（CP 5.465）

这种逻辑法则，就是科学探究的逻辑方法。在 1903 年哈佛讲演中，皮尔士明确把实用主义作为有关外展的逻辑学：

> 如果你仔细考察实用主义问题，你就会看到它只不过是外展逻辑的问题。就是说，实用主义提出了一种特定准则，这种准则如果可靠的话，必定使得任何其他有关假说作为假说——作为有用暗示而持有的对于现象的解释——的准入性规则不再需要；而且，这一点是实用主义准则真正所要**主张**的全部内容，至少就逻辑学范围内（而不被理解为心理学命题）来说。因为实用主义准则是说，一个概念与另一个概念不具有任何逻辑效果或意涵（import）上的差异，除非联系到其他概念和意向，可设想它会以有别于另一概念的方式修改我们的实践行为。（EP 2:234）

----

① 这是《圣经》里的一句话（马太福音 7:20）。——引者注

那么,外展逻辑是什么呢? 皮尔士告诉我们:

> 有关外展逻辑的真正准则就是孔德在说"任何假说要被接受当且仅当能被证实"时所试图表述的内容。孔德本人对"证实"到底用作什么意思不是很清楚,但它显然不应该被理解成"通过直接观察而证实",因为那样会把所有历史都作为不可接受的假说而排除掉。它的意思必定而且应该是指:假说必须能够通过归纳进行证实。而归纳或实验探究在于把由某理论演绎而得的知觉性预言与被预言的知觉事实进行比较,然后把所观察到的符合程度临时性地、近似性地……作为该理论与事实的总体符合程度。(EP 2:225)

显然,可以看出,虽然皮尔士所谓"外展的逻辑"中心是关于假说的提出,但并不限于外展推理,而是同时涉及三种推理。这里所呈现的是由假说到知识(或者选择和最终接受假说)的过程,也是皮尔士关于科学探究方法的理论。因为一个假说在提出来后仍然只是一个待决问题(an open question),随后需要我们再做检验和判定。如果我们根据是否与先前固有信念相符合来判定某一假说,那就是皮尔士所谓的"固执之法";如果我们是诉诸某个受尊敬的个人或体制,则就是皮尔士所谓的"权威之法";如果我们是根据是否符合一种时尚兴趣,则就是皮尔士所谓的"先验之法";如果我们是通过设计实验来让自然回答问题,则就是皮尔士所谓的"科学之法"。一个在逻辑上合法的假说即通过外展推理得来的假说,接下来要通过"科学之法"(而非其他三种方法)才能真正得到确定的。整体来看,外展、演绎和归纳先后构成了不同阶段的三种科学推理,三种推理共同作用使得科学探究活动实现了自我修正,从而促进了知识进步。其中,外展推理被置于首位,作为科学探究程序的第一步,其目的在于发现和形成值得拿去检验的假说。假说是为解释违反现有规律(或习惯)的意外事实而产生假说的创造性过程,它能产生新信息,是所有科学研究甚至是所有常人活动的中心。但这种假说并没有提供安全可靠的结论,它必须接受检验。于是,还需要演绎,需要通过由假说推演出一系列必然结论即得出诸多预言;再由归纳回归到经验,旨在通过观察被演绎出的结果是否成立或在多大程度上与经验一致来证实或否证那些假说，即检验假说的可信赖度。在这前后相继的三种推理形式中，外展从意外事实推到对事实的可能性解释，演绎从假说性前提推到相应结论，归纳则从实例推到一般化概括，三者分别完成了科学的三大任务："发现原因""预言结果""总结规律"。经过这样反复不断的科学探究，科学共同体可以逐步接近真理。

需要特别注意的是，在谈及作为方法论逻辑的实用主义准则时，皮尔士揭示了指号学的另一"闪光点"，即实用主义准则所表述的"习惯"虽然不同于直接解释项和动力解释项，但其中却内在包含着知觉和行动。他强调，所有概念都是首先在有关对象的知觉判断中给予我们的，知觉判断包含着一般性成分，我们的外展推理能力也正是由知觉能力渐变而来的；"一个概念只有在其可能结果具有知觉性质时才能被认可为假说，就此而言，它与我原来所提出的实用主义准则是一致的"。（EP 2：225；PPM 239）他的一个更加全面的说法是，"每一概念中的诸要素从知觉的门口进入逻辑思想，又从有目的的行动之门退出去；凡是不能同时通过这两道门的，都将被理性视为不合法而加以阻止"。（EP 2：241；PPM 256）我们在第一节中曾用 $B_i \rightarrow C_i$ 刻画实用主义准则，其实其中已经包含有类似的观点了。因为如果这个蕴涵式表达的是"习惯"，那么前件 B_i 往往是祈使语气的"行动"，后件 C_i 往往是"知觉"或能为我们知觉的结果。由此说来，本节从"习惯"来谈论实用主义与第一节从"实践效果"来谈论，最终殊途同归。数学推理乃至所有推理都取决于一种观念，即"如果我们施加某种意志力，我们将反过来经受某些强迫性知觉"；而类似这样的考虑即"某种方式的行为将伴随产生某些类型的不可避免的经验"正是实用主义经常说的"实践考虑"（practical consideration）。（CP 5.9）

第三节　实用主义与推理意图

作为科学探究之法的总结提升，作为外展推理的逻辑刻画，实用主义准则中包含了许多有关逻辑分析的重要内容；如果我们记得在皮尔士看来逻辑学主要不在于建构形式演算系统而是要深入考察推理之本性，那么我们完全可以说"实用主义正好提供了此种逻辑分析的一种工具"。(PPM 32)在这之中，最为突出的一点莫过于逻辑推理的合目的性或自控性。"实用主义告诉我们，我们的思想要根据我们准备去做的事情来解释，倘若是这样，**逻辑学**即有关我们应该如何思想的学说，必定是伦理学即有关我们有意选择去做什么的学说的一种应用。"(EP 2：142)①笔者认为，运用实用主义准则来看逻辑推理，我们将重新发现皮尔士逻辑学的深层关怀，即，有关科学探究、知识促进的方法。实用主义作为一种逻辑准则，其要义在于：从逻辑学上看，一切概念都要与实在关联，才具有意义；一切人类推理都要有助于接近实在，才能称作合乎逻辑的；只有经过如此自控的"推理"，才是真正合乎逻辑的推理。对这一点，如果我们记得皮尔士指号学逻辑最生动、最高级的分部乃方法论逻辑，就不难予以理解。因为，在指号学的这最后一个板块，逻辑学因为直接关注"如何更有效地获致真理"而集中体现出"求真工具"的角色地位。

一、逻辑推理的合目的性

我们一再重申，实用主义准则本质上是对成功科学所用方法的总结。所谓"成功"当然就是达到了求真目的，发现了不以个人意志为转移的"科学规律"。谈到具体科学活动中所运用的推理，皮尔士同样认为，所有推理过程都指向一种目的，即把我们的信念最终引向某种被我们所有人看到的同一种"先定"结论。他说：

---

① 由于篇幅所限，实用主义与伦理学的关系不是本书的重点。即便一种较为大众化的庸俗解读把实用主义视为无关乎伦理的"唯利是图"，但在包括皮尔士在内的美国古典实用主义哲学家那里，实用主义本身就意味着伦理优先。进一步的讨论，可参看 Richard P. Mullin, *The Soul of Classic American Pragmatism：The Ethical and Spiritual Insights of Williams James，Josiah Royce，and Charles Sanders Peirce*, State University of New York Press, 2007。

这是逻辑学家的信仰。这是事实问题（the matter of fact），所有推理准则都要建立在它之上。根据这一事实，那种最终会被相信的东西是独立于我们现在所相信的东西的，因此它具有**实在**的特征。所以，某个习惯被认为决定着一种推断，如果它属于趋近最终结论的那一类，它就是正确的，否则就不正确。如此一来，推断就划分为有效的和无效的；而逻辑学也就获得了存在理由。（W 4:164-165）

这一观点在皮尔士的指号学逻辑中占据核心地位，因为他的逻辑学正是强调要以获致真理为根本任务。虽然逻辑学首先是对于推理形式的分析和研究，但逻辑学更重要的是确保我们的推理符合求真意图，并以此区分推理的好或是坏。凡最终无关乎真理发现的推理都是"无意义的"，也并非逻辑学家所要考虑的"推理"；同样，凡最终有助于真理发现的推理都是有效的推理，凡最终无助于真理发现的推理都是无效的推理。一如他所言，"推理是'合乎逻辑的'，当且仅当它由一种会导致真理的习惯所支配"。（EP 2:480）

皮尔士关于推理合目的性的说法与其对当时德国一些逻辑学家主观主义倾向的批判紧密相关。皮尔士反对德国逻辑学家把合理性（rationality）作为一种主观趣味的观点，而赞成英国逻辑学家关于推理的客观性观点。他说：

每一推理都提出有某种期望（expectation）。譬如，或者它声称如果前提为真则结论将总是为真，或者它声称是一种必定最终导致真理的程序性方法，或者它声称做出了其他某种这样的允诺。如果事实支持它所做的允诺，那么……推理就是好的。而如果事实与允诺相背，推理就是坏的，不论人类理性已经如何存心地赞成它。因为推理的唯一意图不是满足类似于趣味或良心的有关合理性的感觉，而是探明真理……（CP 2.153）

总之，事实与推理所声称的东西之间的相符一致构成了推理的合理性；推理者所关注的是事实不会让论证的允诺落空。如此依据"赤裸裸"的合目的性条件来区分推理的好坏，虽然避免了主观主义倾向，却可能陷入"功利主义"

的风险。皮尔士猜测到了这种指责的可能性,不过,他坦率地认为:如果功利主义仅仅是指根据对象与其目的之间的适应来界定好坏,那么以此种功利主义来考虑逻辑学也没什么不对。皮尔士进一步指出:边沁功利主义在坚持合目的性这一点上是完全对的,至于他的庸俗化功利主义,其错误也不在于过多强调"某某东西的好处是什么"这样的问题,相反却是因为他没能把这个问题贯彻到底或者说他根本没有真正地提出这个问题。有关"好处"或"满足"之问题的根本在于我们真正渴望什么而非个人现实渴望什么。庸俗的功利主义者不过是停留于个人现有的渴望,似乎那些渴望是完全不用争论的。或许,他想去天堂,却并没有问去天堂的好处是什么。①他只是想着他在那里是快乐的。但这只是一个措辞,并不能作为对问题的真正回答。实用主义者比功利主义者更彻底的追问是,思想或论证的用处是什么? 论证的目的是什么? 它最终导向哪里? 德国逻辑学家们在这个问题上过于夸大第一性成分,即认为论证就是要满足人对"逻辑性"(logicality)的感觉。推理的好,也只在于此种主观感觉上的满足。皮尔士说,如果我们是神而不必经受经验外力的冲击,那可能是对的;或者,如果经验外力是完全盲目的冲动,我们在这个世界上完全是陌生人,那么同样我们可以只想着让自己快乐,因为我们没有希望让自己的思想符合那种纯粹的第二性。但是,世界并非完全无序、不为人知的,

> 经验中有一种第三性,一种合乎理性的成分(an element of Reason-ableness),对此,我们可以使自己的理性逐步与之相符。如果这一点不是事实,就不可能有逻辑上的好坏这回事;因此,我们不必一直等待,直到可以证明经验中有一种我们自己的理性可以接近的理性在运作。我们应该直接希望情况如此,因为只有在这种希望中,我们才能找到任何知识的可能性。(EP 2:212; PPM 224 – 225)

---

① 皮尔士在另一地方从人的"自控"特征强调"人应该追求真正的、最大的好处":"自控就是有能力把有关实际问题的观点提升和拓展,而非仅仅看到临时紧急之事。这是人类唯一有理由感到自豪的一种自由,正是由于对于整体至善之物(这是可能有的最广泛的考虑)的热爱是基督教的本质,有人说耶稣所要做的事就是完全的自由。"(EP 1:72 n)

这种对逻辑推理合目的性的强调，在某种意义上就是皮尔士对逻辑推理作为事实问题的主张。因为所谓合乎目的，就是让逻辑推理符合一种不以个人喜好为转移的实在或事实。如第一章所论，逻辑学作为广义实证科学，不同于各门特殊科学对于经验事实的关注，它所揭示的是一种共通而普遍的事实。如果忽视逻辑学的这一特征，有些人可能认为，三段论推理中的"所以"是一种主观的或先验的关系，因为某一结论根据三段论规则由前提推演得出，这并非就意味着结论所代表的事实实际上就依赖前提所代表的事实，譬如有可能前提是"果"结论却是"因"。对此，皮尔士从实用主义角度给出的分析是：

> 的确经常看到我们由效果向原因推演。譬如，我们可以这样推理："这里有烟；从来不会有烟而无火。因此，这里有火。"然而，烟并不是火的原因，而是火的效果。实际上，显然在许多情况下，凡事件都是某一先前发生之事的演示性指号（a demonstrative sign）。因此，我们可以由相对未来的东西推演到相对过去的东西，尽管因果性实际上是以时间顺序决定事件的。不过，我们能够如此逆着时间流进行推理，那是因为实际上存在"如果这有烟，这里就一定有火"这样的事实，即后发生的事件作为前件。实际上，如果我们考虑一下此种命题通过何种方式为我们所知，我们**将**发现其真正所意谓的是"如果我们发现烟，我们将发现基本上存在火的证据"；而如果实在性是指整个共同体最终总会达到的一致性，则这一点无异于说实际上存在火。总之，根据此种有关实在的理论，目前整个理解上的困难会立即得以解决，因为它使得所有的实在性成为由无限未来的事件所构成的某种东西。（EP 1：64）

二、从实用主义准则来看逻辑推理的结论

实用主义准则是使得我们的观念变得更为明晰的基本方法，同时也是帮助我们由怀疑走向信念的科学之法。这种方法是对实践中所有成功科学所运用方法的一种总结概括，正因为如此，它是一种逻辑准则，具有逻辑学

所具有的规范性作用。"实用主义使得思想活动成为一种有关符号新陈代谢的生动推理,其中符号的主旨在于一种条件性的、一般性的行动决意。"(CP 5.402 n.3)如果我们把实用主义准则看作总的科学方法,那么,从科学探究的角度来看,我们在逻辑学上常见的演绎、归纳等各类推理方法不过是实用主义方法的"下级方法"(subaltern methods)。①运用前两节关于实用主义准则的有关分析,同时铭记皮尔士的广义逻辑学是把方法论作为最终形态的,或可对指号学逻辑中的推理方法做如下诠释。

　　首先,如果我们不是以形式上具体步骤的多寡来论,而是从对实际问题的探究来看,则推理(作为一种符号)"本质上是一种意图,即,是一种试图使得自身确定或试图产生一个比自身更为确定的解释项的表现"。(EP 2:323)如果说实用主义总方法的意图是接近实在,即让不以个人意见为转移的东西来为我们决定好坏,那么最能体现这一意图的符号则是推理。推理是自控性的、可批判的思想过程,每次推理都要考虑到使思想过程符合一种意图或理想,即它总是要推向某种结论的。推理结论是什么?从我们对实用主义准则的指号学解读来看,它就是作为符号最终解释项的"行为习惯",即某种新确定的"信念"。在这里,信念与习惯是统一的:"信念是观念的习惯性关联。"(W 3:107)如此来理解逻辑推理,则任何一类推理方法都是把"习惯"或"信念"作为结论性命题的;推理结论的"确定性"并非指结论永不可易,而是指能够导致未来效果或行动的变化。根据实用主义这一逻辑准则,真正的推理是要能带来这些实质性变化的;凡是偏离这一方向的,都是"假推理"。譬如,一个人想要把他正在建造的房子装修得漂亮些,但尚未仔细想清楚到底该是什么样子,于是通常的方式是,他在内心先进行房子装修,看看其效果,然后,感觉需要让某些效果在房子现实装修中实现出来,也感觉需要在房子现实装修中避免或修改另一些效果;通过这些内心想象,一种习惯得以产生,进而影响他在现实世界中对于房子的装修。这种习惯是自控性的也是自认可的,从而构成我们所谓的"意图"。(EP 2:431)这里所反映的是一个

_____

① Roberts S. Corrington, *An Introduction to C. S. Peirce: Philosopher, Semiotician, and Ecstatic Naturalist*, Rowman & Littlefield Publishers, Inc., 1993, p.29.

完整的推理过程①,推理结论是一种习惯或行动意图;如果没有推到这一步,如果推理没有产生此种效果,顶多只能算是半途而废的推理。②就逻辑学的此种关注来说,推理结论的可靠性相比结论之作为习惯是次要的,因为,连此种"结论"也达不到的推理谈不上好坏,根本就是无意义的。虽然数学推理与实际生活推理在是否关注实证事实方面有差别,但在这一方面,两者之间并无二致。因为从第二章中我们对数学推理的分析来看,对某一个数学观念的推理同样不过是借助图像进行效果观察的过程,不产生新信念、不带来新效果的推理同样不能成为真正的推理。皮尔士此种作为"习惯""信念"的"实践效果型"结论对以探求真理为目的的逻辑学来说至关重要,或许也正是在此意义上,皮尔士作为推理结论的"最终解释项",也被他称作"逻辑解释项"。

其次,每次完整推理的结论都是可以直接进行实践检验的"习惯"或"信念",因而推理并不是要排除经验,而是要提出可指导未来行动但仍受经验检验的"工作假说"。相比一般只重视"总结过去"的概念合理性,实用主义方法更强调"指向未来"的行为习惯。以此来看逻辑推理,推理旨在给我们一种行动指南,它是要激发一种可控制的未来行动,而非以"结论"限制行动。③每一次推理都把达到某种"习惯""信念"或"意图"作为"确定性"结论,但这些结论性的东西都是"条件句",都是指向未来行动的,其中包含了对"如何行动"的指令。"如何思想"决定了"如何行动";但推理所规定的"如何行动",只有在未来经验即付诸实际行动中才能得到检验。"所有思想的理智意义最终在于它对于我们行动的影响。……思想的合理性在于它指向一种可能的未来。"(W 3:108)这里,推理作为一种思想过程,其所得出的结论(作为一种期望)要接受未来经验(作为事实)的检验,因而是可错的。有

---

① 根据演绎定理,所有此前推理的结论都可以列入得出最终结论的那个推理的前提集之中。

② 除此之外,皮尔士还曾讲到,他的方法"关注推理渐渐转变成行动力量的那些区域"。(W 6:32)就此而言,皮尔士根据实用主义准则对于推理的分析与亚里士多德所谓的实践三段论具有相似性,因为后者也强调要从"是什么"达到"要做什么"。

③ 在此意义上,逻辑推理并不排除"时间决定一切"这一谚语的合理性,因为推理结论本身要求由未来行动来实现。

效推理的本质不在于是否产生了不容置疑的绝对结论,重要的是,它通过规定我们的行动,通过接受未来经验的检验,能够有助于我们接近实在,让我们更便捷地发现真理。如果有人试图通过求助所谓"推理法则"而主张结论的不可动摇,那是徒劳的;因为,推理法则(即皮尔士那里的"推行原则")也是一种习惯,只不过那是已经确立的、迄今尚未受到真实怀疑的习惯。显然,根据我们的这种分析,所谓"结论""习惯""信念""意图"等并不总是静态不变,而是在经验的长河中表现出一种"演化"。正是通过此种演化,我们的推理才逐步揭示真理;在此意义上,我们的知识也处于像动植物一样的"成长"(growth)之中。谈到这里,我们不得不涉及作为方法论逻辑内容之一的客观逻辑。根据皮尔士的客观逻辑,人类从事推理的历史,就是合理性本身的成长过程;从形而上学上看,人类通过逻辑推理让思想观念发生作用,此乃宇宙世界总趋势的一部分。

提及皮尔士的宇宙论①,或可对逻辑学所保障的知识进步图景有一个宏观把握。在皮尔士看来,宇宙永远处于从一种纯粹不确定的混沌状态向一种理想的完全确定的有序状态的演化过程之中。所有变化总是越来越显示出连续性,越来越有规律,这是宇宙演化的一个重要倾向和结果。我们所在的宇宙很大程度上是被规律决定和支配的,但这种决定和支配并非绝对和严格的,而是有限的,我们所得到的规律也都是统计性的。作为宇宙中的又一个重要成分,偶然性或自发性始终在自然界起作用,它们如同科学探究过程中的外展推理一样,保证了自由和创造的可能性。②一切自然规律并非原初的或绝对不变的,它们都是渐进成长的结果,就如同人类习惯的形成一样。③

————————

① 有关皮尔士这方面思想的详细解读,可参看 Andrew Reynolds, *Peirce's Scientific Metaphysics: the Philosophy of Chance, Law, and Evolution*, Vanderbilt University Press, 2002。

② 皮尔士关于偶然性无处不在的学说被他称为 tychism(偶成论);根据该理论,偶然性并不只是我们无知的表现,而是宇宙中的一种真实成分。皮尔士曾指出,像休谟这样的旧式形而上学家之所以对"自由意志"抱有怀疑,就是因为他们假定只存在一种有效推理即演绎推理,而与此完全相似的另一谬误正是:他们认为,世界受永恒不变的法则支配,因而凡是原因中未出现的成分都不会在结果中出现。(SS 142)

③ 正因为自己的宇宙进步观不同于那种认为"所有表面上新发展出来的东西都在一开始就有"的观点,皮尔士有时以新造的"variescence"一词替代普通的"progress",意指"能够在独立成分数量上产生无补偿的增量的一种变化"。(SS 143-144)

因此，在这个演化的宇宙之中，连续性与偶然性共同作用，齐一性和多样性共存，同构性和异构性并存。就此而言，推理并非**外在于**宇宙的某种东西，人类思想所表现的"客观逻辑"不过是自然宇宙"演化的逻辑"的一部分。

三、目的因：一种不同于休谟的因果关系

如上，从实用主义准则来看逻辑，让我们对推理的目的维度有了清晰的认识：逻辑学本身具有一个总目的，即让期望符合事实；同时，逻辑推理所得出的结论都代表一种局部期望，是用于指导未来行动的工作假说。除此之外，皮尔士还强调，甚至逻辑推理过程本身就包含有一种目的因。

关于目的因，本书第一章已经谈到很多。皮尔士认为现代科学的发现不是排斥而是支持一种不同于机械因果的东西的存在，"所有自然都充分验证了有一些不同于纯机械行为的影响力，即使是在物理世界中"。（CP 5.65）这里需要补充的一点是，从其主要特征来看，目的因基本上都是"习惯"或"信念"。弄清了这一点，我们再来看推理过程。任何推理，作为指号过程，在皮尔士看来都是一种面向未来的目的因过程；因为，任何一个指号过程中不仅有对象和指号，还必须有解释项，而最终解释项正是一种习惯，因而就是一种目的因。他说，每一个充分完整的符号都是真实事件的目的因，而且"影响着"真实的事件，这就像我渴望把窗户打开，这种渴望进而影响着一些物理事实，譬如，我起身离开座位，走到窗前，打开窗户。（EP 2：317）也就是说，推理结论中包含一种"习惯"，这继而作为目的又成为影响未来个体事件发生的因子。过去是完全确定了的（determinate）"既定事实"，是僵死的，只有未来是活的、有弹性的、可确定的（determinable）。（SS 27）唯一可控制的行动是未来行动，推理通过得出一种"习惯"而影响求真过程。推理活动或指号活动的本质是意向性即目的因，"心灵通过目的因果性（final causation）工作，而目的因就是逻辑因果性（logical causation）"。（CP 1.250）如果我们把时间的不可逆性考虑在内，把推理作为由原因推向未来结果的过程，那么此种过程必定是一种类似指号过程的

三元关系。①借用皮尔士学者胡尔斯维特(Menno Hulswit)的说法,如果 A 代表约翰对歧视性谈话的知觉,B 代表约翰的生气反应,C′代表约翰厌恶歧视,那么其中的因果关系就是一种非线形的三元关系(图八)。②

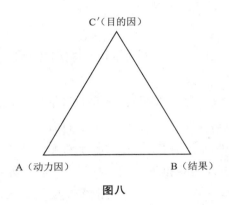

图八

显然,此种因果性不同于现代认识论中占据统治地位的休谟(David Hume)因果性,即把因果性作为前后相继的事件的联想。后一种因果是二元关系的动力因,类似于我们以实质蕴涵[即￢A∨B 或￢(A∧￢B)]来表示推理关系;而皮尔士所谓的目的因则把 A、B 之外的某种法则即"习惯"(譬如,A→B)考虑在内。在这里,把推理法则或"习惯"作为因果过程中的成分单独提出来,是很重要的。此前,在休谟因果性影响之下,人们往往认为因果关系或蕴涵关系只跟前后件两种东西有关,或许是因为人们认为类似推理法则"A→B"的东西是自明的、绝对的(即由笛卡尔的"上帝"给予保证的)。而现在,皮尔士告诉我们:任何推理法则都是可修正的、演化着的世俗"习惯";"习惯"代表着一种目的因,它是在前件或原因之外导致结果发生的另一种变量或决定因素;如果我们把 A、B 之间的关系称作动力因,那么它不过是目的因所借以实现的一种手段。更重要的是,此种"习惯"作为目的因,其

———————————

① 皮尔士在写给维尔比夫人的信中解释说:"如果我们来看任何普通的三元关系,将总是能发现其中有一种精神成分(a mental element)。……任何精神性(mentality)都涉及第三性。"(SS 29)

② 图中之所以用 C′而非 C 来表示"目的因",也是为了显示它与 A、B 之间并非同一序列上的线性关系。参看 Menno Hulswit, *From Cause to Causation*: *A Peircean Perspective*, Kluwer Academic Publishers, 2002, pp.199－210。

本身是发展着的；也正因为这样，皮尔士在科学中所坚持的目的论并非神秘的先定论，而是一种"发展目的论"（a developmental teleology）。[1]

第四节　实用主义的证明

皮尔士经常称，他自己版本的实用主义不同于其他实用主义的关键一点在于：他的实用主义能够得到证明（proved）。正如皮尔士学者罗伯茨（Don Roberts）所指出的，"对一位哲学家，说证明某种东西，这有点不寻常"[2]。然而如果我们记得皮尔士始终是作为一位逻辑学家、一位实验室哲学家来主张实用主义的，那么，他提出要证明他最具有特征性的逻辑准则，也是完全可以想到的。皮尔士一生尤其在晚年花费了大量时间进行实用主义的证明，并提出了许多证明方案；在他的手稿中，我们经常可以看到这样的标题："实用主义的基础（base）""实用主义的证据（evidence）""实用主义的后承（consequence）""实用主义的辩护（apology）""实用主义的基石（bedrock）"，等等。遗憾的是，由于各种不同的原因，皮尔士并未留给我们一个足够详尽的证明过程。或许正如皮尔士自己所说，为了完整地提出实用主义为真的论证，"那将需要一整卷；而且那将是需要细心研究的一卷。我们不可能用几句话就传达出三十年精心研究的内容"。（EP 2：371）本书无意重建一个这样的证明过程，因为对皮尔士证明（既包括其所要证明的核心论题，也包括其详细的证明过程）的最终把握有赖于对他所有相关的未发表手稿的整理出版，而且目前仍存在的争议是皮尔士是否真的有能

---

① 　读者在本书中可能已经发现，不只是目的论，皮尔士在其他很多方面都沾染了古希腊素朴哲学的某些气质，譬如神人同性论（anthropomorphism）、人类中心论（anthropocentrism）、泛灵论（panpsychism）等。但这绝不意味着皮尔士无视近代科学的积极成果，毋宁说他力图用一种源自古希腊的、非机械的观点更全面、更透彻地解释现代科学的进步。

② 　Don D. Roberts，"An Introduction to Peirce's Proof of Pragmatism，" in *Transactions of Charles S. Peirce Society*，Vol.14，Issue 2 Spring 1978，p.120.

力做到。①不过,有关皮尔士版本实用主义的证明的确是皮尔士研究中的一个重要问题,因为通过对于他这方面的工作的考察,任何学者都可轻易看到,他思想体系之中原本看似孤立或松散的各种论题更加紧密地关联起来,甚至可以说考察他对于实用主义的证明就等于研究他的整个思想体系。本节将概述皮尔士的一些证明设想和策略,以此展示其实用主义作为逻辑准则与其他思想主题的紧密联系,并希望借此看到皮尔士逻辑学与其他科学论题的相关性。

一、如何理解皮尔士所谓的"实用主义证明"?

由于皮尔士坚持把逻辑学与真理探究联系一起,纯粹形式、无关真实世界的证明不属于他逻辑学的关注范围。他认为,哲学家不要试图达到对"先验实在"的演证知识(demonstrative knowledge),"那些形而上学家的演证全都是妄想(moonshine)"。(CP 1.7)整体上看,皮尔士不区分今天现代逻辑理论中有时所提出的"证明"与"论证"之别。因为在他看来,不论是证明还是论证都要从某些基本前提出发,试图全面怀疑一切后重新从零开始推出绝对无疑的结论是不可能的。"信念的确定"才是任何证明或论证的可行目

---

① 皮尔士的实用主义证明,依然是今天皮尔士学者们的一大谜团。许多学者为此付出了努力,试图基于皮尔士文本片段重构完整的实用主义证明过程。参看 Don D. Roberts, "An Introduction to Peirce's Proof of Pragmatism," in *Transactions of Charles S. Peirce Society*, Vol.14, Issue 2 Spring 1978; Joseph L. Esposito, "On the Question of the Foundation of Pragmaticism," in *Transactions of Charles S. Peirce Society*, Vol.17, Issue 3 Summer 1981; Max H. Fisch, "The 'Proof' of Pragmatism," in *Peirce, Semeiotic, and Pragmatism*, K. L. Ketner and C. J. W. Kloesel, eds., Indiana University Press, 1986; Jeremiah McCarthy, "An Account of Peirce's Proof of Pragmatism," in *Transactions of Charles S. Peirce Society*, Vol.26, Issue 1 Winter 1990; Richard S. Robin, "Classical Pragmatism and Pragmatism's Proof," in *The Rule of Reason: The Philosophy of Charles Sanders Peirce*, Jacqueline Brunning and Paul Forster, eds., University of Toronto Press, 1997; Paul Forster, "The Logic of Pragmatism: A Neglected Argument for Peirce's Pragmatic Maxim," in *Transactions of Charles S. Peirce Society*, Vol.39, Issue 4 Fall 2003; Christopher Hookway, "Avoiding Circularity and Proving Pragmatism," in *Truth, Rationality, and Pragmatism: Themes from Peirce*, Clarendon Press, 2002; Christopher Hookway, "The Pragmatist Maxim and the Proof of Pragmatism," in *Cognitio*, Vol.9, 2005; Christopher Hookway, "The Pragmatist Maxim and the Proof of Pragmatism(2): after 1903," in *Cognitio*, Vol.9, 2008。

标。如果真碰到一位绝对怀疑主义者，任何证明或论证都是无用的。

皮尔士对"证明"的看法基本上有两层意思。第一，证明不能无限回溯。一个历史上很早就出现的古老观念说，任何证明都不具有任何价值，因为任何证明都依赖本身同样需要证明的前提，如此无穷回溯。对此，皮尔士指出，这种说法的确表明了若干重要事实："没有什么东西能在经过证明后不带任何怀疑**可能性**"，"没有任何论证能够用于有效反驳绝对怀疑论者"，"推理只不过是由一种认识过渡到另一种认识，而非认识的创始"。这些都是完全可以承认的，但接下来他指出：

> 确实，由于总有某一判断先于每一个被推断而来的判断，因此要么第一前提不是推断而来的，要么根本就没有第一前提。但这并不意味着因为在该系列中不存在第一，因而该系列在时间上就没有开始；因为该系列可以是**连续性的**，可以是逐步开始的……（EP 1:60）

第二，皮尔士强调："意见的确定乃探究的唯一目的，这是极其重要的一个命题。它一下子清除掉了各种含糊而错乱的证明概念。"对那些错误的证明概念，他列举出三种并分别予以反驳。（1）有哲学家认为，为了开始探究，只需要说出一个问题，不论是口头上还是写在纸上；由此，他们甚至建议我们在研究一开始就质疑一切。但仅仅把一个命题变换成疑问句式，这并不能激发心灵对信念的追求。必须有一种真实而生动的怀疑，没有这个，所有讨论都是空的。（2）一个非常普遍的看法是，证明必须建立在某个绝对不容怀疑的最终命题上。这些东西，有人认为是一般性的第一原理，有人认为是最初的感觉印象。但事实上，探究只需要从完全不受现实怀疑的命题开始。如果那些前提事实上不受任何怀疑，它们就是再令人满意不过的出发点。（3）有些人似乎喜欢在所有人都完全信服后再作论证。但这不可能获得任何进展。当怀疑停止时，有关该问题的心灵活动就停止了；而若再继续，那将是毫无目的的。（EP 1:115）

根据此种证明观念来看皮尔士对于实用主义的证明，我们同样需要首先明白两点。第一，皮尔士并不打算通过证明来保证实用主义准则的绝对不可错。因为结论的可错性并不意味着证明有问题，只要你是从相信一个东西合理地推导另一个东西，后者就是一个科学假说。为此，皮尔士一方面强调自己可以证明实用主义，同时不忘强调："这一论证的有效性要被视为一个假说，对此要试验性地检测，通过发展这一假说必然产生的最为显著的结果，然后再通过将这些结果与事实相比较，来发现对其有效性的一种归纳性证实。"①第二，正因为证明不得不从某些不受现实怀疑的命题出发，所以"如何确定一系列前提"成为实用主义证明的一个重要部分。在寻找这些前提时，皮尔士不得不一次次涉及实用主义之"前"（以科学分类图上的位置论）伦理学、美学、现象学、数学等方面的许多科学命题。

在考虑到以上证明概念的情况下，皮尔士并不认为"实用主义的证明"就是轻松易得的一件事。他强调自己的实用主义是按照康德那样的建构术设计建造起来的。

> 一位土木工程师在建造桥梁、船只或房屋之前会想想所有材料的不同属性而不会选用未经受检验的钢材、石头或水泥，然后再把所有选材以仔细思量的方式拼装起来；同样地，在建构实用主义学说时，要考察所有不能分解之概念的性质以及它们相互结合的方式。然后，在对所提出的这个学说的意图进行分析后，它就可以根据适当的概念建构起来以便满足那种意图。以此方式，实用主义的真可以得到证明。关于它的真，存在各种辅助性的证实（confirmations）；但是，我相信，要想严格地证明它，没有任何其他独立的方式。（CP 5.5）

晚年，面对众多不同版本的实用主义，皮尔士大约在 1903 年首次公开表示自己最初的实用主义可以得到证明，因此是更为优越的实用主义版本。他说：

---

① Don D. Roberts, "An Introduction to Peirce's Proof of Pragmatism," in *Transactions of Charles S. Peirce Society*, Vol.14, Issue 2 Spring 1978, p.129.

从原初的这种形式出发,每一个能从任何其他形式得出的真理,也都能被推演出,同时还可以避免其他实用主义者所陷入的错误。比起其他,这最初的观点似乎也是更为简洁和一致的构想。在我看来,它的主要优点是,更易于将自身同对于其真实性的批判性证明联系起来。(EP 2:335)

皮尔士同时相信,他能够给出这样一个证明:"在我看来,这一学说之为真不再有任何合理怀疑","[此种证明]是我为哲学做出的唯一有价值贡献"。(EP 2:335)后来,他还提到,实用主义的真可以多种方式来证明。所谓不同的证明方式,显然不是说实用主义可以依赖不同的"事实",毋宁说是皮尔士选择了不同的视角、不同的术语,或者面向不同的听众讲述了同一种真理。从今天我们掌握的皮尔士文本来看,他至少先后尝试从信念理论、知觉理论、指号理论、存在图等多个视角证明自己的实用主义。著名皮尔士学者豪塞尔在 EP 第二卷引言部分对皮尔士的实用主义证明思路做了整理归纳。皮尔士早期尝试的证明基于一种信念理论,即"信念主要在于有意地打算采取所相信的规则作为行动指南"。但皮尔士后来反对这种心理主义倾向,并认为这种论证是循环论证。于是,在 1903 年的哈佛讲演中,皮尔士基于知觉理论提出了他的另一个实用主义证明;在 1907 年,利用指号理论,皮尔士再次进行了他的实用主义证明;而皮尔士最终更为喜欢的证明途径似乎在于他更加形象直观的存在图系统。根据此种说法,下面我们将直接抛开信念理论这一证明策略,分别从后三种策略来看其证明中所包含的大致思路。

二、策略一:知觉理论

1903 年皮尔士在哈佛连续做了有关实用主义的七次演讲,它们分别是"实用主义的准则""论现象学""捍卫范畴论""七种形而上学体系""三种规范科学""意义的本性""实用主义作为外展逻辑"。该系列演讲虽然主要是他试图结合知觉理论为自己的实用主义做出证明,但如演讲题目所示,其中触及范畴论、美学、伦理学等非常多深层次上的哲学难题,因此整体来看很不够通俗;詹姆士曾把该系列演讲称为"向幽暗深洞(Cimmerian darkness)投射的闪耀光芒"①,其中的一个意思就是说皮尔士的许多论述深奥难懂。笔者这里不涉及复杂的证明细节,只简要勾勒皮尔士的证明策略。

在最后一讲,皮尔士称实用主义由三个命题推导而来。他说:"这三个命题在我看来赋予实用主义一种独特性。为了能够简短称呼……我将把它们暂时叫作我的磨石命题(cotary propositions)。……对于我来说,它们使得实用主义准则更为锋利。"(EP 2:226;PPM 241-242)显而易见,他所谓的磨石命题,主要是指:这些命题虽然本身不具有"准则"地位,却能像磨石一样恢复刀刃的锋利性。命题一是:所有在知性中的东西都是之前在感觉中的(Nihil est in intellectu quin prius fuerit in sensu)。这本是亚里士多德的一句话,但皮尔士略有改动:他用"知性"指任何认知指号的意义,"在感觉中"指"在知觉判断之中"。因而皮尔士真正要说的是:没有任何符号意义是最早没有出现在知觉判断之中的。命题二是:知觉判断包含有一般性成分,因而从知觉判断可以推导出全称命题。命题三是:外展推理是由知觉判断渐变而成的,二者之间没有严格分界;或者说,知觉判断即我们的第一前提可看作外展推理的极端情形,即与外展推理相比,知觉判断是绝对不受批判的。这三个命题密切相关,可谓皮尔士对知觉理论的一种表达。但是,这种知觉理论与实用主义准则到底有什么关系呢?皮尔士通过这三种命题到底想对自己的实用主义准则做出何种界定呢?其实,要弄清皮尔士的证明策略,关键还在于铭记:皮尔士把实用主义准则定位于一种逻辑准则,即根据一种规定未来行动的条件句"法则"来理解我们所面对的认识对象;而此种过程是由觉象产生知觉判断的过程,实质上也就是外展逻辑的"推理程序",即我们借以产生一般性东西的思维过程。明白这一点之后,我们可把皮尔士根据知觉理论所尝试的证明思路归纳如下:

(1)任何知性之中的东西都是首先出现在感觉中的;

① William James, *Writings 1902-1910*: *The Varieties of Religious Experience*; *Pragmatism*; *A Pluralistic Universe*; *The Meaning of Truth*; *Some Problems of Philosophy*; *Essays*, The Library of America, 1987, p.488.

(2)感官刺激借以产生知觉判断的过程是不受自我控制的;

(3)知觉判断不可能受到质疑,它们是我们所有推理的第一前提;

(4)知觉判断包含有一般性成分(譬如,任何命题中的谓词都是一般性概念);

(5)在某种意义上,知觉判断包含有一般性命题(譬如,"这花是红色的"包含有"任何与该花颜色相近的花都是红花");

(6)导致知觉判断的过程是一种类似于外展推理的过程,即通过发现一般性"法则"对觉象进行解释的过程;

(7)所有一般性法则一旦产生,就成为我们自控性思想中的一个影响因素,从而涉及对于未来行动条件的一种规定。[①]

三、策略二:指号学

1907 年,皮尔士撰写了一篇题为《实用主义》的文章,他计划向《国家》杂志和《大西洋月刊》投寄,但最终未予发表。文章中包含了皮尔士对他自己版本实用主义的一次较为清晰的证明,但不同于 1903 年,他把证明重点放在指号学这一更广泛的框架下。在 1907 年 4 月 10 日写给意大利实用主义者帕皮尼(Giovanni Papini)的信中,皮尔士指出:在所有他所熟知的有关实用主义的科学证明中,这是最有可能得到通俗理解的一种。(EP2:xxxvi)

皮尔士的指号学证明思路,在经过大幅精简之后,豪塞尔将其总结如下:

(1)直接知觉之外的每一概念及每一思想都是一种指号;

(2)指号的对象必然是指号中所未表达的;

(3)解释项是指号的全部效果,此种效果可以是情感上的、动能上的或

[①] 可以看出,皮尔士通过第三性的东西把第一性的觉象与第二性的行动统一起来。这或许正是皮尔士实用主义准则所要表达的东西。也正是在此意义上,皮尔士说:"所有知识以及所有思想的直接对象,分析到最后,都是觉象。这一点与主张所有真正思想的直接解释项都是操行的实用主义并无冲突。对于一种可靠的认识论来说,最不可或缺的就是知识对象与知识解释项之间的明晰区别;这就像是对于安全可靠的地理学思想来说北纬与南纬之间的明晰区别至关重要一样。这两种区分没有哪一个比另一个更为基本。"(CP 4.539)

逻辑上的,但只有逻辑解释项构成了"对于指号意义的知性把握";

(4)指号是介于对象和解释项之间的东西,它一方面相对于解释项而由对象决定,另一方面相对于对象而决定解释项,从而使得对象通过指号的中介对解释项产生决定作用;

(5)逻辑解释项与任何一种对象都不符合,它实质上处于相对未来的时态,即是一种"would-be",就其指涉可能性而言是一般性的;

(6)因此,逻辑解释项具有习惯的性质;

(7)概念、命题或论证可以是解释项,但并非最终解释项,只有习惯才是不需要再解释、直接引起行动的;

(8)经过思虑所形成的习惯是生动的定义,是最终的解释项;

(9)因而,对于语词所能传递的概念的最完美的解说是对于此概念被考虑产生的习惯的一种刻画,要刻画一种习惯,只有通过规定有关动机的条件而对它所产生的行动类型进行描述。

上述思路中涉及有关实用主义证明的许多"基础性前提",但是,若要用作一个令当代读者信服的证明,或许它仍未全部列出"预备性命题"。我们从另一位皮尔士学者罗伯特对于实用主义证明的研究中看到,皮尔士至少设定了 17 种不同的"基础性前提"。除了豪塞尔所提到的一些,还包括"脱下伪装,尤其是哲学第一前提中的那些""将我们并不怀疑的东西视为绝对的真""逻辑上的自控是伦理上的自控的反映""实验是思想上的操作""思想是指号""人类的社交圈子是某种组织松散的个人""只是在特定意义上,我们才能区分开信念与真理""思想是一种对话""一个人并非绝对个体的""我们不怀疑能够对自己的未来行动施加某种自控",等等。①

四、策略三:存在图

如果说立足指号学语境对实用主义的证明策略是一种较为通俗的解

---

① Don D. Roberts, "An Introduction to Peirce's Proof of Pragmatism," *Transactions of Charles S. Peirce Society*, Vol.14, Issue 2 Spring 1978, p.128.

释，那么皮尔士似乎同时也在考虑一种更为严格并能经受长远考验的证明策略，那就是存在图系统。这种证明策略对于皮尔士来说，至少有三种优越性：第一，它在表达命题时尽量运用像标，因而尽可能减少了人为约定性；第二，它的语法是形象直观的，因而便于心灵把握；第三，便于做最全面的分析，"存在图系统能够尽可能分析性地表达每一个命题"。（EP 2：279）他在一篇手稿中解释说：

> 我希望……你们能理解存在图系统以何种方式提供了对实用主义真假的一次检验。就是说，对存在图的充分研究将表明真正为所有概念指称所共有的本性是什么；基于此，通过比较，我们将能表明那种本性是否属于实用主义所主张的那一种东西……（EP 2：xxxvi）

皮尔士1906年在《一元论者》上发表《实用主义辩护前言》一文，随后又有两篇发表在同一刊物。其中，谈到了大量有关利用存在图证明实用主义的一些准备工作。但是，真正论及证明过程的是在他计划中的第四、五、六篇中；可惜后面这些没能发表，只留下一些零散的手稿。基于已发表成果及相关手稿，我们可以探知他从存在图系统出发证明实用主义的若干基本思路：存在图提供了一种有效的思想模型即"思想的动画"，存在图中对图表的实验就是对概念本身的实验，存在图所表征的图式推理方法正是我们对于概念的思想方式。皮尔士的此种证明策略同样包含有一系列"基础性前提"，譬如，至少有以下几点：

（1）对图表的实验，其真正的研究对象是诸种关系形式；

（2）演绎推理并不比归纳推理更加确定，只要我们的实验可以在想象中随意增加；

（3）像标比索引或符号更多地相关于真理的生动特征；

（4）推理必须主要关注形式；

（5）图表是构成其对象的那些关系形式的像标；

（6）集合元素，若是单独来看，并不比元素间的关系多；

（7）不存在不运用指号的思想，也不会存在孤立的指号；

（8）每一个合乎逻辑的思想演化都应该是对话式的；

（9）思想并不必然与大脑相关联。

与其他证明策略一样,我们无法完全再现皮尔士从存在图证明实用主义的"推理步骤"；①这主要是因为皮尔士的实用主义证明中涉及太多他本人认为显明而普通人却认为有待证明的基础性前提。不过,从以上关于皮尔士几种策略的大致分析来看,我们至少能够明白：要弄清皮尔士实用主义的真正所指,我们不得不事先理解那一系列涉及广义逻辑乃至"前逻辑"科学的"基础性前提"；就像没有那些"前提",实用主义作为结论就无法产生一样,读者不全部承诺那些"预备性命题",就无法领会皮尔士心中的实用主义。

第五节　实用主义与其近邻：晚年的辩护

从皮尔士对于实用主义的证明中不难看出,实用主义准则虽然只有一句话,但实用主义内在包含着一组密切相关的哲学论题。掌握与其密不可分的那些学说,是全面理解皮尔士实用主义方法的一个重要前提。然而,实用主义的历史发展似乎从一开始就偏离了皮尔士所预想的方向。皮尔士本人把实用主义作为一种逻辑准则,并强调："通向逻辑学,没有坦途大

---

①　皮尔士把存在图作为自己的"名曲",绝非仅仅因为它是一种有趣的形式数学系统,而在于它是对于实在世界之连续性的表现,尤其是其中包含了"关于知识构造及自然构造的新考虑"。（CP 4.584）目前保留较为完整而且研究较为普遍的存在图 Alpha 和 Beta 部分所运用的"断定单"仅限于现存事物领域,但没有把可能性领域考虑在内的存在图是不完整的、作用是有限的。基于此,有部分皮尔士学者认为,只有在深入研究皮尔士残存的 Gamma 存在图思想资料从而把模态问题作为存在图的重要内容后,实用主义的证明才能完全呈现。参看 Ahti-Veikko Pietarinen, *Signs of Logic*：*Peircean Themes on the Philosophy of Language*, *Games*, *and Communication*, Springer, 2006 以及 Robert Lane, "Peirce's Modal Shift：From Set Theory to Pragmaticism," *Journal of the History of Philosophy*, Volume 45, Number 4, October 2007。新近对皮尔士这方面手稿的一次尽可能全面的整理和呈现是 Charles S. Peirce, *Logic of the Future*：*Writings on Existential Graphs*, Vols.1－2, edited by Ahti-Veikko Pietarinen, Berlin and Boston：de Gruyter, 2020－2021。

道(royal road)可走,真正有价值的思想唯有以密切关注为代价才能换取。"
(EP 1:140)但是,由于"很少有人关注逻辑学",即便是著名的"实用主义
者"往往也在基本思想上"违背健全的逻辑"。(CP 6.482)为此,作为实用主
义的创始人,皮尔士在晚年利用多次机会表达了对自己原本意义上的实用
主义的辩护意见。他对实用主义的澄清,从后来的实际影响来看,可能并未
产生有效的纠正作用;但通过对皮尔士有关的辩护工作的考察,我们至少知
道实用主义从前"不是什么",这也让我们有机会在更广阔的空间下思考当
今实用主义"应该走向哪里"。

一、实用主义的起源及 pragmaticism 的提出

经由詹姆士迅速传播开来的实用主义成为 19 世纪末 20 世纪初国际哲
学界的一个讨论热点,各类哲学杂志充斥着有关实用主义与反实用主义的
声音。同时,实用主义准则在各主要倡导者那里有着不同的应用,因而产生
出不同的派别;到了 1908 年,有学者已经指出至少有 13 种实用主义。①在此
情况下,皮尔士觉得有必要解释真正的实用主义是什么以及它是如何形
成的。

皮尔士指出,任何所谓全新的哲学学说都不难证明是完全错误的,实用
主义之"新"仅在于其表述形式是新颖的,"实用主义之河的源流很容易追溯
到几乎任何所能想到的古老年代"。

---

① 　Arthur O. Lovejoy, The Thirteen Pragmatisms, *Journal of Philosophy*, 5(1908), pp.1 - 12.当然,
实用主义在今天依然存在严重的学派分化。近年来,我们不断看到有哲学家对于"处于十字路口的
实用主义"发出感慨,不过可以感到欣慰的是,皮尔士版本的实用主义正在产生越来越大的影响力,
参看 Nicholas Rescher, "Pragmatism at the Crossroads," in *Transactions of the Charles S. Peirce Society*,
Vol.XLI, No.2, 2005 Spring, pp.355 - 365。哲学家哈克指出,在当代实用主义者或亲实用主义者中,
罗蒂、米南德(Louis Menand)、丘奇兰德(Paul Churchland)、斯蒂奇(Stephen Stich)基本属于历史上席
勒那样的革命派,奎因、普特南、莱歇尔以及她本人则基本属于历史上皮尔士那样的改革派,而站在
两派中间的是马格里斯(Joseph Margolis)、伯恩斯坦等人,具体参看 Susan Haack, "Pragmatism
(Addendum)," in *Encyclopedia of Philosphy*, Second Edition, Vol.7, edited by Donald M. Borchert,
Thomon Gale, 2006, pp. 748 - 750 以及 Susan Haack, "Pragmatism," in *The Blackwell Companion to
Philosophy*, Second Edition, edited by Nicholas Bunnin, E.P.Tsui-James, Blackwell Publishers Ltd, 2003,
pp.774 - 789。

苏格拉底曾在这些水域沐浴。亚里士多德在发现它们后欣喜万分。它们流经……斯宾诺莎（Baruch Spinoza）干枯垃圾堆的底层。散布于［洛克］《人类理解论》一书中的那些明晰的定义同样也是在这些纯净的水流中清洗过的。正是此种水质……赋予了贝克莱早期作品《视觉理论》以及后来的《人类知识原理》一种健全的力量。从这条河流中，康德的总体观点才获得如此的明晰性。孔德对此种原理运用得还要多……他能找到自己的使用方式。然而不幸的是，孔德和康德以各自正好相反的方式习惯于把这些闪烁发光的河水与某种心灵镇静剂混在一起，后者是许多人都使用成瘾的东西……但对哲学构造来说却是令人悲伤的浩劫。我所指的习惯是他们对严密的逻辑研究抱有鄙视的心态。（EP 2:399）

与这些"先祖"相比，皮尔士等"形而上学俱乐部"成员的贡献在于：他们把实用主义有意用作解决晦涩问题的争议的一种方法。皮尔士特别提到，苏格兰哲学家贝恩把信念界定为"一个人打算据此采取行动的东西"，这直接促成皮尔士提出实用主义准则："根据此种定义，实用主义顶多不过是一种推论；因此我倾向于将他视为实用主义的祖父。"（EP 2:399）实用主义准则的公开提出，前文我们已经提到，是在1878年的《如何使我们的观念明晰》一文中。这里需要强调的是，与孔德和康德等"先祖们"无视严密逻辑研究并仅仅把"实用主义"作为某种"镇静剂"的态度不同，皮尔士从一开始就将其称作"逻辑准则"，也就是说，实用主义是一种严肃的逻辑研究的严格结果，不容随意挪用。

遗憾的是，皮尔士对实用主义准则的逻辑关切并没有得到其"形而上学俱乐部"同伴以及同时代哲学家同样的重视。经过同属"形而上学俱乐部"成员的詹姆士的大力传播，皮尔士所创造的"实用主义"（pragmatism）一词得到了学界认可；但是随着该词"不设限的"普及推广，一个令皮尔士感到越来越不安的事情是，实用主义已经越来越偏离它作为"逻辑准则"的定位。在1905年发表在《一元论者》上的《何谓实用主义》一文中，皮尔士明确表达了他的这种担忧，并提出"pragmaticism"一词，试图阻止对"实用主义"的滥用之风。他高兴地看到,实用主义在著名心理学家詹姆士、英国"人文主义者"席勒(Ferdinand Canning Scott Schiller)那里正显示出生命力和活力。

> 至此一切进行得令人满意。但目前这个词语开始在文学杂志上偶尔被碰到,在那里它受到了无情的滥用,正如语词一旦落入文学之手就所能想象到的那样。有时,也会有英国人式的礼貌,斥责这一词语选择不好——选择不好,就是说,表达了某种它宁愿排斥掉的意义。因此,笔者发现他的小孩"实用主义"(pragmatism)被如此推销,于是感到是时机跟他的孩子吻别,将其交与其命运之神了;而正是为了达到表达其原有定义的目的,他开始宣告"pragmaticism"一词的诞生,这一词语相当丑陋,可以放心地防止被诱拐。(EP 2:334-335)

这里,皮尔士对于实用主义一词遭受扭曲使用这一现实显示出极大的无奈,他提出 pragmaticism 一词不是说他要修正自己的观点,而更多只是要提醒读者回到实用主义的原有意义上。根据皮尔士的说法,该词与 pragmatism 相比多出-ci 一个音节,意在表示它是一种限制版本;但从皮尔士的作品来看,他并没有在此之后一贯使用 pragmaticism 这个新词,很多时候依然使用 pragmatism 一词。这一点根据本书余论"术语伦理学"中"尊重术语发明者的优先权"原则,是完全可以理解的;因为实用主义本身就是皮尔士最先创立的,至于挪用或扭曲,都是他人而非皮尔士本人违反了"道德要求"。正是考虑到这一点,笔者在本书中并没有如许多中文学者那样将 pragmaticism 特别译为"实效主义",而是坚持原有用法。

在提议用 pragmaticism 一词后,皮尔士在《何谓实用主义》一文中接着指出:

> 笔者虽然已经从对其他实用主义者作品的阅读中获益良多,但仍旧认为他原来对该学说的设想具有决定性优势。每一个从任何其他版本推演出的真理都可以从原有的这个版本中构成,同时它还可以避免其他实用主义者已经陷入的错误。(EP 2:335)

当然,对于皮尔士原有版本实用主义之优势的最有力说明就是它能够得到充分证明;在尚未能够发现皮尔士详细证明路线图的情况下,倘若我们可以指出皮尔士所谓"其他实用主义者所陷入的错误",或有助于我们理解皮尔士原版实用主义的"优势"。因此,接下来,本节将从皮尔士对实证主义、唯名论、常识主义等学说的批判来看他如何为自己的实用主义辩护。

二、实用主义与实证主义

前文曾指出,皮尔士实用主义主张通过实践效果来分析概念之意义,这在很大程度上促进了早期分析哲学尤其是实证主义相关思想的传播;但是,对于这些,我们不能过于夸大。顶多可以说,实用主义与实证主义都有助于早期分析哲学基本思想形态的形成,譬如,注重概念的明晰性,注重经验性证据。如果从这些基本倾向来理解广义上的实证主义,皮尔士表示自己完全可以说是一位泛实证主义者(prope-positivism);但是真正的实用主义者对于当时所风行的实证主义是持批判态度的。应该承认,皮尔士对实证主义有积极评价,但同时要看到,至少他自己的实用主义在很重要的方面不同于其他实证主义哲学。

早在写于 1867 年至 1868 年间的一份手稿中,皮尔士就意识到:虽然实证主义正成为"时代精神",但对此种学说要冷静地加以批判吸收。

> 实证主义哲学的第一批信徒是那些想要把对普通人而言所谓原因的研究推行至迄今一直被**形而上学家**或分类家们践踏在脚下的领域。在不接受有关此类研究的所有法则的情况下,我们可以承认它对于那些人并通过他们对于整个世界产生了真正助益。它符合科学的一面是它的强项。但是,现在在它变成了时尚,接过它们的那些人既不具有为实证主义哲学家所专有的那种毫不妥协的刚毅,也不关心物理科学。这些人从实践方面尤其是宗教方面看待它。这完全就是它脆弱的一面。
> (W 2:122 - 123)

这里，皮尔士所谓实证主义在宗教方面的弱项，指的就是实证主义完全排斥了对于上帝、自由、不朽等重大形而上学问题的探究。值得注意的是，皮尔士在文中表示，"对于科学人来说，有可能占据一种在科学研究方面同样具有优势却不会像实证主义者那样破坏宗教信仰的立场，而且他们通常就有这样的一种立场"。（W 2:122）此种关于实证主义与真正科学精神之间关系的思考，或许预示了皮尔士在后来要提出一种不同于实证主义但更能符合科学精神的学说。显然，皮尔士眼中最能代表科学探究之精神的就是他的实用主义方法。

在 1905 年《何谓实用主义》一文中，皮尔士把实用主义与实证主义放在一起思考，此时他对流行版实证主义的态度更加清晰。面对可能的质疑"你的学说的存在理由是什么？从中可以发现什么优点吗？"，皮尔士在作答时，首先坦承自己的实用主义在某种意义上符合实证主义的基本精神，然后立即表示自己的实用主义不同于其他实证主义。实用主义

> 可以表明几乎每一个本体论形而上学的命题要么是无意义的胡言乱语——一个词语被其他词语所定义，而它们仍要被其他词语所定义，从来不曾达到任何真实的概念——要么就是彻底的荒谬；因此所有这样的废话都被一扫而空，哲学中保留下的只是一系列能通过真正科学的观察方法进行研究的问题，关于那些科学的真相，不需要那些没完没了的误解和争论——那些东西已经使得最为重要的实证科学仅仅成了闲散理智的娱乐之物，有点像下象棋，其目的就是无聊的乐趣，而其方法就是苦读书本。在这一点上，实用主义就是广义实证主义的一类。但它同其他类广义实证主义的区别是，第一，它保留了一种净化的哲学；第二，它完全接受了我们本能信念①的主体部分；第三，它积极坚持

---

① 值得注意的是，通常被认为是逻辑实证主义领袖的哲学家罗素在 1912 年《哲学的问题》一书中也明确把"本能信念"作为认识出发点。他指出："当然，我们最初相信一个独立的外在世界，这并非通过论证而达到的。我们一开始反省，就发现此种信念已经出现在我们自己之中：它是可以称为**本能信念**的东西。""我们发现，所有的知识都必须建立于我们的本能信念之上，而如果这些被否弃，就什么也没剩下了。"参看 Bertrand Russell, *The Problems of Philosophy*, London/New York/Toronto: Oxford University Press, 1951, pp.24–25。——引者注

　　　经院实在论……的正确性。因此,并非像其他广义实证主义者那样,通
　　　过冗长的拙劣模仿剧或以其他方式,简单地讥笑形而上学,实用主义者
　　　从中汲取了重要精髓,它可以用来为宇宙论和物理学提供活力和光明。
　　　(EP 2:338–339)

　　皮尔士在早前的一个场合坦言:"不论我们拥有一种反形上学(anti-
metaphysical)的形而上学还是拥有亲形上学(prometaphysical)的形而上学,
一种形而上学是我们一定要拥有的。而且,我们越是对它漫不经心,它越是
可能成为一种粗制滥造的形而上学。"(EP 1:108)
　　结合本书第一章中所提到的形而上学在科学分类法中的地位,我们可
以断言:皮尔士实用主义所批判的只是传统的那种死板而无意义的形而上
学论争,但这并非意味着要放弃对形而上学问题的探究;恰恰相反,实用主
义使得我们可以一种普遍意义的科学方法更加"切实"地开展形而上学研
究。作为一门科学,形而上学是科学的第三个组成部分,它的任务就是研究
实在和真实对象的最一般特征。正因为这样,实用主义不但不讥笑形而上
学科学,而且承认有一些明确属于形而上学的重大问题需要科学人刻苦而
扎实地研究。皮尔士一口气列出了近20个的一长串形而上学科学问题。譬
如,是否有真正的非明确性(indefiniteness)或真正的可能性和不可能性? 是
否有明确的不确定性(definite indeterminacy)? 是否确实有个体存在? 是否
在事实与幻象之间有量之多少以外的区别,或者,在外在世界与内在世界之
间,是否有呢? 对不同的感觉(feeling)特性及其与测定物质、空间和时间之
间的关系,可以给出什么一般性解释或说明吗? 感知(sensation)具有的所有
可能特性(当然包括比我们所知的远为丰富的、我们还未曾经验过的那些),
形成了一个连续性体系吗,就像色彩所看起来的那样? 一般地,感官(sense)
特性表征了什么样的外部实在性呢? 时间是真实的东西吗,如果不是,那它
所表征的实在特性是什么呢? 在这些方面,空间又是怎样的呢? 在多大程
度上以及在哪些方面,时间是外在的或具有属于外在的直接内容? 时间和
空间是连续的吗? 时间或者空间有界限或交点吗? 万物有生命论
(hylozoism)是实际的或可以设想的观点而不是无稽之谈吗,如果是,那会是

怎样的观点？意识或心灵像什么呢，是像时间和空间一样的单一连续体，但出于不同目的被它所包含的东西以各种方式分裂；还是它由固体原子组成，抑或是它更像是液体？在康德用语中，真理有什么"实质的"（material）一般特征，通过它们有机会认识到真理吗？事件进程有什么一般趋势，在整体上朝向一个方向演化吗？如此等等。（CP 6.6）

三、实用主义与唯名论或个体主义

除了实证主义之外，还有许多虽然没有自称实证主义但与实证主义者犯有类似错误的"实用主义者"。对他们，皮尔士往往归在唯名论中加以批判。[①]在这方面，他的矛头直指詹姆士。这倒不是说皮尔士对于詹姆士版本的实用主义最为不满，毋宁说詹姆士制造并代表了当时最流行的实用主义版本。正如詹姆士研究专家佩里（Ralph Barton Perry）在 1935 年所说："虽然实用主义的起源可能不清楚，但显然认为实用主义发端于皮尔士的想法确实源自詹姆士"，"现代众所周知的实用主义运动很大程度上就是詹姆士误解皮尔士的结果"。（PL 87）因此，皮尔士在作品中多次把自己所尊敬的资助人詹姆士作为典型代表，以批判唯名论版本的实用主义。

詹姆士把实用主义创始者的荣誉赋予皮尔士，甚至把实用主义准则直接称为"皮尔士准则"（the principle of Peirce）[②]，但他对实用主义准则的表述在皮尔士看来存在曲解。1902 年，皮尔士在《哲学与心理学辞典》中有关实用主义的词条中指出：

笔者后来看到该原则很容易被误用，结果使得它清除掉了有关不可通约数的整个学说……1896 年，詹姆士出版他的《相信的意志》一书，后来又出版他的《哲学观念与实践效果》，从而把该方法推向一种极端，

[①]　皮尔士承认实用主义与唯名论具有某种共同之处，但问题在于唯名论在实用主义方面不够彻底。他曾写道："唯名论本身具有实用主义的源头，其错误在于它不能完全将自己建立在实用主义的根基之上。"（PSP 368）更多对于唯名论的批判，参看本书第六章第三节。

[②]　William James, *Pragmatism*, New York：Dover, 1995, p.2.

令我们心生踟蹰。该学说似乎以为人的目的就是行动——这个斯多葛公理对于 60 岁的笔者来说没有在 30 岁时那样有说服力。相反,如果承认行动需要一种目的而且目的得是某种具有一般描述的东西,那么该准则的精神——它是说为了能够正确把握概念我们必须去查看概念的结果——将把我们引向一种有别于实践事实的东西即一般观念,以作为真正能解释我们思想的东西。(CP 5.3)

这段话中包含着有关实用主义误读原因的重要信息。

首先,皮尔士对于詹姆士的实用主义表述明显表示不满。1898 年 8 月 26 日,詹姆士在加利福尼亚大学哲学协会上发表主题为"哲学概念与实践结果"的讲演,并首次提出实用主义的哲学观念,从此标志着一种所谓"实用主义运动"的社会思潮正式开始。在这次讲演中,詹姆士在把实用主义归功于皮尔士之后如此来解读实用主义准则:

为了使我们有关对象的思想达到完美的明晰性,我们只需要考虑该对象涉及什么样可设想的实际性后果——我们从中可以期望得到什么感知(sensations),以及我们必须准备好什么样的应对(reactions)。于是,我们有关这些效果的概念,对我们来说,便是我们有关该对象的概念的全部所有了,只要此种概念具有实际意义。这就是皮尔士的原则,实用主义的原则。我个人认为,它应该表达得比皮尔士先生更为广泛些。我们对于真理所意谓之物的最终检验实际上就是它所规定或激发的行动。而它激发那种行动时因为它首先预示了对我们经验的某种特别偏好,后者要求我们所做的将只是那种行动。……我愿意把皮尔士原则所表达的东西说成是:任何哲学命题的效果意义总是能转化为我们不论主动还是被动的未来实践经验中的某种特殊结果;关键的事实在于此种经验必须是特殊的,而不在于它一定是主动的。①

---

① William James, *Collected Essays and Reviews*, edited by R. B. Perry, Long-mans, Green, 1920, pp.411-412.

与本章第一节中所见皮尔士对实用主义准则的首次表述相比,表面上这只是詹姆士对皮尔士的一种通俗解释,但由于皮尔士从未用到的"感知""应对""我们的经验""特殊经验"等明显成为詹姆士解读的关键词,这些看似通俗易懂的用词已经"放松了"皮尔士文本中原有的"限制",从而在不知不觉中增加了实用主义在传播中沦为反理智主义哲学信条"为行动而行动"的危险。我们这样说,并非指詹姆士与皮尔士在实用主义观点上毫无共同之处。①二人都认识到,判定一种观念,不能随便怎么想,就当作怎么样;即,不能拘于第一性的东西。但詹姆士对实用主义准则的解读明显是唯名论的②,他把观念之意义等同于个体性的东西即第二性的"应对";而皮尔士的表述却是实在论的,他强调所谓效果乃第三性的东西③,也正是在此意义上他不认为实用主义应该排斥"不可通约数"以及无穷观念这些个体难以捉摸却明显属于第三性的一般实在物。皮尔士的实在论强调:"一般性是实在中不可或缺的成分;因为不带任何律则的纯粹个体存在或现实性等于是无效的。混沌是纯粹的虚无。"(EP 2:343)实用主义的真正本性,如果不同时考虑到

----

① 皮尔士与詹姆士二人的实用主义之间到底在哪些方面是根本一致的以及哪些方面是相互排斥的,这仍然是当前学术界的一个研究热点。许多学者指出,皮尔士实用主义与詹姆士实用主义的主要差别之一就是,前者主要为一种意义理论,后者则将其重点发展为了一种真理理论。也有学者主张,尽管皮尔士与詹姆士二人的实用主义在哲学气质、哲学的科学性、哲学的社会应用、唯名论与实在论之争、个体主义与共同体之争等方面存在不可忽视的差异,但不应过分强调这种分歧,而应看到他们同属于一个实用主义传统,详情可参看 Sami Philstrom, "Peirce's Place in the Pragmatist Tradition," in *The Cambridge Companion to Peirce*, edited by Cheryl Misak, Cambridge University Press, 2004。还有学者断言,我们甚至不能说詹姆士误读或误解了皮尔士的实用主义准则,他不过是抓住了其中关于意义、后果、未来的根本见识从而用于一系列不同的哲学目标,参看 Christopher Hookway, "Logical Principles and Philosophical Attitudes: Peirce's Response to James's Pragmatism," in *The Cambridge Companion to Williams James*, edited by Ruth Anna Putnam, Cambridge University Press, 2006。不管怎样,皮尔士与詹姆士及主流实用主义传统之间至少在某些哲学旨趣上保持一致,譬如,反对教条主义,看重自然的进化,面向未来,试图让理论不再僵化(unstiffen theories),等等。

② 在九年之后出版的《实用主义:一些古老思想方式的新名称》一书中,詹姆士更明确地表示:实用主义"跟唯名论一样,总是诉诸殊相(particulars);跟功利主义一样,注重实践效果;跟实证主义一样,蔑视各种文字上的说解、无用的问题及形而上的抽象"。(William James, *Pragmatism*, New York: Dover, 1995, p.21)

③ 也就是说,詹姆士所谓"效果"或"后果"乃特殊的,而皮尔士则强调"全部的""一般的"效果或后果。皮尔士在不同的地方指出,作为第三性的一般性思想与作为第二性的特殊行动之间的关系犹如统治者与他们的秘书之间的关系。(CP 6.324)

三个范畴,是不可能得到理解的。然而,根据皮尔士的范畴理论,第二性的东西内在包含着第一性的东西,第三性的东西内在包含着第一性和第二性的东西;因此,第三性的东西成为实用主义准则中最要紧的东西。与行动本身这种第二性的东西相比,行动背后所隐藏的目标才是实用主义准则所要指向的东西。也就是说,皮尔士认为,实用主义准则无疑涉及行动,但那并非"最重要的"(the be-all),问题的关键在于:行动总是受目的支配的,单个的行动只是一种具有实在性的目的(即习惯)的一次实现①,因此"最终目的"(the end-all)才是"最重要的"。

> 无疑,实用主义使得思想最终仅仅应用于(apply)行动——应用于**所设想的**(conceived)行动。但是,承认这一点与说实用主义使得符号主旨(the purport of symbols)意义上的思想就在于诸行动,或者与说思想活动真正的最终意图就是行动,它们之间具有一种差别,这就好比我们说当把颜料涂于画布之上时绘画艺术家的生动艺术就得到了应用,但这不同于我们说艺术生命在于涂颜料或其最终目标是涂颜料。(CP 5.402 n.3)

皮尔士把那种认为"行动乃思想的**唯一**终点和意图"的观点作为一种"激进实用主义的观念"(CP 8.212),真正的"实用主义者并非令**至善**(summum bonum)在于行动,而是令其在于一种演化过程,借此,现存物越来越多地体现那些一般性的东西……"(EP 2:343)

　　另一方面,从以上皮尔士为《哲学与心理学辞典》所写的那一段话中,我们也可以看到:皮尔士实用主义准则被误读,可能是因为他自己早期对于实用主义准则的应用、解释带有某种唯名论倾向,因而暗藏着遭受误解的可能性。这里所谓的"唯名论"倾向主要是指皮尔士在《如何使我们的观念明晰》一文中对有关"埋藏秘密"所表现出的动摇,譬如,对永远未受我们挤压的钻

---

　　① 皮尔士在不同的语境下把"行动"一词作广义理解,他说:"显而易见,理智并不在于以某种方式感觉而在于以某种方式行动。只是,我们必须承认有内向行动(inward actions)——或许可以称之为**潜在**行动,即,并未发生但以特定方式影响习惯之形成的那些行动。"(CP 6.286)

石，皮尔士曾认为，说它是否为硬，这只是用语方便的问题。然而，在承认自己在对应用实例的解释中存在唯名论倾向的同时，皮尔士并不认为自己原来提出的实用主义准则就是唯名论的。他明确说：

> 我否认最初由我所界定的实用主义使得符号的知性含义在于我们的行动。相反，我当时极其细心地所说的是它在于我们对于在**可设想**（conceivable）场合我们**总会有**（would）什么行动的一种**概念**（concept）。（CP 8.208）

也就是说，对皮尔士最初提出的实用主义准则，如果读者足够细心的话，也会看到那是一种虚拟语气。需要再次强调的是，皮尔士并非简单地否定现实的可感效果对于我们理解一个符号具有帮助，但他认为那绝非全部，甚至不是最关键的；因为正如本章第二节所指出的，即使石沉大海，只要是宝石，它也会发光。皮尔士实用主义的要义在于：他看到了单独发生的事件并不能说明什么，重要的是事件中所呈现的行为习惯；再多现实发生之物的聚结也不会完全填补"惯常性"之意义。

与他通过反唯名论来为实用主义辩护密切相关，皮尔士对个体主义的批判也一直是他实用主义的一部分。虽然在很大程度上（尤其是二者都仅仅关注第二性的东西）皮尔士的反唯名论已经包含了反个体主义，但在皮尔士那里，反个体主义对澄清实用主义与近代以来占据主导地位的笛卡尔哲学之间的差别具有特殊的意义。在早期准备"认知系列"文章时，皮尔士虽然在一些手稿中表现出唯名论倾向，但他的反个体主义①主张已经异常鲜明，譬如，他说："我们如此获得了一种有关实在性的理论，虽然它是唯名论的，因为它把共相奠基于指号之上，但它十分反对那种经常被认为与唯名论具有共同外延的个体主义。"（W 2：175）到了"认知系列"发表之时，皮尔士的反个体主义已演变成为逻辑社会论（logical socialism）。他说，实在论与

---

① 皮尔士看到，在他所生活的时代流行一种倾向，即"令人可笑的对于他人意见的无视"。（W 2：313）

"逻辑社会论"是一致的,"实在性这一个概念的起源表明,这个概念本质上包含有一种不带明确界限且有能力无限增进知识的**共同体**观念"。(EP 1:52)就此而言,皮尔士认为,笛卡尔哲学与中世纪相比是退步的,因为"它教导我们对于确定性的最终检验是在个体意识中找到的;然而经院哲学却依赖于天主教会及圣贤们的陈述"。(EP 1:28)[①]

> 笛卡尔主义准则中出现了……形式主义,它是这样的:"我所深信的无论什么东西都是真的。"如果我真的深信不疑,我将不再运用推理,将不需要任何关于确定性的检验。但那是单单把个体作为真理的绝对评判者,这是最为有害的。其结果是:形而上学家们一致认为形而上学已经达到远远超过物理科学的确定性程度——只是他们不能在其他任何方面达成一致意见。(EP 1:29)

虽然在"认知系列"中,皮尔士尚未明确提出实用主义准则,但是,早期的反个体主义观点"不能局限于个体经验""求助于无限共同体"等,这些对于我们理解皮尔士实用主义拒绝把符号的知性含义归结为行动具有很大帮助。[②]

四、实用主义与常识哲学

苏格兰哲学在皮尔士当时的英语学术界具有深远的影响,这一点从密尔1865年一部名著的书名《对于威廉·汉米尔顿爵士哲学的考察》中便可看出。

---

① 对于个体意识(而非共同体)在认识过程中作用的这种强调,表现在逻辑实证主义者那里,就是所谓"方法论上的唯我论"(methodological solipsism)。参看 Hilary Putnam, "Pragmatism," in *Proceedings of the Aristotlian Society*, New Series, Vol.95(1995), pp.292-293。

② 皮尔士对于唯名论或个体主义的驳斥还与他对享乐主义伦理学的批判紧密联系在一起。唯名论者和个体主义者把所谓效果局限于个体的、特殊的行动与享乐主义者把个人快乐作为最终渴求时所犯的错误是一样的,他们都没有看到"行动""渴求"背后所隐藏的一般性东西(因为所谓行动往往是基于某种一般意图的行动,而所谓渴求往往也是对于具有某种一般性描述的东西的渴求)。皮尔士把逻辑学奠基于伦理学之上,其中所谓伦理学绝非当时流行的享乐主义伦理学,而是一种强调"至善"追求的"经过变形的伦理学"。就此而言,理解皮尔士不同于詹姆士的实用主义也就是理解不同于享乐主义的一种伦理学。

皮尔士虽然对苏格兰哲学家汉米尔顿（Sir William Hamilton，Bart）的哲学没有什么兴趣，却对苏格兰早期哲学家里德（Thomas Reid）的常识哲学抱有同情态度。皮尔士相信，当过度的精细不被需要时，日常的常识概念是最好的定义条件；它们本身往往就代表着自明的习惯，没有必要再进一步分析。常识和本能基本上都是可靠的，实用主义"意味着对于常识和本能的信任，虽然仅仅是就它们产生于慎重批判的灰吹炉（cupel-furnace）而言"。（EP 2：446）

> 最为浪费的做法莫过于放弃一种曾经采用的假说，除非很显然它变得极其站不住脚了。……一个极好的方法……就是优先采用那个建立于深刻而基本的本能之上的假说，没有那种本能，人类社会就不可能存在。（EP 2：113）①

面对笛卡尔哲学的普遍怀疑主义，皮尔士很早就坚定地举起"常识"的旗帜与之对抗。曾经在近代理性主义哲学中伴有一种怀疑主义，这种精神当然在对于反权威的政治斗争中具有批判价值；但是，过度的怀疑也导致了理论上的困难，即如果一切都要怀疑，我们从哪里找到出发点呢，认识何以开始呢？为此，笛卡尔提出要从"我思故我在"这种内省或直觉开始，但是如皮尔士所论，我们并不具有任何内省力或直觉力。（EP 1：11-27）笛卡尔主义哲学的错误不在于试图寻找某种出发点，而在于他从一开始由于坚持"普遍怀疑"原则则而使得原本并不可疑的一些东西统统被否弃；笛卡尔哲学的错误也不在于倡导怀疑精神，而在于他"为怀疑而怀疑"，因此混淆了"真怀疑"与"伪怀疑"。②真正的怀疑，不是因为我们对一切失去信念（或习惯），而是

---

① 关于理性与本能彼此之间的优势比较，皮尔士提到："理性在几个方面都劣于本能。它不够敏感，不够迅速，不够无误。它唯一有优势的方面是，它是受控制的、受检查的、受批判的。这一点所假定或设立的是，存在坏的推理。没有什么像坏本能之类的东西，除非它在其他某种东西看来是坏的。但是，有些推理是理性自身所要指责的；若非这样，理性将连这一点优势都没有了。"转引自 Cornelis de Waal，*On Pragmatism*，Thomson Wadsworth，2005，p.102。

② 关于笛卡尔哲学，皮尔士曾有一种颇有意味的评价：从笛卡尔开始，"哲学扔掉了孩童时期的东西，开始成为一个自负的年轻人"。（CP 4.71）更多有关皮尔士与笛卡尔的共同关注，可参看 Douglas R. Anderson，"Peirce and Cartesian Rationalism，" in *A Companion to Pragmatism*，edited by John R. Shook，Joseph Margolis，Blackwell Publishing Ltd.，2006，pp.154-165。

因为原有的部分信念(或习惯)不再能适应当下经验;①所以,怀疑之前,首先有的是信念(或至少是希望)。正如皮尔士所说:

> 我们不可能开始于完全怀疑。当我们踏上哲学研究时,我们必须从我们实际上已经拥有的所有前见(prejudices)开始。这些前见不能以一种准则而被驱逐,因为我们并没有意识到,它们可被质疑。因此这种原初怀疑论只是自欺欺人,并不是真正的怀疑;追随笛卡尔方法的人,没有人曾感到满意,直到他正式地重新获得所有那些他曾在形式上抛弃的信念。因此,那是毫无用处的一个预备行为,就像为了沿子午线逐渐到达君士坦丁堡,而跑到了北极去。的确,有人可以在其研究过程中找到理由怀疑他开始时所相信的东西;但在此情形下他怀疑是因为他对于它拥有了一种实在理由,而不是根据笛卡尔主义原理。让我们不要在哲学上假装怀疑我们内心并不怀疑的东西吧!(EP 1:28 - 29)

这一点,不论是在日常生活中,还是在科学探究中,都是一样道理:

> 在人们已达成一致意见的诸科学中,在某一理论被提出后,它只被视作试用的,直到能达成那种一致意见。在达成一致后,确定性问题就变得无用了,因为没有什么人还在怀疑它。……如果训练有素而且坦诚的心灵在仔细考察一理论后而拒绝接受它,这应该在这一理论的作者本人的心灵中产生怀疑。(EP 1:29)

因此,回过头来看,虽然对笛卡尔把"我思故我在"作为绝对的第一命题,皮尔士并不认同,但他对笛卡尔毕竟没有全部怀疑一切而感到欣慰。就此而言,我们可以说,尽管笛卡尔哲学的信徒们奉行普遍怀疑主义,但笛卡尔本

---

① 后来的杜威在自己的实验逻辑中对"伪怀疑"有一种更尖锐的批判:"凡是没有某现存情境唤起或与某现存情境无关的个人怀疑状态都是病态的。"参看 John Dewey, *The Later Works, 1925 - 1953*, Vol.12, edited by J. A. Boydston, Carbondale: Southern Illinois University Press, 1986, p.109。

人实际上并没有走向完全的怀疑。也正是因为这一点，我们看到，皮尔士在
《如何使我们的观念明晰》一文中论述莱布尼茨修改笛卡尔的清楚和分明学
说时，特别提到笛卡尔哲学中有一点重要的东西被莱布尼茨忽略掉了。他
这样评价莱布尼茨：

> 这位伟大非凡的天才人物因为他看到的东西，也因为他未看到的东
> 西而出名。一种机械装置如果没有供应某种形式的力量，就不可能永恒
> 地工作下去，这对他是一件极为明显的事情；然而他不理解思想机器只能
> 传输知识而从不能创造知识，除非它能由观察事实供应。他因此错过了
> 笛卡尔哲学中最为本质的一点：接受对我们看起来非常明显的命题，是一
> 件不管是否合乎逻辑，我们都不能不做的事情。（EP 1:126）①

如上，由于皮尔士把常识放在很重要的地位，因此，他的实用主义哲学
很容易被归为常识主义。不过，就常识与实用主义之间的关系而言，精准体
现皮尔士看法的一句话是："没有批判常识论，实用主义学说就很难达到什
么成果。"（EP 2:433）这里，"常识论"之前的限定词"批判"是关键。在尊重
里德常识哲学基本思想的同时，皮尔士吸收了康德的"批判哲学"。他指出，
作为康德主义者，他只要从内心放弃不可解释的物自体观念，再修改一些细
节，就会发现自己变成批判常识论者了。②（EP 2:353－354）常识论的缺点在
于轻视了怀疑和批判，须知"学习的意志"（the will to learn）不能被"相信的
意志"（the will to believe）替代，相信一个东西不能靠意志，意志应该用于控
制思想、怀疑、给出理由等方面。③尤其是，虽然我们有毋庸置疑的信念作为

---

① 有关过去哲学家的此类过失，皮尔士还提到了休谟。他认为自己是一位积极的批评家而不
像休谟那样是一位纯否定的批评家。（CP 6.605）

② 在不同的地方，皮尔士指出："完全属实的一点是，我们永远不可能获致有关事物本身所是
的知识（a knowledge of things as they are）。我们只能认知它们的人类面向（human aspect）。那是世界
对于我们来说的全部所是。里德的立场更为可靠，除了他似乎认为常识是不可错的……"（SS 141）

③ 需要提醒读者的是，皮尔士显然不是要完全否定"相信"之认识论地位，他所强调的是：既不
能"相信不足"（under-belief），即我们怀疑任何东西时总是已经有所承诺（committed person）；也不能
"相信过多"（over-belief），即只接受那些不由自主相信的东西。

出发点,但它们都具有极端模糊的特征,因此,怀疑的空间总是可能的。譬如,每一个人的行动表明我们不可能怀疑世界上存在一种秩序性;但是一旦我们试图界定这种秩序性,我们的怀疑就出现了。①在为《世纪词典》撰写的词条中,皮尔士把批判常识论与苏格兰常识主义的区别界定得非常清晰。所谓批判常识论

是常识主义的一种②,与苏格兰常识哲学的区别在于它主张以下六种立场:第一,不仅有不可批判的命题,而且有不可批判的推理。第二,虽然有大量命题和推理是经过普通训练的心智健全的一代人所不能批判的,虽然这些命题和推理集在代代相传后基本保持不变,不过,即便在某个已知的文明领域内部,它们在各代人那里并非完全相同,也并非在每一个个体心灵那里毫无例外;相反,它们在历史上已经发生了显著变化。第三,所有不可批判的信念都是模糊的③,而且在未引起怀疑的情况下是不可能变得精确的。第四,不可批判的信念类似于本能,这不仅是指苏格兰哲学家们在一种模糊意义上这样称谓它们,同时还是指这些信念与生活问题相关,有裨益(尤其是对于种族),仅仅遇到可应用场合时才被意识到,伴有难以言说的深层感觉,经常涉及异常细节,等等。第五,许多可疑的命题之所以变得可疑是因为精心设计了一种达到怀疑状态的方案并得到认真贯彻,因此,在这种意义上,不可批判的信念应该得到严厉批判,虽然另一方面在许多情况下具有把假冒怀疑误当作真实怀疑的重大风险。第六,那些声称对不可批判的信念进行怀疑的哲学家的立场,要对其进行认真考察……对于康德的错误要精确指明,应该指出他的哲学在修正错

---

① 有必要指出,批判常识论不是一开始就试图把某种可信的"第一知识"从周围可疑的"偏见"中区分出来,而是在探究过程中根据探究的实际成果,逐步挑选出那些值得怀疑的东西;这种根据后果来判定观念之意义的认识论,与实用主义准则具有内在的一致性。

② 这里所谓常识主义是皮尔士的一种新的理解,并非限于苏格兰常识哲学。他对该词条的解释是,"这样一种学说,它认为每个人都相信某些一般命题并接受某些推理,而不能对它们产生真正的怀疑,因而也不能将它们拿出以接受真实的批判;它还认为,这些东西在每个人看来是完全满意的、明显为真的"。(PL 300)——引者注

③ 这种模糊的常识信念类似于杜威实验逻辑中所谓的"不确定的情境"(indeterminate situation),它是探究的起点,是真实怀疑得以产生的问题情境。——引者注

误之后符合批判常识论这一学说。（PL 300 - 301）

这六个方面的特征,皮尔士在《实用主义的后果》一文中有更为详细的论述。（EP2:346 - 354）这里,我们不必过多展开,只需强调一点:皮尔士对常识主义的同情并没有让他成为一名失去怀疑精神的哲学家,恰恰相反,由于皮尔士没有把作为认识出发点的默会"常识"看作绝对不变的"第一原理",他反而成为现代反基础主义知识论的一位先驱。[①]对于自己的批判常识论立场,皮尔士有一个精彩的隐喻。他说,不存在不可错的命题,"即使它的确找到了证实,但那些证实也只是片面的。它仍旧没有站在事实的硬基上。它行走在沼泽地上,仅仅可以说这片地方现在似乎能支撑得住。我将停留在这里,直到这片地开始塌下"。（EP 2:55）当代著名哲学家普特南把这些话称作"真正的第一个反基础[②]主义隐喻"[③]。因为它要早于纽拉特 1921 年提出后因奎因采用而广泛流传的"航船"隐喻[④],更早于 1935 年著名科学哲学家波普尔提出的"木桩"隐喻。[⑤]皮尔士对于此种反基础主义的"境况"并不觉

①　皮尔士的反基础主义与他反决定论的偶成论（即主张世界上存在真实的偶然性）以及可错论具有关联。在皮尔士看来,对规律性的解释只能是偶然性,规律性是由偶然性生成的,其本身处于变化之中。

②　当然,最初的"foundation"（基础）也是一种隐喻词。笛卡尔曾经带有"基础"隐喻的一种说法是:"我们注意到,由单个建筑师奠基并完成的建筑物,比起由许多建筑师通过利用出于不同目的建造而成的残垣断壁设法组建而成的那些建筑物,通常要更加具有吸引力,设计得更为完好。"参看 René Descartes, *Discourse on Method and Related Writings*, translated by Desmond Clarke, Penguin Books, 1999, p.11。

③　Giovanna Borradori, *The American Philosopher*: *Conversations with Quine, Davidson, Putnam, Nozick, Danto, Rorty, Cavell, MacIntyre and Kuhn*, University of Chicago Press, 1994, p.62.

④　纽拉特的最早说法是"我们就像是海员,不得不在远海上修船,永远不能够把船底翻过来重新修复。一根船梁被冲走后,一根新的必须立即放回去,而且这样做时必须把船只的其他部分用作支撑。通过这样的方式,借助于破旧的船梁和浮木,船可以完全修造成新,但只能是逐渐加以改造"。参看 Otto Neurath, "Anti-Spengler," in *Empiricism and Sociology*, R. S. Cohen and M. Neurath, eds., Dordrecht: Reidel, 1973, pp.158 - 213。

⑤　波普尔的说法是:"客观科学的经验基础并不是'绝对的'。科学并非奠基于坚固的岩床。科学理论的可见结构似乎是矗立在一片沼泽地上。它就像是由木桩支撑起的建筑物。那些木桩从上面打进沼泽地之中,但是它们并没有被打进某种天然的或'给定'的基石中;如果我们不再继续往下打木桩,并不是因为我们已经达到了坚固基础。当我们感到木桩足够牢固以便能至少暂时支撑建构物时,我们也就停下来了"。参看 Karl Popper, *The Logic of Scientific Discovery*, Routledge, 2002, pp.93 - 94。

得悲观。在 1905 年写给詹姆士的一封信中,他反而说道:"对于我们来说再正常不过的就是发现难题总是超出我们的能力,而我也必须说,这给予了我一种美妙的感觉,好像置身于深海上的摇篮内——我在海上时经常有这种感觉。"(CP 8.263)

批判常识论是对皮尔士实用主义立场的一个生动展现:实用主义对符号之意义的分析有起点,但并无绝对的、不可认识的"第一原理";也有终点,但并不阻碍未来探究之路。这种观点可以说不仅是对科学探究方法的一次总结,同样也是对自然万物演化路线的一次刻画。皮尔士认为,人类一方面接受"毋庸置疑的常识",另一方面在新经验面前对原有的某些信念产生怀疑,这一点实乃任何动物种群的一个共同特征;只是人类在这方面更具有自觉特征,因而"演化"更为快速而已:

> 任何存续一万年以上的动物种族都具有了不起的、近乎正确的推理本能……由于动物自身不可能认识到它们自己本能的奇妙性而且必定把它们自己本能所发出的命令视为理所当然的,如果它们试图违背本能倾向去行动……那将是荒谬透顶的。当然,它们从来不会那样做;不过同样明显的是,它们所有动物都必定具有某种程度的自我约束,虽然低等动物可能没有意识到那样做。马、狗及各种鸟类的动物显然意识到了那样做。这就是我们所谓的"良心"(conscience)。然而,它们的本能都是可以在经验中得到修正的,人类在这方面最为快速。①(PL 317-318)

这里,我们再一次看到,皮尔士关于人类思想法则的逻辑与宇宙万物演化的"合理性"融为一体。

---

① 我们将看到,这里所谓人与动物之间在进化能力上所表现出的类同正是本书第六章中连续主义原则的一种体现。

分　论

第五章　外展推理及研究经济论：逻辑学的实践向度

　　"总论"完成了对于皮尔士广义逻辑学的概览。正因为是"概览"，我们往往过于简单地处理了原本值得专门论述的一些重要论题。为了从特殊论题上具体而微地展现皮尔士逻辑观念的深度以及其对一般哲学问题的相关性，接下来的两章选择对他的外展逻辑和连续统逻辑进行专案研究，以期对本书的基本观点，即"逻辑是皮尔士哲学的主线，同时哲学又是皮尔士逻辑的归属"做进一步澄清和论证。

　　本章将对前文多次提到的外展推理进行详述。外展推理及外展逻辑是皮尔士在逻辑学上的重要"发明"之一，其重要性不仅在于他给历史上那种形成科学假说的方法冠以"外展推理"之名从而令其享有特殊的逻辑地位，而且在于他的外展逻辑与演绎逻辑、归纳逻辑一起构成一种更具应用性、更具解释力的"科学探究逻辑"。皮尔士为外展推理所提供的精细辩护，深刻揭示了推理过程的复杂性尤其是经济因素的存在；他在外展推理及认知经济等方面的方法论思考，使得我们可以严肃看待逻辑推理的实践向度。

第一节　论证三分法

近世以降,逻辑推理被认为包含而且仅仅包含归纳和演绎两种论证方式。这在今天是对论证方法的一种很普通而常见的理解;但它并非亘古不变的分法。因为逻辑学教科书曾长期局限于演绎论证,直到弗兰西斯·培根那里才把归纳推理引进来。既然近代能够在演绎论证之外增加归纳论证,后人当然也可以设想在演绎、归纳之外存在第三种论证方式。这并不是说从古至今各个时代的人们实际运用着各不相同的思维方式或者运用着越来越多的方法,归纳甚或第三种论证方式的引入只是逻辑研究内部的问题,它反映的是学界对于思维规律的把握深度或认知面。正是立足于对思想法则本身的理论反省,皮尔士通过对于成功科学探究中所运用推理技术的实际分析,最终认识到:一切科学探究中不仅运用到了演绎论证和归纳论证,而且有第三种论证方式一直被人们实际所运用,那就是外展推理;事实上,只有这三种论证方式同时运用,我们往往才能最终获致真理。皮尔士告诉我们:一种自然的论证分类应该同时包含演绎、归纳和外展,三者各自有不同的有效性根据;科学假说的提出涉及一种与演绎和归纳同样合法但不同于二者的论证方式即外展,它应该在现代逻辑中被独立出来加以研究。

一、论证的自然分类

在 1867 年向美国艺术与科学学院递交的《论证的自然分类》一文中,皮尔士第一次正式提出并详细解释有关逻辑论证的三分法。他认为不论多么复杂的论证,最终都可以还原为一系列简单论证;而再简单的论证,就其完整形式而言,都必须包含两个前提和一个结论。于是,皮尔士把任何有效

的、完整的、单一的论证都看作三段式论证（syllogistic argument）①，该论证的
一般公式就是"……是……，……是……，∴ ……是……"，其中的空位代表
任意的总主词（total subject）或总谓词（total predicate），每个词项出现两次，
但它们的周延性不确定，即具有全称特称之变与肯定否定之变。正是从这
个基本形式出发，皮尔士结合复杂的三段论格式之变，最终总结出演绎、归
纳、外展等三种不同论证方式的一般形式。关于此种三分理论的解释，皮尔
士在后来的文章中多有修正，特别是有关外展与归纳之间的区别；最后，在
1898 年的剑桥讲坛系列演讲中用专门的一讲重新予以介绍。皮尔士从三段
论格式进行说明的做法，在今天读者看来非常烦琐；有关三种论证在形式结
构上的更多差别，我们将在第二节中看到，这里我们首先着重谈谈皮尔士如
何从三段论之格的差别推演到有关三种独立论证形式的存在。

　　皮尔士指出，所有命题都可以转变为全称命题即对当方阵中的 A 命
题，因为所谓特称命题在换上另一个主项后（譬如，把"有些人"换成"所有
这部分人"）都可以转变成全称的，而所谓否定命题，只要把谓词变成否定
（即相应的负概念），也就成为肯定命题。同样，所有三段论经过某种转变
都可以转变成第一格的三段论。如下（表二），第二格三段论通过把小前
提与结论互换同时原肯定变否定、原否定变肯定，可以转变为第一格；第三
格三段论通过大前提与结论互换同时原全称变特称、原特称变全称，也可
转变为第一格。②但是，皮尔士这样说时，并不是在还原论的意义上讲的。
相反，他强调：当我们把第二格三段论转变为第一格时，总是需要一种其本
身表明就属于第二格的直接推理；当我们把第三格三段论转变为第一格
时，总是需要一种其本身表明就属于第三格的直接推理。（RLT 135）举例
来看，第二格的"任一 M 都不是 P，任一 S 都是 P；∴ 任一 S 都不是 M"可以
转变成"任一 P 都不是 M，任一 S 都是 P；∴ 任一 S 都不是 M"，后者实际上

---

　　①　事实上，syllogism 的希腊原意就是指"推理"或"推断"，因而"三段论"的论证形式对于研究
一般的推理来说具有典型意义，不必囿于演绎。
　　②　注意：该表格中，第一格三段论的大、中、小项分别是 P、M、S，第二格中的分别是 M、P、S，
第三格中的分别是 P、S、M。而且，下文马上交代，第二、三格三段论为了能转变为真正的第一格，还
需要借助于某种直接推理，把大前提或小前提作等值转换。

是第一格的。①可以这样转变，是因为我们运用了由"任一 M 都不是 P"到"任一 P 都不是 M"的直接推理法则（全称否定命题换位法），而此种推理法则本身就是原第二格公式的一种省略形式，即通过把"任一 M 都不是 P，任一 S 都是 P；∴任一 S 都不是 M"中的 S 替换成 P，从而得到"任一 M 都不是 P，任一 P 都是 P；∴任一 P 都不是 M"。同样，第三格的"任一 S 是 P，某一 S 是 M；∴某一 M 是 P"可以转变成第一格的"任一 S 是 P，某一 M 是 S；∴某一 M 是 P"，这样做时我们依据了一种直接推理法则，即由"某一 S 是 M"到"某一 M 是 S"（特称肯定命题换位法），但该推理法则本身就是原第三格公式的一种省略形式，即通过把"任一 S 是 P，某一 S 是 M；∴某一 M 是 P"中的 P 替换成 S，从而得到"任一 S 是 S，某一 S 是 M；∴某一 M 是 S"。至于亚里士多德本人那里没有但在后世有些逻辑教科书中出现的第四格三段论，它不过是前三格三段论的某一变种。因此，整体来看，所有论证分析到最后只有三种形式，即要么属于三种格的一种，要么是它们的某一变种。

表二

第一格			第二格			第三格		
任一	M	是 / 不是	P	任一	M	是 / 不是	P	某一 / 任一	S	是 / 不是	P
任一 / 某一	S	是	M	任一 / 某一	S	不是 / 是	P	任一 / 某一	S	是	M
任一 / ∴某一	S	是 / 不是	P	任一 / ∴某一	S	不是	M	∴某一	M	是 / 不是	P

　　说了这么多，如果仅仅停留在对于三段论的固有理解上，那只能说明存在三种不同的推理基本法则或论证形式；但它们为何又分别被称为"演绎、归纳、外展"而不是三种不同的"演绎"呢？为了表明从三段论格的形式划分所得出的结论代表着论证类型上"一种更为实质上的区分"，皮尔士在对三段论进行解释时引入了传统上不受重视但在现代科学中经常处理的或然性

① 这里转变之后的三段论样式之所以看上去不同于表格中的第一格，只是为了使得 S、P、M 在转变前后一直代表小项、中项和大项。接下去第三格的转变，存在同样的情况。

命题。于是，我们看到他这样解释第一格的论证："所有 M 拥有偶然特征 π 的比例是 r，这些 S 都是从 M 中随机取出的；∴ 有可能，所有 S 拥有 π 的比例是 r。"①显然这是一种或然性推理，但皮尔士认为，它同时也是一种演绎论证，所谓必然的演绎论证只是概率为 1 的或然性推理。紧接着，把上述论证变形，皮尔士得到第三格的一种论证形式："这些 S 是从 M 中随机取出的，而在这些 S 中，有比例为 ζ 的具有偶然特征 π；有可能，比例为 ζ 的 M 具有特征 π。"显然这正是我们在科学及日常生活中经常运用到的归纳推理，即通过抽样来得出一般性结论。再接着，皮尔士通过变形得到第二格的或然性推理："本性为 M 的任何东西都会具有偶尔被我们看到的特征 π，S 具有特征 π；临时来看，我们可以假定 S 在本性上属于 M。"他指出，在实际推理中，我们经常把此论证中第一个表示习惯法则的前提用作条件句，因而其更常见的另一种形式就是"如果 μ 为真，π、π'、π″将成为它各式各样的后果，而现在 π、π'、π″事实上为真；姑且我们可以假定 μ 为真"；显然，这正是用以解释已知事实现象而提出假说的一种科学推理，它有时被皮尔士称为回溯推理（Retroduction），但皮尔士更常用的一种名称是外展推理（Abduction）。

　　需要补充的是，我们在实际推理中发现，不仅运用到演绎、归纳、外展，还经常运用到类比论证；因此，似乎应该至少有四种而非三种论证形式。对此，皮尔士指出，正如不存在独立的第四格三段论一样，所谓类比只是演绎、归纳、外展三种论证形式的混合，有时主要表现为由事物部分属性转向事物全体属性的归纳推理，有时主要表现为由充分相似性而进行的外展推理。举例来看，"S、S'、S″是从同一类中随机取出的，因而都具有偶然特征 P、P'、P″，t 是特征 P、P'、P″，S、S'、S″是 q；∴ t 是 q"，这是一个类比论证形式。然而，它只是包含两种论证形式的一个复杂论证。还原回去，它或者是"S、S'、S″被看作 P、P'、P″，S、S'、S″是 q，∴（根据归纳）P、P'、P″是 q；t 是 P、P'、P″；∴（根据演绎）t 是 q"；或者是"S、S'、S″具有个例 P、P'、P″，t 是 P、P'、P″，∴（根据外展）t 具有 S、S'、S″的共同特征；S、S'、S″是 q；

∴(根据演绎)t 是 q"。(W 2:46 - 47)

在剑桥讲坛第二讲"推理的类型"的末尾,皮尔士试着抛开三段论格式,他如此总结自己关于论证类分的基本观点:

> 我们用了三段论形式作为支持来建构推理理论,现在我们可以将其移去,单看我们所构建出来的东西。我们看到了三个推理类型。第一格包含了所有必然或是或然的演绎推理。借助此类推理,我们可以预见事物一般进程中的具体结果,并估算这些结果从长远来看多久才能发生一次。演绎推理的结论总是带有确定的概率,因为此推理方式是必然型的。第三格是归纳推理,借此,我们可以探明在日常经验进程中一种现象伴随另一现象的频率。归纳推理的结论不像演绎推理的结论那样带有确定的概率;但是,我们可以算出具有某一指定结构的归纳达到某一指定精确度的频率。第二格推理就是溯因推理(retroduction)。这种推理,不仅结论没有确定的概率,甚至此种推理模式也不存在确定概率。……它只是我们试探性地采纳的一个建议(suggestion)。(RLT 141 - 142)

比起早期更为专门化的分析,此种论述已经趋于一般化。(本书第三章第四节提到)皮尔士 1902 年在卡耐基研究院项目申请报告中还从范畴论及指号学的视角对于三种论证形式进行了不同解释。整体来讲,虽然皮尔士最初在引入推理三分法时推广使用了大量有关三段论格式的形式技术,但随着皮尔士广义逻辑思想的巩固成型,其关于论证三分的观点已经远远超出三段论领域,成为贯穿于他的有关推理分析的各项研究工作的基本思想。

二、论证的有效性与强弱

除从三段论之格做论证形式的"自然划分"之外,皮尔士还着重探讨了论证有效性与强弱之间的差别,并从各种论证形式的"担保"上为自己的论证三分法进行辩护。

演绎是必然性论证或至少是结论中带有特定概率的论证,它是自亚里士多德至现代逻辑课本中论述最集中的一种论证形式。由于演绎论证的结论强度很高,很多人将其"必然性"视为论证之理想,进而不知不觉用作演绎自身乃至任何其他论证之有效性的标准。但是,如前文所述,如果不是在"必然性"上停留而是从人类实际思想过程出发,我们很容易发现:演绎只是我们思想过程的某一阶段,演绎之前和之后另有不同的论证形式,即外展和归纳。事实上,略加分析便可知,演绎论证之有效性是相对于无效论证来说的,而演绎论证之强则是相对于力度(即前提对结论的支持力)弱的论证来说的,因此"有效(valid)论证"与"强(strong)论证"原本并非一回事,只是碰巧我们在演绎论证那里看到有效论证和强论证集于一身。皮尔士在谈到论证分类时对二者做了辨析。他敏锐地指出,有效的论证是说"它拥有它所声称的那种力度并趋于以它所声称的方式确立结论",而论证力度的问题则不关心论证实际效果与所声称结果之间的比较,它只看其实际效果有多么强;因此,一个论证尽管前提对结论的支持力度弱却可能是有效的,假若它并没有不负责任地声称它所不具有的一种强度。(EP 2:232)论证之力度上的弱,并不能阻挡它成为一种有效论证。(EP 2:455)这些力度弱的有效论证在实际运用中往往会导致后来被认为错误的"暂时性结论"(即便前提都正确),但这些结论在当时是合乎逻辑地得出的,将来也是可以自修正的。譬如,在我们最初解读楔形文字时,首先的一步必然是采用一些无人敢确保必定为真的假说;这些假说必须暂时被采用,甚至带有一定的固执,但只要没有事实能绝对驳斥它们,我们的做法就无可非议。因为我们只有通过这第一步的"弱推理",才有机会尽可能快速地发现问题的答案。

皮尔士还指出,外展、演绎、归纳三种论证分别有各自的"担保"(warrant),可以说它们都是基于人类思维基本事实的自然本能。第一种论证(即外展)的"担保"是说:推理者趋于信任(disposed to believe)自己的命题即信念,因为人们试图探明一种并不能直接觉察到的真相,这本身就设定了世界万物在某种程度上符合我们的理性认为它们应该具有的样子。①换句

---

①　一种比较浅显的认识起点是:人自身具有理解力(the intelligence),而人的周围世界具有可理解性(the intelligibility)。

话说,我们的理性近似于支配世界万物的那种理性;这一点我们必须承认,要不然我们的探究工作不会探明任何东西。这种希望在逻辑上是很重要的,在此方面的绝望只能是不合乎逻辑的,否则所有的推理将只是徒劳。第二种论证(即演绎)的"担保"是说:我们从能够以命题(可能是很具复杂性的复合命题)表达的某种事态开始推理,可以把每一种未被该命题否定的事态作为一种真结论;如果我们以图像表示"前提"事态,则我们从中可以"看出"每一个由该图像所表示的"结论"事态。此类推理就是必然推理或演绎推理,其主要在于对图像所表征事态的观察,包括推论型演绎和定理型演绎。第三种论证(即归纳)的"担保"是说:假若这种推理方法能够一致性地坚持到底,它将能在后期修正前期可能出现的错误。总共有三种归纳推理。最强的是定量归纳(quantitative induction),是对某一有穷可数个体集随机取样推断,误差理论可应用。第二种是质性归纳(qualitative induction),个体数量不确定但样本越大,推理强度就越大。最弱的一种是原生归纳(crude induction),如果其结论是错误的,该错误将在某个时间被觉察到,只要此种推理方法坚持得足够长远。(EP 2:501–502;CP 7.208–217)[1]

三、"abduction"的渊源

外展推理不仅一直以来都被人类实际使用,而且就其术语"abduction"来说,也并非只在皮尔士那里出现。如上所述,皮尔士的贡献在于历史上第一次把 abduction 与 induction、deduction 并列一起,从而形成基本的论证三分法;但皮尔士从不避讳自己在外展逻辑上对于前人思想成果的继承。

首先,他个人在 1867 年编写的"逻辑词典"文稿中,明确把 abduction 一词归功于亚里士多德。在"abduction"词条中,皮尔士指出:"这是 abductio 的英语形式,帕休斯(Julius Pacius)翻译《前分析篇》第二卷第 25 章中ἀπαγωγή时所运用的一个词,后者曾被伯伊修斯(Boethius)译为 deductio,后又被经院

---

① 结合实例对这三种归纳的细致讨论,可参看 R. K. Atkins, *Peirce on Inference：Validity, Strength, and the Community of Inquirers*, Oxford University Press, 2023, pp.136–203。

学者译为 reductio 甚至 inductio。"（W 2：108）虽然后人对这个希腊词有着不同的翻译①，但它最初只是亚里士多德所刻画的一种论证形式。于是，在该词条中，皮尔士紧接着全文引用并注释了亚里士多德《前分析篇》第二卷第25 章的内容。问题的棘手之处在于：亚里士多德的 abduction 到底是什么推理呢？从简略而含糊的亚里士多德文本来看，"abduction（ἀπαγωγή）是指，可以清楚地知道大项对中项为真，而中项对小项为真这一点不能确定，但它作为前提条件要比结论更为可靠"。（CP 7.249）之后，亚里士多德给出的一个例子是说：假设 A 为"能够被传授"，B 是"科学"或"可理解的东西"②，Γ 是"正义"；现在，很清楚"可理解的东西是能够被传授的"即 BA，但不能确定"正义这种德性是可理解的东西"，于是，如果 ΓB（即"正义是可理解的东西"）比 ΓA（即"正义是能够被传授的"）更加可信，我们便有了 abduction，从而接近于有关 ΓA 的知识。对此，通常脱开语境而比较容易形成的一种理解是：这不过是普通的第一格三段论："BA，ΓB；∴ ΓA。"但是，皮尔士在深入对照亚里士多德整个文本进行细致分析后指出：这不可能是亚里士多德所意谓的东西。③因为在该段文字之前的章节，亚里士多德早已论述过第一格三段论，没有必要在后来单独的一章中重述；反倒是通过查看紧挨在第 25 章之前的内容，我们发现亚里士多德一直在介绍不同于普通演绎论证的特殊三段论形式，即归纳论证以及作为归纳变形的类比论证。在讲完"根据其他两个命题已知而推断大前提为真"的归纳论证之后，我们有理由期望他接着会在第 25 章谈到"根据其他两个命题已知而推断小前提为真"，而这可能正是亚里士多德对于 abduction 一词的真正意谓。

　　皮尔士猜测，亚里士多德在定义 abduction 时可能漏掉了一句说明，那就

---

　　①　笔者注意到，在罗斯（W. D. Ross）等当代学者那里，亚里士多德的这个词被译为 reduction；而中文版《亚里士多德全集》也类似地译为"化简"。

　　②　通常都把亚里士多德文本中的 ἐπιστήμη 译为科学（science），但皮尔士提醒我们，如果直接把古希腊的这个词译为今天所用的"科学"，很可能引起现代读者的困惑；其实，比较接近今天实际用法的一个对应词是 comprehension（可理解的东西）。

　　③　除了本节提出的这些证据，亚里士多德 abduction 之所以遭受误解，还因为亚里士多德的著作曾经长达百年藏于地窖，潮湿导致一些字迹难辨，而第一位编者在编辑亚里士多德作品时往往误填上一些用词，从而导致亚里士多德思想前后缺乏连贯性。具体参看 RLT 140 - 141 以及 CP 7.250 - 251。

是:小前提比之更为可信的那个"结论"是我们所发现的一个事实现象,也就是说,这个"结论"是已经被我们知道的,只是还需要进行解释才能理解。这种观点从亚里士多德所采用的例子中可得到证明:如果依照一般的简单理解,abduction的结论是"正义是能够被传授的",但后者在当时是不可能受到真正怀疑的"事实",苏格拉底及柏拉图一生实际所从事的工作已然表明"正义是能够被传授的";而且,如果把"正义是可理解的"作为前提,这会令三段论陷入"预期理由"谬误,因为我们没有办法证明"正义是可理解的",除非通过表明"正义是能够被传授的"。皮尔士断言,当时没人会采用此种"荒唐论证",亚里士多德《前分析篇》中所引用的论证例子都仅限于当时人们实际运用到的,因此,很可能亚里士多德并不是真正把"正义是能够被传授的"作为该三段论结论命题的,也不是真正把"正义是可理解的"作为小前提的。综合起来看,亚里士多德文本对于abduction的定义显然不是对于三段论第一格的无意义重复,他只是借用第一格三段论中的"大前提""小前提"和"结论"这些术语来表示一种新的论证形式,即当我们在看到一个陌生现象后,如果已经明显知道某一命题,我们可以考虑提出另一个命题,它虽然不能确定为真,但完全比"陌生现象"更加可信,因此不妨拿它来解释"陌生现象"。如此一来,该三段论真正的结论已经变化,它与小前提发生了换位;亚里士多德真正所要传达的三段论形式应该是"BA,ΓA;∴ ΓB":"可理解的东西是能够被传授的,正义是能够被传授;∴ 正义是可理解的东西"。显而易见,就样式而言,这相当于上文所说的"由第一格变形而成的第二格三段论"①,即作为外展推理的不同于演绎和归纳的一种新型论证。②

　　其次,皮尔士提出外展推理也是对实证主义有关假说理论的批判。他认识到,实证主义作为当时的一种"显学",除了它们的历史理论以及关于诸科学之间关系的学说,它们看待假说的方式也格外引人注目。通过要求任何假说都要经受检验,实证主义对陈旧的形而上学观念给予了猛烈抨击。

---

　　① 当然,这不同于当代逻辑教科书中作为演绎推理有效式的第二格三段论。因为,若把"正义"处理为单称词项,把"可理解的东西是能够被传授的"解读为全称命题"所有可理解的东西都是能够被传授的",这个推理在演绎上是无效的。也正因为如此,不能将这里的结论理解为演绎所得的必然性结论,只能理解为另一类推理所得到的或然性结论。
　　② 皮尔士在不同的地方指出,演绎、归纳、外展在亚里士多德那里的用词(译为拉丁语)分别为synagögé 或 anagögé、epagögé、apagögé。(CP 1.65)

从第四章第二节中看到，皮尔士曾对实证主义关于"假说要通过直接观察而证实"的观点持有异议；而这里皮尔士要批评的则是，虽然实证主义者很重视假说的可检验性，但他们只是把假说作为引起观察的一种工具，而没有将其视为一种推理。皮尔士上述的三段论分析表明，正是某些前提（作为已观察到的现象）使得假说成为可能，因此，"存在着合法的假说推理（hypothetic inference）这样一种东西"。同时，他作为一位逻辑学家从事大量科学实验工作，也令他觉得假说对于科学发现工作之重要性值得逻辑学家将其作为一种单独的推理方式进行研究。事实上，皮尔士之前的 18 世纪逻辑学家大都认识到了在归纳、演绎之外存在另一种推理形式，譬如，康德说"假说是基于结果的充分性而把有关某种理由之真的判断视为真"，密尔在《逻辑体系》中也有类似的定义。"任何意义上的假说都是一种推理，因为它是出于某种好或坏的理由而被采用的，而且那种理由一旦被视为理由，都可认为使得假说具有某种可能性。"（W 2:45 n.8）正是这种作为推理形式的"假说"，当皮尔士尝试对论证进行分类时，被命名为 abduction。

第二节　论外展作为一种独立的推理方式

自《波尔·罗亚尔逻辑》将近代科学方法引入逻辑教科书以来，大多数逻辑读物都承认假说的地位，并予以专门讨论；但发人深省的是，逻辑学被公认为是关于推理方法的理论，却常常否认假说是一种推理。这种尴尬甚至矛盾的局面长期存在，直至皮尔士借用亚里士多德的"abduction"一词专门表示有关假说的推理方式。这种做法在当代逻辑研究及方法论学说中产生了深远影响[①]，但也引来了各式各样的质疑。上一节中，我们已经谈及皮

---

① 外展推理为认识论、人工智能等领域的相关问题研究提供了宽广的理论框架。当代哲学家欣迪卡甚至认为，外展推理是当代认识论的根本问题，参看 Jaakko Hintikka, "What Is Abduction? The Fundamental Problem of Contemporary Epistemology," in *Transactions of the Charles S. Peirce Society*, Vol. 34, No.3, Summer 1998, pp.503 - 533。还有学者断言，外展推理这种有关"解释"的推理模式就是造就科学的那种推理，参看 Ernan McMullin, *The Inference that Makes Science (Aquinas Lescture)*, Milwaukee WI: Marquette University Press, 1992。

尔士把假说作为一种推理形式时的一些初步考虑,但要在学理上证成外展推理的合法性,并不是一件容易的事情。遗憾的是,对此皮尔士本人生前也并无足够系统的论述。本节将从今天关于外展推理的三种主要诘难入手,尝试对皮尔士那里的辩护意见进行整理提炼,进而揭示假说理论对于逻辑学之作为科学方法的理论概括的深刻相关性。

一、外展推理在逻辑学上的可能进路

"外展具有独立的逻辑形式吗?"这是通常对于外展作为推理形式首先所提出的一种诘难,因为,一般而言,凡逻辑推理均具有一种可操作的显明形式。

在将外展与演绎和归纳并称为逻辑上的推理类型时,皮尔士当然意识到了外展推理与其他二者在结论力度上的差别。他说:

> 通常,外展是一种弱的推理形式。我们的判断力一般只是略微倾向于结论,我们甚至很难说是相信结论为真;我们只是猜测它可能如此。这样的一种推理,比起我们感觉过去曾做某事进而相信我们记得昨天所发生之事,只有程度上的差异。(EP 1:189)尽管如此,外展推理有其自身的正当性,它"依赖于与别的那些推理类型截然不同的原理"。(CP 6.525)

大致说来,皮尔士至少从三个不同角度提出了外展推理的独特逻辑形式,而且这些形式结构其实就隐藏在几千年来我们一直都在运用的三段论推理及条件句推理中。

第一,外展是由一般规则和观察结果向具体实例的推理。由本章前一节知道,不同格的三段式推理根本上代表着不同的推理类型;在特定意义上,所有推理都可以某种方式转化为第一格 AAA 式(即 Barbara),但这并不意味着 Barbara 就是各种推理的最恰当表征形式;相反,不同推理类型的三段论最终必须以各自独有的形式进行表征。在此基础上,为了更便于把握,皮尔士指出:Barbara 只不过是一般规则向特殊情形的适用。所谓的大前提定下"规则"（rule），譬如"所有人都是可朽的"，另一前提（即小前提）指出此规则所涉及的一种"实例"（case），譬如"伊诺克是人"。①而结论将规则适用于实例并指出其"结果"（result）"伊诺克是可朽的"。所有演绎推理都具有此特征，即由规则和实例向结果的推断，只不过有时并不十分明显。然而，与之不同的是，归纳推理正好逆着演绎程序，它是由对特定情形下的一种结果的观察而推出一种规则作为结论，即是由实例和结果向规则的推断。譬如，假如事先并不知道口袋中有多少豆子是白色的，我们随机抓了一把，发现这把豆子全是白色的，我们就可以得出结论：这只口袋中的豆子可能全都是白色的。这样，我们对演绎三段式中的规则句、实例句和结果句进行换位便得出了一种新型推理。但皮尔士告诉我们：归纳并非这里唯一的换位方法。假若我进入房间，发现那里有许多只口袋，其中装着各种不同的豆子。而桌面上有一把白色的豆子；在经过一阵查找之后，我发现其中一只口袋里全是白色豆子。于是，我推断：有可能，或完全是一种猜测，这把豆子是取自那只口袋。这第三种推理正是"提出假说"（making an hypothesis）所用的外展推理：它既非由规则推向结果，也非由结果推向规则，而是由规则和结果推向实例。（EP 1：188）因此，整体来看，就像从前提推断结论一样，我们同样可以从结论推断前提（大前提或小前提）；通过对演绎三段式的换位转化，可产生归纳推理，也自然可产生外展推理。谈到这里，上一节我们所列出的三段论三个格不禁浮现在我们眼前。考虑到推理所涉规则句、结果句和实例句的不同安排，如果我们像皮尔士和亚里士多德那样不把三段论限于演绎而是泛指任何可能的推理，则正如"M 是 P，S 是 M；∴ S 是 P"可以视作演绎推理的形式结构一样，其他两个格的三段论"M 是 P，S 是 P；∴ S 是 M"和"S 是 M，S 是 P；∴ M 是 P"也完全可以分别作为外展推理和归纳推理的形式结构。

第二，外展乃否定演绎推理结论之人对于演绎前提所作的一种推断。根据皮尔士所说，除了上述形式刻画，还存在另一种以三段式特征区分推理类型的方式。通常地，如果从特定前提（如"所有人都是可朽的"和"伊诺克和以利亚都是人"）出发能必然推出一特定结论（如"伊诺克和以利亚

①　小前提所代表的"实例"，皮尔士有时也称作"涵摄"（subsumption）。

都是可朽的")为真,那么从结论为假(如"伊诺克和以利亚不是可朽的")我们就可推出前提(大前提或小前提)为假(如"伊诺克和以利亚不是人"或"有人不是可朽的")。如果否定结论之人认可规则句,那他就必定否定实例句;相反,如果否定结论之人认可实例句,那他就必定否定规则句。前者对应于 Baroco(即第二格 AOO 式),后者对应于 Bocardo(即第三格 OAO 式)。它们都属于间接式的"演绎三段论"。①但是,如果将以上必然性的演绎式转变成为或然性的,我们就能从 Baroco 得到外展推理,从 Bocardo 得到归纳推理。(EP 1:189‐190)于是,我们又可用下述形式结构分别刻画演绎、外展和归纳三类推理。

演绎推理(对应于 Barbara):

规则——这只口袋中大多数豆子都是白色的
实例——这把豆子取自那只口袋
∴ **结果**——或然地,这把豆子大多数是白色的

外展推理(对应于 Baroco):

规则——这只口袋中大多数豆子都是白色的
结果之否定——这把豆子很少是白色的
∴ **实例之否定**——或然地,这把豆子取自另一只口袋

归纳推理(对应于 Bacardo)②:

结果之否定——这把豆子很少是白色的
实例——这把豆子取自那只口袋
∴ **规则之否定**——或然地,这只口袋中的豆子很少是白色的

---

① 在演绎逻辑的框架内,教科书上经常被之"反三段论"(即肯定否定式 MPT)的两种情形。
② 再次提醒,对于这里 Barbara、Baroco、Bacardo 等三段论的理解,我们不能像当代许多逻辑教科书那样局限于必然性演绎推理,而是要视作一般意义上推理的形式结构。

第三，外展是对条件句推理中肯定后件式的一种"非演绎逻辑"刻画。众所周知，对于条件句"如果 A 那么 C"，肯定前件式（Modus Ponens，即，如果 A 那么 C，现在 A，所以 C）是有效的演绎推理，肯定后件式（即，如果 A 那么 C，现在 C，所以 A）却是无效演绎。而外展推理"作为由后件到前件的推理"（CP 6.470）正是从肯定后件开始的，也是在此意义上又被称为回溯推理。皮尔士断言，这种推理"很少受到逻辑法则的规限，却属于逻辑推理，其断言结论为真仅仅是怀疑性的或猜测性的，但拥有一个完全确定的逻辑形式"（CP 5.189），即

> 意外事实 C 被观察到；
> 如果 A 为真，C 就会是理所当然的结果，
> 因此，有理由推测 A 为真。

需要强调的是，由后件推向前件也是有条件的：A 不可能通过外展推理而得出，"除非它的全部内容已经出现于'如果 A 为真，C 就会是理所当然的结果前提之中了'"。（EP 2:231）如本章第一节中提示的，该推理形式只是把三段论大前提变为一种条件句，因此本质上也是第二格的三段论形式。①但是，与前述两种关于假说的逻辑形式相比，这种表述被皮尔士之后的逻辑学家们广泛采用，尤其所谓假说演绎法（Hypothetico-Deductive Method）或"通向最佳解释的推理"（Inference to the Best Explanation，简记为 IBE）均是以此为基础的。②

---

①　对应于外展的第二格三段论应为：所有出现 A 的地方都有 C 出现，（现在）这里有 C 出现，所以，可推测这里有 A 出现。虽然皮尔士本人未提，但依照这里的思路，我们似乎也可对照着理解演绎和归纳。对应于演绎的第一格三段论为：每次见到有 A 出现的地方也都有 C 出现，（现在）这里有 A 出现，所以，可推测这里有 C 出现。对应于归纳的第三格三段论为：这里有 C 出现，这里有 A 出现，所以，可推测有 A 出现的地方都有 C 出现。

②　作为"通向最佳解释的推理"的外展推理，参看 Peter Lipton, *Inference to the Best Explanation*, (2nd ed.), London: Routledge, 2004 以及 Igor Douven, "Abduction," in *The Stanford Encyclopedia of Philosophy*(Summer 2021 Edition), Edward N. Zalta(ed.), URL = <https://plato.stanford.edu/archives/sum2021/entries/abduction/>。这些文献对外展推理的论述没有局限于皮尔士文本，而是更多从日常推理和科学推理的实际出发论述外展推理的普遍性及其理论困境；此外，它们还探讨了外展推理与贝叶斯确证理论（Bayesian confirmation theory）的可能联系。

二、外展推理相对于归纳的独特性

"外展声称能产生新知识,但归纳不也同样是一种创造过程吗? 新知识就是归纳推理的结果,所谓假说之功能在归纳中均已全部包含,因此没有必要再单独区分出外展推理。"这是对假说作为推理的第二种常见诘难。因为,长期以来,逻辑教科书大都认为:正如演绎是由一般到个别或由理论到事实一样,归纳是由个别到一般或由事实到理论,前者是必然性的分析,后者是或然性的综合;如此二分法,已经全部囊括了所有可能推理。①

对此,皮尔士似乎早就意识到了。他指出:

> 科学逻辑中出现混乱或错误观念的最大根源在于,不能区分科学推理中各个不同要素之特征的本质差别;其中最常见也最糟糕的一种混淆是,将外展推理与归纳推理合在一起(有时也与演绎相混)视为单一论证。(EP 2:106)

无疑,外展推理与归纳推理具有共同点,即二者接受一种假设都是因为作为此假设之后承(consequence)的观察事实总是必然或有可能产生。但它们每一个的方法正好与对方相反:外展推理由既有的意外事实出发,一开始不具有任何特殊理论,激发它的感觉是:需要有一种理论来解释奇异事实;归纳推理由似乎是自动出现的假设出发,一开始就具有一种特殊理论,但它感到需要有专门搜集的事实来支持此理论。在这种意义上,外展推理寻求的是理论,而归纳推理寻求的是事实。②在外展推理中,因考虑既有的意外事实而引入一种假设;在归纳推理中,因研究既有假设而建议通过实验来揭示

---

① 有关外展与归纳之间的差异与关联,是当今科学哲学讨论中的一个焦点。参看 *Abduction and Induction*: *Essays on their Relation and Integration*, edited by Peter A. Flach and Antonis C. Kakas, Dordrecht: Kluwer Academic Publishers, 2000。

② 皮尔士认为,三种推理形式中只有外展推理能产生新知识,而演绎甚至归纳都不增加知识。这种关于发现语境与证实语境的区分的新看法,直接否定了培根以来关于归纳比演绎在产生新知识方面更加有用的观点。

此假设所指向的事实。外展推理由事实到假设，它所凭借的是相似性（resemblance），即事实与假设之后承的相似；而归纳推理把我们由假设引向事实，它所凭借的是邻接性（contiguity），即此我们很清楚该假设之条件可以特定的实验方式得到实现。（EP 2：106）

有时，外展推理被视为关于特征之"归纳"，即，属于某一类的许多特征在某一对象那里出现，由之推断：此类的所有特征都属于所谈论之对象。譬如，一篇匿名作品出现在一张被撕破的纸上，我们怀疑作者是某一个人。我们找到了他的书桌，这个书桌一直以来只有他在用。其中，我们发现了一张纸，其破裂的边缘与我们正感到疑问的那张纸吻合。说被怀疑的这个人实际上就是作者，这纯粹是外展推理。此种推理的基础是，被撕破的两张纸不大可能是偶然地相合。我们完全也可以将其作为"归纳"来理解，但已不再是通常所理解的归纳，因为特征并不如对象那样容易进行简单枚举，它是按类目分的。当我们在做以上假说时，我们仅仅考察了一组或许是二三组特征，我们并未考察别的任何样本。如果这样提出假说只不过是在归纳，我们的正当结论就不会是"此人为作者"，而应该只是：两张纸在我们所观察到的不规则边缘相合，它们也会在其他不太显著的地方相合。当我们把归纳拓展至远远超出我们的观察界限时，推理就带有了外展之性质。由纸张形状到其归属的推理，其中有一种"质的飞跃"，那正是外展与归纳的区分之处，它使得外展成为更加大胆和冒险的一步。（EP 1：192）

虽然任何单个的划分都难以达到完美，但皮尔士认为，大体来看，外展与归纳之间的区分是显然和明确的。归纳仅仅是断定了我们已观测之现象在类似情形下的存在，而外展则设定了不同于我们所直接观测之物的某种东西，这种东西经常是我们不可能直接观测到的。前者是由特殊到一般规律的推理，后者是从效果到原因的推理；前者进行归类（classify），后者进行解说（explain）。（EP 1：194 - 197）

皮尔士指出，他之所以在推理类型上坚持区分开外展与归纳，是具有一系列重要考虑的。"归纳显然是比外展更强的一种推理；这是区分二者的首要原因"，因为逻辑学的主要事务乃区分开推理之好坏和强弱。紧接着，他着重指出了第二重原因，即不可能通过归纳来推断假说性结论。有时认为，假说乃临时凭借,随着科学的发展,它要被归纳代替;但这是错误的看法。外展所推断出的东西,常常是不能进行直接观察的。"拿破仑·波拿巴曾经存在"作为一个假说,怎么能被归纳代替呢? 有人可能说:我们已观察到的那些事实就是若拿破仑存在便会出现的,基于这样的前提,我们通过归纳可以推断,所有今后将被观察到的事实都会永远不变地具有同样的特征。无疑,每一种外展推理都可照此办法改变得看上去像是归纳。但是,归纳的实质在于从一组事实推到另一组类似事实,而外展则是从一类事实推向另一类。我们相信拿破仑的历史真实性所依据的那些事实,绝非必然就是唯一可由拿破仑的存在所解释的那一类事实。情况可能是,在他生活的那个时代,记载事件的方式是我们现在所不曾想象的:邻近星球的某种高级生物正在对地球拍照,这些超大规模的照片经过若干时间后会被我们掌握,或者在遥远星球上有某种镜子,当光线照射时,它会把整个故事反射给地球上的人类。并非说这些事件有可能发生,而是说,今天看来不可能的关于拿破仑存在的某种效果,一定会出现的。一旦出现这样"另类"的事实,以上由局部到"类似"全局的归纳就不适用了;但这时根据外展推理却仍然能让我们相信拿破仑的存在。此外,区分外展与归纳还与人的理解模式的区分有关:归纳是表达习惯形成之生理或心理过程的逻辑公式,外展推理表示的则是一种感觉上的激动(excitation),把一团复杂的谓词替换为单一概念。外展与归纳也反映了不同类型的科学人所重点采用的推理模式的不同,譬如植物学、动物学、矿物学、化学等通常是归纳性的,而地质学、生物学等通常都是外展性的。(EP 1:197 - 199)

三、外展推理作为理性过程时的规范性

"所谓外展完全是一种无意识的突发奇想,是无法掌控的非理性的心理洞见。"这对于假说作为推理的第三种诘难更具挑战性,因为皮尔士在作品中多次将外展推理等同于猜测,他甚至将知觉判断作为外展推理的极端形式。(EP 2:229)

前文已知,在皮尔士那里,推理是一种有意识的思想过程,它开放于批

判,因而可区分好坏。"逻辑推理者是对其思想运作施以重要自控的一种推理者"(EP 2:200-201),任何可称为逻辑推理的过程都必然具有自控特征。据此,外展作为一种推理,虽然前提对结论的支持力度可以很弱,一定不能完全受偶然性的摆布。那么,外展推理又如何具有创造的自由呢? 关于这一点,皮尔士小心翼翼地区分了知识产生过程中现象学层面的不可控部分与逻辑批判层面的可控部分。"我们所有知识都依赖于所观察到的事实(observed facts)。"(CP 6.522)知觉即对于事实的观察所得,是所有可批判之思想的第一前提,譬如我打开窗看到形如杜鹃花盛开的某种图景,它必须照原样来接受。只有当认知逐步发展成命题或事实判断,我才能对此种过程施以直接控制;对那些不受控制的东西讨论什么"正当性",是毫无意义的。但是,知觉内容(即觉象)仅与它们被观察时所碰巧存在的特定场景有关,当对觉象作出增附,倾向于使其任意地应用于观测场景之外的其他场合时,譬如我提出"杜鹃花在盛开"这一命题时,就出现了假说性知识。产生这种知识的推理或猜测,是一种我们可以控制的运作,因而错误很容易悄悄混进,譬如,眼前的图景可能并非杜鹃花在盛开。皮尔士强调,

> 任何一位逻辑学新手可能都会对于我称猜测为推理大为惊讶。将推理定义为不包括或者包括外展推理,同样是容易的。但所有逻辑研究对象必须得到划分;可以发现,除了推理这一类,没有什么其他类好把外展归入其中。许多逻辑学家将其不作归类,当作一种临时配角,似乎其重要性太过于小以至于难以给予它任何正常位置。他们显然忘记了,演绎和归纳都不可能向知觉材料(data of perception)增加哪怕是最少的东西;而且,正如我们已经注意到的,唯有觉象(percepts),构不成可应用于实践或理论的任何知识。所有可用的知识,都是通过外展推理为我们所知道的。(HP 899)

如果不在每一步进行外展推理,知识丝毫不可能在茫然的眼神之外取得进步,它是别种推理的进步之基石;可以说,对于外展推理的"唯一辩护(justification)在于:如果我们要理解事物的话,就必定得靠此方式"。(EP 2:205)

　　表面上看,通过外展推理可以推断几乎任何东西。思想史上,对于假说的采用,的确曾经不带有任何需要遵守的规则。譬如,早期的科学家泰勒斯(Thales)、阿那克西曼德(Anaximander)等人似乎就认为,提出一种可能的假说后,科学工作也就随之完成了。甚至柏拉图在《蒂迈欧篇》等处也直接断言某某为真,只要它能令这个世界合理。①但是,如果我们发现对于同样的事实存在彼此不一致的多种解释性假说,这种简单化方法就可能令我们步入误区。于是,后来的天文学等科学渐渐认识到:通过外展推理而采用的假说,必须通过试用方能认可,即必须接受检验。今天,众所周知,现有经验材料往往不足以确定应该提出何种理论,因此科学家时常要面对选择。皮尔士指出,"成功的理论并非纯粹的猜测,而是受理性支配的"。(EP 1:196)作为一种可以实现创造性的理性手段,外展推理所要做的其中一件事就是"在同样地解释事实的各个假设中优选一个"。(CP 6.525)因此,它并非对一切都进行尝试,而是要寻求某一种好的建议以便接下去做专门的检验。②为了能使作假设的过程导致一种所期望的结果,显然外展推理需要遵循一些规则,即其中涉及对推理过程的自我控制。首先,作为外展推理之结论的一种假说,必须能够接受实验检验。当然,所谓"实验检验",其含义要在皮尔士一贯主张的广泛意义上来理解。其次,作为外展推理之结论的一种假说,它必须能对我们当前所面对的奇异事实做出解释。这两条是任何有价值的假说都必须具备的基本要求;然而,在科学探究中,人们往往发现有不止一种假说能满足这两个规则,因此外展推理的结论仍然难以确定。正是在这一点上,皮尔士提醒我们注意:推理是有成本的,每一次检验或多或少都需要花费资源,而人类资源的有限性决定了只有比较少的假说能够进行检验;我们必须经济地进行推理,必须有所选择,区分先后,掌握策略。于是,经济原

----

　　① 对于这种现象,如果从下文的经济角度分析,我们也可以理解为:古代人对于许多假说尚不具有足够的资源条件来进行检验,因此许多假说直到数百年后才能真正被表明为错误。

　　② 外展推理本身所追求的只是从可以解释当前现象的诸多建议中选择一个好的,这种"好"并不意味着它一定就是真的或很可能是真的,而只是说这个建议是当前值得严肃对待的,尤其是值得拿去做专门的实验检验。为了确定我们最终是否要接受某一建议,需要在后续实验中结合演绎、归纳等其他类型的推理慎重考虑;但在开展实验之前,在演绎和归纳之前,我们首先得靠外展推理选出一个值得考虑和检验的假说。

则（Principle of Economy）应该成为外展推理的另一种重要规则。在这方面，皮尔士根据经济学原理对于推理中如何理性选择一种值得拿去做专门检验的假设作了十分细致的分析。

他指出：

> 我们所提出的假说会如洪水般泛滥，然而它们每一个在被严肃考虑甚或可能被视为知识之前，所必须经受的验证过程却是相当花费时间、精力和金钱的，因而经济因素将绝对地成为最为重要的考虑，即使还要考虑其他因素。事实上，也没有任何别的了。（CP 5.602）

根据通常的经济三要素"成本""所提出之物的价值"和"其对别的项目产生的效应"，皮尔士相应地列举了假说选择时的三种经济考虑。第一，"关于成本，如果一个假说可以某种很小的花费进行实验检验，这一点就值得我们在归纳程序中对它给予优先考虑。因为即使它由于其他原因很难被接受，抛弃它之后还是可以为我们清理场地的"。（EP 2:107）简单说，就是要考虑假说的低廉性（Cheapness），因为不同假说的证实成本是不同的。

> 实验是一项非常昂贵的事务，包括金钱、时间和思想；因此如果从最不可能得到证实的那个正面预期开始，就会节省支出。因为单个的实验绝对可以驳斥最有价值的假说，而如果单个实验就可确立一个假说，那它必定是不值一提的。（EP 2:97）

第二，"关于价值，我们必须考虑趋于预言指定假说为真的那些东西，它们包括两种，即纯本能的（the purely instinctive）与理由型的（the reasoned）"。（EP 2:108）这里指的是假说的内在价值（Intrinsic Value）。其中，"纯本能性的"一种是说假说的简单自然（Naturalness）。皮尔士相信，人类心灵与真理有一种天然的相合倾向。科学史表明，如果现象能在基本点上得到适当分析，往往只需尝试两三个假说便能发现正确的那个。伽利略说近代科学奠基于"自然之光"(il lume naturale)时,也正是指此种"对于真理的这种天然判断力"。另一种所谓"理由型的"是说,如果我们知道有某种事实使得指定假说在客观上为真,我们当然要选择它进行归纳检验;但如果不是这样,那种假说只是在我们看来有可能或不可能,即它与我们的先入观念相一致或不一致,而且这些先入观念已被认为具有经验基础,那么,在其他都相同的情况下,据此优先选择那种假说最终会显示出经济性。不过,皮尔士提醒说,经验告诉我们:所谓的"可能性"往往只是误导,因此对于这种"可能性"(Likelihood)标准,要慎重对待,并综合考虑别的因素。关于假说选择的第三种经济因素,涉及假说的关联(Relation of Hypotheses)。这一标准"在外展推理中尤其重要,因为我们很少能绝对指望指定假说被证明完全令人满意,而总是要考虑所谓的假说一旦破灭会发生什么。这些考虑促使我们看重假说的三种性质,我称之为细心度(Caution)、宽阔度(Breadth)、非复杂度(Incomplexity)"。(EP 2:109)其中,"细心度"是指研究者将一假说划分为最基本的逻辑成分然后分别予以检验时所需要带有的小心谨慎,就如在传统的"20 问(twenty questions)"①游戏中那样,如果通过精心设计恰当的提问,排除尽可能多的错误解释,就可以在较短的时间内猜中答案。"宽阔度"是指,要使我们的假说尽可能广泛,因为大范围的概括更有可能指明别的经验领域,从而省下许多重复工作。"非复杂度"是指,要选择逻辑上更为简单的假说,因为即使被证明错误,它也更有助于提出下一个假说,即,要像玩弹子戏那样,每一步都要为下一步留下好的机会。

因此,不难看出,即便在外展推理中也的确存在一些使推理效果趋于增强的法则或设计(contrivance)。对于这些一般规则,我们不必指责它们不如演绎规则那样精确,因为它们正是如培根三表法、密尔五法一样的关于事实推理(而非纯数学推理)的方法策略。倘若我们不会因为此类策略的"非精确性"而拒绝承认归纳推理,则外展推理也理应有自己的逻辑地位。皮尔士

---

① 这种游戏曾在美国广为流行,近些年在益智竞猜类电视节目中也经常采用,主要规则是:游戏一方首先想起一件大家熟悉的东西,要对方来猜他想到的是什么;对方可以提出问题来获得"或对或错"式回答,但最多只能提出 20 个问题,如果在第 20 个问题后仍未猜中,就算失败。

告诉我们，"逻辑学家应该拥有两种主要目标：第一，揭示各种推理的安全性（security）程度及类型（确定性之路径），第二，揭示各种推理可能及可望具有的多产性（uberty）或产出值（value in productiveness）"。（CP 8.384）①外展、归纳、演绎三者在推理形式的安全性和多产性方面存在着一定程度上的反变关系：从外展，到归纳，再到演绎，三种推理的安全性逐渐上升，多产性却逐渐下降。（CP 8.387）不要说它们哪一个重要、哪一个不重要，三者彼此互补，共同作用，才构成了完整的科学逻辑。在关注演绎和归纳的同时，我们切不可忘记：科学工作的前提之一就是自然与人心具有某种相合性，"每一种对于自然现象的科学解释都包含一种假说，即在自然中存在某种与人类理性相似的东西；而且所有把科学成功用于人类便利的事实都证明的确如此"；（CP 1.316）隐藏在指导我们选择假说的所有原则之下，有一种根本的、首要的假设，即当下的事实适于理性化。"比无用本身更坏的是**无用的怀疑**"。（SS 141）这好比一位将军一定要占领一个据点，否则他的国家将灭亡，因此他必须设定：他可以采用一种方式占据并且将能占据。②有了这样的希望，我们才可以开始构设假说；正是这一点，为外展推理提供了一种根本的"担保"。"坚持把此种推理与因为其使得现象得以理解而接受一种解说区分开来，这纯粹是无意义的卖弄学问。"（SS 141）

第三节　科学探究中的经济问题

　　皮尔士把提出假说之程序作为一种单独的推理形式，并把经济考虑用作推理自控的"法则"，这并不是偶然的。从根本上看，这与皮尔士把逻辑学定位在探知求真之工具上具有关系。正因为他所关心的是人类如何在现实

---

　　① 有关推理的这两种品性，皮尔士有时也称之为安全度（security）和成果量（fruitfulness）。（CP 5.366）

　　② 皮尔士同时指出，这当然不是说将军的信心可以造成他的成功，而是说他的信心是一种认为他将获得成功的理由，它是那类成功精神的一种指号。（SS 147）

世界上追求真理并最终接近实在之物,他认为每一种推理形式不仅要从理论语法和批判论的层面进行考察,更要从方法论或理论修辞的角度加以研究。如果我们把任何科学探究都作为综合运用包括外展在内的各种不同推理方式的过程,或者如当代科学哲学家认为的那样"科学就是一种假说体系",那么外展推理所涉及的经济考虑可能就具有普遍的意义,即,任何实际开展的科学探究都不可避免要考虑到一些经济因素。

应该说,就今天对于科学研究的认识来看,人们已经或多或少意识到科研工作受到经济条件的制约。因为虽然科学人存有一种共同设定,即科学事业是崇高而无价的,是为着真理本身而追求真理的,因而一切外在的经济因素完全可以得到忽略;但这种利益中立性,是就理想和目标而言的,它并不排除我们在真理追求中为了更好地实现这一科学自身的目标而不得不考虑一些经济方面的条件。正如一位科学社会学家所生动表明的:

> 人类经常梦想着,但实际上从未生活在伊甸园之中。这就是人类境况的根本之所在,即人不是生活在一个顺从的而是在一个抵抗的环境之中,生活在一个他必须不断努力加以控制的环境之中,如果他不能完全主宰环境的话。人的物质和社会情况总是向他提出任务,他必须设法有效地采取达到目的的手段。因为如果必须付出"努力"以应付环境是人的境况所固有的话,那么只有有限的精力来做这种一般努力也是人类固有的本性。因此无论何时何地,人类都必须有效并且经济地做出一些这种努力。由于需要节省精力,需要采取有效达到目的的方法,人总是必不可少地求助于他的理性的力量,求助于他关于其环境的某些知识的力量。①

与此种社会学上的认识相比,皮尔士的贡献在于:他不仅把经济考虑作为他对推理的逻辑分析尤其是其方法论逻辑的一部分,而且在历史上第一个提出了"研究经济"(Economy of Research)学说。

---

① 伯纳德·巴伯:《科学与社会秩序》,顾昕译,生活·读书·新知三联书店,1992 年,第 6 页。

一、研究经济论的提出

纵览皮尔士的思想体系,可以发现他对科学探究中经济因素的重视具有一贯性。不止于外展推理,从更为一般的角度,皮尔士曾指出:"研究必须设法营利经营(do business at a profit);我的意思是说,它必须产生比其所耗费的更为有效的科学能量。无疑,它已经这样做了。但最好要意识到其经济原则并设计出营运方法。"(CP 7.159)皮尔士对此类问题的持续关注,最终使得他创造性地提出了一种新型的经济学说——"研究经济"。1896 年,在一篇题为"研究经济"的科学史笔记中,皮尔士满怀信心地表示:

> 无疑存在一种关于研究经济的学说(a doctrine of the Economies of Research)。它的一二个原则很容易理解。就科学目的来说,知识的价值在某一方面上是绝对的。可以说,它不能以金钱衡量;就一种意义来讲,这是正确的。但是,带来其他知识的知识,就它在支出方面为获得这一其他知识而省去的麻烦来说,更为有价值。如果拥有某种能量、时间、金钱等基金(所有这些都是耗费于研究之上的可买卖品),那么问题就是每一研究项目可以分配多少;而对于**我们**,此种研究项目的价值就是,我们可以分到用于研究的资金量。因此,**相对来说**,知识甚至是纯粹科学类的知识都具有一种金钱价值。(CP 1.122)

与其别的许多思想发现一样,这一理论既是皮尔士从科学史特别是成功科学中获得的"训言",又是他对思想界先哲观点的继承和发挥。

首先,研究经济论是皮尔士对经济学方法的逻辑拓展。我们知道,对皮尔士来说,逻辑学需要不断从生动具体的科学实践中汲取经验教训,可以说,科学的每一实质进步都是逻辑上的贡献;为此,他还十分重视将一种成功的科学方法推广应用到其他领域。在皮尔士的时代,社会类科学大多处于未成熟的早期阶段,相较而言他往往更加看重发展较为成熟的数学、天文学、物理学、化学等。不过,皮尔士对当时的政治经济学有一种特别的兴趣①,尤其赞赏古典政治经济学家成功地应用数学定量方法来分析财富和地租等现象。在他看来,李嘉图(David Ricardo)、库尔诺(Antoine Augustin Cournot)等人的政治经济学提供了关于超大群体②的逻辑方法的完美范例,达尔文就是成功地借用马尔萨斯等经济学家的概念和方法才创建了自己的著名理论。③皮尔士认为,经济学为一般科学提供了丰富的思想观念,"经济学对于科学特别有益;而且在经济学的所有分支中,研究经济可能是最为有益的"④。对于科学家经常遇到的假说选择问题,他明确表示:"对于他们的这部分工作,科学家可以从商人的智慧中学到某种东西。"(EP 2:73)须知,短缺是普遍的,对于"经济学规律",科学工作也不例外。

其次,皮尔士的研究经济论与奥卡姆(William of Ockham)、马赫等人的经济原则具有直接的相关性。早在古代中世纪,奥卡姆站在唯名论的立场上断言"complicationes non multiplicandae sunt complicationes praeter necessitatem"(如无必要,勿增实体)。虽然皮尔士在逻辑学上坚持实在论立场,但他认为唯名论者奥卡姆所提出的奥卡姆剃刀与他本人的实在论之间并无冲突。

> 假说不应该在非为解释事实所必需时引入复杂因素,这一点并非唯名论所特有;它完全是科学的路基(roadbed)。科学应该首先尝试最简单的假说,不应该过多考虑其多大程度上可能或不可能,尽管应该关注它与其他已认可假说之间的一致性。这一条如同我列举出的所有逻辑命题一样,并非只是我个人的印象:它是通过对普遍接受的观察事实进行无可怀疑的概括而得出的一个具有数学必然性的推论。(CP 4.1)

---

① 皮尔士思想与制度经济学的创建有某种相关性。因为制度经济学派的创始人凡勃伦(Thorstein Veblen)曾是皮尔士在约翰·霍普金斯大学时的学生,因而直接受其影响。皮尔士对于库尔诺(A. Cournot)相关政治经济学观点的讨论,也使得他成为现代数理经济学的先驱之一。参看 W 2:xxxv - xxxvi。

② 皮尔士认为,以经济学来称呼政治经济学容易混淆这门科学的一大特点,即它涉及超大个体集,这种群体的平均特征比其中的个体特征更具确定性。

③ W. Christopher Stewart, "Social and Economic Aspects of Peirce's Conception of Science," in *Transactions of the Charles S. Peirce Society*, 1991(4), p.504.

④ 参看 Charles S. Peirce, "MS L75", available at https://arisbe.sitehost.iu.edu/menu/library/bycsp/L75/l75.htm(Retrieved 2023.2.4)。

就在皮尔士生活的 19 世纪，另有一位科学家恩斯特·马赫，他对于经济原则也深切关注。马赫在《物理研究的经济本质》一文中提到：原则上，没有什么科学结论不借助于方法就不能达到，正如在数学中没有什么问题只借助于计算就不能得到解决。然而，由于人生命的短暂以及记忆的限制，除非尽量节约我们的认知行为，否则什么有价值的知识都难以达到。他站在极端经验论的立场上认为，科学的目标就是运用最小的思维花费来经营我们的存有经验，也就是对于事实进行最为简单和最为抽象的表达。[①]与奥卡姆剃刀和马赫的"思维经济"原则相比，皮尔士的科学经济原则更多是一种"有关尝试的经济"（economy of endeavor）：他基于实在论立场，认为探究者完全可以一种经济的方法策略更为高效地接近真理。

二、研究经济论的主要内容

作为经济学的一个分支[②]，研究经济论假定：知识的价值因为信息的完全和精确而增加，而有限的资源要用来增强科学（包括定量的以及非定量的）结论的严格性。它主要是"考察在减少我们知识的可能性错误方面的效用成本关系。其主要事务在于以特定的金钱、时间、能量耗费，达到最有价值的知识增益"。（CP 7.140）有关研究经济的主要观点，皮尔士早期在《关于研究经济论的注释》一文中以数学的严格性作了技术呈现；该文最初发表于皮尔士供职的美国海岸测量局 1876 年年报附录中，在他死后多年，《操作法研究》杂志 1967 年又特别予以重印。文中，皮尔士采用数学函数和图表分别刻画了关于多重研究项目的选择问题，成功运用了类似今天的成本效用分析法，创造性地提出了以效用成本比表示的作为研究项目优选标准的"经济紧要度"（the economic urgency）概念。其核心观点为：如果我们对许多

---

① Ernst Mach, "On the Economical Nature of Physical Inquiry," in *Popular Scientific Lectures*, translated by T. J. Mcormack, Open Court, 1986, pp.186–214.

② "经济学"在当今几乎完全归在社会科学或实证科学一类中，而在皮尔士的时代却并非这么绝对，因为其中"政治经济学"本身就包含着大量哲学谈论。据此，当皮尔士说"研究经济理论是经济学的一个分支"时，其所谓经济学并非他科学分类法中的专识科学，反倒是其中的研究经济论显然属于他科学分类法中的通识科学。

研究都有兴趣,我们就应该从回报最多的开始,然后向前推进,直到它得到的回报与从另一研究开始时同样多;再把这二者以同样多的回报率向前推进,直到它们每一个得到的回报都低于第三个时,如此继续下去,最后达到一种平衡。最值得提到的是皮尔士精彩陈述的边际效用(成本)递减(递增)规律,即,

> 在一项研究启动时,首笔开支一旦付出,我们就可以小成本增进知识,这时的增进尤其值得;但是,随着研究项目的继续开展,要增进我们的知识,耗费却越来越大,也就越来越不值得。譬如,在化学成形之初,渥拉斯顿(William Hyde Wollaston)凭借托盘上的几个试管和药瓶就能够做出最伟大的发现。今天,我们上千位化学家运用最精巧的工具,也不能达到在重要性上堪与早期那些相比的结果。所有的科学都带有这同一种现象,而且生命过程也是如此。起初我们学得很轻易,而且经验的价值很大;但它会变得越来越困难,而且越来越不值得,直到我们心满意足地寿终正寝。(CP 7.144)

当代,以经济学方法为研究专长的美国新罕布什尔大学经济系威布尔(James R. Wible)教授高度评价皮尔士的这篇注释,称它为近代最早的一件真正科学意义上的经济学文献。威布尔断言,“皮尔士所采用的论证方法,任何一位当代经济学家都会认可。皮尔士对于研究者们所面对的选择问题构建了一个数学模型。这一模型预见了现代微观经济学的诸多发展”。①

　　晚年,皮尔士曾有机会申请卡耐基学院基金来公布自己的逻辑学体系,在他递交的申请报告中再次把研究经济论作为专题。遗憾的是,这次申请最终由于非正常的原因遭到拒绝,皮尔士所勾勒的思想框架没能得到全面细致的展开。在现存手稿 MS L75 中,我们看到,皮尔士将研究经济论置于其指号学逻辑框架的方法论分部下,其中包含了他对于早期研究经济论的补充与延伸。譬如,关于研究经济的规律,他写道:正如所有经济学规律都

属于理想公式，最多也只是统计性的一样，我们所谓的研究经济"规律"也只是某种倾向，对此经常出现例外；然而还是存在某些一般规则的，考察此类规则绝非完全无意义。关于科学研究的收益，他写道：虽然因知识增长而发生的必要的科学能量耗费并不能立即恢复，但很快我们便能达到一种有利于科学的知识状态，那时，不仅知识得到增长，而且知识增长所带来的便利可以回报给我们比之前更多可资利用的研究手段。关于新研究领域的开拓，他写道：在让已经培训好人员、获得了器具、建立起工厂的研究项目继续开展的同时，新的资金应该主要用于开发新领域，因为新领域可能是最有利处的，至少有更长的获利时间；研究经济论要求我们不断发展新的知识分支（只要它们可以被科学地研究），不要试图把那些最丰富汁液已被榨出的科学项目推向极端完美。关于对奇异现象的研究，他写道：任何未知之物都要通过与已知物类比才能认识，因此不要试图去解释那些与共同经验远离而无关的现象，那是资源的浪费，也是有害的；不要听信有人说的"科学人应该研究这个，因为它如此奇异"，那正是此项研究"时机不够成熟"、应被推延的理由。关于科学的推广应用，他写道：积极鼓励纯粹科学的应用，这是研究经济的法则，虽然蒸汽与电本身是没什么太大价值的东西，因为蒸汽和电力时代以前人们几乎同样生活得很幸福，然而它们使得大量支出用于纯粹科学的进步，这是莫大的效用。关于知识传播的经济学，他写道：知识的传播尤为重要，可以说，把科学教育经费的百分之一到二给予科学研究就足够了；除非人们都充分地懂得以合理的经济视角从事活动，否则把钱大量用于科学进步就是不经济的。但是，如果把一亿美元用于教育美国人民关于我们保护关税的知识，就会产生更大量的钱用于科学进步。也不要吝啬用于宗教的资金，因为教会所传授的本身是最有价值的。还可以把资金用于传播经济知识，因为这种知识会产生为促进与传播其他知识所需的财富。关于科学进步和知识传播的关系，他写道：对于一种科目，我们知道的知识越多，特定知识增长的效用就越小、成本就越大；而另一方面，对它了解的人越多，特定知识增长的效用就能越大、成本就越小，因而，最有价值的知识是共同经验。科学进步的实现值增高，伴随着知识增量的成本越来越大，但就知识的传播而言，随着传播力度加大，很少会出现增量成本越来越大的情况。

在其他方面,皮尔士还提到:不要在事实空乏且难以收集的问题上浪费时间;当天才被需要时要为他们准备成材条件,给予他们足够的资源,这也是经济学的应用;等等。①

　　在别的一些地方,皮尔士还重点谈到知识生产的深度与广度的关系:研究经济论的重要焦点在于特定知识的精确度与效用、成本的关系,对于每一项科学研究来说,都存在一种适当的确定性和严格性标准,多之则无用,少之则不妥。(CP 1.85)通常,对少量自然现象了解多一点,比起对大量各色现象仅仅熟悉而已,更为有利处,特别是在科学家对于指定现象有许多情况要考虑时。即便如此,崭新的发现比起对已有知识的深化和精确,要具有更大的利益。允许少数的勇敢研究者背离更为熟悉的科学路线,开展探险,往往具有经济性。虽然知识的深化会降低假说的风险度,但宽广的知识在开始时最为值得。②

三、研究经济论的方法论内蕴

　　皮尔士的研究经济论深刻影响了当世著名科学哲学家莱歇尔。在自然科学家和哲学家几乎普遍忽视这一发现的情况下,莱歇尔这位当代多产著作家对于阐述与推广研究经济论所起的作用是无与伦比的。在撰写《皮尔士的科学哲学》一书的基础上,莱歇尔先后出版了一系列关于科学研究经济的专著,主要包括1978年的《科学进步:关于自然科学经济学的哲学论述》、1989年的《认知经济:知识论的经济维度》、1996年的《无价的知识:经济视角下的自然科学》、2001年的《认知实用主义:语用观的知识理论》等。他在皮尔士之后进一步论证:在信念、行动或判断等问题上,推理正是要有意识地追求以较少成本获取最大收益,因而推理具有不可否认的经济属性,合理

---

　　① 参看 Charles S. Peirce, "MS L75", available at https://arisbe.sitehost.iu.edu/menu/library/bycsp/L75/l75.htm(Retrieved 2023.2.4)。

　　② 读者从本节不难看出,皮尔士有关知识或科研经济价值的观点是对于当今世界流行的基金资助型的科研立项制度的辩护,但他的论述同时也为我们反思现存科研资助制度中所存在的问题提供了参考。

利用资源(节约精力)是理性的重要特征之一;而怀疑论为避免犯错误,不惜以无知作为成本代价,其根本错误正在于不按照成本效用法则来满足我们的认知需求。特别是,他大胆应用皮尔士的研究经济论作为解释和规范模型来解决当代科学哲学中的一些重要难题,较早地为当代读者展示了研究经济论的方法论内蕴。

莱歇尔把皮尔士的研究经济论应用于现代归纳理论中的许多问题,包括卡尔纳普的完全证据要件、亨佩尔(Carl Hempel)的渡鸦悖论、古德曼(Henry Nelson Goodman)的新归纳难题或绿蓝悖论(Grue Paradox)①、简单性偏好概念,等等。譬如,在现代科学哲学中,根据完全证据要件(Requirement of Total Evidence),在特定认知情境下应用归纳逻辑时,必须把所有可得到的全部证据作为判定证实度的基础。但究竟何时我们才算引入了最为完整的信息呢? 为确保"无遗漏",我们要花费大量时间、精力甚至资金去查找、搜寻,而且这一过程往往是无止境的;因此,理论上概念化的"完全证据"在实践中根本就是一种不可行的要求。然而,如果引入经济因素,问题立即就变得容易解决了。因为,这时"完全证据要件"的要义只是说:基于我们现有的资源,获得最大量的相关证据。再如,渡鸦悖论(Paradox of the Ravens)显示,"所有渡鸦都是黑色的"在经过逻辑上的"逆否"变换(即换质换位)后可以等值于"所有非黑对象都是非渡鸦",但为何在归纳语境中人们都倾向于把黑渡鸦而非白球鞋(即便"白球鞋"属于"非黑对象")作为命题"所有渡鸦都是黑色的"的例证呢? 如果我们考虑到科学研究的经济维度,就不难发现:"黑渡鸦"是在"渡鸦"(第一命题的主项)中寻找到的例证,而"白球鞋"是在"非黑对象"(第二命题的主项)中寻找到的例证,但遍查全部"非黑对象"所实际花费的成本要比遍查全部"渡鸦"所花费的成本高得多,因而我们以黑渡鸦作为命题例证时,实际上有着更高的效用成本比。莱歇尔指出,对上述两个问题的经济解读,揭开了传统科学理论中的方法论困境。正如其他案例同样反映的,理论家们构造的许多所谓难题,在日常实践中并没有引

---

① 有关皮尔士外展逻辑对于绿蓝悖论的类似解答,也可参看 Cheryl Misak, "Peirce," in *A Companion to the Philosophy of Science*, edited by W. H. Newton-Smith, Oxford: Blackwell Publishers Ltd, 2000, p.336。

起真正的焦虑,原因正在于理论家们常常都忽略掉了科学探究及一切实践生活中的经济成分。通过求助于皮尔士的研究经济论,我们可以有效填补在理论家的抽象逻辑思想与常识实践的自然处理方法之间所出现的某些裂隙。①

与此同时,莱歇尔还侧重分析了波普尔的证伪理论。作为演化的不确定论者,波普尔意识到证伪绝非简单的事情,因为可能的假说是无限量的,科学家往往不得不通过不断试错来缩减假说选择的范围。但问题在于波普尔把减少假说(即证伪)的过程视为盲目的"摸着石头过河";这样,如果对所有可设想的假说都要逐一进行证伪,那就难以有充分的资源来实现这一"逻辑要求"。在这一点上,莱歇尔批评波普尔的知识增长理论不符合"科学进步的速度与结构";而他运用研究经济论却可以有效解决波普尔理论中的"决定性不足问题"(Underdetermination Problem)。莱歇尔从经济方法论的观点做出解释:

> 问题的关键是,我们经济导向的路径在原则偏好(generality preference)方面完全是非教条的。我们把波普对于普遍性本身(universality-for-its-own-sake)的纯逻辑关注,替代为对相对于成本的普遍性(universality-relative-to-cost)的一种经济方法论关注。如果我们采取这种经济路线,并且在做出理智决策时基于"在可供给能力的限制下追求最大化的原则"(Maximize generality subject to the constraints of affordability)这句合理的经济格言,那么我们的基本点就是一种成本收益分析,追求相对于资源支出的最优化回报。②

如果不考虑到研究本身所带有的经济维度,波普及许多其他科学哲学家的方法就会停留于高度抽象的层面,而远离真实的科学实践。

---

① Nicholas Rescher, "Peirce and the Economy of Research," *Philosophy of Science*, 1976(1), pp.71-98.
② Nicholas Rescher, *Peirce's Philosophy of Science*, Notre Dame: University of Notre Dame Press, 1978, p.83.

在以上莱歇尔所做的案例分析之外，还可就皮尔士的研究经济学说引出更多有趣的话题。出于本书的兴趣，笔者这里希望特别指出，对莱歇尔所谈到的那些问题及现象做进一步的反思，或可警示我们：作为科学方法之理论的逻辑学，已明显落后于科学实践的步伐。欧洲中世纪课本上经常出现一句名言"Dialectica est ars atrium et scientia scientiarum, adomnium methodorum principia viam habens"，意思为：逻辑学乃方法之方法，科学之科学，是走向所有方法原理的通途。皮尔士本人也反复强调，逻辑学总是应该从最新的科学生活中得到丰富和发展，并不断满足科学探究真理的需要。但是，进入现代社会以来，由于种种原因，逻辑学并没有紧密追踪科学生活进而获得适当推进，科学哲学也由于未能得到适当逻辑理论的强力支持而出现了如上所谓的思想困境。从本书前面的章节中，我们已经看到：皮尔士盛赞中世纪对于逻辑学的空前重视，并将中世纪的"三艺"观念与近代洛克关于指号学的思想相结合，形成了自己独特的逻辑观，即，在最广泛的意义上，逻辑学就是指号学，它包括理论语法、批判逻辑和方法论。这种逻辑观与其他流行观念相比最大的特点就在于：它致力于成为一种亚里士多德那样的以担当探究真理的"大方法"为基本使命的"科学探究的逻辑"。以皮尔士指号学逻辑的方法论分部为例，它主要涉及科学探究过程中所应遵循的有价值的路线以及问题的解决条件，它告诉我们如何进行探究，为我们实际参与社会历史性的科学探究活动提供指导。很显然，研究经济论就属于此种意义上的方法论，因此，本节上文所提到的所有研究经济法则实质上都可视作广义逻辑学上的定理。皮尔士坚信，依据研究经济法则，逻辑学作为"科学之科学"或"方法之方法"对于科学来说具有优先发展的权利，逻辑研究的低成本以及它对于其他科学的促进作用，为支持逻辑学事业提供了有力辩护。如果我们用经济因素来分析，相信每一位科学人都会同意，从我们用于特定研究的资源中拿出很大一部分用于规划如何更好地从事该项研究，其中有着良好的经济性（good economy）。

最后有必要提醒：在关注经济问题的同时，我们绝不能淡忘对于真理的热爱与对于学习的渴求，后者乃科学成功之首要"道德品质"。在皮尔士那里，科学探究具有纯粹性和中立性，尽管科学人在实际探究过程中需要意识到研究经济学说的存在,但科学之目的仍然只是"探明真相",这一点是绝对的,是研究经济论的前提和基础。因为,"如果开展研究是为了获取个人声誉的话,其中的经济学问题就完全两样了"。(CP 7.157)

第四节　逻辑方法的实践向度

从前面三节中,我们已经知道:在皮尔士那里,推理总是科学人为追求真理而使用的论证形式,其中既有演绎和归纳,也有外展;外展推理虽然前提对结论的支持力很弱,它仍具有包括经济原则在内的各种"自控性法则";从方法论的角度来看,外展推理集中反映着一种所有科学都必须遵循的"研究经济论"。这些是皮尔士逻辑不同于其他较为流行的逻辑学说的独特部分,目前正越来越多地进入当代哲学家的研究视野。笔者认为,他的外展逻辑,从其整个哲学图景来看,有着与其实用主义准则一样深远的意义。这不仅是说皮尔士的实用主义准则在某种意义上就是外展逻辑,更重要的是外展逻辑为我们立足真实生动的科学生活来理解逻辑方法的实践向度提供了一种坚实基础。有了外展逻辑,我们将能在不违背常理的意义上加深理解逻辑学之作为一门科学的经济价值;有了外展逻辑,我们将能恰如其分地把逻辑学视作有关探究真相的一般性方法;有了外展逻辑,我们将能更加切实可行地谈论一种面向行动的实践逻辑的可能性。

一、逻辑学的经济价值

对于逻辑学这种高度抽象的科学,我们需要强调科学不能屈从于经济利益从而成为服务某利益集团的工具,就像我们说"科学是中立的,不能为集团政治利益服务"一样。这对于作为纯粹求真工具而言的逻辑学尤其如此,因为真理本身是不依赖于人的意志的。但是,当面对"逻辑学有什么用?"此类问题时,我们不得不在宏观上考虑逻辑学作为科学所具有的一般价值。也就是说，我们尽管可以无视某种局部的、狭隘的经济利益，但是由于科学本身正是人类基于经济考虑（即，为了在条件有限的情况下更加快捷而系统地认清真相并促进人类自身进步）而选择的一种努力，逻辑学作为科学必须能够在整体上有助于人类的经济考虑。皮尔士的实用主义告诉我们，追求功利或用处本身并无何不妥，关键是要把"至善"作为我们的根本目的。皮尔士的研究经济论告诉我们：经济学之于科学研究的基本精神在于"在有限的资源条件下最大化实现既定目标"，科学要为着真理本身而探究真理，但这并不排除我们在坚持其既有目标的情况下讲求科学探究的方法。

在一定程度上，根据人天然习得的逻辑本能，在经验的逐步修正下，经过足够长的时间，最后也总能实现同一探究结果，正如我们可以说：原则上，没有什么数学问题只借助计算就不能得到解决。但这难免会有巨大的资源浪费。与这种服从于个体的逻辑本能相比，一种面向人类探究共同体的、安全可靠的逻辑科学能更为高效地完成探究任务。可以说，逻辑理论的健全度决定了人类探究的整体效率。要获致科学真理，探究者首先需要有一种"爱真理"的坦诚态度，需要永远保持对于学习的渴求，然后还需要"掌握于经验领域汲取真理的正确方法"。（CP 7.78）正如皮尔士所生动描述的，

> 无疑它迟早会被达到……但个人只有短暂的生命，甚至人类也并不怎么永恒，问题紧迫，要多久呢？答案是，相当于一种健全逻辑控制结论所需时间的长短。因此，一切都取决于理性的探究方法。它们需尽可能迅速地实现那一结果，否则就只能听命于偶然机会。请让我们记住，健全逻辑理论的真正实践功用正是：缩减探明真相所需要的等待时间，加速预定结果的实现。（CP 7.78）

其中的"缩减""加速"之意，犹如说：一条旧船漂浮在海面上，等待着风力和潮流有机会将其推向岸边；但是，若用另一条船将这条旧船直接推向最近的海岸，那么原本或许要数十年才能发生的偶然事件，就可以变成一个月内便可完成的理性操作。就此而言，逻辑学并非仅仅指导我们个体生活中的推理，更为重要的是，它对科学探究的促进作用具有显著的经济特征，其根本

点在于:便利探究者共同体①以最小的资源花费,尽早完成求真任务。

此外,皮尔士认为,逻辑学的经济价值还体现于它作为一种不可替代的"人文教育"上。"实践一般都先于理论,人类通常的情况都是先以某种难为的方式完成任务,后来才探明何以更为轻松与完美地做成。"(CP 7.63)每一科学领域都积累了许多这样"轻松做事"的方法,各行各业的专家都精通这种专门方法,然而对于其他领域的成功方法如何应用于自身,他们通常并不怎么熟悉。对于这样的工作,探究者不仅要成为专家;还要有一种一般的心灵训练即逻辑学来指示如何在新方向上最为有效地作为。皮尔士说,"作为一般的心灵训练和思想教育,逻辑学有助于我们将方法适用于不同领域"。(CP 7.66)它"最为有效地"将一种成熟的科学方法加以推广适用,从而使得我们的科学探究变得"更为轻松",其经济意义不言而喻。譬如,即使没有专门去研究数学,只要决心将电学研究坚持到底,所需要的数学思想必定也会产生。实际上,法拉第(Michael Faraday)当年就是在不熟悉数学的情况下形成了相应的数学思想。但很显然,若推迟一下电学研究,先专门了解数学,然后再应用数学方法到电学,便会具有很大的经济性。而后者正是麦克斯韦的逻辑之道。(CP 4.243)

二、再谈逻辑学的范围:用于探究真理的逻辑

早在逻辑学诞生之初,逻辑作为一门科学,以关注推理分类为出发点,以规范并帮助人们通过推理去解决实际问题为使命;但是,逻辑学的关注范围一度大大缩小,要么把三段论前提产生的问题一概推向逻辑学视野之外,要么仅仅把唯有产生绝对确定性结论或毋宁说是具有"保真性"(truth preservating)的论证(譬如"演证")视为逻辑学的研究范围。②如此一来,逻辑

---

① 在许多情况下,有限的个体几乎难以探明真相。而探究者共同体,可谓人类为完成个体那里这项"不可能的任务"而做出的一种合乎经济原则的资源配置——合作。

② 通常把逻辑学追溯到亚里士多德的三段论理论,但其实作为一般推理理论或探究理论的逻辑学早在亚里士多德之前就有集中体现,只是它们侧重于与亚里士多德三段论理论不同的逻辑方面。据此,有学者提出可以把皮尔士为探究真理而用的逻辑学归在苏格拉底的辩证法传统中加以考察,参看 Joseph Ransdell, "Peirce and the Socratic Tradition," in *Transactions of the Charles S. Peirce Society*, Vol.36, No.3, 2000 Summer, pp.341–356. 不过,笔者认为,如果我们像本书一样从亚里士多德《工具论》所辖范围来看而非把他的逻辑限于演绎型三段论,则亚里士多德的"大逻辑"已经继承和包含了辩证法传统的逻辑方面。

学科似乎得到了"纯净化",但逻辑学却逐步远离了科学生活,远离了其最初目标;曾经跟真理探究直接相关的许多领地,如今却借口由于"涉及严格逻辑之外的东西"而成为逻辑学家望而却步之地。笔者认为,之所以出现这种情况,在深层次上可能与所谓"笛卡尔焦虑"(Cartesian anxiety)的一种"现代哲学疾病"有关。哲学家伯恩斯坦在 1983 年的《超越客观主义与相对主义》一书中敏锐地观察到,自从笛卡尔提出身心二元论以来,现代哲学一直困扰于一种不切实际的追求,即要通过科学方法达到对于我们自身以及外部世界的一种牢固不变的知识。其中用以达到牢固而不可更改的知识的科学方法被认为就是逻辑学中所应考察的推理方法,更具体讲,是"直观+演绎"的方法。但是,这种"笛卡尔焦虑"显然不过是基础主义哲学在方法论上的另一种形式。[①]如果我们以皮尔士的批判常识论代替笛卡尔意义上的基础主义,那么曾经成为现代逻辑发展"指挥棒"的那种"绝对的确定性"理应被抛弃。抛弃基础主义的知识观,回归作为"爱智慧"的探究活动这种本来意义上的科学观念,重新思考作为求真工具的逻辑学,我们将发现:一切有助于真理实现的推理方法都是合法的;逻辑学不仅告诉我们如何从"大前提""小前提"得到结论,同时可以告诉我们如何得到"大前提""小前提"。也就是说,归纳和外展虽然与演绎比起来是一种力度减弱的论证形式,但它们有理由成为以探究真理为根本目标的逻辑科学中的重要内容。[②]为了对于逻辑范围上的这种"放大"(其实是"恢复")提供支持,皮尔士一方面认为任何科学探究中实际上都同时运用了三种推理形式,另一方面认为只有同时运用三种推理形式,我们才能真正完成探究真理的任务。

首先,外展推理、归纳推理与演绎推理一样是无处不在的,即便在数学工作中也有类似的形态。三种推理在所有以求真为目的的科学探究中都同时被运用到,我们所谓的思维训练也往往是同时对三种推理之能力的提高,

---

① 有关"笛卡尔焦虑"的更多细节,可参看 Richard J. Bernstein, *Beyond Objectivism and Relativism: Science, Hermeneutics, and Praxis*, University of Pennsylvania Press, 1983, pp.16 - 20。

② 我们这里所谓的逻辑关注点"转向"有点类似于 20 世纪后期科学哲学家们所谓的"由证实语境向发现语境的转向",由此来看,皮尔士的逻辑显然更适合作为有关科学发现的理论研究。更多这方面的讨论,可参看 Richard Tursman, *Peirce's Theory of Scientific Discovery: A System of Logic Conceived as Semiotic*, Bloomington and Indianapolis: Indiana University Press, 1987, pp.4 - 6。

只是在各种科学中或在各种训练中它们表现形式略有不同。在物理学、化学、地质学等特殊科学中运用外展、归纳、演绎,这一点几乎成为科学家们共同接受的事实。问题在于,数学科学是否同时包含非演绎性推理? 前面我们提到过,皮尔士认为数学推理都是必然的演绎推理,而且由于数学推理总是从理想的假设事态出发,因此,"纯粹的数学世界中"外展和归纳推理被认为是无效的;就此而言,可以说数学推理并不允许有演绎推理之外的推理形态。但是,如果我们来看实际生活中大多数数学家所使用的推理方式,就能发现:由于数学工作其实就是对于像标性指号进行观察实验的一种思想活动,它们所谓的"演绎"过程之中往往也包含着类似于外展和归纳的思想形式。在很多数学工作中,我们往往先是在想象中形成对于既定事实的某种图式表征,然后对该图表进行观察,在观察中自然有某种关于图表诸分部之关系的假说产生;于是,我们发现了与外展推理相应的一种"过程"。而接下来,为了验证这一假说,我们要在该图表之上进行各种不同实验;既然是实验,其中既有从假说演绎出结论的过程,当然也有对各种实验结果进行"总结归类"的过程。于是,类似的"归纳"也出现于数学推理之中。(CP 2.778)当然,这些类似的东西很多时候只是无意识的"本能",严格说来算不上外展推理或归纳推理,因为二者都要求从外部经验的事实出发,而数学中所观察的那些图像却是心灵自身的产物。①但是,这至少表明,数学工作中具有彼此不同的三种思想阶段;这三个阶段性特征一旦被应用于外部经验问题,就成为真正意义上具有外展、演绎、归纳三种推理形式的"探究真理的逻辑"。事实上,虽然同样作为比特殊科学更为抽象的科学,哲学比起数学却是在严格

---

① 皮尔士指出:数学家的实验结果与化学家的相比具有更高的确定性,这主要是由于两种情况。第一,数学家的实验是在想象中在他自己所构造的对象进行,几乎没什么成本;而化学家的成本昂贵。第二,数学家的确信源于他是对假设状态所进行的推理,因而其结果具有那些条件所具有的一般性;而化学家的实验由于涉及事实上将发生的东西,因而对未知条件是否不会改变总是抱有怀疑。譬如,数学家知道一组数相加总是等于同样的数目,不论是以红墨水写还是以黑墨水写;因为他计算所依据的设定(即,任何两个数,一个为 M,另一个比 N 大1,二者之和总会比 M、N 之和大1)与墨水颜色毫无关系。化学家认为,当他把两种液体混合在试管中时将会有或不会有一种沉淀物,这一点跟遥远的中国女皇帝是否碰巧在那时打了一个喷嚏没有关系,因为他自己的经验表明实验室实验不曾受在如此遥远距离发生之事的影响。但是,尽管这样,由于太阳系不停地发生高速的空间运转,万一还是会发生:恰好在太阳系运转到某个时间后,打喷嚏可以产生惊人的力量。(CP 5.8)

意义上具有三种推理形式。应该承认，哲学与其他非数学科学一样都要应用数学的思想方法，但它同时要求从作为"心外之物"的实证事实出发。如果说数学必然性是以纯粹假设事态为基础的必然性，哲学必然性则是基于事实问题的另一种必然性。

> 哲学……实际上是一门实验科学，它所依赖的经验是为我们所有人共有的；因此其主要推理根本不是数学上必然的，而只是在某种意义上具有必然性，即，全世界都毋庸置疑地知道哲学奠基于其上的那些真理。（PM xvii；CP 3.560）

这种"必然性"是任何有关实在事实的科学所共有的，即只要我们坚持遵循由外展、演绎、归纳三种推理构成的科学方法，最终总能揭示有关实在的本性。①

其次，只有把外展推理与演绎、归纳一同作为逻辑推理类型，并把三者看作一个密不可分的整体时，我们才能真正把逻辑学作为探究实际问题的思想工具。从人类生活实际来看，经验形式是复杂的，推理形态是多样的；尤其是我们在进行推理或解释时常常把各种不同的东西作为前提或理由，这些前提或理由的挑选往往反映出认知主体的一种独特视角。对人类经验或推理的这种丰富多样性，一种比较容易理解的形式刻画就是同时包含前提、推理法则和结论的"三段论"。由于任何思想活动或指号过程都必须从某个已发现事实出发，把某种习惯作为法则，进而得出某种"解释"作为结论，此种"三段论"对于分析一般的论证形式或具有代表性。回想一下本章第一、二节中通过三段论之格对于一般论证形式的分析可知：作为我们推理前提的既可以是"规则"和"实例"，也可以是"规则"和"结果"，还可以是"实例"和"结果"，同样，作为我们推理结论的既可以是"规则"，也可以是"实例"，还可以是"结果"，所有这些变化并不仅仅是形式上的，它们在实质上所反映的是"经验中我们处于不同的场景时可以选择不同的策略"。总之，逻辑学作为以思想规范为主旨的理论科学，要完成其特定任务，必须以开放的

---

① 这种必然性，著名皮尔士学者胡克威将其称为皮尔士的"哲学定理"。

态度,善于总结和概括在人类所经验到的生活世界中的一切有关推理的思想成果。更重要的是,我们只有同时考虑到外展、演绎和归纳作为推理的效力,才能在通过科学探究来解决实际问题时真正让"逻辑"派上用处。

　　尤其是,当我们超出数学进入自然科学再进入人文或精神科学,从而考察科学的一般活动时,我们会发现光有演绎或归纳是远远不够的。皮尔士对于这一点有着明确的认识,他曾在《论有关从古文献得出历史的逻辑》一文中详细指出:作为科学方法的历史研究法必须遵循实验科学的一般方法,即综合运用外展、演绎、归纳三种不同的推理方法,同时要注意到存在两种不同的演绎推理以及三种不同的归纳推理,在外展推理中还要充分考虑经济因素以帮助我们做假说的选择。具体到古代史研究,我们看到了有关古代历史的各种事实,而这些事实中大多数都是文献性的手稿或铭文,因此可以说,古代历史就在于对各种证词进行解释并在特殊场合下考虑到另一种有关古代史的事实即遗迹(monuments)的支持或驳斥。然而,在对各种历史证词进行解释时,基本工作正是通过经济原则等做认真细致的外展推理;此后,再运用其他类型的推理,把经过外展推理所选定的假说推出一些结果,并将这些结果与其他有关事实对比;最后,经过多次而严厉的证实之后,我们才决定把某种假说作为我们的历史研究成果。(EP 2:75 - 114)在有关"上帝实在性"的论证中,他更是把外展推理作为首要的一种论证方法。他说:上帝①的实在性,是一种通过科学探究第一阶段即外展推理所得出的一种生动的实践信念,它是"一个具有高度似真性的假说,其最终的检验在于它在人类生活操行的自控性成长中所具有的价值"②。(EP 2:446)在题为"休谟论神迹"的一篇文章中,皮尔士同样强调把外展作为有关神迹的推理

---

　　① 需要再次提醒的是,皮尔士所谓的上帝乃是一种隐藏在宇宙演化之中的"完满理性",是"必然的有"(Ens necessarium),而非人格化的"神"。

　　② 在与维尔比夫人的通信中,皮尔士对于"有关上帝实在性的证明"这种说法做出进一步说明:有关宗教之真的问题是一个有关何者**是**真(what is true)的问题,而不是如纯数学中那样指在任意假说下何者**总会**(would be)为真的问题;其中只可能有的逻辑证明就是此种验证(testing)。皮尔士还接着说:"……数学推理完全可认为是所有验证中的一个必然成分。然而,我强烈反对把数学演证作为唯一的'逻辑证明'。相反,我主张'检验'才是任何关于实有对象之问题的唯一逻辑证明。数学演证仅仅显示某任意假说包含着另一个;而此种推理之所以能关涉(concern)真实的事实问题,是因为:我们由于某任意假说通过验证看起来近似地实现而假定其数学后承将近似地得以实现。但这并没有得到证明,直到经过了验证。"(SS 68 - 69)

的第一步,并认为休谟驳斥神迹的论证错在只用主观可能性来看待假说,错在他没能真正理解外展逻辑的本质。①(CP 6.522 - 547)所有这一切也都可以用皮尔士的一句自述得以说明,那就是:"我研究哲学时一直都仅仅将其作为严格科学,但这并不是依据形而上学家们幼稚的证明(proof)概念,而是依照有关科学的逻辑学(the logic of science)。"(SS 47 - 48)

　　须知,在生活世界的具体推理实践中,往往是不会单单运用演绎、归纳、外展等基本形式的,后者的区分只是理论上的特殊需要。在某种意义上,我们可以说,与仅仅局限于单个科学领域的某种学科逻辑如"数学的逻辑""物理学的逻辑"等相比,皮尔士更多是把由三种不同推理形式组合而成的"探究真理的逻辑"作为"跨学科的逻辑"(Logic of Interdisciplinarity)。其实,这正是新近出版的由皮尔士发表在《一元论者》上的系列论文汇集而成的一部皮尔士文集的名称,其中皮尔士以"跨学科的逻辑"方法所涉足的领域既有数学谜题,也有自然科学中有关必然性的学说,更有心灵规律、爱、实用主义证明等有关深层次的哲学问题。②此外,与更加强调某种推理方法的单独运用的线性论证模式不同,皮尔士所谓"探究真理的逻辑"还要求外展、演绎、

----

①　休谟有关神迹的著名论证与19世纪文献学者的"高等批判"(higher criticism)具有直接联系,他所谓的"可能性平衡法"更是被许多20世纪的自然主义哲学家认可,但皮尔士告诉我们,休谟的论证由于违反外展推理的法则,因而并非真正属于运用科学方法所进行的论证。皮尔士并非说有违反自然规律的虚构幻象或灵异之事存在,他所要强调的是,休谟基于唯名论而采用的简单化方法会掩盖掉许多并非与自然规律矛盾而只是与人们既有信念不同的"新现象"。与休谟直接依据"支持自然法则"的高概率的"证据"来驳斥某一"违反自然法则"的个别现象不同,皮尔士强调,如此"反常现象"很可能本是自然进程的一部分,从而为我们提供发现新法则的探究机会。关于休谟论证的基本内容,参看 David Hume, "Of Miracles," in *Enquiry Concerning Human Understanding*, Oxford University Press, 1975 以及 Timothy McGrew, "Miracles," in *The Stanford Encyclopedia of Philosophy* (Spring 2019 Edition), Edward N. Zalta(ed.), URL = <https://plato. stanford. edu/archives/spr2019/entries/miracles/>。有关皮尔士对休谟论证法的剖析与批判,可参看 Philip P. Wiener, "The Peirce-Langley Correspondence and Peirce's Manuscript on Hume and the Laws of Nature," in *Proceedings of The American Philosophical Society*, Vol.91, No.2, April, 1947。更多有关皮尔士的批判与当代哲学方法讨论的相关性,参看 Cathy Legg, Naturalism and Wonder, "Peirce on the Logic of Hume's Argument against Miracles," in *Philosophia*, Volume 28, Numbers 1 - 4, 2001, pp.297 - 318 以及 Benjamin C. Jantzen, "Peirce on the Method of Balancing 'Likelihoods'," in *Transactions of the Charles S. Peirce Society*, Vol.45, No.4, 2009, pp.668 - 688。

②　参看 *The Logic of Interdisciplinarity*: *The Monist-series*, edited by Elize Bisanz, Berlin: Akademie Verlag, 2009。

归纳三种推理形式前后相继、相互补充的一种结构,即,先由外展推理冒险地进行第一步推理,提出一个假说,然后以该假说为前提演绎出一系列结论,最后对一系列结论与事实的符合程度进行归纳,根据归纳情况决定是否对原有假说进行修正或如何修正。他指出,早在笛卡尔之前的中世纪,当时学者们的论证形式原本是丰富多样的,可惜到了笛卡尔哲学中,对绝对确定性的追求使得论证单一化、线性化。①(EP 1:28)根据"探究真理的逻辑",哲学的论证应该是一大批不同的论证,而非简单地把其中任何一个作为定论。它的推理结构应该不是让各种论证构成一个线性链条(chain),那样的话,其总体强度不会高于链条中最弱的一环;而应该构成一种缆绳(cable)②,其中的纤丝可能很单薄,但只要数量上充足并能将它们紧密联系在一起,最终将表现出足够强大的说服力。③(EP1:29)也正是本着这种健全和丰实的推理观念,我们看到皮尔士毫不犹豫地把自己的逻辑学用于探究许多人觉得无关逻辑的各种深远而重大的人生问题,甚至可以说,"皮尔士所撰写的几乎一切东西都可解释为有关问题解决的方法"④。未经省察的生活是不值得过的;反过来,任何信念只要是经过慎重的逻辑思考而得到的,哪怕是临时信念,它也是值得持有的。早在约翰·霍普金斯大学时,皮尔士曾在讨论会上作报告"宗教的逻辑",试图为自己的非正统宗教观点作论证。(PL 158)这可能需要精巧组织的论证结构,但他坚信:真正的宗教信仰是不惧怕科学

---

① 关于三类推理的相互补充,也可以参看第一章第一节中关于"探究之法"的讨论。

② 有学者把皮尔士刻画的这种不同于"链式论证"的新型推理观念标志性地称为"绳式推理"(rope reasoning)。参看 Cornelis De Waal, *On Pragmatism*, Thomson Wadsworth, 2005, p.99。——引者注

③ 皮尔士早期反对笛卡尔主义有关直接知识的学说的《关于据称人所具有的某些官能的问题》一文中所采用的论证正是此种结构,而且皮尔士在该文中的论证结构(即,每次讨论都先引入一个问题,然后讨论分成有关问题正面答案的论证、皮尔士自己的反面回答、对于正面论证的答复等三个部分,在讨论每一个这样的问题时,皮尔士通过自己的否定回答一步一步击毁笛卡尔主义的根基)直接模仿了经院学者的讨论风格。参看 Thomas L. Prendergast, "The Structure of the Argument in Peirce's Questions Concerning Faculties Claimed for Man," in *Transactions of the Charles S. Peirce Society*, Volume XIII No.4, 1977, pp.288-305。

④ Peter Robinson, "Peirce on Problem Solving," in *Charles S. Peirce and the Philosophy of Science*: *Papers from the Harvard Sesquicentennial Congress*, edited by Edward C. Moore, University of Alabama Press, 1993, p.208.

的、是合乎逻辑的,因而也是可以最终得到论证的。譬如,在其中的部分论证形式上,他曾提到:"我认为,上帝的存在,就我们能设想的而言,在于这样一点,即,目的倾向乃宇宙中的一个必要构件,无数原子纯粹的偶然性运动具有一种不可避免的目的论结果。"(W 5:xlvi)在另一个地方,他还提到:当问起"上帝观念若不是源于直接经验,来自何方呢?"时,我们可以说:"睁开双眼,打开心扉(那也是一种感知器官),你就能看到他。"(PL 347)

三、实践逻辑的可能性

皮尔士同时包含外展、演绎和归纳的"探究真理的逻辑",使得逻辑学可以涵盖人类探究的任何形式,包括自然科学,也包括过去被认为属于实践范围的实践科学,譬如政治学、伦理学、社会学等。就此而言,所谓理论与实践的区分在他那里就不那么重要了。其实,我们从第一章中知道,科学在皮尔士那里本来就是源于生活的,甚至科学在本质上就是一种生活方式。在题为"论美国的科学地位"的一篇手稿中,皮尔士曾指出:美国当时在科学上之所以进展缓慢,正是因为

> 人们在思想上区分开了实践(practical)人与理论(theoretical)人,前者所精通的不是他们所从事的工作对象,他们在工作中对于所有科学普遍极度无知;后者是一类学究,他们从未真正成功地做到什么事情,甚至不能促进他们所从事的科学。(W 4:153 - 154)

虽然科学中有大量所谓理论科学,但那种称谓绝非意味着不考虑实践,相反,科学家对于理论的关注,正是代表了对于人类长远、根本问题的关心。事实上,"把一种真理视为纯理论的,这并不阻碍它被视为有关行动的可能的决定因素"(PSP 371);"优秀的理论科学人士是最具有实践关怀的人——他们的理论与实践一直相互助益"。(W 4:154)

尽管我们说理论与实践的区分不那么重要,但不论怎样,似乎在现有哲学研究中仍然存在某种意义上的"实践转向"。论及"实践"(practical),皮尔

士本人一方面强调科学的纯粹性，因而反对科学研究要为某种现时的"实践需求"服务，但另一方面又提出实用主义准则，因而强调"实践效果"的重要性。在笔者看来，这应该是在两种不同意义上来使用"practical"：前者指那种"急功近利"、"限于惯例习俗"、在道德上近乎无原则的"实践"之意，而后者则是指面向长远、有自为目的、在道德上追求理想的"实践"之意，在根本上与皮尔士规范科学中所谓的"至善"或"具体合理性的生成"（growth of concrete reasonableness）相连。①在能够防止前一种"实践"之意的情况下，我们说：现代哲学的"实践转向"确实表达了哲学发展的一种新动向，即与大多忙于概念思辨而不顾人类生活本身的某些传统哲学相比，现代新出现的一些哲学更加关注思想观念与生活经验之间的互动，更加强调哲学应该促进人类长远进步。显而易见，这种"实践转向"不能理解为要完全放弃理论而转向一种不同的所谓"实践"领域，而应该理解为"要把理论视野拓宽到生活实践本身上"。如果我们能够接受此种意义上的"实践转向"，笔者认为，皮尔士的"外展推理与演绎归纳同属合法的推理形式""三种推理综合起来用于探究真理""研究经济理论应该放在方法论之下成为逻辑学的一部分"等一系列新主张也在现代逻辑学领域内开创了一种"实践转向"。当然，这里绝不是说逻辑学历史上就没有人曾提出要用于解决实际问题，因为从古到今一直存在一种"把逻辑作为技艺"的声音；皮尔士的独特之处在于：他要让作为科学（而非技艺）的逻辑最终发挥"探究真理之方法"的用处，也就是说，他谈论的仍然是作为理论科学的逻辑学的"实践转向"。②

　　"实践转向"一词当然没有出现在皮尔士的文本中，但他专门谈到了"实践逻辑"（practical logic）这个概念。实践逻辑被皮尔士界定为"有关真理探究的艺术"，应该明确它不是皮尔士逻辑学的全部，因为皮尔士作为指号学

---

　　①　皮尔士曾强调："我们必须不能在低级的或唯利是图的意义上来理解实践。个体行动是一种手段而非我们的目的。个体快乐不是我们的目的，我们所有人都在帮助推动一种目的——对于它，我们任何人顶多只能瞥见，一代一代人为之而努力着。"（CP 5.402 n.3）

　　②　关于逻辑学上的"实践推理"或"实践理性"，有一种原初的意义是指亚里士多德的"实践三段论"，即导向行动或意向的推理。这种意义上的推理同本书第四章所谈到的实用主义准则与逻辑推理的关系具有更为直接的关系。与此不同，我们这里的"实践转向"主要是从"现代哲学的实践转向"意义上讲的。

的逻辑学具有三个不同分部,所谓"实践逻辑"更多归属在"方法论"即"理论修辞"部分,但它也因此位于指号学逻辑的最终形态或最生动的分部。皮尔士强调,在历史上,逻辑学的起源正是与寻找探究真理的方法直接相关的;他引用古希腊的一句名言"所有人天性渴望知识",并指出:实践逻辑就是要尽力帮助这样一种求知热情。(W 2:353)我们不必过多纠缠于"探究真理的艺术"是否属于真正的逻辑,因为实践逻辑的提出并没有否定逻辑学具有其他分部,问题的关键在于一切有关论证条件、论证分类、论证结构等理论最后都要用于完成"探究真理"这一逻辑学使命。正如皮尔士的"实践逻辑"课程提纲所示,

> 这是否属于真正的逻辑学定义,实际上是一个没有多大意义的问题。那不过是语词之争;没有透彻研究过逻辑学的人很容易混淆语词问题与事实问题——既包括把语词之争视为真实讨论,也包括把真实讨论仅仅视为语词之争……(W 2:348)

对于"实践逻辑",我们更应该将其看作逻辑科学追求宽阔理论视野的一种体现,与那些狭义的逻辑相比,它代表着逻辑学纵深层次上的关怀或跨前一步的追求,即"逻辑学是有关获致思想目的之手段的研究"。(CP 2.198)皮尔士的这种观点在曾主持编写多部大型逻辑研究手册的当代著名逻辑学家盖贝(Dov Gabbay)和伍兹(John Woods)撰写的一篇题为"新逻辑"的文章中得到了热烈呼应。文中,盖贝和伍兹试图在皮尔士相关工作的基础上创建同时包含演绎及非演绎的各种推理形式并充分考虑逻辑推理经济性的"新逻辑"。二人在字面上把新逻辑界定为"逻辑智能体(logical agent)之行为的模型",但其内在动机是希望把在现代逻辑中曾经发生的"数学转向"重新拉回到"实践"。与"转向数学的逻辑"相比,新逻辑更加强调智能体(包括个体和体制)在推理上的可错性及自我修正性;如果说前者的出发点是无风险的、完全信息的,后者则在允许犯"有价值"错误的情况下追求在冒险之后减少风险的策略。"新逻辑"允许智能体"不犯傻地偷懒""从错误中学习",因为运用较少的资源、在较短的时间内完成推理对于个体而言具有很

重要的经济价值。①这些有关实践逻辑的新观点后来在二人编写的"关于认知系统的实践逻辑"第二卷《外展推理的延伸》一书以及收入《哲学逻辑手册》第十三卷的《逻辑学与实践转向》一文中有着更为系统的阐释。②不能说他们的逻辑观念与皮尔士的指号学逻辑完全合拍,但有一点是肯定的,那就是,二人的逻辑"改造"工作直接受到皮尔士的探究逻辑以及研究经济论等方法论逻辑或实践逻辑思想的激励和鼓舞。

---

① Dov Gabbay and John Woods, The New Logic, *Logic Journal of the IGPL*, Vol.9 No.2, pp.141 – 174, 2001.

② 参看 Dov Gabbay and John Woods, *The Reach of Abduction*: *Insight and Trial*, Elsevier, 2005; Dov Gabbay and John Woods, "The Practical Turn in Logic," in *Handbook of Philosophical Logic* Vol.13, 2nd Edition, edited by D. M. Gabbay and F. Guenthner, Springer, 2005。

第六章 连续统及连续主义哲学:逻辑学的未决难题

在外展逻辑之外,有关连续统(continuum)的逻辑是皮尔士相比于现代逻辑标准内容的另一个亮点。皮尔士曾经创立有三值逻辑的真值分析法①,但不同于他对于三值逻辑的偶然涉及,皮尔士对连续统逻辑有着相对集中而系统的思考。有别于数学家对连续统的关注点,皮尔士一开始就把连续性(continuity)概念的研究与解决芝诺悖论中的重大逻辑问题紧密结合在一起。他的连续统逻辑不仅是对数学集合论中康托连续统的哲学批判,而且是对第三性指号即一般概念的一种深入刻画。皮尔士最终没有达到对于"真连续统"的一种令人满意的数学刻画,在此意义上,连续统逻辑是他逻辑学中的一个未决难题;但他因对连续性原则的应用发展出一种连续主义哲学,从而令真正意义上的实用主义更清晰地与其他哲学区分开来。与传统二分主义的方法论相比,皮尔士关于连续性概念的思考把哲学研究乃至整个科学探究工作引向了一个新的视域。

---

① 参看 Max Fisch and Atwell Turquette, "Peirce's Triadic Logic," in *Transactions of the Charles S. Peirce Society*, Volume II, No.2, Fall 1966, pp.71 - 85。

第一节　连续性及其问题

连续性是与离散性(间断性)相对的一个概念,关于其重要性的论述在哲学史上并不乏见,但对于何谓连续性的本质,至今尚无定论。正如罗素尖锐指出的,

> 连续性概念通常都被哲学家认为好像不能够进行分析。关于它,哲学家们讲了很多,其中包括黑格尔的名言:一切离散的也都是连续的,反之亦然。作为黑格尔习惯于把对立面组合起来之做法的例示,所有的黑格尔追随者乖乖地重复这种说法。然而,至于连续性和离散性到底作何意谓,他们全都一直保持着慎重的沉默;唯有一点是明显的,即不论他们实际上对其作何所指,那些意义不可能与数学或与时空哲学有关。①

与哲学关注不够细致相对应的是,数学上有关连续性的定义总是有意无意地忽略掉平滑性(smoothness)这一直观特征,就连罗素在充分肯定康托对于连续性的数学定义的实质性贡献时也不得不事先承认:"当然,被康托冠以连续统之名的那个概念可以用字典之上或之外的其他名字称呼,每一个人都可以断言自己用连续统所指的是另一种极其不同的东西。"②

一、古代世界的连续性概念

从词源学上看,continuity(连续性)的拉丁词根为 continnus,意指"结合"

---

① B. Russell, *The Principle of Mathematics*, Routledge, 2010, p.290.
② Ibid., p.358.

"黏着"。这里提到与"continuity"同根的两个英文单词，对于我们把握其直观意义或许有帮助。一个是 continent(陆地)，意指"未被海洋阻断的大片土地"；另一个是 continence(自制)，意指"把持住自己"(holding oneself together)。由此，"不中断""无间隙""整体"常常成为连续性的基本含义。早在古希腊哲学中，连续性和离散性问题就与一和多、统一性和多样性等根本问题密切联系在一起，有关它们的两种对立观点集中体现在爱利亚学派与原子论者之间的对抗上。巴门尼德、芝诺等爱利亚学派坚持绝对一元论立场，认为类似"飞矢不动""阿基里斯跑不过乌龟"的悖论已向我们表明：存在具有不变的统一性，它是同质的、连续的、不可分的"一"。而留基伯(Leucippus)、德谟克利特(Democritus)等原子论者则坚持原子多元论立场，认为原子是不可再分的最小单位，诸原子之间有作为虚空的空隙，世间万物因诸原子结合而产生，因诸原子分离而消失。如果说后一观点是离散性数学的早期代表，那么前一观点就可看作连续性数学的朴素表达。从这些基本问题出发，数学和哲学后来的发展始终伴有对连续性之本质的探究。①大体来看，在古代世界，亚里士多德的观点占据支配地位；在近代世界，康德的观点成为集大成者；而 19 世纪以来，康托的观点逐渐成为主流。亚里士多德、康德、康托三位代表人物，也正是本章所论皮尔士自己关于连续性的观点的主要思想渊源。

可以说，亚里士多德对于连续性第一次给出了比较专门而系统的分析。亚里士多德在《物理学》中一方面反对原子论者，认为物理实在是一种连续性的充实，时间和空间以及物质、运动的连续性不能还原为其他任何东西；另一方面又试图解决芝诺悖论，多次强调："任何连续事物都能分成永远可以再分的部分"，"连续的事物是不能由不可分的部分合成的"。②根据他关于量和时间潜在具有无限延伸性和无限分小性的观点，他很容易地指出了芝诺论证的一个根本错误：

---

① 有关古希腊、中世纪、近代数学家和哲学家对于连续性和无穷小问题的详细观点，参看 John L.Bell，"Continuity and Infinitesimals，" in *The Stanford Encyclopedia of Philosophy*(Spring 2022 Edition)，Edward N. Zalta(ed.)，URL=<https://plato.stanford.edu/archives/spr2022/entries/continuity/>。

② 亚里士多德：《物理学》，张竹明译，商务印书馆，1982 年，第 163、165 页。

他主张一个事物不可能在有限的时间里通过无限的事物,或者分别地和无限的事物相接触。须知长度和时间被说成是"无限的"有两种含义,并且一般地说,一切连续事物被说成是"无限的"都有两种含义:或分起来的无限,或延伸上的无限。因此,一方面,事物在有限的时间里不能和数量上无限的事物相接触,另一方面,却能和分起来无限的事物相接触,因为时间本身分起来也是无限的。因此通过一个无限的事物是在无限的时间里而不是在有限的时间里进行的,和无限的事物接触是在无限数的而不是在有限数的现在上进行的。①

在另一处,他又进一步明确:

虽然在连续的事物里含有无限数的"一半",但这不是现实意义上的而是潜能意义上的。如果这个人在实际上这样做,他就会使得运动不连续而是时断时续;假如去数"一半"的话,那么这是一个显然的结果,因为他必然把一个点数作两个点,因为,如果他把线量不当作一个连续的整体而把它当作两个"一半"来计数的话,这个点将是一个一半的终点和另一个一半的起点,因此对于"是否可能越过无限多的时间单位或长度单位"这个问题,我们必须回答说,就一种含义而言是可能的,就另一种含义而言是不可能的:如果这些无限多的单位是现实上的,就不可能被越过,如果是潜能上的,就可能被越过。②

中世纪哲学家大体上继承和发挥了亚里士多德关于连续性的权威观点,即连续性的东西在本体论上不可能由不可分之物构成,并特别强调上帝作为无穷者的弥漫着的连续性即"无处不在"和"无时不在",这就是历史上众所周知的潜无穷观点。但值得注意的是,除了对于潜在无穷性的坚持,亚里士多德对于连续性的论述还有着另一种正式定义,即"'连续'是顺接的一

---

① 亚里士多德:《物理学》,张竹明译,商务印书馆,1982 年,第 168—169 页。
② 同上书,第 256 页。

种。当事物赖以相互接触的外限变为同一个,或者说(正如这个词本身所表明的)互相包容在一起时,我就说这些事物是连续的;如果外限是两个,连续是不可能存在的"①。对于亚里士多德的这种"共同外限"视角,后来的皮尔士予以特别强调,并以 Aristotelicity(亚里士多德特征)加以概括。

二、现代世界的连续性概念:康德与康托

在亚里士多德之后,在连续性观念上最具影响力的当属康德。在综合了近代科学②和哲学对于连续性问题的多方面研究成果后,他在《纯粹理性批判》一书中指出:

> 一切感觉以及现象领域中之一切实在,不问其如何微小皆有其度,即皆有一常能消减之强弱量。在实在与否定之间,有可能的种种实在及可能的种种更小知觉之一种连续。一切色(例如红)皆有其度,不问其度之如何微小亦绝非最小者;此外关于热、"重力之力率"等等,亦皆如是。其中无一部分能为最小者,即无一部分为单纯者,此一种之量之性质,名为量的连续性。空间时间皆为连续的量(quanta continua),盖因空间时间除其视为包围于限界(点或刹那)内者以外,不能得其部分,因而仅以此种情形得之即所得之部分,其自身仍为一空间一时间。故空间唯由无数空间所成,时间由无数时间所成。点与刹那,仅为限界,即纯为限制空间与时间者之位置而已。③

可以看出,康德对于连续性的刻画与亚里士多德的潜无穷思想一样侧重于"无限可分性";但康德的突出贡献在于:他首次明确地把连续性作为直觉、

---

①　亚里士多德:《物理学》,张竹明译,商务印书馆,1982 年,第 148 页。

②　近代,连续性问题与微积分这一数学分析理论的兴起密切相关,一段时间内连续性问题主要成为一种数学研究对象。开普勒、伽利略、笛卡尔、牛顿、莱布尼茨等数学家先后推进了微积分研究,但他们在哲学上大都坚持物理世界的连续性,正如莱布尼茨的名言所论,"自然从不跳跃"。

③　康德:《纯粹理性批判》,蓝公武译,商务印书馆,1960 年,第 163 页。

知性、理性等认知形式的根本特性。康德通过连续性概念所要强调的是知觉现象所拥有的那种强弱量(intensive magnitudes):"普泛就量而言,吾人所能先天的知之者,仅为一单一性质,即连续性;在一切性质中(现象中之实在者),吾人所能先天的知之者,仅为其强弱量,即彼等皆有度量。"①康德的观点在黑格尔等后来的认识论哲学中获得了广泛认同,由他而得以凸显的"无限可分性"被皮尔士称为 Kanticity(康德特征)。

　　康托的名字虽然不及亚里士多德和康德影响面广,但值得特别提出来。这不仅是因为康托在 19 世纪②从数学和哲学上对于亚里士多德连续性观点及其潜无穷理论进行猛烈的批评,并试图严格地确立以其超穷数理论为代表的"实无穷"连续性;而且还因为随着罗素、希尔伯特等人对集合论的推广普及,康托的连续统观点正趋于成为数学正统。③关于无穷集,康托向我们提出了两种所谓的生成原则:第一种是通过增加后继新量,譬如,1,2,3,…,n,$n+1$,…。另一种是通过把由第一种原则无穷继续下去所产生的所有序数总体表示为一个新数。譬如,虽然不能设想自然数序列中的最后一个,但我们可以设定在所有自然数之后的一个最小数。康托把代表所有自然数之和的这个数界定为 ω。于是,应用第一种原则,我们又可以产生出更高的数列:$\omega+1$,$\omega+2$,…,$\omega+n$,…。而当这个序列无穷继续下去时,康托又通过第二种原则来产生所有 $\omega+n$ 之后的一个最小数 2ω。如此继续,便产生了后来康托所谓的阿列夫序列 $\aleph_0$,$\aleph_1$,$\aleph_2$,…。康托把他所研究的可比较大小的无穷集的势称为超穷数,以区别于绝对无穷。他告诉我们,最小的超穷数 $\aleph_0$ 即自然数集的势,紧挨着比自然数集更大的一个无穷集是实数集。同时他证明,算术上的实数集与几何上的实线具有同构性,即实数集中的每一个实数对应于几何线上的每一个点。他甚至还提出,任何 n 维连续空间都

①　康德:《纯粹理性批判》,蓝公武译,商务印书馆,1960 年,第 167 页。

②　康托的工作代表了数学实无穷确立过程中的一个转折点,但类似的观念在博尔查诺、柯西(Baron Augustin-Louis Cauchy)、维尔斯特拉斯(Karl Weierstrass)、戴德金等数学家那里也有独立的发展。

③　从语言使用的角度看,随着康托集合论的诞生和普及,"无穷"不再仅作为一种修饰动作过程的副词或助范畴词,开始成为一种表示结果对象的名词或范畴词。

可一一对应地映射到实数的一维直线上。①康托的这种观点在其特定的范围内具有严格的数学一致性,但当我们将其应用于我们关于连续统的哲学直观时,会发现惊人的反常结果。譬如,他坚持实数集中的实数与几何线上的点一样多,即二者都等于连续统的势;也正因为如此,康托所谓"紧挨着比自然数集更大的一个无穷集是实数集"的断言被称为连续统假设(the Continuum Hypothesis)。②但根据康托超穷数理论,此种连续统的势乃超穷数 $\aleph_1$;在此之外,还存在一系列更大的超穷数。于是,这在某种意义上便意味着,几何线上的点是"有限量的""不够密实的",也就是说是"不连续的"。康托把几何线的直观连续性还原为算术上离散量的这种做法,遭到了皮尔士的不满,它激励皮尔士在康托有关工作的基础上发展一种更具"合理性"的连续性理论。

三、皮尔士的连续性概念

连续性这一概念在皮尔士那里异乎寻常。皮尔士把连续性看作实在中不可或缺的成分,认为它对于哲学具有第一重要性。如他所言,"这是微积分以及所有有价值的数学分支的主导观念;它在所有思想中都扮演着重要作用,而且思想越科学,它的作用就越大;它是内行人用以为我们揭开哲学奥秘的一把金钥匙"。(CP 1.163)"如果要我试着完全描述自己在连续性原则中所发现的所有科学之美和科学之真,或许我会……说'在说完这个令人入神的话题之前我早已被埋入坟墓'……"(CP 1.171)为例证皮尔士的说法,这里只需简单地提到两点:第一,在皮尔士那里,连续性问题关系到哲学乃至全部理论思考中的一个根本概念,即一般性。"事实上,真正的一般性只是真正的连续性的一种初步形式。连续性只是有关关系性法则的完全一

---

① Joseph W. Dauben, "C. S. Peirce's Philosophy of Infinite Sets," *Mathematics Magazine*, Vol.50, No.3, 1977, pp.125－127.

② 对于连续统假设,通常的表述是:在实数集和整数集之间不存在中间大小的另一无穷集。依照无穷集大小(即"势")的定义,自然数集与整数集乃至有理数集的大小一样(即"等势"),它们的集合元素相互之间可以建立一一对应。

般性。"(CP 6.172)第二,皮尔士在历史上首次引入专门的哲学术语"连续主义"(synechism),以概括那种坚持连续性观念乃第一重要性的哲学倾向,并将其作为词条写入《哲学与心理学辞典》。(CP 6.169–173)但是在另一方面,皮尔士坦率承认,"在所有概念之中,连续性乃迄今为止最难从哲学上加以把握的"(RLT 242),"连续性这一概念的复杂性如此之高,以至于它在所出现的不论什么地方都是重要的"。(CP 1.62)而且更为棘手的是,正如皮尔士的其他许多思想主题一样,皮尔士在连续性问题上的认识是"发展着的"。

　　皮尔士一生尤其是晚年花费大量精力用于研究连续性问题。这对他来说是一项"未竟的探索",他关于连续性的思想前后发生了多次变动:先是接受康德关于连续性的常识观点,后来对康托的连续统观点表示高度赞赏,之后却又对康托的连续统表示出深度怀疑,还试图重新解读康德以及亚里士多德关于连续性的哲学观点,并曾总结出有关连续性的多种特征,而最后选择从无穷小理论和拓扑学对连续性进行刻画。从当代研究资料来看,有学者将其分为前康托时期(1884年前)、康托时期(1884—1894)、康德时期(1895—1908)、后康托时期(1908—1911);[1]有的分为反唯名论时期(1868—1884)、康托时期(1884—1892)、无穷小时期(1892—1897)、超级量时期(1897—1907)、拓扑学时期(1908—1913);[2]还有的以皮尔士的剑桥讲坛系列演讲为主要参照将其分为萌芽阶段(1868—1892)、半康托阶段(1892—1896)、皮尔士阶段(1896—1898)。[3]在笔者看来,尽管皮尔士通过无穷小理论和拓扑学对连续性进行数学刻画的尝试并未最终成功,但他由前至后的"多次修改"足以反映出他在某一方向上的不懈探索。总体上看,皮尔士是在追求一种既能兼顾亚里士多德特征和康德特征,又能兼顾哲学直观和数学刻画的连续性概念。而且他关于连续性问题的一些基本立场还是非常明确的。尤其是,就康托连续统来论,皮尔士似乎已经清楚了问题所在及改进

---

[1]　Vincent Potter and Paul B. Shields, "Peirce's Definitions of Continuity," in *Transactions of the Charles S. Peirce Society*, Vol.13, No.1, 1977, pp.20–34.

[2]　Jérôme Havenel, "Peirce's Clarifications of Continuity," in *Transactions of the Charles S. Peirce Society*, Vol.44, No.1, 2008, pp.86–133.

[3]　Matthew E. Moore, "The Genesis of the Peircean Continuum," in *Transactions of the Charles S. Peirce Society*, Vol.43, No.3, 2007, pp.425–469.

方案。有鉴于此,下一节将重点对比康托连续统,来看皮尔士在逻辑上所追求的"真正连续性"。

第二节　皮尔士对康托连续统的逻辑批判

虽然从正统数学内部来看,皮尔士关于连续统的集合论分析难以与康托相媲美,但他从逻辑学本身出发关于连续统的更为系统、更为丰满的哲学考虑为我们提供了大量有价值的启示。有数学家指出,数学历来有确切性(cogency)和全面性(comprehensiveness)两种理想;或许我们可以说,逻辑学家皮尔士更注意的是在"全面性数学"的道路上往前走。[①]皮尔士关于连续统的学说,既注重算术(度量)方面又注重几何(拓扑)方面,既看重简洁性(严格性)又看重真实性(常识性),既关注数学本身又关注逻辑和形而上学。他致力于把亚里士多德、康德、康托等人的连续统观点融会相济,尝试走出一条综合而兼顾的路线。

一、皮尔士的集合论贡献及其不同于康托的动机

数学上的连续统概念在康托那里就是指实数集。当人们笼统地说"在实数集里实数可以连续变动"时,往往就是在说,实数集是个连续统。康托对于现代集合论的贡献正是源于他对于实数的严格构造。在康托的同时代,我们看到,皮尔士运用不同的术语[②]表达着与康托集合论"惊奇相像"的

---

① Arnold Johanson, "Modern Topology and Peirce's Theory of the Continuum," in *Transactions of the Charles S. Peirce Society*, Vol.37, No.1, 2001, p.9.

② 在皮尔士那里,multitude 大致相当于康托集合论中"集合的势"(power),也就是基数(cardinality)。在此为了予以区别,我们把皮尔士的 multitude 直译为"数量"或"量"。此外,康托集合论中的 set 一词在皮尔士那里很少出现,皮尔士与 set 相对应的一个术语则是 collection。这些基本概念在术语选择上的差异,对于倡导"术语伦理学"的皮尔士来说,或许并不只是无关紧要的细节,很有可能反映了他在观念层面的通盘考虑。

许多思想。早在 1881 年，在为《美国数学杂志》所撰写的一篇文章中，皮尔士把连续性定义为"其中，每一个比另一个大的量也大于某个比这另一个大的中间量"，(CP 3.256)这大致相当于现代数学中的稠密性(无限可分性)。大约 1884 年，皮尔士初次读到康托法文版的《集合论的基础》并高度评价康托"无可争议是有关数的数理逻辑学说的首倡者"。(CP 4.331)在 1892 年的论文《心灵法则》中，我们发现皮尔士有大量对于康托集合论的讨论，他提到了实数的不可枚举以及康托的证明:对于任何有穷 n，n 维空间 R^n 具有与实数 R 一样的势。在 1893 年《量的逻辑》一文中，皮尔士给出了对于 N 的幂集的不可枚举性的证明。在 1897 年《关系逻辑》一文中，他独立地证明了一个"极具重要性"的结果，即"康托定理":给定集合所有子集的集合的势总是大于原有集合的势;换句话说，对于任意指数 N，$2^N > N$。他的证明方法除了表达方式更为生动，其实质与康托 1891 年的论证是一样的:

> 我先要问，把集合中诸对象分配到两个房间的可能方式之数量是否能等于这些对象的数量。如果能相等的话，假设存在如此数量的儿童。那么，他们每一个都只有一种愿望，他们的愿望可以是每一种可能的分配方式。然而，不论实际上如何分配，总会有某个儿童完全得到满足。但是，询问每一个儿童他自己想要在哪一个房间，然后把每一个儿童分配到他不想要去的房间，这样便没有一个儿童能感到满意。因此，认为某个集合在数量上等于其对象分配到两个房间的可能方式，这是荒唐的。(CP 3.548)

除此之外，皮尔士似乎毫不犹豫地规定，$2^{\aleph_0}$ 是比 $\aleph_0$ 大的最小数量，皮尔士将其称为 primipostnumeral(第一不可数量)，并相信有比实数在势上更高的、各种等级的超穷数。他曾试图证明连续统假设，并且更多时候直接假定广义连续统假设为真。[1]

---

① Wayne C. Myrvold, "Peirce on Cantor's Paradox and the Continuum," in *Transactions of the Charles S. Peirce Society*, Vol.31, No.3, 1995, pp.514 - 515.

应该首先承认,康托集合论对于皮尔士深入思考连续统给予了激励和鼓舞,而且皮尔士在一段时期内基本接受了康托的许多思想。但是,作为逻辑学家的皮尔士很快认识到康托连续统的问题所在,早在 1897 年就曾指出:"对于连续性概念,需要有一种十分满意的逻辑说明。这涉及对于某种无穷进行界定,而且为了对其加以澄清,需要首先发展无穷数量的逻辑学说。在康托、戴德金等人的工作之后,这一学说仍旧处于不成熟状态。"(CP 3.526)这里可以预先说明的是,虽然皮尔士许多有关连续统的论述与康托集合论存在"局部相仿",但实质上二人的出发点和研究动机有着明显不同。康托的集合论工作源自他对于三角级数表示法的研究,他的动机在于数学分析,更确切地说,在于对连续统的算术研究。与此不同,皮尔士则采取完全不同的路径。他的兴趣不是要探查数学的基础以便找到函数理论由以出发的某种稳固起点,相反,他研究连续统是因为其追求对布尔学派逻辑的改进和发展。从一开始,皮尔士对于连续统的关注就是对德摩根换量三段论(syllogism of transposed quantity)的逻辑含义(譬如,每一位霍屯督人都杀害一位霍屯督人,没有霍屯督人是由一个以上霍屯督人杀害的;因此,每一位霍屯督人都是由一位霍屯督人杀害的。这个三段论只有在霍屯督人集为有穷时才成立①)以及关系逻辑的思考。在很多时候,皮尔士不太关心他的那些思想的算术特性,因为它们作为数的存在对于他并不具有重要性。他的兴趣更多是一种逻辑问题,从概念层面上来看,皮尔士认为康托连续统是一种"不完美连续统"(imperfect continuum)或"伪连续统"(pseudo-continuum)。下面,我们以实数线以及无穷小这两个基本问题为例进行分析,可以进一步认清皮尔士对于康托连续统的深刻异议。

二、数、线及点

对于康托连续统观念的一种直观表述是:连续统是点的集合,而实线作

---

①　这种换量三段论作为一种原理,接近于欧几里得公理,即整体必须大于其任何一部分;二者都仅仅对有穷量才成立。这里,皮尔士通过换量三段论这种特定论证形式来界定有穷与无穷的这种做法,被认为比戴德金更早地提供了有关无穷的技术定义。此外,他还独立于康托,运用费马推理或数学归纳法这种特定论证形式区分开可数无穷集和不可数无穷集。

为连续统正好与实数集同构,即线上的每一个点对应着每一个实数,线的划分犹如实数的划分。①对此,康托集合论的另一位主要代表人物戴德金运用所谓的"戴德金分割定理"形象地给出了界定:如果我们把实数从 P 点处分成 L(左)和 R(右)两部分,那么每一个实数正好属于两部分之一。换言之,如果一个数属于 R,则每一个比它大的数也都属于 R;而如果一个数属于 L,则每一个比它小的数都属于 L。如此一来,可以断定:要么 L 部分有一个最大数,要么 R 部分有一个最小数,但不可能二者同时成立。也就是说,经过"戴德金分割"(对于实数的任意划分)所分成的两半不可能互为映像(mirror images)。

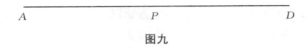

$$A \qquad\qquad\qquad P \qquad\qquad\qquad D$$

图九

当我们把这种思想直接应用在直线上时,其结果可进一步明朗化。如图九所示,直线 AD 被从 P 点处分割,P 点必须要么包含在 L 部分要么包含在 R 部分内。在每种情况下,都会出现有一半直线不带类似 P 那样的端点。因此,如此划分所产生的两半不可能互为映像。

$$A \qquad\qquad B \quad C \qquad\qquad\qquad D$$

图十

但是,该结果显然是违反直觉的。基于此,哥德尔对于实数与几何线的同构性表示怀疑:他认为,至少直观上看,几何线可能并不遵守戴德金分割定理。普特南指出,这种异议所表现的实际上是一种古老的亚里士多德观点。②在亚里士多德看来,线是不可还原的几何对象而非某种更基本对象(譬如标准点)的集合。在线被分割成两部分时,问分割点属于哪个部分是毫无意义的,因为点虽然在线之上但它们并不属于线,线上的点不过是对于线的概念(而非物理)划分。我们可进一步假设在图九上从 P 点把直线分成两半

---

① 这有时也被直接称为康托论题(Cantor's thesis)。
② 苗力田主编:《亚里士多德全集》第 2 卷,中国人民大学出版社,1991 年,第 248—249 页。

后，令右半部分稍微向右平移，从而把两部分分离开来，如图十所示。根据
亚里士多德的观点，这不能视为一个点集向另一点集的一一对应，而只能作
为一种基本的几何变形。因而，端点 A 和 D 并非直线 AD 的元素，而只不过
是一种抽象属性：由于我们所画直线终结于此而特别放置在那里的点。现
在，原直线 AD 的左半部分 AB 以及右半部分 CD 仍旧有两个端点，这是因为
"开放"的直线区间对亚里士多德来说根本无意义，任何直线区间只要存在
就必然具有端点。看起来，B、C 这两个端点必然有一个是原来的，另一个是
新增的；但事实上，这不过是把原来的 P 点分成了两个点，或者说，P 点映射到
B、C 两个点上，B、C 两个点互为映像。虽然作为线上"实数元素"的点不可能
一分为二，但作为"抽象属性"的分割点却可以多次设立。（RLT 38－41）

在某种意义上，皮尔士关于连续统的观点正是亚里士多德观念的现代
版本。[①]皮尔士明确反对康托关于几何[②]连续统由算术上阿基米德点的集合
构成的观点。康托的定义"有赖于度量考虑；然而连续系列与非连续系列
之间的区分显然属于非度量的"。（CP 6.121）直线的部分并非不可分的
点，而是线段；任何线段的部分仍旧是线段，至少也可称为无穷短的线段。
同时他认为，构成实线的那些点的数量必定远远大于康托所设想的任何集
合，康托所定义的实数 R 不能充分说明几何连续统。由于线必定包含了所
有可能的连续点，而实数集 **R** 只是对应于 $2^{\aleph_0}$ 所代表的数量，因此它作为
一种完成了的数量（as a completed multitude）不可能解释连续统的本性。
此外，在连续统的任何两点之间，无论它们有多么紧密，总是可以插入更
大数量的点；因此，最终连续统实际上是由非离散的点"黏合在一起的"

①　当代数学哲学家普特南在对皮尔士的"连续统逻辑"进行评论时，紧紧抓住了皮尔士与亚里士多德在精神气质上的相似性。他提出，"除术语之外，皮尔士的观点在广义上属于亚里士多德式的，尽管其中许多要素还未出现在亚里士多德那里"。（RLT 39）皮尔士充分运用亚里士多德有关线上点的潜在性与现实性的关系的思想，坚持认为所谓点只是抽象的数学运算或概念运作的结果，作为潜在性的点位永远是无穷无尽的。借用亚里士多德有关可能性与现实性的语言来说，"皮尔士心中的图景是：可能性的数目如此之大，只要我们看到这些可能性之中有一部分在一个可能世界中实现——比如说我们在一个可能世界上做出了某个非可数量的划分——那么，我们立即可看到，我们可以在一个可能世界上做出**更多**的划分，因此，在任何一个可能世界中都不可能**全部**实现所有这些**互不排斥**的可能性。……这个形而上学图景讲的就是：可能性超过现实性，这是固有的本性，而并不只是因为人类力量的有限性或自然规律所施加的限制"。（RLT 53－54）
②　传统上的一种观点认为，几何学主要关注连续性的物，而算术（代数）主要关注离散性的量。

(cemented together)。①对此,皮尔士通过设想一系列照片来加以说明。他指出,不论拍照间隔如何接近,它们任何一个都不存在运动。我们对于时间中运动的知觉表明,时间不仅仅是瞬间(instants)的系列,在我们意识中所出现的必定不仅仅是单个的、孤立的点状"瞬间"。皮尔士断言,在可感时间中,瞬间如此紧密以至于融为一体而难以区分。任意大量的独立瞬间都仍存在空隙。正是这种时间观帮助皮尔士解决了芝诺悖论,同时也直接影响了他在集合论上的连续统观点。

表面上看,一方面说线上存在有点,另一方面说点并不具有独立性,似乎是矛盾的。但在皮尔士看来,正如时间分部彼此相融而难以辨识一样,线上的点同样也如此,它只是潜在的点而已。他相信,数目(numbers)本身不可能完全解释连续统,数目所表达的不过是离散对象的序列,而任何离散量不论有多大都不能充分说明线的连续性。"使线成为连续性的是,它总有可能确定大于任何既定量的点,或换句话说,事实上在线上任何一部分都存在任意数量的空间。"(CP 3.568)康托的超穷数系列($\aleph_0$, $\aleph_1$, $\aleph_2$, …)其中每一个都不能代表连续统的势,顶多可以说在该系列中越往后面的超穷数越接近连续统所代表的量。真正的连续统必定包含了无边无际大量(unboundedly large)失去个体性的点,它在绝对性上类似于我们今天在 NBG 系统中所讲的"真类"(proper class),或者用皮尔士的话讲,是一种"超级量"(supermultitude 或 maximum multitude)。②这里,连续统所呈现的非离散性、非确定性、潜在性、非完成性,或许正是上文皮尔士在谈到康托连续统观点的不足时认为有待从逻辑上加以发展的地方。因为他在另一个地方告诉我们,"如此超级数量的集合通过逻辑必然性粘连一起。其构成个体不再是独立可分辨的。它们不是对象(subjects),而是表示连续统属性的诸相位(phases)"③。在哲学语

① 显然,这里的连续统已经不再是康托意义上的集合。从某种意义上看,皮尔士的 collection 概念更多类似于逻辑学中的论域。皮尔士认为,虽然通常论域都是离散集合,但实际上论域也可以是连续性的。

② 迪博特指出,皮尔士关于非集合连续统及其超大基数的观点与 1904 年寇尼(Julius König)试图证明的连续统的势并非阿列夫的做法具有某种相似性。

③ Quoted in Joseph W. Dauben, "Peirce's Place in Mathematics," in *Historia Mathematica*, Vol.9, No.3, 1982, p.321.

境下,皮尔士把这种连续统看作一般性(general),认为"它是关系的一般性(a general of relation)。每一个一般性都是经过模糊界定的连续统"①。一般性的概念与确定性的个体的关系,就像是连续性的线与离散性的点的关系。

也正是由于连续统的这种潜在性,皮尔士似乎在布劳威尔(Luitzen Egbertus Jan Brouwer)之前已经意识到排中律可能会在无穷领域受到质疑。②以皮尔士的一个思想实验为例。一张白纸上有一滴墨水。当然,墨水覆盖的地方是黑色的,其他未覆盖的地方是白色的。不过,试问墨水与白纸之间的边界点是黑色的还是白色的?如果这些点是现实性的,它们必然要么为黑色要么为白色。但皮尔士认为,这些边界点并不是现实存在,而仅仅是一种潜在性,因此对于它们来说并非必然要么为黑要么为白。皮尔士强调,"只有在它们连接起来成为连续性的平面时,那些点才是有色彩的;单独来看,它们并无色彩,既非黑又非白,任何色彩都不是"。(CP 4.127)③

三、无穷小的地位

与点线问题密切相关的一个问题是无穷小在数学上的地位。康托一贯反对无穷小④的思想,他并不认为实数中除了有理数、无理数还有其他类型的数。康托认为不能由超穷数这类实无穷大的数的存在推断实际上也存在无穷小,1887 年他基于所谓线性数的阿基米德特性证明了无穷小的逻辑不

---

①　Quoted in Fernando Zalamea, "Peirce's Logic of Continuity: Existential Graphs and Non-Cantorian Continuum," in *The Review of Modern Logic*, Volume 9, Numbers 1 & 2, 2001, p.141.

②　需要注意的是,皮尔士并不是一位直觉主义者,因为皮尔士并不像布劳威尔那样认为根本就无法设想无穷过程的完成。在他看来,完成了的无穷过程是完全可以想象的,只要过程中的步骤基数小于皮尔士理想的极致基数就行。

③　从皮尔士的范畴论来看,他认为排中律不适用于 would-be,矛盾律不适用于 may-be,矛盾律和排中律要同时适用于 actually-be。因此,连续统情况不适用于排中律,只是表明它属于 would-be。

④　依据通常的说法,无穷小就是小于任意小的有穷数的非零数。从词源学上看,infinitesimal 源于拉丁语 infinitesimus 即 infinitum 的序数词形式,指一系列中的第无穷个(infiniteth)项。譬如,假设线段 C 被无穷划分,则 C 的 $1/\infty$ 便是其中一个无穷小成分。

可能性。①1897 年,在《超穷数论的奠基性贡献》第二部分中,他又不失时机
地批评意大利数学家韦罗内塞(Giuseppe Veronese)所发表的无穷小学说,视
之为"数学中的霍乱菌"。在康托看来,无穷小理论就相当于化圆为方,既是
绝对不可能的,又是十分荒谬的。至于康托为何要坚决反对无穷小,美国著
名数学哲学家道本(Joseph W. Dauben)指出,一旦承认无穷小,那将会令康
托的连续统假设($2^{\aleph_0} = \aleph_1$)极其复杂;在有理数和无理数之外又允许出现无
穷小,这也会使得他关于连续统的势的猜想更加复杂。②

　　但在皮尔士那里,由于他选择了非阿基米德数学路线,无穷小的存在似乎
是很自然的。③皮尔士认为,正如我们在线上的有理数点之间插入不可列的
(abnumeral)无理数点一样,我们也可在无理数点之间插入 secundopostnumeral
(第二不可数量的)的点。这里的 secundopostnumeral 集就涉及无穷小。他
相信,要证明不存在无穷小这样的量是不可能的。在数学中接受无穷小,这
并不具有矛盾性。事实上,无穷小的存在对于物理学是必然的。为了支持
他关于无穷小的物理实在性的主张,皮尔士提到了记忆这一经验。他说,对
时间之流的知觉必定超越任一单个瞬间。只能把时间看作是无穷小的,否
则我们便无法理解此种现象的"平滑性"。甚至,皮尔士还将无穷小进一步
用于形而上学思辨:他认为,自然界有物质单子也有灵魂单子,而灵魂单子
的直径无穷小,正因为如此,我们才能解释灵魂的特性。

　　在驳斥康托的连续统定义后,皮尔士试图对连续性给出一种不涉及极
限学说的特定意义。根据这种新的连续统观念,其中一点很重要,即连续性

---

①　实际上,关于无穷小的不存在,康托最终并未能够给出足够有信服力的细致论证。正如数
学史家所指出的,康托认为其对手们的工作"漂浮不定或更多只是胡说"而且包含有"恶性循环",但
不幸的是他自己的立场也并无二致。参看 I.Grattan-Guinness, *The Search for Mathematical Roots 1870 –
1894*, Princeton University Press, 2000, p.122。也有数学哲学家在考察康托对于无穷小的无情指责后
指出:"具有讽刺意味的是,康托对于无穷小的许多批评完全也可以有效地指向超穷数。"康托在驳斥其
对手通过否认阿基米德公理来产生无穷小的论证中事先假定数的线性特征并以此推导阿基米德特性,
他在一开始就排除了无穷小的可能性,恰恰也犯了"预期理由"的谬误。参看 Joseph Warren Dauben,
Georg Cantor: His Mathematics and Philosophy of the Infinite, Princeton University Press, 1979, p.131。

②　Joseph W. Dauben, "C.S.Peirce's Philosophy of Infinite Sets," in *Mathematics Magazine*, Vol.50,
No.3, 1977, p.126.

③　千万不能认为无穷小只是形而上学上可设想而在数学上不可行;因为关于无穷小的正反两
方面意见都既可在形而上学上找到,又可在数学上找到。最典型的是,贝克莱曾明确表达对无穷小的
形而上学的不满,而罗宾逊(Abraham Robinson)则从数学上证明无穷小的一致性。

的线是由无穷小部分组成的。①在 1893 年一篇标号为 MS 955 的手稿中,皮尔士断言:"在连续性区域譬如连续性的线上存在有无穷短的连续着的线条。事实上,整个线是由这样的无穷小分部构成的。"②我们不妨再回到上文直线 AD 被 P 点所划分的例子。在经过右移后,P 点"变成"了 B、C 两个点。在亚里士多德看来,这种转变之所以可能,是因为 P 点是抽象属性;在此基础上,皮尔士进一步认为:在线上的单个点之内,我们可以至少找到 C(实数集的势)个不同的点部(point parts)③,而线上点的基数不仅超过 C 而且要超过所有集合的基数。换句话说,他相信,线上的点是比实数更高的无穷级数。而这便意味着在线上存在有一种更为细致但不可忽视的非标准点即无穷小。④或许,这正是当皮尔士说"康托的连续性定义不能令人满意,因为其中含糊地指涉**全部的**点,而我们不知道那是指什么"(CP 6.165)时,他所意味的真正内容。总而言之,康托的连续统 **R** 不可能包括全部的点,真正的连续统既包含非连续性的有理数、无理数,又包含作为"额外可能性"的无穷小量。⑤而且,正是这些无穷小构成了各种未实现的潜在性、未分化的模糊性、未确定的可能性。⑥由是,鉴于无穷小的潜在性,"P 点变成了 B、C 两个点"

---

①　在 19 世纪柯西、博尔查诺、维尔斯特拉斯等人的工作之后,所谓微积分(infinitesimal calculus)一直奠基在一个与无穷小毫无关系的理论基础——极限学说——之上。之所以有时继续用此种表达,往往只是对笛卡尔、牛顿、莱布尼茨等人用词传统的沿袭。不过,皮尔士曾在多处捍卫无穷小方法对于极限学说的优越性。他认为,根据关系逻辑理论,无穷小概念并不包含任何矛盾;相反,坚持认为作为一个渐增收敛级数的极限的只有一个点,这只会是对于诸多可能性的武断限制。

②　Jerome Havenel, "Peirce's Clarifications of Continuity," in *Transactions of the Charles S. Peirce Society*, Vol.44, No.1, 2008, p.103.

③　为了突出无穷小的非原子性(不可再分性),有学者倾向于运用"非点"(nonpunctiform)来刻画皮尔士的这种无穷小。

④　关于"非标准点"的另一种理解是,对于任何有序的对象集,我们可以把其中每一个对象替代为一系列点,而对于这每一系列中的每一个点,我们又可以替代为另一种系列的点,如此一直继续下去,我们便得到一系列的系列的……系列的点。

⑤　康托所证明的实数 R 的"完全性"只能在不包含无穷大或无穷小元素的阿基米德数学内才成立。

⑥　皮尔士的连续统逻辑与模糊逻辑(logic of vagueness,而不是 fuzzy logic)具有密切关系,有时甚至等同化处理。至少来说,二者同样是对于对象不确定性(indeterminacy)的考察,只是连续统逻辑关注一般性(generality),模糊逻辑关注非特定性(indefiniteness)。在发表在《一元论者》杂志上的《实用主义的后果》一文中皮尔士把模糊命题定位在常识命题,并以命题全称量词、特称量词的非特定性为例非常精炼地谈到了有关一般性、模糊性的逻辑问题。具体可参看 EP 2:350 - 353。

便不难理解。B、C 等各个点在划分之前是融合在一起的,而构成如"粘胶剂"(glue)一样的"直接联系"作用的正是"如同时间一样"的无穷小。[1]从某种意义上可以说,连续统不仅是一个数量大小的"势"(cardinality)问题(即多样性),而且关系到诸部分之间的联结方式或"序"(ordinality)(即统一性)。因为,"把沙粒弄得越来越碎,只会令沙子更加破碎。它不会把那些颗粒融合为完整无缺的连续体"。(CP 6.168)

值得一提的是,皮尔士在近代比较早地运用无穷小概念,但直到 20 世纪 60 年代罗宾逊等人提出"非标准分析",无穷小概念才真正开始在数学研究中得到重视。最近,也有学者提出,皮尔士关于无穷小的分析,与当代数学中的平滑无穷小分析(Smooth Infinitesimal Analysis)[2]理论具有更多相关性。

四、如何在现代数学中理解皮尔士对于康托的批判

对于皮尔士以所谓"完美连续统"反对康托连续统,有人可能提出:皮尔士这样做等于反对任何数学表征,反对任何形式推理;因为形式推理原本就不可能完全显示心灵过程。但是,必须再次明确,皮尔士这里所反对的只是某种现有数学处理法,而非反对数学表征本身。皮尔士在相关问题上已经澄清:虽然可以说三段论是僵死的公式而思想过程是生动的,但三段论原本就不是为了表征心灵过程的生动或僵硬,而是要表征不同判断之间的关系。(EP 1:62 – 63)因此,对于皮尔士所谓真连续统的概念,也应该从逻辑关系表征上理解,而非肤浅地理解为思想形式代替不了思想内容,因为皮尔士的逻辑学原本就是一种形式指号学。

站在现代数学中来理解皮尔士对于康托的批判,我们应该承认,皮尔士关于连续统的观点至今仍有不少遗留问题,甚至他根本"就没有一个完整的

---

① 有关无穷小地位的一种比较直观的明证是:曲线正是由无穷小的直线构成的。

② 有时也叫综合微分几何(synthetic differential geometry),基于美国数学家劳威尔(F. W. Lawvere)的思想并运用范畴论方法而创立。根据它所提供的世界图景,连续性是一个自足的独立概念,不能根据离散性来解释。

连续统定义"①;而且,康托和戴德金的连续性定义旨在避免对几何图形平滑性的含糊指称而创立的,皮尔士自己最终未能发现一种有别于康托定义却更符合逻辑要求的数学刻画法。皮尔士曾试图开发一门新的数学分支即拓扑几何学,但当我们很自然地要把皮尔士的拓扑几何学与现代标准数学结合起来进行思考时,立即遇到了困难。正如一位皮尔士学者所言,"如果可以肯定真正的连续性在皮尔士自己对拓扑结构的定义中具有意义,那么皮尔士的真正连续统能否在现代数学中得到理解,就成问题了"②。实际的研究结果表明:

　　皮尔士并未证明他的真正连续性的概念能够从严格的数学观点得到捍卫。他关于潜在点的集合具有直观连续性的信念在皮尔士特设的拓扑学结构之外不具有任何数学相关性。换言之,他有关拓扑邻域(topological neighborhood)的定义属于与通常数学毫无关联的一种(形而上学)知识领域。③

　　幸好,对此关于两种连续性不可公度的责难,皮尔士早有准备,因此,我们在上文看到皮尔士对于康托的批评更多倒不是"精神或方向"上的,而只是"未尽之义"方面的。也正是由于皮尔士高度评价康托的贡献,他才似乎一方面坚持线上仍旧有点,另一方面又称这种点不足以被界定为明晰独立的点。皮尔士的这种做法的确显示出一种"矛盾",特别是,在现代数学中,我们说潜在点既等于特定数值又不等于特定数值,显然是荒谬的。因为,如果它等于某一数值,它就是现实存在的;如果它不等于某一数值,它就会与通常的数值不同。但与其说这是矛盾,不如说这是任何开拓性工作中所出

① Vincent Potter and Paul B. Shields, "Peirce's Definitions of Continuity," in *Transactions of the Charles S. Peirce Society*, Vol.13, No.1, 1977, p.20.

② Jean-Louis Hudry, "Peirce's Potential Continuity and Pure Geometry," in *Transactions of the Charles S. Peirce Society*, Vol.40, No.2, 2004, p.229.

③ Ibid., pp.240 - 241.

现的踌躇或权衡。况且,皮尔士对康托连续统的"抗争",涉及数学中的许多
最为深层的问题,当我们从标准数学自觉退回到标准由以发生之前的层面
从而试图重新确立新标准时,出现与标准的"相违背",这是正常的。因此,
对皮尔士开拓性工作的评价不能仅仅以现成标准衡量,还要同时将其与对
现代数学的反思和批判结合起来。众所周知,在现代数学基础特别是集合
论中,存在着许多颇有争议的开放性论题。一位 19 世纪逻辑史专家在对林
林总总的集合观念进行考察后不禁感慨:

> 不是说首先要对于集合这一基本**概念**进行澄清并达成共识,逻辑
> 学家和数学家们宁愿——或许这样是对的——快速提炼和修改出尽可
> 能接近康托的形式理论,并善意地忽略掉康托自己的形而上学议题及
> 任何其他广泛的哲学关切。在弗雷格、施罗德、罗素甚至康托和豪斯道
> 夫(Felix Hausdorff)也拒绝步入或只是踌躇涉足的地方,我们已经欢呼
> 着闯进其中,之所以有这样的勇气,仅仅是因为我们在传统上越来越缺
> 乏基础批判。①

康托连续统无疑为我们提供了对无穷问题的一种极其简洁的刻画处理,但
其概念上的问题并不能因此而受到掩盖。

从根本上看,康托的实无穷,只是数学上的抽象无穷,②而非时间和空间

① Randall R. Dipert, "Peirce's Philosophical Conception of Sets," in *Studies in the Logic of Charles Sanders Peirce*, edited by Nathan Houser et al., Indiana University Press, 1997, p.56.

② 根据亚里士多德及中世纪哲学的一般观点,之所以要反对实无穷的存在,主要是因为那样将导致类似 $a+\infty=\infty$ 这样的悖论;而康托的反对意见是,根据超穷数理论,ω 与 $\omega+1$ 之间具有明显的区分,因此承认实无穷并不会导致有穷数的"湮灭"或"失效"。事实上,从道本的分析来看,康托对于历史上反对实无穷的论证的驳斥主要是说它们依赖于一种"预期理由"式的循环论证,即根据有穷数的传统观点来看待超穷数这种新数,从而令实无穷一开始就建立在一种错误偏见之上。但面对康托的机智论证,一个似乎不足为奇的疑问是:康托的超穷数 ω 还能算是真正的"无穷"吗? 或许,它更像是对于有穷观念的一种独特表达方式。譬如:"对于任意大的数 N 来说,存在一个数 $n>N$。"对于普通人来说,其中的 n 乃很自然的用法,但在康托看来,这竟是预设了作为所有大于 N 的 n 的超穷数的存在。参看 Joseph Warren Dauben, *Georg Cantor: His Mathematics and Philosophy of the Infinite*, Princeton University Press, 1979。

上的真实无穷。①与之相比,皮尔士则从一开始就选择了一条逻辑学路线②来推进关于连续性的科学研究工作,并自始至终都公开把数学连续统与时间、空间的连续性联系起来。特别是,他把时间设定为真正连续统的典范,譬如,连续统中的无穷小量其实就是皮尔士对于时间流中"此在性"(now)的一种主观把握。皮尔士一生中多次尝试重新界定连续性,但他始终反对把连续统视为某个任意大小的点集,相信连续统概念必须与时间直观相合。在1908年5月26日为《一元论者》杂志上《奇异的迷宫》一文所增附的笔记中,皮尔士写道:为了对界定连续性特征所需要的"直接联结"(immediate connection)这一概念进行阐释,

> 我似乎被迫引入时间观念。现在如果我关于连续性的定义包含直接联结这一概念,而我关于直接联结的定义又包含时间这一概念,那么我就陷入了循环定义。但经过仔细分析时间观念,我发现当说到它是连续的时就像是在说氧的原子量是16一样,意思是指那将是所有其他原子量的标准。③我们在断言时间时并不比我们对氧原子量所作的断言多,也就是说,根本没有作任何断言。倘若我们假定时间观念完全是一种直接意识之事,就像是皇家紫(蓝紫色),它就不可能进行分析,因而整个探究就达到了终点。如果它能够进行分析,那么分析的方式就是,在想象中描绘出一种观察和反省线路,那样可能会使得起初并不出现的时间观念(或者并非纯粹感觉的东西)产生于心灵之中。它出现在此种心灵中或许是作为一种假说以便说明在脉搏、呼吸、昼夜等所有交替现象中看似对于矛盾律的违背。……循着这种观念,我们很快会发现,当说时间无中断的时我们没有作任何意谓。因为如果我们全都熟睡

---

① 康托对上帝的信念,使得他最终坚信在超穷数系列之外,存在一种绝对无穷。因此,要么康托的超穷数并非是历史上与潜无穷相对的实无穷(他的超穷数顶多只是实无穷之一,另一个可能就是绝对无穷);要么他的绝对无穷就是他坚决反对的潜无穷。

② 皮尔士关于连续统的定义力求运用逻辑术语,这是他与康托、戴德金等人的工作的根本差别所在。(CP 3.564)

③ 在化学史上的一个较长时期内(包括皮尔士的时代),人们为方便测定原子量,以氧元素的原子质量16为基准来测定其他元素的原子量。——引者注

了,而**时间自己在这个间隙停下来了**,则入睡的瞬间与醒来的瞬间是绝对不分的;所谓的间隙仅仅是我们思想方式上的,而非属于时间自身。(CP 4.642)

这里皮尔士似乎把对于连续性的界定与对时间观念的现象学分析联系起来了。①从不同于康托的数学工作上来刻画时间这个概念中所表现的连续性,这是皮尔士从逻辑学出发对于自己提出的要求。虽然他没能找到一种合适的数学技术来表现真正的连续统,但这更多只能说明数学技术有待发展。随着当代数学最新成果譬如无点拓扑学、范畴论方法的推广,皮尔士的连续统思想有望得到更多诠释和理解。

第三节　皮尔士的连续主义哲学

　　皮尔士最终没有形成统一的连续统定义,连续统似乎是在其逻辑学上的一个未决难题;但这并不妨碍他将自己所能把握的连续统观念体现在自己的相关哲学思想中。因为虽然皮尔士没有找到一种非康托的数学处理法,但他对于康托处理法的不满,对于亚里士多德和康德连续性概念的同情理解,以及对于连续性概念与时间概念之间内在关联的坚持,这些都是明确无疑的。在作为逻辑学家的皮尔士的眼中,"无穷"及"连续统"问题"不过就是对一般性(generality)所给予的一种特殊变形"。(CP 8.268)我们将看到,从一种非康托连续统出发,皮尔士绘制了一幅独特的连续主义哲学图景。

　　连续主义是与原子主义相对的一个哲学概念。虽然哲学史上绝大多数

---

　　①　当然,时间哲学是皮尔士研究中的一大难点。笔者认为,皮尔士的新连续统能否最终得到合理辩护,也取决于他对时间概念的分析。对皮尔士时间概念的初步阐述,参看 Milic Capek, "C.S. Peirce's Different Approaches to the Problem of Time," in *From Time and Chance to Consciousness*: *Studies in the Metaphysics of Charles Peirce*, edited and with an introduction by Edward C. Moore and Richard S. Robin, Oxford/Providence: Berg, 1994, pp.67 – 74 以及 Roger Ward, "Knowledge and Transformation in Peirce's *Reasoning and the Logic of Things*," in *Journal of Speculative Philosophy*, Vol.21, No.2, 2007, pp. 142 – 150。

人都不同意原子主义哲学的激进观点，但长久以来都没有一个专门名称用以表示与之相对的哲学立场，直至皮尔士首次根据希腊语词源 syneche（连续）创造了"Synechism"一词。①在为《哲学与心理学辞典》所撰写的词条中，皮尔士把连续主义界定为："一种哲学思想的趋向，它坚持认为连续性这一观念在哲学中具有头等重要性，特别是主张要有包含真正连续性的诸种假说。"（CP 6.169）需要在本书中引起重视的是，这个词也集中概括了皮尔士自己的实用主义哲学体系。在 1902 年 11 月 25 日致威廉·詹姆士的信中，皮尔士谈道："［实用主义］这个充分得以发展的系统中，所有一切都结合在一起，若零散地进行便不可能得到真实呈现。"而连续主义则是该体系的"拱顶石"（the keystone of the arch）。（CP 8.255 - 257）

　　本节将阐发连续主义与哲学史上诸多思想主题的层层关联，以期把皮尔士的连续统逻辑引向更为广阔的新视域。笔者分别从连续主义在共相问题、知觉论、身心问题等方面的推广应用，依次澄清皮尔士的经院实在论、懊悔的可错论、客观观念论等独特思想品格，或用他自己的话来说，"包含真正连续性的诸种假说"。从这些对连续性观念的应用中，我们将看到，连续主义是一张密织的概念之网，它所衍生出的各个彼此关涉的论题构成了皮尔士实用主义不可或缺的部分，同时也昭示其不同于黑格尔旧式哲学的独特魅力。正如皮尔士所说，对于实用主义的证明"本质上总会涉及确立连续主义为真"（EP 2:335）；因此，本节的论述也将有助于深入理解第四章中"实用主义内在包含着一组密切相关的哲学论题"之说。

一、共相问题及经院实在论

　　首先来看皮尔士如何将连续性原则用于解决中世纪乃至近代唯名唯实之争中的共相问题②，以及他的经院实在论如何在此过程中逐步凸显为一种

---

　　①　出于对术语伦理学的强调，在必要时恢复古代用语或创造新词，成为皮尔士哲学写作的一个显著特色。

　　②　在皮尔士那里，有关唯名论与唯实论的论争不仅是一种有关共相地位的抽象问题，还广泛涉及科学、伦理、经济、宗教等深远问题。这种广义上的唯名唯实之争也远远超出当代英美哲学中的实在论、反实在论之争的问题域。

行之有效的假说。

　　与一度流行的把共相问题视为陈腐学说的意见不同,对向来关注哲学史的皮尔士来说,中世纪形而上学与现代"认识论"哲学之间具有一种非常紧密的历史联系。一方面,现代哲学的许多问题都可看作中世纪形而上学的延续,譬如他认为,从笛卡尔、洛克、贝克莱、休谟、里德到莱布尼茨,再到康德、黑格尔,其实形成了一种唯名论哲学的浪潮①,甚至可以说"所有各种类型的近代哲学都是具有唯名论倾向的"。(CP 1.19)②另一方面,与自然科学相伴的现代哲学的发展,也为中世纪形而上学提供了新的讨论和发展空间。在皮尔士看来,"虽然唯名论唯实论之争早在我们熟知的理性主义和经验主义分化之前,然而奠定唯名论基础的却是休谟,他确立了独立分开的个体的本体先在性……"③站在现代社会所延续的这场唯名唯实之争中,皮尔士把中世纪共相问题与现代哲学中的自然种类词、一般法则、科学预言等主题关联起来④,并表现出强烈的反唯名论倾向。⑤从常识和科学来看,通常如果某种预言趋于实现,我们必定是说未来事件趋于符合一般法则;但这时唯名论者常常会责难:"哦,这种一般法则不过是纯粹的单词或几个词语!"对

---

　　① 皮尔士解释道:现代哲学之所以投向奥卡姆主义这一唯名论哲学,并非因为后者更接近于现代科学精神;恰恰相反,真正的科学人最终只会认同邓·司各脱的实在论立场。只是因为司各脱主义有着神学的外衣(也主要是由于这种关联,16世纪的人们把邓·司各脱主义戏称为 the Dunces 即傻瓜思想)而奥卡姆主义充斥着对于神学的反抗精神,唯名论哲学才最终因为政治结盟等表面上的原因而在近代得以流行。(CP 2.166-168)

　　② 皮尔士对于唯名论的批判是彻底的,也是情感强烈的。他曾在写给维尔比夫人的信中表示:"唯名论及其各种形式是魔鬼(the Devil)的设计,如果有魔鬼存在的话。尤其是,它作为一种疾病——那种沉闷的世界观,认为世界上所有可以被热爱、赞赏或理解的东西都是虚构的——几乎把可怜的约翰·密尔逼疯了。"(SS 118)

　　③ Paul D. Forster, "Peirce and the Threat of Nominalism," in *Transactions of the Charles S. Peirce Society*, Vol.28, No.4, 1992, p.692.

　　④ 也正因为如此,中世纪的共相(universal)问题在皮尔士那里主要成为一种有关一般性(general)的讨论。

　　⑤ 有必要指出,皮尔士对于唯名论的反对还诉诸亚里士多德意义上的目的论,在他看来,只有我们最终把目的论(final causation)看作一种实在,唯名论才能真正销声匿迹。当然,皮尔士所谓的目的因与自然种类、一般法则、自然律、科学知识等问题的讨论以及本书的连续性主题都具有紧密联系;更多讨论可参看 Menno Hulswit, *From Cause to Causation: A Peircean Perspective*, Kluwer Academic Publishers, 2002。

此,皮尔士敏锐地作出一位怀有实在论的指号学家的答复:"没有人会想到否认所谓一般性的东西在本性上乃一种一般符号;但问题是,未来事件是否会与其相符。如果符合的话,你的形容词'纯粹'似乎就用错了。"(CP 1.26)正如本书第三章所论,指号与思想是内在统一的。皮尔士强调,未来事件所趋于符合的法则事实上是一个重要的东西,它是那些事件发生过程中的一个基本成分。法则或共相不可能在现实世界得到完全实现①;而且它们并非我们思想活动的产物,我们只能说以自己的思想理解它们,但绝非创造它们。②根据皮尔士的范畴论,第一性、第二性、第三性分别代表了三种不同的存在模式(modes of being)③,法则或共相所代表的实在性虽然不是唯名论者所设定的那种第二性存在模式即实存(existence),却属于典型的另一种存在模式即第三性。④关于第三性在皮尔士连续主义哲学中的重要地位,稍后有详细论述;这里,我们可以先行指出的是,"连续性完全代表了第三性"。(CP 1.337)法则、共相等一般性的存在模式与连续性的存在具有深度一致性,因为皮尔士告诉我们:"在关系逻辑看来,一般性被认为正好就是连续性。因此,有关连续体之实在性的学说就是经院学者称为实在论的那种学说。"⑤皮尔

---

① 在皮尔士看来,通常所谓柏拉图主义的问题正在于它把共相都看作与现实个体一样存在的东西。这种极端实在论,皮尔士称之为"唯名论柏拉图主义"(nominalistic Platonism)。(CP 5.503)

② 皮尔士曾指出,康德所谓"哥白尼革命"的一步实际上正是由唯名论实在观向唯实论实在观的过渡。(CP 8.15)他在1903年的一次讲演中声称,虽然自己的哲学观点经过五六次之多的认真修订,而且在许多论题上做出了更改,但对于有关唯名论和实在论的问题始终坚持不变的意见。(CP 1.20)

③ 在皮尔士看来,我们世界上(the world)的对象共有三种存在(being)模式(而非"存在于三个不同的世界"),即第一性,它是直接品性的可能性存在,无关乎其他任何东西;第二性,它是现实事实的对抗性存在;第三性,它是支配未来事实的法则性存在。在更为一般的形而上学语境中,皮尔士也谈到,存在是分级度的。法则的存在,其实就是一种持续(persistence),一种律则(regularity)。在最初的混沌中,由于没有律则,也就没有任何存在;那里一切都是含混的梦,它们属于无穷远的过去。但随着事物越来越有律则,越来越具有持续性,它们变得不再那么像梦,而更为真实。(CP 1.174)

④ 正是基于实存与其他存在模式的区分,有学者认为,唯名论与实在论之间更重要的区分不在于是否承认实在性,而在于它们如何看待"实在性":前者将其归结为"外部性",后者则认为其是"对于我们思想的独立性"。参看 Cornelis de Waal, "The Real Issue between Nominalism and Realism: Peirce and Berkeley Reconsidered," in *Transactions of the Charles S. Peirce Society*, Vol.32, No.3, 1996, pp.425–442。

⑤ Jérôme Havenel, "Peirce's Clarifications of Continuity," in *Transactions of the Charles S. Peirce Society*, Vol.44, No.1, 2008, p.112.

士的反唯名论①与连续性观念之间的密切关系，至少体现在以下两个方面。

第一，根据唯名论，所谓法则只是对现有存在物进行概括而得出的一种相似性；而根据连续性原则，法则作为一种连续性，它所涉及的情形绝不限于过去或当前的已有存在物，而是更多涉及未来时间。从本章前文已知，皮尔士认为真正的连续性是永远未完成的，因为其指向无穷尽的未来可能性；与此同理，法则所要表达的也涉及所有时间（不仅过去，更有未来）中的经验，它特别指向未来一系列不确定然而却能确定的法则例示。我们有时发现唯名论者反对"法则"（law）一词而更愿意采用"齐一性"（uniformity）这个词。这正是因为，在唯名论看来，"法则"所表达的仅仅是有可能发生的东西，而只有"齐一性"才表示实际发生的东西。（CP 1.422）也就是说，在唯名论者那里，所有真实的都只局限于现存的，由此也不难想象"唯名论者告诉我们，我们不能对于无穷进行推理……因为他们对于无穷的推理好似它是有穷的一样"。（CP 1.165）但在皮尔士那里，由于存在模式得以拓展，法则或共相作为一种实在性成为引领我们的探究的"最终意见"，它就绝非局限于现状、与未来预期无关的一种"相似性"。所谓一般法则，所谓共相，其实就是一种潜在集合体（potential aggregate），它"仅仅包含**准许**个体得以确定的一般条件"。（CP 6.185）

> 简言之，一般性这一观念所涉及的是一种可能变化（possible variations）观念，其中的变化可能性没有任何数量的现存事物能够穷尽，而且在任何两种可能性之间都会留下不仅仅是**许多的**可能性而且是绝对超出所有数量的可能性。（CP 5.103）

在某种意义上可以说，所谓具有"齐一性"的自然种类中，其成员之间的差异特征远远多于它们之间的相似特征；譬如，马这一观念，虽然可以在你我所能发现的马匹中总结出若干"齐一性"特征，但我们总是有可能在别处

---

① 对照本书第四章第四节中皮尔士对于实用主义者中的唯名论者和个体主义者的驳斥，应能看到皮尔士反唯名论思想的更多相关性。

或在将来发现不具有这些"齐一性"特征的"另类"马匹。马作为一种共相，它是自然的、实在的种类词，但并不具有绝对的、现成的"齐一性"，其要义只是在于连续性。总之，视之为连续性，我们很容易理解:共相或法则等一般事物"涉及所有可能的东西，而非仅仅涉及碰巧存在的那些。任何事实的集合都不能构成法则;因为法则超越了任何已实现的事实，它决定着**有可能的**(may be)事实(但绝不会**全部**发生)何以得到刻画"。(CP 1.420)

　　第二，如我们在休谟那里所看到的，唯名论坚持把相互独立的个体存在作为认识论由以出发的、类似反省直觉一样的"先验基础"，但根据连续性观念，连续统中不存在作为最终部分的所谓"逻辑原子"。实在论与唯名论所争论的真正问题是:

　　　　到底是**人**、**马**及其他自然种类的名字符合所有人或所有马实际上共同拥有的某种独立于我们思想的东西，还是这些种类只是由一种相似性而构成:我们的心灵以此方式受到个体对象的影响，而对象本身并无任何类似或关系? (CP 8.12)

　　这里，与前面对法则的相似性刻画相连的一点是，唯名论把个体对象本身看作彼此毫无关系的，并把此种独立的个体对象作为认识的基础。但唯名论的这种设定产生了许多糟糕后果，其中一个特别突出的就是芝诺难题。譬如，既然乌龟在阿基里斯之前一段距离起跑，而且在这段距离上有无穷多个孤立的点，我们该如何理解阿基里斯能在有限时间内穿过这些无穷多个点呢? 对此，皮尔士指出，"芝诺的所有论证都在于假定连续统具有最终的部分。但连续统正好是说，其每一部分都在同样意义上具有部分"。(CP 5.335)也就是说，正如直线上不存在孤立的最终不可分的点一样，时间、空间也不包含任何独立个体，它们都是一种连续性。而既然是连续性，就不存在所谓逐一跨越每一个独立点的难题了! 对承认连续性观念的实在论者来说，法则与其示例或表现形式之间的关系，犹如直线与其可能点位之间的关系。或者可以说，作为连续统，法则与直线一样是本身真实的、第一位的东西，我们所看到的各种表现某法则的已实现的形式也只是像线上可能点位一样的东西,其本身并非最终不可解释的"先天基础"。而且,由于每一单个对象或事实并不具有截然可分的独立性,因此特别需要指出的是,未来出现的所谓"不合规则的特例"(如七条腿的牛犊)并不能构成对于法则的"违背",因为法则作为一种连续统,其表现形式本身就是不确定的。正如皮尔士所说:"在每一处可能会被安置点的地方都存在一个可能的或潜在的点位;但这只是可能会有的东西,因此必然是不确定的(indefinite)⋯⋯"(CP 6.182)

> 一个心灵如何作用于另一心灵,一个物质粒子如何作用于远处的另一物质粒子?⋯⋯唯名论的一个特征就是,它一直假定事物是绝对不可解释的。这阻碍了探究之路。但如果我们采用连续性理论,便可避开这种不合逻辑的困境。(CP 1.170)

皮尔士对于唯名论唯实论之争的处理,无疑是独特的。他曾指出:"我把自己称作一位经院特征的亚里士多德主义者,但更多是朝向一种经院实在论。"(CP 5.77 n.1)①他所谓的经院实在论正是从以上连续统逻辑理解共相、法则等一般事物所得来的结论,或曰关于共相之地位的一种"包含真正连续性"的假说。②

二、知觉理论及可错论

连续性原则在皮尔士哲学中的另一主要应用领域是知觉理论。皮尔士

---

① 皮尔士承认自己的经院实在论继承了中世纪邓·司各脱的实在主义,但又与后者在许多地方存在不同。为此,有当代学者根据皮尔士的术语伦理学创设"realicism"一词来表示皮尔士实在论的独特性。参看 Rosa Maria Perez-Teran Mayorga, *From Realism to "Realicism"*: *The Metaphysics of Charles Sanders Peirce*, Lexington Books, 2007。

② 《两种实用主义:从皮尔士到罗蒂》一书正是抓住了皮尔士实用主义的实在论本质,才将历史上的实用主义诸流派分为古典类型的实在论版本与流行类型的反实在论版本。该书作者指出:"皮尔士思想之产生影响,不是通过其内在逻辑,而是由于詹姆士的误解。这件事是偶然的,而非合乎逻辑的。实用主义由皮尔士到罗蒂的发展所展现的是两组彼此直接对立的观念之间的运动。前者可视为实在论的范例,后者则是反实在论的范例。"参看 H. O. Mounce, *The Two Pragmatisms*: *From Peirce to Rorty*, Taylor & Francis, Routledge, 2002, p.229。

主张我们可以直接地观察外部世界，但反对把心理学上的感觉印象作为知识的唯一来源。在他看来，观察①（包括外部观察和内心观察即内省）即知觉统（percipuum）是我们获取知识的第一步，其中有两个密不可分的方面，即觉象（percept）和知觉判断（perceptual judgment）。前者是观察者最初所接受的一种图像②，它是对外部对象刺激的直接反应，因而是无对错可言的，可用作我们推理（思想）的起点。后者则涉及对以外部觉象来呈现的现象的一种即时解释或言说，严格说来，它已经进入思想批判或语言表达领域，不再仅仅是 given（所与）而同时也是 taken（所受），不再仅仅是 presentation（显现）而同时也是 representation（表征），只是此种"所受"或"表征"在当时是讲不出理由的。更重要的是，皮尔士知觉论的特色在于：觉象和知觉判断之间的界线仅仅是概念上的，实际上二者之间有一种自然的过渡，因而可以说，每一种觉象都是在知觉判断中得到解释的，而每一种知觉判断都只是一般化的觉象。③譬如：

> 我在桌上看到一个墨水瓶：那是一种觉象。从不同的方向看，我得到一种不同的墨水瓶觉象。它与前一种合并起来。我所谓的墨水瓶是一般化的觉象，是一种由诸觉象而来的准推断，或许我可称之为诸觉象的合成相片。（CP 8.144）

在另一处，皮尔士更加明确地指出觉象和知觉判断共存共现的这同一种过程，他说：

---

① 皮尔士在谈到近代科学成功的奥秘时曾提到：科学家们一直在实验室和田野里（而非图书馆和博物馆里）做观察（observing）然后对所提出的理论进行检验，而且他们的观察是伴有分析的知觉经验，并非用空洞的双眼凝视（gazing）大自然。（CP 1.34）

② 这种图像是稍纵即逝的，它具有一种含糊性和总体性。

③ 皮尔士关于知觉经验中同时包含第二性的"外部对抗"与第三性的"一般概念"的观点，与维特根斯坦、塞拉斯（Wilfrid Sellars）、麦克道威尔（John Henry McDowell）、布兰顿（Robert Brandom）等人关于概念与经验关系的分析具有异曲同工之效，尤其是，皮尔士的此种路线，既抛弃了所谓的"所与神话"（the Myth of the Given），又可避免走向类似戴维森（Donald Herbert Davidson）那样无羁的融贯主义（a frictionless coherentism）。更多讨论，可参看 Richard J. Bernstein, *The Pragmatic Turn*, Polity Press, 2010, pp.46-52。

除非依据知觉判断,我们对于觉象毫无所知,除了说我们感觉到它的冲击即它对我们的反应;我们看到其内容被设计成一种总体性对象——当然这也不包括心理学家能够根据推断所了解到的东西。但只要我们把心思集中于其上并对觉象作一点点**思想**,那就是知觉判断在告诉我们如此所"知觉到"的东西。考虑到这一点以及其他一些理由,我提议把在知觉判断中得以即时解释的觉象称作"知觉统"。因此,知觉统就是迫使你予以承认的那种东西,这里没有任何原因或理由,倘若有人问你为什么说它看起来如此这般,你只能说"我禁不住如此。这就是我看到它的方式"。(CP 7.643)

知觉经验不仅是觉像与知觉判断的连续统,甚至可以说它是一种同时涉及过去、现在和将来的连续统,他说:"连续性是在知觉中所给予的,就是说,不论潜在的心理过程如何,我们似乎是在感知一种真实的时间流,以至于诸瞬间相互融合而没有单独的个体性。"(EP 2:238)正如时间中不存在单独瞬间而永远是连续性时间一样,我们的意识也不存在单独的"点状"知觉,一切知觉都是一种连续性,在经验中总是一个知觉紧接着另一个知觉,我们有时所谓的直接感觉都只是在无穷小期间所具有的知觉。可以说,在所有的知觉判断中都存在着记忆的模糊性和预期的一般性:

当前时刻若看作一个整体,就会是一种高度对抗性的时间流逝,而且似乎是绝对如此的,但当仔细看待时,就不再是绝对那样了,其早期部分多少有点像是记忆,带有一点模糊性,而后期部分多少有点像是预期,带有一点一般性。(CP 7.653)

正如阿基里斯并不需要他被认为要做出的一系列分别努力,形成知觉判断的这种过程也是如此,因为它是潜意识的因而不接受逻辑批判,不必做出分别的推理活动,而只要在一个连续过程中完成活动。(EP 2:227)

在把时间作为知觉过程的一个构成成分从而引向连续主义论题的同

时,皮尔士更多地断言"知觉判断中包含有一般性成分"(EP 2:227),"一般性、第三性涌现在我们的知觉判断本身中"。(EP 2:207)由于(如前文所述)连续性作为一般性或第三性,其中内在地具有不确定性,皮尔士的这种思路已经把我们引向一种可错论的知识理论。正如他所说:"连续性支配着整个经验领域中的每一个成分。因此,每一命题除非涉及难以企及的经验极限(我称之为绝对),它都要带有一种不确定的限制;因为与经验毫无关系的命题是不具有任何意义的。"(EP 2:1)

> 彻底的连续主义不允许我们说三角形的内角和精确地等于两个直角,而只能说它等于该数量但增加或减少了某个对于所有三角形都过于微小而使得我们难以测度的量。我们一定不能接受这样一个命题,即空间精确地具有三个维度①,充其量只能说三维之中的物体运动极其精微。我们一定不能说现象是完全有规则的,而只能说它们的合规则程度真的非常之高。(EP 2:2)

事实上,皮尔士曾专门谈及连续性原则与可错论学说的自然关联,他说:

> 连续性原则就是客观化的可错论观念。因为可错论认为我们的知识从来都不是绝对的,而总是在游动,似乎是处在一个不确定性(uncertainty)、不明确性(indeterminacy)的连续统之中。连续性学说则正是说,所有事物都是如此游动在连续统之中的。(CP 1.171)

也正是由于连续主义这一论题,皮尔士坚持把"某给定法则是绝对精确的"作为一种不适合持有的假说。(CP 6.174)他把"绝对的确定性""绝对的严格性""绝对的普遍性"从所有关于事实的推理中驱逐出去,"通常提出的作为机械因果之证据的那些观察结果实际上不过是表明,在自然中存在一种律则成分,而根本不涉及这种律则严格、普遍与否的问题"。(CP 6.46)

---

① 在另一些地方,皮尔士称这种倾向属于"以夸张的方式看待命题"。——引者注

"没有任何经验问题能够以绝对的精确性得以回答,因此我们永远没有理由认为,某个给定观念将会毫不动摇地得以确立或永远被破除。"(CP 7.569)

无论如何,正是由于在作为知识之源的知觉中存在着固有的连续性、模糊性和不确定性,皮尔士更加坚信:"整体上,我们完全达不到任何完全的确定性或严格性。我们从来不能绝对地相信任何东西,也不能在任何概率上获知某种测量或一般比率的精确值。"(CP 1.147)由此所导致的更一般化的哲学结论就是今天我们所熟知的可错论。如第一章所论,这种可错论也是皮尔士本人科学探究中的一种基本精神。为了强调一切科学研究所应有的谦卑态度,他把这种可错论称为"懊悔型可错论"(contrite fallibilism):"实际上,一种懊悔型可错论,再加上对于知识实在性的高度信念以及对于探究事物的强烈渴望,我向来认为我所有的哲学都是由此而产生的。"(CP 1.14)

三、身心问题及客观观念论

如果说连续主义应用到共相理论时我们看到了皮尔士的非原子主义本体论即经院实在论,应用于知觉理论时我们看到了皮尔士的非绝对主义认识论即可错论,那么当我们将其应用于身心问题时便可看到一系列颇为独特但彼此相连的形而上理论。这些理论以反对身心二分为典型特征,涉及演化宇宙论、人格同一性、交往理论等相关论题,很多时候皮尔士以客观观念论来概括它们。

晚年,皮尔士在《一元论者》杂志上发表了形而上学系列文章,其中一个重要主题是他独特的心灵理论。由于皮尔士的观念论路线,这种心灵理论远比我们今天所谓的心灵研究更为广泛,更具普遍性。皮尔士指出,面对笛卡尔主义有关心物二分理论的破产,我们被迫接受某种形式的 hylopathy(万物有感论),而后者又只有三种可能性,即一元论(中立论)、唯物主义和观念论。相比之下,唯物主义与科学逻辑以及常识都不一致,因为它要求我们设定某种最终的、难以解释的律则性;而中立论则直接可由奥卡姆剃刀加以否弃,因为它不必要地令物质和心灵同时成为首要的;结果,"唯一可理解的一种宇宙理论是客观观念论,它认为物质乃衰微的心灵,根深蒂固的习惯可生成物理法则"。(CP 6.25)这种认为物质不过是特殊化的、有点衰亡的心灵的观点,正是皮尔士连续主义在身心问题上的直接体现。不足为奇,这种客观观念论使得皮尔士的宇宙论哲学具有明显的目的论倾向,正如他所说,

> 连续主义者不会认同物理和心理现象是完全分开的——不论是属于不同的实体范畴,还是同一盾牌完全不同的两面——而只会坚持所有现象都具有某一特征,虽然有时这个特征更多为心灵上的或自发的,有时则更多是物质上的或有规则的。尽管如此,它们所有都同样混杂着带有自由与约束,而后者允许它们(确切地说,使得它们)成为目的论的或有意图的。(CP 7.570)

皮尔士多次强调,我们所谓的物质并非完全僵死的,物理事件不过是退化的或未发展形式的心理事件。因此,凡物质都具有感觉(feeling)[1],所谓有生命的原生质不过是一种具有复杂分子结构的化学复合物[2],而作为原生质而言,譬如阿米巴或黏菌,"它与神经细胞并没有什么根本不同,尽管其机能可能不够专门"。(CP 6.133)如果从哲学道理而非技术细节来看待皮尔士对于宇宙演化的此种描述,皮尔士实际上是把意识中的习惯看成比物质中的律则更容易理解的、更直接经验到的东西,因此主张应该由前者来解释后者而非反之。在他看来,感觉和意识,与其说是需要解释的,不如说是用来解释他物的。皮尔士提出如此大胆的形而上学图景,其中一个主要论证基础便是,任何感觉都具有空间延展性以及由此而得来的感觉连续性。

> 由于空间是连续性的,因此在无穷小接近的心灵诸部分之间必定具有一种直接性的感觉共同体。我相信,若没有这一点,彼此外在的诸

---

① 相比我们今天常讲的"sensation",皮尔士的"feeling"更强调:它是一种绝对简单的、无关他物的、生动的直接意识,不包含任何分析、比较及其他过程,乃纯粹的可能性;因此,它也不可能通过心理学来反省与研究。正是在这种意义上,皮尔士认同天生盲人把红色比作号声,他甚至主张:当看到红布时我和公牛具有相似的感觉,二者的差别更多只是在思想和想象层面;狗的音乐感觉也与我的相似,虽然这些感觉有时更容易让狗兴奋。

② 皮尔士在自己的形而上学中大量运用了分子生物学方面的表述。

心灵就永远不可能变得协同,也不可能在大脑神经物质的行为中确立起某种协同性。(CP 6.133)

他还断言:"应用于心灵现象的逻辑分析表明,只有一种心灵法则,即观念趋于连续性地伸展(spread)并对与其处于特定可感染(affectibility)[1]关系的其他某些观念感染。"(CP 6.104)[2]事实上,皮尔士关于心灵的连续主义论题同时涉及物质与心灵的连续性以及物质法则与心灵法则的连续性两个方面,他以一种辩证法的口吻谈道:

　　物质除了作为心灵的特殊化,不具有任何存在。……但是……所有心灵或多或少都带有物质的性质。因此,若把物质的心理方面和物理方面看作绝对区分开的两个方面,就会是错误的。从外部来看待事物,考察它与其他事物作用与反作用的关系,它看起来就是物质。从内部来看,考察其作为感觉的直接特征,它看起来就是意识。这两种看法可以组合起来,如果我们记得:机械法则不过是获得的习惯,就像是所有心灵律则性一样,包括养成习惯这一趋向本身;并且这种习惯之作用不过是一般化,而一般化不过是感觉的伸展。(CP 6.268)

我们不必过多惊讶于这些宇宙论狂想,因为那都是皮尔士由连续性原则所引出的工作假说。

　　对于有生命的纯粹原生质的考察似乎表明,心灵或感觉在空间中具有连续的延展性。没人怀疑它在时间中的连续性,也没人怀疑某一瞬间的意识直接影响或覆盖到随后的瞬间。类似地,在某一空间点的

---

　　① 观念之间的可感染关系,类似于本书第二章所论逻辑代数中的"系词",二者都是一种非结合的传递关系。——引者注

　　② 所谓一观念感染另一观念,在于"受感染观念作为逻辑谓词附加在作为主词的感染性观念之上。因此,当感觉出现在直接意识中时,它总是作为已处在心灵中的某种一般对象的变动而出现。暗示(suggestion)一词很合适表达此种关系,未来是由过去得到暗示的,或者可以说,未来受到过去暗示的影响"。(CP 6.142)

感觉似乎在自身特性上(虽然强度有所减少)伸展至并吸收了其周边近点的诸多感觉。由此,感觉似乎直接作用于与之相连的感觉。根据连续性原则或准则即我们应该尽可能设定事物为连续性的,……我们应该假定在心灵的特征和物质的特征之间存在连续性,因而物质不过是具有牢固习惯的心灵,这致使它带有特别高度的机械律则或程序。假定这一点属实,心灵与物质之间的作用关系与处于连续统一中的心灵诸部分之间的作用并无任何本质不同,因而将直接受到心灵结合这一重大规律的支配,正如上面这一理论使得感知受此规律支配一样。这种假说或许被称为唯物主义的,因为它赋予心灵一种公认的物质属性即延展性,并赋予所有物质某种过于低等的感觉,以及某种获得习惯的力量。但它与唯物主义的本质差别在于:它不是假定心灵受到盲目机械法则的支配,而是假定那个所公认的心灵法则即结合律乃最初的唯一法则,各种物质法则被看作不过是其特殊的结果。(CP 6.277)

皮尔士相信,这种假说不同于唯物主义的假说,相比之下,倒能被自然科学的研究证明为"一种具有高度容贯性的、合法的工作假说";若非这样,许多事实将彻底无望得以说明。毕竟,对于科学理论价值的最好检验就是看它能在多大程度上解释现象。

　　皮尔士关于心灵的连续主义理论还涉及人格同一理论和交往理论。①皮尔士把人格(personality)作为我们自身意识中的一种突出现象,他说:

　　　　一般观念的意识,其中具有某种"自我统一性"(unity of the ego),当一般观念由一个心灵传递至另一心灵时这种意识保持同一。因此,对于人来说也是非常类似的。实际上,人不过是一种特殊的一般观

---

　　① 皮尔士关于心灵的连续性论题还包括感觉器官的连续性、弥漫性。皮尔士提到:他有一位朋友因为发烧而完全失去听觉,之前这位朋友非常喜爱音乐,但奇怪的是,后来他仍经常在有人演奏时站立在钢琴旁边。皮尔士对他说,你毕竟还是能听到一些的。这位朋友回答说,绝对没有,但我浑身都能**感觉到**音乐;并不是说在失聪后我有了什么新的感官,而是说在失去听力后我开始认识到自己一直都拥有那种原先被误认为听觉的意识模式。(CP 7.577)故事所暗示的这种感觉理论类似于今天现象学所谓的具身认识论。

念。……每一种一般观念都具有人的同一性生命感觉。……对于人的存在来说唯一必要的就是他由以构造而成的那些感觉紧密相连而足以相互影响。（CP 6.270－271）①

　　人格如同任何一般观念一样，并非一种可瞬间予以把握的东西。它必须居于时间之中；任何有穷时间都不能包含其全部。不过，它出现并活在每一无穷小期间，虽然由于当时的直接感觉而具有特别的色彩。在某一时刻所把握的人格乃直接的自我意识。（CP 6.155）

由于时间的连续性，皮尔士还强调，指向未来乃人格的核心要素，"如果一个人的目的已经明了，就没有什么发展、成长、生活的空间了；因而也就不会有任何人格了。仅仅执行预定意图，那是机械式的"。（CP 6.157）现在，如果我们将此人格理论继续拓展，也就是说，如果不把感觉的一般化停留于一个人自身，便得到一种连续主义的交往理论：

　　一个人认识到另一个人的人格，其发生方式在某种程度上与他意识到他自己的人格所凭借的手段是一样的。有关第二个人格的观念，大致也就是说这第二个人格本身进入第一个人的直接意识之内，并被作为他的自我而被直接感知到，虽然不那么强烈。与此同时，这两个人之间的对立也被感知，结果第二个人的外部性也被认识到。（CP 6.160）

由此，在皮尔士看来，自我与他人之间至少在感觉层面存在一种天然连续性，连续主义者必定不会说"我完全是我自己，跟你没有任何关系"，共同体乃放大的自我，是一种 commens。"个人（person）并非绝对的个体（individual）……人的社会圈子是某种类型的压缩松散的个人，只是在某些方面比个人有机

---

　　①　关于自我统一性，皮尔士更为一般的说法是："每一个实在体都是一个自我，诸自我紧密相连，好似它们构成了一种连续统。"转引自 *From Time and Chance to Consciousness*：*Studies in the Metaphysics of Charles Peirce*, edited and with an introduction by Edward C. Moore and Richard S. Robin, Oxford/Providence：Berg, 1994, p. 11。关于从指号学角度对皮尔士人格理论的更多分析，参看 Vincent M. Colapietro, *Peirce's approach to the Self*：*A Semiotic Perspective on Human Subjectivity*, State University of New York Press, 1989。

体具有更高等级。"（EP 2:338）"所有从心灵到心灵的交往都是通过存在的连续性而进行的。"（CP 7.572）

> 团队精神、民族情感、同情心并非只是隐喻词。我们没有人能完全意识到那些团体心灵是什么，就如我们的任何一个脑细胞都不能知道整个大脑在想什么。但心灵法则明确指出有这样的人格存在，而且有许多日常观察……也显示出有此种大写人物在影响个体。①（CP 6.271）

总之，正如没有思想的连续性我们就无法推理一样，没有心灵的连续性我们就谈不上人格同一，没有个体之间的连续性，一切人际交流都是不可能的。在某种意义上，连续主义是我们人类可知论信念的根本保证。

四、连续主义与黑格尔哲学

本节即将结束，有读者不免生疑：皮尔士的连续主义哲学不就是黑格尔客观观念论的翻版吗？对此，笔者要欣慰地说，的确，皮尔士的立场并非毫无历史渊源的个人臆测。皮尔士本人也毫不避讳自己对黑格尔的高度评价，虽然他明显对哲学与科学的割裂状态表示遗憾：

> 黑格尔把连续性的重要性作为他的主要论题，却对科学人不屑一顾，而三个世纪以来数学家和物理学家所主要致力于贯彻的正是那样一种思想。这使得黑格尔的工作本身并不如其原本可能的那样正确和完美；与此同时也掩盖了它与种族生活首先存储于其中的那种科学思想的真正密切的关系。这是黑格尔主义的不幸，"哲学"的不幸，也是（在较小的程度上）科学的不幸。（CP 1.41）

---

① 皮尔士关于共同体的更深入讨论，将把我们引向他的泛爱论（Agapasticism）以及关于爱的宗教。

他坦率承认,连续性乃"黑格尔那里最令人满意、最有活力的东西"。(EP 2:
520 n5)甚至说:"我的哲学复苏了黑格尔,虽然披着陌生的外衣。"(CP 1.42)
但是,皮尔士连续主义绝非对某种历史古董的简单翻新,问题的另一方面往
往是更重要的。

　　对于自己的哲学与黑格尔客观观念论的区分,皮尔士始终有着清醒的
认识,那就是:黑格尔的连续主义哲学只有第三性(理性、思想等),而忽略了
第一性(感觉等)、第二性(行动、事实等)的经验要素,或者说试图把第一性
和第二性。正如他所说:

　　　　第三范畴……乃实在的基本成分,但其并不能独自构成实在,因为
　　这一范畴……没有行动就不会有任何具体存在,就不能成为加以管辖
　　的独立对象,正如行动若没有作用于其上的直接感觉便不会存在一样。
　　事实是,实用主义与黑格尔的绝对观念论是紧密相连的,然而它与其之
　　间的分化在于:它强烈反对第三范畴(黑格尔将其降至一种单纯的思想
　　阶段)足以构成世界或甚至是自足的。如果黑格尔不是轻蔑地看待前
　　两个阶段,而是认为它们乃三位一体实在(the triune Reality)中独立或
　　分别的成分,实用主义者或许会将他高看作他们学说的伟大辩护家。
　　(CP 5.436)①

在另一地方,皮尔士从不同的侧面指出,黑格尔客观观念论的失误在于其只
承认必然性的演绎推理而忽略或然性的归纳推理和外展推理,从而导致以

---

　　①　正因为这样,虽然我们看到皮尔士在反对唯名论时极力宣扬第三性、连续性、一般性的重要
性,但他仍然在"非绝对个体""非原子化个体"的意义上拥有自己独特的个体(individual 或 singular)
理论。有关皮尔士对于两种不同的个体定义的区分,参看 CP 3.611－613。有关皮尔士个体理论的
范畴论和指号学语境及其与当代专名理论、二值逻辑系统、规则适用、主体性(agency)、暂时性精神
错乱等哲学讨论的相关性,参看 Gresham Riley, "Peirce's Theory of Individuals," in *Transactions of the
Charles S. Peirce Society*, Vol.10, No.3, 1974, pp.135－165; Emily Michael, "Peirce on Individuals," in
Transactions of the Charles S. Peirce Society, Vol.12, No.4, 1976, pp.321－329 以及 Eric Thomas Weber,
"Proper Names and Persons: Peirce's Semiotic Consideration of Proper Names," in *Transactions of the
Charles S. Peirce Society*, Vol.44, No.2, 2008, pp.346－362。

"must be"替代"may be"的呆板的、无自由空间的事件逻辑。(CP 6.218)①
总而言之，

> 连续主义者不会否认存在难以理解的终极成分(an element of the
> inexplicable and ultimate)，因为它是直接强加于我们身上的；他也不会
> 拒绝由此种经验出发进行概括。……不从经验强加于我们的东西出发
> 进行概括，这是与连续主义者自己的原则十分相悖的……(CP 6.172 -
> 173)②

正是皮尔士哲学与黑格尔立场的这些分野，使得皮尔士的连续主义并不局
限于一种封闭的思辨体系，能够成为与现代科学精神相一致并可同时包容
实在论、可错论和观念论等合理内核的健全哲学图景。

第四节　皮尔士连续统逻辑的方法论意义

上一节主要从连续主义哲学看皮尔士连续性概念如何使得其众多思想
论题紧密联系在一起。本节希望进一步指出，连续统逻辑使得皮尔士从根
本上抛弃了二分主义方法论。他的连续统逻辑凝聚着更有利于探究真理、
接近实在的新型方法论，对我们今天非机械地理解分析哲学以及当代科学
的类分具有指导意义。

---

① 如果记得皮尔士所谓的连续统具有无限的潜在可能性，我们就很容易明白连续主义哲学与
"自由""创新"之间并不具有不可调和的矛盾。相关论述，参看 Carl R. Hausman, *Charles S. Peirce's
Evolutionary Philosophy*, Cambridge University Press, 1993, pp.16 - 18。

② 注意：皮尔士并不认为有什么现象或事实是永远无法解释的，但我们最后能够解释，正是因
为我们承认一开始有强加于我们之上的"难以理解的终极成分"并对它们进行概括。——引者注

一、从连续性原则来理解分析方法

皮尔士对于连续性概念的非康托式把握,从根本上显示了他对数学本质的独特理解。他在《机会的学说》一文中明确指出:

> 数学处理法的优越性更多是在于测量(measuring)而非计算(counting),更多是在于连续量而非数的概念。毕竟,数只是帮助我们在思想中固定下一个刻准点(precision),它不论如何有用也很少能导致尊贵的概念,而且往往会沦为琐碎。对于培根所谈到的标志差别和标注相似点这两种功能,数的运用只能起到次要的作用;而且数的过度使用必定会限制心灵能力的发挥。然而,连续量这一概念不刻意达到任何刻准点,却能发挥重大作用。它完全不去夸大差异性①,而充当达到最精细概括的一种直接工具。(CP 2.646)

这种强调量而非数的数学,所体现的正是皮尔士的连续统逻辑。也正是在这里,我们发现皮尔士引申出他关于连续性原则的方法论意义:"我们可以处处看到,连续性这一观念乃用于形成真正而富有成果的概念的强有力工具。借助于它,那些重大差异被克服从而转变成级度之别,而且它的不断应用对于拓展我们的概念极其有价值。"(CP 2.646)

皮尔士把每一科学领域在方法论上的进步归功于连续性原则的应用,即把原先离散的诸情形联系起来。他认为,由质的阶段向量的阶段的转变乃科学的一个重要进步:在质的阶段上,科学以二分法(即根据既定主词是否具有既定谓词)为主要特征;而在量的阶段上,科学坚持认为在任何两种看似割裂的可能条件之间总是存在第三种中间可能性。(CP 1.359)面对宗教上习惯于

---

① 这里所说的"不夸大差异性"很重要,因为皮尔士绝非要从连续主义走向"无差别主义",他不会忘记逻辑的根本在于区分好坏。事实上,皮尔士在指出从本性上看划分界线"并非完全严格"的同时,也会强调:"这一点并不影响它们之间真正存在区分;或许那倒是其实在性的一个标记。"(EP 1:363)——引者注

把人截然二分为圣徒与恶魔以及道德上习惯于认为动机要么好要么坏的社会现状，皮尔士不禁感慨连续性观念的缺失："道德和宗教推理对于科学的一种极坏的影响就是，二者都坚持把二分法（dual distinctions）作为一种根本区分，它们倾向于忽视所有非对偶性的区分尤其是连续性概念。"（CP 1.61）在笔者看来，这种连续性区分（continuous distinction）正是当代哲学家哈克在《证据与探究》等著作中①所努力追求的一种"逐级主义"（gradualism）方法论。她列出当前思想界所流行的多种"错误二分"：（1）要么坚持科学主义哲学，要么只把哲学当作一种书写形式；（2）要么视隐喻为语言误用，要么认为隐喻无所不在因而哲学甚至科学都是文学流派；（3）要么主张旧式的尊崇主义，要么主张新派的反讽论；（4）要么把科学知识仅仅当作一种社会建构，要么否定科学工作的内部组织及外部语境的重要性；（5）要么是分析认识论的学究僵化，要么是"女性认识论"的粗放无羁；（6）要么认为应该优先雇佣女性，要么坚持男性小团体主义；等等。②此类"截然二分"（dichotomy）的做法不仅出现在传统型哲学家群体中，即便在当代分析哲学家那里也不乏见。这似乎并不难理解，因为，要让我们的观念明晰，最常见的办法就是明确指出它是什么、不是什么。但是，如果从皮尔士"连续性区分"的视角来把握分析哲学家追求明晰性概念的初衷，那么一种足够深刻的"分析哲学"或"分析方法"完全不必导致任何生硬的二分法或三分法。划分是必要的，但各分部之间并非毫无关联。任何时候，我们都不应忽视连续性，要认识到：那些被认为截然明确的划分，最好看作我们在连续统上某一点处所作的划分线。

二、从连续性原则来看科学分类

皮尔士关于科学的自然分类法为当今科学的交叉融合趋势提供了有效

---

① 参看 Susan Haack, *Manifesto of a Passionate Moderate*：*Unfashionalbe Essays*, The University of Chicago Press, 1998。

② 哈克在哲学研究上的这种特点已被很多学者注意到，有关哈克的"批评与回应"文集正是以"苏珊·哈克：一位注重区分的女士（A Lady of Distinctions）"为题的。参看 Cornelis de Waal, "Introduction," in *A Lady of Distinctions*：*Susan Haack, The Philosopher Responds to Her Critics*, edited by Cornelis de Waal, Amherst, New York：Prometheus Books, 2007, pp.9 – 10。

解释,其中所体现的正是连续性原理。第一章中我们提到,作为科学门类划分基础的目的因,其实现途径往往会因具体场合而不能达到理想的满意程度;由此便产生一个结果,即"要在两个类之间严格划清界限很可能是做不到的,虽然它们是严格意义上的真正自然的类"。(CP 1.208)也就是说,两个类相融合,这并不意味着它们就不是真正的自然类。事实上,皮尔士科学分类图中的二分或三分法都不是关键,其核心在于:各个层面的划分共同形成一种对于科学的连续性区分。自然分类法的一个应有之义是:各门科学内在联结,相互作用,形成了一种连续统,那是因为作为科学目的因的生活本身原本就是连成一片的。在自然分类法的意义上,两组不同的科学人代表着不同的生活方式,二者之间在一定程度上具有包含关系、交叉关系或排斥关系;然而,"更为重要的是不同科学之间的动态关系"。所谓动态关系,并非指前文所讲到的抽象科学为具体科学提供原则那一点,而是说:一门科学经常对另一门科学产生一种似乎为强迫性的作用力。有时,一组科学人可能由于有某些难题需要解决而激励另一组科学人。譬如,化学家群体的不少发现都是源于有另一群科学人苦于寻找奎宁的替代物,类似的实践科学推进理论科学进展的例子数不胜数。也有时,一组科学人会促使另一组科学人注意某些原先被忽略掉的现象。譬如,曾有一位植物学家令范特霍夫(Jacobus Henricus van't Hoff)注意到树液压力取决于溶液强度,这几乎立即推动了物理化学的进步。(CP 7.52)通常自然科学与社会科学会形成某种"对立",或者如皮尔士那样把物理科学与心理科学进行二分,但其实二者往往只是从不同的视角看到同一生活现象的不同方面:一个侧重于解释动力因,另一个侧重于解释目的因。各种独立出来的科学在它们最终的目的因上是连成一片的;各门科学以其独特的目的因而得以类分,但任何科学的目的因只有放在科学整体中才能得以理解,一旦从科学整体中孤立出来,将很快丧失生命力。在这方面,黑格尔哲学曾是我们惨痛的教训:他无视自然科学成果,并把哲学与其他科学对立起来,从而令其形而上学体系最终成为纯粹主观的臆造或空谈。①

----

① 除了形而上学体系,皮尔士还指出,黑格尔的现象学的缺陷也正在于它没有奠基在数学科学之上。(EP 2:144)

　　诸科学门类之间的连续性，尤其是哲学与自然科学的连续性，这已经成为当代哲学思想中非常显耀的一种主题。美国哲学界那些自然主义者如杜威、纳格尔、胡克（Sidney Hook）、塞拉斯（Roy Wood Sellars）等人自不必说，因为他们的自然主义基本思想就是"让哲学与科学更紧密地结盟"，主张"科学方法应该用于研究包括'人类精神'在内的所有实在领域"。在美国哲学之外，没有自称自然主义者的人也有认同这一点的。最典型的是英国哲学家威廉姆森在新近出版的《哲学的哲学》一书中所主张的观点。他把反对哲学例外论（philosophical exceptionalism）作为该书的一个中心任务，认为哲学是人类理解这个世界的整体理智努力的一部分，虽然哲学家不应该模仿物理学家或生物学家，但哲学与其他科学在题材、目标、方法等方面都没有实质性不同。

　　　　虽然在实际从事的哲学和其他科学之间存在真实的方法论差别，但它们远没有经常所认为的那么深刻。……很多过去和现在的哲学的方法论都只在于对大量不同的非哲学类探究所用思想方法的一种非常系统而彻底的应用。……虽然我们不能从一种为十分激进的怀疑论者所接受的出发点去证明那些思想方式能够导致真理，但包括自然科学方法在内的所有思想方式同样也是如此。这是怀疑主义者的问题，而不是我们的。①

不能说所有这些学者的观点都发源于皮尔士的连续统逻辑，但当今活跃在哲学舞台上的美国著名哲学家中有一个人坦言受到皮尔士的影响，那就是被誉为"皮尔士思想孙女"的苏珊·哈克。她在《证据与探究》《一位热情的稳健派的宣言》《在理性的范围内捍卫科学》等著作中大力批判传统的二分法哲学，并详细论证哲学、自然科学、社会科学、常识之间的连续性。②

---

　　①　Timothy Williamson, *The Philosophy of Philosophy*, Blackwell Publishing, 2007, p.3.
　　②　前文看到，坚持人类理性与自然宇宙理性之间的连续性，如人类中心论，也是皮尔士连续性原则的一个应用。至于此种观点能否在去除神秘性的当代科学语境下得到接受，整体上仍有待进一步论证。

在 2005 年发表于《皮尔士学会会刊》的《不是反讽主义①而是连续主义:来自古典实用主义的教训》一文中,她公开承认自己属于泛连续主义(prope-synechism)的阵营。②必须承认,这种连续性观点在早期分析哲学中是受到抑制或边缘化的。但之所以长期以来分析哲学家们习惯于坚持把哲学与科学割裂开来,致使连续主义观点迟迟得不到彰显,这其中的历史机缘或在于:从康德开始的几乎所有德国观念论者都坚持形式与内容之间、理性与经验之间、哲学与科学之间的二分主义;虽然莱布尼茨在康德之前曾坚持思想与知觉的连续性,但作为现代分析哲学重要奠基人的弗雷格却几乎完全继承了康德关于哲学与科学之间截然划界的思想。③正是弗雷格的这种二分法在维特根斯坦《逻辑哲学论》中得到进一步巩固,并通过维也纳学派及逻辑经验主义的放大与传播,最终成为早期分析哲学运动中的一个重要口号。

最后需要提请读者注意的是,自然主义(naturalism)一词有时在一种激进的意义上使用,如奎因在《自然化的认识论》一文中的著名断言"认识论或类似的某种东西,其占据的位置不过是心理学因而也是自然科学的一章"④,因此,虽然我们把皮尔士的连续性原则与自然主义相提并论,但皮尔士所谓的连续性原则仍旧应该放在其关于科学的定义以及科学自然分类中来理解。可以肯定,皮尔士哲学属于某种意义上的自然主义,最起码是字面意义上的"自然主义",即主张"一切实在都是自然的,不存在超自然的东西,因而

---

①　哈克那里的"cynicism"一词有时被翻译成"犬儒主义",但事实上她主要是在该词的否定意义即"嘲讽""玩世不恭"等方面来指称罗蒂等人的新实用主义,因此应该与古代强调"清苦"的"犬儒主义"区别开来。

②　参看 Susan Haack, "Not Cynicism, but Synechism: Lessons from Classical Pragmatism," in *Transactions of the Charles S. Peirce Society*, Vol.41, No.2, 2005, pp.239 – 253。

③　详细的相关历史讨论,参看 Hans D. Sluga, *Gottlob Frege*, Routledge, 1980, pp.61 – 62。

④　W. V. Quine, *Ontological Relativity and Other Essays*, Columbia University Press, 1969, p.82.奎因的这句话当然不能脱离他的其他论述来理解,尤其是其依赖"心理学""自然科学"等词在句子中的真实意谓。不过,不论就通常人们对于这些词的狭义理解来看,还是从奎因本人有时对这些词的实际运用来看,这种断言都包含一种激进的自然主义观念。哈克提出,奎因的自然主义具有双面性,一个是温和的自然主义,另一个是科学主义的自然主义,这种分歧源于奎因本人对"科学"一词的含糊使用,即有时指一切经验探究,有时又限于现有自然科学。参看 Susan Haack, "The Two Faces of Quine's Naturalism," in *Synthese*, Vol.94, No.3, 1993, pp.335 – 356。

人的认识就是与自然相合的"①；但对于激进类型(如"科学主义")的那种认为哲学等同于现有某种自然科学门类的自然主义，皮尔士一开始就是反对的。简言之，哲学作为一门科学，既不与自然科学相割裂(not discontinuous)，又具有自身的特性(distinctive)。②

----

① 有学者指出，"人是自然的重要部分"(the human is part and parcel of nature)这一认识乃 19 世纪及 20 世纪早期美国所有哲学思潮(包括先验论、自然主义和实用主义)共有的一个特征，它是爱默生观念论的一个核心观点。参看 Fellicia E. Kruse, " Peirce, God, and the ' Transcendentalist Virus'," in *Transactions of the Charles S. Peirce Society*, Vol.46, No.3, 2010, pp.386 - 400。

② 在当代学术文献中，"自然主义"一词除了哲学上的用法外，还有文学艺术上的用法；即便在哲学内部，它除了在形而上学、伦理学、认识论、科学哲学等哲学分部中具有不同的论题，在每一种论题上还有强弱之变。有关"自然主义"一词在当代学术界的复杂多变，参看 Susan Haack, " Belief in Naturalism：An Epistemologist's Philosophy of Mind," in *Logos and Episteme*, Vol.1, No.1, 2010。

余　论

术语伦理学:皮尔士的美中不足,抑或重大关切?

本书已完成从三条线索对皮尔士错综复杂的逻辑观念及其哲学思想的梳理,尽管我们很多时候只是概述或触及而未深入钻研其中的重要观点及论证过程。对皮尔士"大逻辑"的研究在本书这里与其说是一种阶段总结,不如说是一种新的开始。他的逻辑学涉及广泛,本书顶多只是点到了其中较为显著的一些方面,还有很多或者由于论文空间所限而无法引入,或者由于其本身有待进一步研究而被搁置。但是,相信本书已经达到的效果是,皮尔士的逻辑轮廓图已经绘就,它告诉我们,任何对于皮尔士逻辑及哲学细致而深入的研究都有必要怀有一种整体观念或连续主义的观念。

从国际范围来看,对皮尔士逻辑及哲学思想的研究是一项至今仍然处于起步阶段的大工程。为了深入推进皮尔士逻辑诸多方面的具体研究工作,除了首先像本书这样对于其逻辑观念进行整体把握之外,还有一个问题不容忽视,即术语伦理学。细心的读者通过本书定会发现:皮尔士对于"科学""哲学""数学""逻辑""指号学""实用主义""形而上学""实证主义""经验""实验""观察"等概念的使用与日常用法甚至哲学常规用法存在差异,讨论相关问题时还引入某些希腊词源或拉丁词源的生词。这在皮尔士那里并非偶然的、局部的现象。这不仅是因为皮尔士逻辑观念及哲学观念属于古典风格的,更重要的是因为皮尔士让自己尽可能遵循一种术语伦理学,有意从整个哲学史长河中选择更能促进科学进步的术语。正是出于此种考虑,在本书即将结束时有必要对皮尔士的术语伦理学做更多交代。若不特别引入术语伦理学,很多人也许会觉得皮尔士不遵守学术规范或生造词语而使得原本浅显的道理晦涩难懂,因此不愿再去挖掘皮尔士"陌生"术语背后的思想要旨。没有术语伦理学,书中提到的他在诸多关键概念上的区分策略恐怕也很难得到同情理解。应该承认,皮尔士术语的怪异难懂一直是有关皮尔士的研究中的一个障碍,但这主要是因为他坚守术语伦理学而有意为之。术语伦理学并非皮尔士思想上的"美中不足",而是体现了他对于逻辑及整个哲学科学的另一重大关切。正如他所说,"不先大量谈论语词问题,不可能使得推理真正得以理解"。(EP 2:474)新词的出现之处,常常意味着一种新的科学思想的发现。放在其广义的逻辑学观念下看,术语伦理学关注的是科学共同体为加快真理探究进程而需要的最优表达和交际法,它属于指号学方法论分部的重要内容之一。

一、皮尔士研究中的术语问题及其根源

与他生前主要因为生活道德问题而遭受排斥不同,皮尔士死后之所以长期被埋没,另有一个原因,那就是,他所使用的奇特术语使得其大量作品难以在当代及时得到评价。也正是考虑到这一点,赫尔辛基大学皮尔士研究中心于 2003 年专门编制了一部网络在线版的《皮尔士术语词典》。[1]该词典收集了皮尔士哲学中常用的 100 多个术语并全都摘录皮尔士自己的"文本"进行释义,可谓是当代学者尤其是初识皮尔士之人的必备参考工具。

皮尔士大量使用"奇特"术语,其实反映的是他在哲学用词选择上异乎寻常的"计较"和"谨慎"。这方面的例子,我们可以举出很多。譬如,他提出对于类似"如果今晚结冰,你的玫瑰将被冻死"的命题要用"conditional proposition"(条件命题)而非"hypothetical proposition"(假言命题)来表示,因

---

[1] 该词典于 2014 年推出新版,参看 *The Commens Dictionary of Peirce's Terms*: *Peirce's Terminology in His Own Words*, edited by Mats Bergman & Sami Paavola, first edition 2003, new edition 2014, available at http://www.commens.org/dictionary(Retrieved at 2023.2.4)。

为自古以来尤其是中世纪逻辑学文献中，通行的做法都是把 hypothetica 用于表示任意的复合命题而把 conditionalis 用于表示"仅当独立分句中所提条件得到满足时才断定一种东西的命题"。（CP 2.316 n.1）譬如，他曾提出：有些词如果不是作为日常用语而是作为被定义项应该要大写，比方说，小写的"idea"是指"有关现实单个想法或想象的实质"，大写的"Idea"就可以在柏拉图理念的意义上指"其存在性仅仅在于它有能力被充分表征而不论任何人能否表征的任何东西"。（EP 2:434）譬如，他曾提出：为了更严格一点，我们最好用"prescind""preciss""precissive"这些词表示"假设的一种切分"，而用"precide""precise""precisive"这些词专门指听者在理解中可以任意选择或无权选择的一种言语确定性（determination）；前一种的"脱离""切分"之意与"抽象"（abstract）的一种意思相当，如"把色彩从形状中抽象出来"，但 abstract 还有另一层意思即对于理性实体的构成，如"从某种东西容易令人入睡"抽象出"催眠性"这个概念。（CP 5.449）同时，用作"抽象"（abstraction）之意的"precision"也要与"discrimination""dissociation"等其他表示心智区分的词区分开来。（CP 1.549）再譬如，皮尔士对詹姆士心理学上用以表示所谓"思想序列之不同分部"的"substantive"和"transitive"两个词，建议替换为非语法词"sessile"和"volatile"，或"pteroentic"和"apteroenic"。①在一篇针对伦理学著作的书评中，他还强调，对于 conscience 一词的运用，一定不能忘记中世纪作家对 synderesis 和 conscience 的区分。（CP 8.162）如此等等。但是，皮尔士从来不是为着术语本身而强调术语的。在术语选择上显现出的"谨小慎微""斤斤计较"，往往包含着他在科学工作上更为实质性的考虑。②综合来看，皮尔士之所以对于科学术语如此重视，可能有以下三个方面的原因：

第一，皮尔士认为，哲学要成为一种科学就必须从迄今为止成功的科学门

---

①　参看 Nathan Houser's Introduction to *Writings of Charles S. Peirce*: *A Chronological Edition Volume 8*, unabridged version, available at https://arisbe.sitehost.iu.edu/menu/library/aboutcsp/houser/v8intro. pdf(Retrieved 2023.1.29)。

②　考虑到皮尔士的术语往往包含着更多深层次含义，在本书的一些重要词语上，笔者尽可能谨慎翻译，同时给出皮尔士原始文本中的拼写形式。

类中吸取各种"训诫"，而术语的统一和规范便是其中一点。在皮尔士的时代，哲学界有一种倾向，即各种文学风格的哲学（包括文学风格的实用主义版本）盛行。而他却大胆地站出来说：哲学不必要"娱乐人"（entertaining），甚至"为了能够深入，就得灰暗些"。（PPM 33）

> 未来的哲学必须像其他科学一样，主要以研究报告（memoirs）的形式呈现；毋庸置疑，如果研究报告写成绚丽的风格，那将如同写成押韵诗歌一样荒唐可笑。由此还可以得出另外一点，即，科学研究报告本身有好的风格与坏的风格之分。没有大量的技术词汇，哲学不可能变成健全的科学。（CP 8.169）

> 如果哲学要想站在科学之列，则文学上的优雅必须牺牲——就像战士令人羡慕的老制服——以符合效率上的严格要求，哲学家必须被鼓励——是的，而且被要求——创造新词来表达他可能会发现的崭新的科学概念，就像他的化学家和生物学家同胞们被期望所做的那样。（CP 5.13）

对当时杜威提出要在哲学上开创一种有关思想的自然史研究，皮尔士作为杜威曾经的老师给予他充分鼓励，但同时严肃指出：这种哲学上的自然史研究应该从已经确立的有关自然史的科学如化学、解剖学、动物学中学习东西，即，"一门自然史别指望走向成功的发现进程，除非等到它完全抛弃生活实际中那些微不足道的语言并创建一套全新的专门为自己所用的语汇……"（CP 8.190）皮尔士在哲学上反对文学化用语而主张科学化术语的观点，让我们不禁揣测：他似乎无意间又让哲学回到文艺复兴之前中世纪的烦琐学术了。对此，皮尔士坦诚表示，自己对中世纪的诸多术语并无反感；相反他认为，中世纪著作不走"文艺路线"，这一点与真正的现代科学精神是一致的。①那些认为中世纪学者没有以文学风格写作、没有"以文学精神研究"的人，

---

① 在不同的地方，皮尔士指出：中世纪经院哲学高度精细，一个人为了在经院哲学所争论的问题上把握好自己的立场而不至于深陷其中，需要有现代社会律师、数学家等少数人通过训练所达到的严格思维；是文艺复兴时期的那些"人文主义者"打破了整个欧洲这种严格思维的习惯。（SS 115－117）

可能正是不能理解现代科学真正优点的人。如果 quidditas、entitas、haecceitas① 这些词令我们厌恶,我们对于植物学家所用的拉丁词以及任何技术性科学工作的风格又将说些什么呢? 至于"以文学精神研究"这个短语,很难表达它对任何科学人甚至对科学语言学家来说有多么令人作呕。(CP 1.33)

第二,皮尔士的哲学工作属于系统性重建,为显示其思想的独特性,他有必要在关键术语上与当时哲学中流行的模糊用语区别开来。皮尔士本人的哲学,相对于康德哲学、传统经验主义、传统理性主义、传统常识论等,属于一种系统性重建,他逻辑及哲学上的许多基本概念都与某些正统看法存在差异。事实上,为了厘定自己思想上的独特性,我们经常看到他不得不在多条战线上同时作战,把大量笔墨用在界定自己的某种观念上。譬如,在本书所谈到的逻辑学观念上,他一方面要澄清其关注点何以有别于现代标准数理逻辑,另一方面要辨析其认识论上的路向旨趣,以及他本人所理解的指号学、现象学和形而上学,甚至还要为自己的科学观念辩护。1914 年,在临死前的一个月,皮尔士写道:

这里所勾勒的推理学说是作者一生用超过 50 年的时间,经过极其认真的探究所得出的结果。就像其他每一位对逻辑学这一推理科学做过突出贡献的人一样,我发现,要想传达出研究结论的清晰观念而不对该学科现有某些术语做出意义修改,实际上是不可能的……(PL 319)

正因为这样,在他那里,许多在旁人看来普通的术语在他的哲学科学中被赋予一种"截然不同"的细微意义。他强调,对自己所构建的作为科学的哲学

---

① 这三个经院哲学术语在现代英语中通常翻译为 whatness(所是)、entity(实体)、thisness(此性)。许多经院哲学家的著作中都充斥着类似这样用以表达细微区分的各种新术语,他们当中最突出的是被称为"精细博士"(the Subtle Doctor)的邓·司各脱。——引者注

当中的术语,不能随意选择和解释,"严格的哲学"要求有一种严格规范。

第三,许多重要哲学观念从古至今的演进显示有连续性,后人在术语的选择上不能割断这种连续性。作为一位哲学家,皮尔士经常在著述中追溯他所采用的哲学观念的创始人;因为在他看来,知识的追求不是个体活动,而是科学共同体的一种社会性创造。任何一门科学的发展都会形成连续性的传统。置于历史长河来看,每个时代每一科学人不过是努力向其中贡献自己的一滴水。你所珍爱、视作独特的一滴水,要放在历史长河中方能看清其真正的价值:如果这样的一滴水早已经存在于河流中,那你可能只是幸运地重复了前人的发现但并未做出原创性的贡献,而且得自觉以原有那滴水的名称指代你自己一直珍爱的这滴水;如果这样的一滴水与此前的水滴具有各种关联但并非完全一样,那你就有机会贡献新的一滴水,你所要做的是首先从名称上使其区别于其他水滴;至于所谓绝对全新的、与河中流水毫无关系的一滴水,它要么是不可能的,要么是错误的。在此意义上,每一个哲学术语代表了哲学科学这条历史长河中的一滴水。为了显示自身的独有价值,每一个关键术语必须放在哲学史上来考察,看它作为一种观念,源头何在、如何与其他术语关联。皮尔士后来在《哲学与心理学辞典》《世纪词典》等辞典的编撰方面所开展的工作拓宽了他的理论视野,也使得他坚信:如果我们要充分而精确地界定哲学上的某一术语,必须尽可能地追溯它的起源以及历史演变;在对各术语之间关系的辨析过程中,我们自己的思想将不仅能得以显豁,而且有机会获得成长。

二、历史上对于术语使用的关注

这里谈论皮尔士对术语重要性的强调,绝非意味着皮尔士在哲学史上第一个意识到这一点。从历史上看,几乎所有重要科学家或哲学家对自己理论术语的使用都持格外谨慎的态度,以防自己的思想因为语词误用而失去独特性。语词与思想相互作用,因而语词之事并非小事。这至少在亚里士多德那里就已经得到了足够重视。在《工具论》中,亚里士多德曾强调:"对术语问题,我们一定要使用所接受下来的传统用法,而不要颠覆此类内容。"①在《形而上学》一书中,他更是以专章论述"哲学术语"。到了中世纪,各种哲学上的术语充斥当时的各类著作,且不说别的,光是在对亚里士多德三段论的研究中,每一个有效的格式都被他们标注上"Barbara""Barbari""Darri"之类的名称。然而,专门论述语言并明确提出术语界定对于哲学发展之重要性的,还是在进入近代社会之后。

首先是培根。他在《新工具》中论及四类假象中最为麻烦的市场假象时所说的话,颇有见地:

> 人们相信其理性支配着语词,但也出现了语词反过来把**它们的**力量施加给人类理智的情况,这使得哲学和科学走向诡辩进而失去效力。因为语词通常是依照普通能力而设定的,它们沿着在日常理智看来最为显明的界线对万物做出划分。而每当有一种更为敏锐的理解力或更为细致的观察力想要改动那些界线以令其合乎自然时,语词却又将其淹没了。因此我们可以看到学者中间那些盛大而庄重的讨论常常在最后变成了关于语词和名字的争辩……②

接着,洛克作为指号学的较早倡导者,在《人类理解论》一书中以"语词的缺陷""语词的滥用"以及"前述各种缺点和滥用的改正方法"等章节专门讨论术语问题。他指出:

> 语言中天然有一种缺陷,而且我们在应用语词时,又难免含糊纷乱。不过除此以外,人们在用语词传达其思想时,往往又犯了各种故意的错误和忽略。他们因为有这些错误,所以又使这些标记的意义比原来更不明白,更不清晰。③

---

① Aristotle, *The Complete Works of Aristotle*, Vol. 1, the revised Oxford translation, edited by J. Barnes, Princeton, 1984, p.250.

② Francis Bacon, *The Instauratio magna Part II: Novum organum and Associated Texts*, Oxford: Clarendon Press, 2004, p.93.

③ John Locke, *An Essay Concerning Human Understanding*, Penguin Books, 2004, p.437.

　　　　语言是维系社会的重要纽带,同时也是知识进步得以在人际间和代际间传递的共同渠道,因此,我们应该进行非常严肃的思考,看看可以找到什么办法来弥补上述这些缺点。……那些严肃声称在探求或维护真理之人,他们应该研究在表达自我时如何免于含糊、不确定或歧义,因为,倘若使用不当心,人类语词会自然滋生这些缺点。①

据此,洛克向所有忽视用词严格性的哲学家发出警告:用词不当是可以削弱知识的,用词故意不明晰和不一致的人致使自身和他人陷入错误,他应该被视为真理和知识的敌人。

　　　　语词的误用乃诸种错误的最大原因——人倘若愿意好好考虑一下这个世界上由于语词使用不当而散播的那些错误和含糊、混淆和误解,他将有理由怀疑,我们一向所用的语言,究竟是促进了人类的知识,还是阻碍了人类的知识。②

　　　除此之外,霍布斯在《利维坦》一书"论语言"一节中也对关于语言的四种作用以及语言滥用的四种情况作了明述③;贝克莱在《人类知识原理》中为了避免知识被语词滥用,被寻常说法混淆和蒙蔽,甚而提出:"由于语词易于欺骗理解,不论是考察何种观念,我都尽量将它们赤裸裸地呈现于眼前,尽可能把那些因长期恒定使用而与它们关联在一起的名称排除在我的思想之外……"④总体上看,近代以来,随着人们对语词重要性的认识,一种新型唯名论开始在现代哲学中成长起来。正如瓦特利在《修辞学原理》中所言:

　　　　语言,精确的技术语言,对自身的"工具"拥有严格而明确的"名称",这些的充分重要性永远不会被那些仍旧固守"观念"理论……固守

---

①② John Locke, *An Essay Concerning Human Understanding*, Penguin Books, 2004, p.453.

③ Thomas Hobbes, *Leviathan*, Penguin Books, 2017, pp.24-33.

④ George Berkeley, *Principles of Human Knowledge and Three Dialogues*, Oxford University Press, 1999, p.21.

心中虚构的思想对象……不用语言开展推理……的人充分认识。但是随着每一方更充分的掌握唯名论学说进而理解语言的真实特征，他们更加能够认识到一种精确的术语系统的重要性。（PSP 348）

如果说上述哲学家主要是从哲学用词混乱和讨论无果反向论证哲学术语之重要性，近代以来各类自然科学因术语改进而迅猛发展则为一些关注成功科学之教益的哲学家研究术语问题提供了正面的思想资料。譬如，早在 17 世纪，化学研究还掌握在炼丹士手中时，化学语言一片混乱，著书立说之人往往随意而为，特别是为着某种个人习惯，而有意改变物质名称。生物学的状况也同样如此，直到瑞典自然学者、现代生物学分类命名的奠基人卡罗·林奈（Carl Linnaeus）在 18 世纪早期提出术语革新。林奈采用拉丁词来描述有机物，并认为在术语中保留著名生物学家的名字是一种"宗教责任"。化学领域的术语革新发生自现代化学的奠基人拉瓦锡，1787 年他在《化学命名法》中提出一套简洁的化学命名系统。拉瓦锡在著作中强调：语言并不仅仅是观念的一种表达手段，更是人们借以从未知到已知地去分析思维的工具，因此它应该尽可能是最好的。后来的科学演变，进一步验证了术语的独特价值。1860 年，卡尔斯鲁厄国际大会召开，讨论了构建一种更为合理的有机化学术语的问题，并在 1889 年日内瓦国际大会上做出了重要改进。而在生物学上，1889 年第一届国际动物学大会上采用了法国动物学家布朗夏尔（Raphael Blanchard）所提出的一套术语法则；1901 年，在柏林召开的第五届大会上，十五人委员会发布了一套今天几乎仍在使用的命名法规，这一委员会后来成为永久性机构，即动物命名国际委员会。

三、术语伦理学的提出

皮尔士清楚地看到了历史上及同时代哲学家对于语词问题的关注，但他并未把语言的重要性局限在唯名论哲学的视域内。站在实在论的立场上，皮尔士更加强调：语言及一切指号与思想合二为一，理解指号的过程，就是对于思想的把握过程；因此语词的进步，也就是人类思想本身的进步。

譬如,"电""星体"这些词,与当初出现时相比,今天已经获得了新信息,其背后是人类思想所取得的新进展。虽然任何语词一开始都是由某个人创造并仅仅意谓他所赋予它的那种东西,但由于人只能凭借语词进行思想,语词也可以反过来对人说:"你们总是讲某个语词来说明自己的思想,因此你们只意谓我们所传授给你们的东西。"①"事实上,人类和语词相互教育彼此,人的每一次信息增加同时都是语词信息的增长,反之亦然。"(CP 7.587)

另一方面,皮尔士对自然语言某些缺陷的认识并未导致他否定自然语言或以某种人工语言替代自然语言。作为一位逻辑学家,皮尔士对术语问题的关注更多在于:提供一种更利于知识获得和进步的指号系统。曾经在早期的符号逻辑学家中间有一种抱负,即以人为约定的非自然符号替代含糊的自然语言,并希望借此达到思想交流的严格无误。皮尔士在逻辑记法上受到此种严格性追求的激励,但他从一开始就并不打算放弃自然语言,而是寻求在指号学的语境下规范和完善自然语言。皮尔士意识到,自然语言符号作为通常用以表达我们思想认识的东西,具有一种难以克服的模糊性或非特定性;但这并不能作为语言之缺陷。②因为

　　　绝对的个体是心中实体(entia rationis)而非实在性。说一个概念在所有方面都得到确定,如同说一个概念在所有方面都特定化一样,那是一种假想(fictitious)。我认为,我们在逻辑上从来无权推导出(即使或然地)在本性上与我们所能经验或设想(imagine)的完全背离的某种东西的存在。……我们所能理解的东西只能是一般性的。对我们通常以指向(pointing)或指示(indicating)所选定的东西,我们假定它是单个体。但是,就我们能理解的而言,我们将发现它并非如此。我们只能**指示**这

---

　　① 关于人对语词本身的依赖性,皮尔士曾有一种隐喻式的表达:"符号可以用爱默生的《斯芬克斯》诗句对人说,'我是你眼睛的目光'(Of thine eye I am eyebeam)。"(CP 2.302)

　　② 在此意义上,我们甚至可以像杜威那样断言:"就成就而论,即使最严格最广泛的数学语言也难以与初民创造的言语理解相媲美。"(John Dewey, *Logic*: *The Theory of Inquiry*, Henry Holt and Company, Inc., 1938, p.75.)

个真实的世界；如果要让我们对其进行描述，我们只能说它包含了所有有可能实际存在的东西（whatever there may be that really is）。后者是共相而非单个体。（CP 8.208）

自然语言总体上是好的，哲学上语词滥用的根源不在于语言符号仅仅表达一般性的东西，而在于错误地把原本不同的思想观念用同一个语言符号掩盖起来或在于把原本相同的思想观念用不同的语言符号割裂开来（因而导致当前所用的自然语言需要矫正）。以逻辑学为例：

> 迄今所构造出的每一套逻辑语言都提供了两种甚至更多种方式来表达某些假说。这并不是因为在完全相同的场合下分别为真、为假的两个命题具有逻辑差异，而只是因为我们的逻辑语言尚未达到最终的完善程度。（RLT 145）

也正因为这样，皮尔士在强调逻辑记法作为一种表现系统要尽可能具有形象性的同时，不忘指出：一种完美的记法必定同时运用像标、索引和符号三种指号。虽然建构一种合适的数学模型对于逻辑分析具有重要意义，但最终要想获致真理，逻辑学还必须凸显共同体观念。记法体系的改进关乎逻辑科学的发展，它需要所有逻辑学家遵守一定的规范，共同努力，否则个人随意的创设只会阻碍逻辑学的进步。毕竟，逻辑学与所有科学一样，是一项社会性事务。在当时那个年代，皮尔士继承发展了布尔、文恩等人的记法，同时又对德国著名逻辑学家施罗德的新记法提出批评，认为他无视优秀的逻辑术语传统，他的逻辑记法是草率的、不负责任的，而那对严格的逻辑来说将是致命的。（CP 3.453）

正是考虑到了术语绝不仅仅是个人之事，而是广大科学人真诚讨论、不懈努力的一种严肃成果，我们还发现皮尔士对术语问题的关注超出了前人的视域。根据皮尔士对伦理学的理解（即它主要处理有意的、自控的行为与理想目标的符合问题），既然科学共同体内部的人本着一个共同目标，有意识地发明并采用利于科学进步的术语，这本身便蕴藏着一种伦理维度。于是,所谓的"术语伦理学"(the ethics of terminology)成为皮尔士对术语问题长期关注的一个焦点。①皮尔士运用伦理道德的语言指出:

> 语词有其义务,同样也有其权利,它们不容践踏。存在一种关于语词的伦理学,因为语词是一种社会构制(social institution)。科学本身也是社会性事务,如果没有对于所用术语的意义的公共理解,就不可能实现科学的繁荣。但是如何实现这种一致性呢? 在语词的运用上,人们最大限度地放纵自己的偏爱。要说服他们牺牲自己所喜爱的词语而去接受别人的想法,这是很难的。为了令他们让步,你必须告诉他们:有某种理性原则是很关键的。这种原则就是,对第一次赋予一概念充分的科学精确性、令其助益科学并给予其一种公认名称的人,他们要正确认同自己的义务。②

一位严肃作者,在创造或引入新术语之前,应该首先意识到有一种术语伦理。一般来说,对任何一类科学家共同体,要达到术语使用所需的一致性(requisite unanimity),唯一可行的办法就是:谁将一种概念引入科学,谁就有责任发明和界定合适的术语予以表达。而一旦这种责任得到了尽力履行,任何在原初意义之外使用发明者术语的行为,都将被视为对于概念创始人的不公对待和对科学的冒犯,此团体中的其他成员有责任对此行为表示轻蔑和愤慨,甚至对于使用那些术语的同义词的人也要侧目而视,显示出某种不满,除非科学能通过那另一种表达式的作用而得到积极推进。

　　皮尔士认为,术语伦理学是化学、生物学、地质学等所有较为发达科学所提供给我们的教训。他相信,哲学作为一种科学,其相对落后的状况在一个不可忽视的方面正是源于对术语伦理学的无意识。哲学,大多数时候被人们视为一种纯思辨的个人活动,不受实验室的约束;每位哲学家都完全可

---

① 当然,也可以说术语伦理学是皮尔士关于"逻辑学求助于伦理学"之论断的一个重要方面。

② Quoted in Kenneth Laine Ketner, "Peirce's Ethics of Terminology," in *Transactions of the Charles. S. Peirce Society*, Vol.17, Issue 4, Fall 1981, p.337.

以自由运用语言,甚至日常生活中的通俗用语都可原样照搬,只要能够"表达出"一种较为深刻的思想就行。但是,皮尔士提醒我们:作为一种科学,越是复杂,术语的重要性就越为凸显。

> 理想的术语对不同的科学将有所不同。对哲学来说,它非常特殊的地方在于它绝对需要通俗意义上的通俗语词——但不是将它们作为自己的语言(虽然它经常要用到那些语词),而是作为它的研究对象。因而,它尤其需要一种与普通语言截然分开的语言。(EP 2:264 - 265;CP 2.223)

若哲学能为自身提供一种如此奇异的词汇表,以至于松散思想家都不会有兴趣借用其词语,这将是非常经济的。尤其在逻辑学中,我们要使用那些其意义不会被误解的词语,如果读者不知道这些词语的意义,他应明确表示自己不知道,而不至于诱使他引出歧义。最初在古希腊,哲学家曾从研究词的日常意义开始,但他们很快就不得不赋予自身的用法某种固定的主导意思,从而让哲学家的语言技术化。

1903 年,在对术语长期思考的基础上,皮尔士在《有关逻辑论题的提纲》一文中为哲学术语正式提出一系列理性规则。(EP 2:266;CP 2.226)其中主要包括:

(1)"在哲学术语的运用上,要尽量避免遵循任何武断性的建议。"这一点要求:哲学术语的运用必须本着"科学促进"这一公共目的,要坚决避免任何个人的随意行为。一种术语的提出,必须基于理性的考虑,要考虑他人是否能够接受,是否可以得到他人的正确理解,只有为着科学目的而精心构造的语言才会接近"自然的步伐"。正如培根所说,"那些建基于自然之上的[哲学和科学]会生长和增进,而那些依赖意见的[哲学和科学]只会变化而无增进"①。

(2)"要避免把本来为土话、方言的词语和短语用作技术性哲学术语。"

---

① Francis Bacon, *The Instauratio magna Part II*: *Novum organum and Associated Texts*, Oxford: Clarendon Press, 2004, p.119.

就是说,必须避免含糊多义的松散语言,要让外行人不至于误解和挪用①,虽然他们很可能读不懂。②好的哲学著作的首要规则就是,尽量使用其意义不易被误解的词语。而哲学中深奥难懂的语言,不大可能被挪用到其他领域,因此,他甚至认为,理想的哲学语言就是深奥的语言,历史上如亚里士多德、康德等人的哲学语言堪称典范,而中世纪经院逻辑学家们所采用的逻辑语言则是最为严格的逻辑语言。③

(3)"只要它们能严格适用,就要以其英语化形式运用经院术语来表示哲学概念;但不要在它们专有意义之外使用它们。"在皮尔士看来,经院哲学家们构造了一套严格的术语体系,仅就术语运用来讲,他们是极其严格的。同时,这套语言是一种"死的"语言,其术语的意义已经固化,不至于在流传中发生变异。

(4)"对于经院学者所忽略的古代哲学概念,要尽可能地模仿那些古代表达。"这讲的主要是尊重历史。皮尔士认为在为新概念寻找新的命名时保持过去的语词联想,这是康德为我们做出的榜样。(CP 2.229)"术语是科学共同体的一种社会性产品",这不仅是一个空间上的所指,也是一个时间上的所指。它要求我们务必尊重同一科学领域中所有已取得的成绩,特别是那些在过去已得到广泛采用的术语。在某种意义上,接受某些术语就是接受某些重要思想认识;相反,随意抛弃它们,就等于无视前人所提供的研究基础。科学研究事业的持续推进,要求我们必须尽可能保持术语传统上的连续一贯;唯有如此,方能形成最有效的科学共同体。

---

① 皮尔士称这种对于科学术语(譬如他的 pragmatism 一词)的无原则的、改变原始精确意义的随意挪用为"诱拐",这是一种不道德的做法。

② 皮尔士这里的意谓类似于洛克所指的民用与哲学之用的区分:"至于语词用作交际,那也有两种用法。第一种是民用(Civil),第二是哲学之用(Philosophical)。第一,所谓民用,我是指我们在社会上借助语词交流思想和观念,由此可以支持我们就日常事务和生活日用品做普通的对话和交易。第二,所谓哲学之用,我是指使用语词可以帮助我们传达有关事物的精确观念,并用一般性命题表达人心在追求真知识过程中所依赖并感到满意的某些确定无疑的真理。这两种用法非常不同;……一种用法所达到的精确性远不及另一种。"(John Locke, *An Essay Concerning Human Understanding*, Penguin Books, 2004, p.425.)

③ 皮尔士本人在很多方面继承了中世纪司各脱的术语。而对于近代的著名哲学家休谟,皮尔士则将其归为"文艺类型的人"(a literary man),特别是批评他将中世纪的"自然法则"一词滥用(主要是由实在论到唯名论或经验论的误读)。(CP 6.541-542)

（5）"对自中世纪就被引入哲学的精确哲学概念,如果不是绝对不适合,就要使用原有表达的英语化形式,但要仅仅在其准确的原有意义上使用。"譬如在术语使用上应该尊重优先原则。对于"充足理由"一词,我们就不能在莱布尼茨最早所定义的意义之外去使用,而如果将此概念命以其他名称就意味着"犯罪",就意味着对于科学的冒犯,是科学发展的绊脚石。

（6）"对与现存术语所适合的概念只有毫发之差的哲学概念,要发明术语,并适当尊重哲学术语的用法和英语语言中的词语,但仍要带有明显技术性特征。"在提出一术语之前,要充分考虑:是否它完全适合那一概念并可在每一场合下适用,是否它与现存术语体系相冲突,是否它不会因为与后来可能引入哲学的某概念的表达相冲突而带来不便。在引入了一符号之后,还要经常想到自己总是被其约束,就好比它是被其他人引入的;在其他人已经接受它之后,更要考虑到自己比其他人更多地受到约束。

（7）"要把这一点视为必须的,即当概念之间的新的重要联系开始被辨认出时,或者当这样的系统能确实促进哲学研究之目的时,要引入新的表达系统。"这确保了科学术语体系的开放性,虽然这应该是较为谨慎地进行的。

以上这些法则是基本的、笼统的,很可能也是不完全的①,但它们对于确保以一种"好的语言"表达"好的思想"是必不可少的:一方面,哲学语言要敢于创新才能走出困境;另一方面,哲学语言要尊重传统才能不至于增加混乱,"语言是一种需要得到尊重的东西……对已有语言不尊重的人,他在心境上不适合承担语言改进工作"②。基于这些,我们可以理解皮尔士为什么总是引用古代某个已被遗忘的术语来宣称自己的观点③,也可以理解为什么他"毫不顾忌"地发明陌生的甚至"丑陋"的哲学术语（最典型的莫过于firstness、secondness、thirdness）来表述自己的新发现。他在许多基本哲学术

---

① 与皮尔士这些针对英语的法则相比,对于我们当前正与国际接轨的汉语哲学来说,另有如何以本地汉语"信、雅、达"地翻译英语哲学术语的问题。

② Quoted in Vincent Colapietro, "C. S. Peirce, 1839 - 1914," in *The Blackwell Guide to American Philosophy*, edited by Armen T. Marsoobian and John Ryder, Blackwell Publishing Ltd., 2004, p.81.

③ 除了前文中的许多例子,可以再补充一个。譬如,皮尔士指出他自己主要是在 13 世纪 obiectum 首次成为实词的意义上使用"object"这一哲学术语的,并据此反对将 subject 与 object 对立使用。（SS 69）

语上增加的一些前缀或后缀音节，如"pragmaticism""prope-positivism"，其正当性也不难得到适当理解。因为他告诉我们：

> 正如在化学中那样，赋予某些前缀和后缀确定的意义，这可能就是明智的。譬如，或许这样可以得到共识：prope-表示对所予以前缀之词的意义的一种广泛而不太确定的拓展；一种学说的名称一般以-ism 结尾，而-icism 可以表示对于该学说的一种较为限制性的接受；等等。（CP 5.413）

四、术语伦理学对于当代哲学发展的启示

语言提供了我们思想的天然媒介，而我们还需要追求最好的语言。没有精确的术语，何谈严谨的思想！这不仅是当代分析哲学家们常说的"哲学文本要有严格论证"，而且是从更高层面对哲学科学发展的一种伦理学关照。从皮尔士提出术语伦理学到今天，100 多年又过去了。其间，各路学者开辟了许多新的研究领域，也涌现出不少新的研究成果；然而，在不否定成就的情况下，我们似乎依然可以说：哲学与其他科学相比仍旧处于未成熟的状态，这一点由当前哲学术语上的诸多乱象可以看出。

有关当今哲学术语混乱的例子不胜枚举，任何深及某一论题的内行读者都会对不同哲学家关于基本术语的分歧的程度留下深刻印象。关于基本术语的不统一，有一种可能性是：哲学家们对于某问题有着不同的理解和认识，因而他们是在用不同的术语表示不同的思想发现。这属于意义的"正常演化"，当然不是我们所要反对的。问题是：某种最初被采用表示某种思想的术语，在学术著译作品中被盲目挪用或随意修改，最终，犹如我们经常在"传话接力"游戏中所看到的那样，同一术语渐渐呈现不同的"意义"；或者，对于某种本来存在并已有某个术语加以表示的思想观点，一些学者由于缺乏阅读和交流，竟用另一个不同的术语来为自己的"重复发现"标新立异。这令原本意义充实的术语变得越来越"贫瘠"，使得原本意义完整的术语变得"支离破碎"，最终致使术语本身在讨论中几乎不传递任何信息，失去其作为特定指号的正常功能。譬如，"基础主义"（foundationalism）、"相对主义"

(relativism)、"实在论"(realism)、"唯物主义"(materialism)、"观念论"(idealism,旧译"唯心主义")、"实用主义"(pragmatism)、"自然主义"(naturalism)、"科学主义"(scientism)、"物理主义"(physicalism)、"机械主义"(mechanism)、"主观主义"(subjectivism)、"客观主义"(objectivism),等等,这些词的混乱程度足以令我们有必要以"基础主义$_1$""基础主义$_2$""基础主义$_3$"之类的笨拙表达来显示每一个术语背后之意义的严重分歧;更糟糕的是,有时发现"基础主义$_1$"与"基础主义$_3$"之间是完全对抗的。这种局面的存在,要求我们在哲学探讨中总是要异常当心,以免滑入无意义的"跟风车作斗争"游戏。在此方面,当代哲学家哈克通过自己对许多哲学名流思想形态的深入考察,举出了许多有说服力的例子。譬如,她说,波普尔的《客观知识》一书虽然从名称上是要提供一种客观知识论,但其实质内容是一种隐秘的怀疑论,他的德语作品 Logik der Forschung(原意为 logic of research)在英语世界译作"The Logic of Scientific Discovery"(科学发现的逻辑),但其实波普尔认为并不存在有关科学发现的逻辑;奎因的"自然化的认识论"混淆了一种改革型的认识论(即认识论不能完全先验地开展)与一种革命型的认识论(即以心理学取代认识论);罗蒂不仅混同了认识论上的"基础主义"与元认识论上的"基础主义",而且把自己的会话主义混同于融贯主义;"像'相对主义'和'实在论'这些词已经在意义上变得如此散乱和混淆,以至于它们几乎不可用了";"仅仅几十年间,认识论的词汇表已经变得越来越不具有识别性,越来越不适于做出本质区分"。[1]

　　尽管我们可以承认哲学仍然处于初步阶段并以此解释当今哲学作品中各种术语怪象,但是,当下问题的关键在于:我们是该尽可能地遵守一种术语伦理学,还是应该继续放任自流呢?皮尔士承认,若要求每一个术语限于唯一的、不带任何含糊性的意义(不论该意义如何广阔),[2]这将引起目前哲

---

[1] Susan Haack, "The Meaning of Pragmatism: The Ethics of Terminology and the Language of Philosophy," in *Teorema*, Vol.XXVIII, No.3, 2009, pp.9-29.

[2] 皮尔士提到,我们要求每一个词具有唯一的意义,这会被认为是完全不可能的,因为每一符号在非常严格的意义上(而非仅仅作为比喻),都是一种活的东西;符号的机体缓慢改变,其意义也必然生长,吸收进新的成分而抛弃掉旧的成分。对此,他的解释是,"但是我们应该尽一切努力让每一个科学术语的本质保持严格不变;虽然绝对的精确是难以设想的"。(CP 2.222)

学术语上的革命,因为就现在的条件来看,没有长篇的解释很难表达任何精确的哲学思想;①但是,必须提前看到:"不久,哲学家将发现他们自己面对着如同当初动物学家和植物学家们所不得不应付的一种巴别塔;因而科学的进步受到牵制,直至他们获得类似一致性用法的某种东西。"(CP 8.169)须知,"人类与语词相互教育彼此","放任政策"下的术语使用习惯只会令刚刚走上科学之路的哲学家更加举步维艰。

　　对于当前哲学研究来讲,术语伦理学的另一重意义在于:它要防止一种试图把哲学文学化的倾向。不可否认,普通读者大多对科学术语表示反感,认为那过于学究气或有点故弄玄虚,而如果写作者像在通俗文学作品中那样"友好地"使用日常词语及其广为熟知的意义,则会大受一般读者的欢迎。这一点似乎也正是皮尔士时代其他较为"活泼"版实用主义大受市场欢迎的主要原因。但很显然,如果我们要坚持把科学定位于追求真理(而非仅仅向大众普及讲解某种已发现的真理)这一任务时,那么,没有技术用语的硬性规定就不可能有可靠的、不断发展的知识。日常用词不确定的、质朴的意思不可能像科学研究所要求的那样严格确切地表达事物,科学研究(即使是哲学这样的科学)必须在自然语言的基础上发展一套具有确定意义的术语。正如在不否定逻辑本能之用的前提下我们仍然有必要建立逻辑科学一样,皮尔士不否定文学家、诗人对于事物往往具有敏锐的洞察力②,但他从来不认为他们的工作可以代替哲学科学。笔者认为,人类文明之初哲学诞生的一个重要标志正是,她告别诗歌神话,走向了一条科学探询之路。因此,如果用文学的甚至诗的语言来表述哲学,无异于取消哲学,返回到哲学之前的认知方式。

　　其实,哲学术语的重要性,在皮尔士之后直至当代仍然是不少哲学家的

---

　　① 在看到皮尔士提出术语伦理学以期规范术语使用的同时,我们不得不承认,皮尔士本人在哲学作品尤其是早期作品中经常犹豫不决地换用不同的语词来表达同一思想观念或者未加声明地拿同一语词来表达不同的思想观念,由此为后人研究皮尔士思想造成了不少混乱。关于这一点,一方面主要是因为皮尔士非正统的新思想用当时通行的语言极其难以表达;另一方面,或许正是意识到这一点并力图避免自己的哲学为他人误解,皮尔士最后才极力主张术语伦理学。

　　② 皮尔士在哲学作品中时常引用莎士比亚、爱默生等人的诗句。针对当时有些科学家所抱有的狭隘观点,皮尔士曾指出:"我承认,坏的诗体是错误的;但没有什么能比真正的诗体更为真实。而且我要告诉科学家们,艺术家是比他们自己更为出色和细心的观察者,除了在科学家正在寻找的具体细节方面。"(CP 1.315)

一个关注点。譬如,莫里斯在谈到"哲学的语言"时就曾指出:"指号学向哲学提出了一个挑战;指号学的确是'任何未来哲学的导言',指号学要求哲学明确它的指号的性质和它的论域的目的。属于很不相同的各个学派的哲学家们,今天都认识到接受这个挑战的必要。"①虽然这里的意谓与皮尔士不尽相同,但有一点是一致的,那就是:哲学家必须关注自己所用的语言。另外,哲学家不甘屈从于混乱不堪的现有术语而试图创设新词以推进哲学探讨的做法,我们也时常看到。譬如,杜威为表示自己的认识论不同于传统的符合(correspondence)论而创造的"co-respondence"(相互回应)一词,现代真理论研究中所提出的"紧缩论"(deflationism)、"极小论"(minimalism)、"去引号论"(disquotationalism),等等;而最引人注目的当属苏珊·哈克,她在《证据与探究》一书中对于自己提出的关于知识证成的新理论,结合 foundationlism(基础论)和 coherentism(融贯论)而创设了 Foundherentism 一词。然而,在当世大多数情况下,很多哲学家由于坚持把哲学排除在科学之外,他们对术语之于哲学的重要性仍然认识不足,觉得术语之于哲学并不会像对于自然科学那样重要。早在 1903 年对维尔比夫人《何谓意义?》一书的评论中,皮尔士就曾指出:

　　　　她提出人们没有充分考虑到语言伦理学的重要性。她认为现代概念需要一种现代的语言雕像。但是恐怕她没能意识到刀子要切入语言肌体多深才能真正使其成为科学的。我们应该构造像化学家所使用的那样的语词。(SS 159;CP 8.175)

　　也就是说,尽管很多人都或多或少意识到减少语言的混乱是有益于哲学发展的,但他们很多时候只是宣称自己的术语更为合理或期待有某种"世界语"一统天下,而没有体会到:哲学术语应该而且有可能成为科学术语,而且这一目标的实现唯有靠我们自己自觉遵循一种术语伦理学。本书第一章提到,没有"坦诚""对于智慧的爱"这些道德因素,科学根本就不可能出现;

---

① 莫里斯:《指号、语言和行为》,罗兰、周易译,上海人民出版社,1989 年,第 279 页。

同样,术语伦理学也是一种有关科学进步的"伦理法则",它要求科学共同体内所有人一道建立并共同遵守。正如皮尔士所谈到的那样,

> 获得……讨论的进步,要求我们对技术用语的使用达成共识。而我们每一个人固守于自己的习惯,不会屈从,除非可以清楚表明他违反了他自己所效忠的一种法则。需要有一套规程;在制定规程时我们最好接受分类学家的指导,因为他们在处理类似困难方面有着最为丰富的经验。如果我们那样做的话,第一条规则(或许除了几个通用且严格界定的例外情况,当然例外越少越好)显然会是:每一个哲学术语都应该在它最初成为哲学术语时的意义上使用。(CP 8.162)

总而言之,"散漫的语言和涣散的思想,二者如同夫妻",相伴相生。术语问题关乎知识之进步。任何一门科学首先意味着一套较为完善的术语体系(这种术语体系在粗略意义上就是我们常说的词汇表),不同的科学自然拥有不同的术语体系。[①]继承和发展一门科学,首先意味着尊重和沿用原有的术语体系,而当原有术语体系从根本上被抛弃时,这同时就意味着所从事之事业已经转变为或诞生出了另一门新的科学或某种非科学的东西。在一种不太明显但颇为重要的意义上,我们完全可以说,术语造就了科学,而且正是适当的术语有力推动了科学的连续进步。[②]作为一项面向长远、以严格精确为特征的事业,科学本来就需要勤奋钻研的学者,那些被科学术语吓倒的浅薄、懒惰的读者,注定永远无缘于科学之真谛。哲学作为一门不同于各特殊科学的科学,必须善于从目前成功的自然科学中学习有关术语运用的法则,要像所有其他领域的科学人一样遵循术语伦理学;这样说并非意味着

---

① 这里说各门类科学的术语体系不同,并非意味着它们相互之间不能理解,因为除了各种术语体系,我们每一个还拥有常识语言或日常用语;凭借后者,各个科学共同体实现了相互交流。

② 科学家们的创造性工作(即对于科学本身的实质贡献)大都会直接或间接地体现在科学术语的发明与革新上。譬如,诺贝尔经济学奖获得者卡尼曼曾在谈到自己的研究成果时这样写道:"我的目标就是……通过一套更为丰富和更加精确的讨论语言,让人们有更高的能力去识别和理解发生在他人身上以及我们自身的错误判断与错误选择。"(Daniel Kahneman, *Thinking*, *Fast and Slow*, New York: Farrar, Straus and Giroux, 2011, p.4.)

简单照搬某些自然科学现成的某些表面化的东西①,也非意味着哲学思想的
千篇一律、死板教条。②问题的关键在于:只要哲学不是为了某种个人娱乐或
集团利益而是为了最终探明真相,它就得遵循有关科学术语的伦理学。

> 将科学方法系统地应用于任意学科,所必需的是什么呢? 光有实
> 在论的态度是不够的。良好的观察习惯也是不够的。系统的科学方法
> 的精髓在于一套好的术语(a good terminology),因为仅此就可确保研究
> 的连续性,确保在某一个时期由某个人所构制的观念以一种形式得到
> 保持和传播,并使得其他人及后世研究者们能够检验和修正它们。③

如此规范化的目的,正如一切规则的必要性一样,只是为了谋求更好的发展。
这里隐藏着非常重要的一层关系,那就是:如果术语的混乱导致了交流障碍,
那么学术研究的共同体就无法形成或无法发挥作用,而离开了共同体的、孤立
个人的科学研究,在根本上是不可能的,它在本质上与科学的社会性相违背。
只有首先在术语使用上确保交流的畅通无阻,科学研究才能在科学共同体的
促进下得到可持续的发展,从而更加快捷地获致真理。由此来看,术语伦理学
终究是皮尔士逻辑学上的一种经济考虑,是方法论上的一种准则。④

---

① 当然,这种学习不是机械照搬和简单模仿。譬如,如哈克所担忧的那样,当前哲学研究不是
专注于自身作为科学的内在发展,而倾向于挪用特殊科学中的专业术语作为哲学术语,或不加批判
地照搬特殊科学中某些表面化的东西,包括同行评审体系、基金支持研究的项目(grant-research
project)文化、文献名-日期-页码的文献参考标准、采用新版而非原版的做法等等;但如果认为仅仅这
样就等于把哲学变成科学了,那其实是在逃避哲学自身的真正追求,是一种令人羞耻的偷懒做法。
参看 Susan Haack,"The Meaning of Pragmatism:The Ethics of Terminology and the Language of
Philosophy,"in *Teorema*,Vol.XXVIII,No.3,2009,pp.9-29。
② 皮尔士的实用主义准则把任意知性概念的意义定位于永远开放于未来的一系列条件句,这
在一定程度上表明意义是生长的。一个术语随着时间的推移,随着认识的深化和拓展,会被赋予新
的内涵。譬如,"家庭"作为一般性的概念,其在一夫多妻制社会中与在一夫一妻制社会中、在早婚早
育社会中与在晚婚晚育社会中必然带有不同的特征。有关哈克就意义生长这一论题所做的引申论
述,参看 Susan Haack,"The Growth of Meaning and the Limits of Formalism:in Science,in Law,"in
Analisis Filosofico,Vol.29,No.1,May 2009。
③ W. Donald Oliver,Peirce on "The Ethics of Terminology,"in *The Philosophical Quarterly*,Vol.
13,No.52,1963,pp.238-245.
④ 借鉴皮尔士的洞见,结合分析哲学传统内逻辑分析派与日常语言派之争,对当代哲学语言之术语
伦理问题的一次初步探讨,参看张留华《哲学语言及其术语伦理》,《中国社会科学》2016 年第 12 期。

参考文献[*]

1. Doug Anderson, "Peirce and the Art of Reasoning," in *Studies in Philosophy and Education*, 24(3 - 4), 2005, pp.277 - 289.

2. Irving Anellis, "Did Peirce Have Hilbert's Ninth and Tenth Problems?" available at http://www.cspeirce.com/menu/library/aboutcsp/anellis/csp&hilbert.pdf.

3. Karl-Otto Apel, *Charles S. Peirce: From Pragmatism to Pragmaticism*, Amherst: University of Massachusetts Press, 1981.

4. John L. Bell, "Continuity and Infinitesimals", available at https://plato.stanford.edu/archives/spr2022/entries/continuity/.

5. Francis Bacon, *The Instauratio magna Part II: Novum organum and Associated Texts*, Oxford: Clarendon Press, 2004.

6. George Berkeley, *Principles of Human Knowledge and Three Dialogues*, Oxford: Oxford University Press, 1999.

7. Richard J. Bernstein, *Praxis and Action: Contemporary Philosophies of*

---

* 此处所列为部分参考文献,更多书目参看本书各章节注释。文献编排按照主要责任人姓氏首字母(中文则取声母)顺序;同一作者的不同作品,则按照出版时间顺序排列。

Human Activity, Philadelphia: University of Pennsylvania Press, 1971.

8. Richard J. Bernstein, *Beyond Objectivism and Relativism: Science, Hermeneutics, and Praxis*, Philadelphia: University of Pennsylvania Press, 1983.

9. Otto Bird, "What Peirce Means by Leading Principles," in *Notre Dame Journal of Formal Logic*, 1962, 3(3):175 - 178.

10. J.M.Bochenski, *The Methods of Contemporary Thought*, Dordrecht: D. Reidel Publishing Company, 1965.

11. Giovanna Borradori, *The American Philosopher: Conversations with Quine, Davidson, Putnam, Nozick, Danto, Rorty, Cavell, MacIntyre and Kuhn*, Chicago: University of Chicago Press, 1994.

12. Geraldine Brady, *From Peirce to Skolem: A Neglected Chapter in the History of Logic*, Amsterdam: North-Holland, 2000.

13. Joseph L. Brent, *Charles Sanders Peirce: A Life*, Bloomington and Indianapolis: Indiana University Press, 1998.

14. Jacqueline Brunning et al., *The Rule of Reason: The Philosophy of Charles Sanders Peirce*, Toronto: University of Toronto Press, 1997.

15. Robert W.Burch, "Valental Aspects of Peircean Algebraic Logic," in *Computers & Mathematics with Applications*, 1992, 23(6 - 9):665 - 677.

16. Arthur W. Burks, "Peirce's Conception of Logic as a Normative Science", in *The Philosophical Review*, 1943, 52(2):187 - 193.

17. Daniel G.Campos, "Peirce's Philosophy of Mathematical Education: Fostering Reasoning Abilities for Mathematical Inquiry," in *Studies in Philosophy and Education*, 2010, 29(5):421 - 439.

18. Lewis Carroll, "What the Tortoise Said to Achilles," in *Mind*, 1895, 4(14):278 - 280.

19. D.S.Clarke, *Principles of Semiotic*, London: Routledge & Kegan Paul, 1987.

20. Roberts S. Corrington, *An Introduction to C. S. Peirce: Philosopher, Semiotician, and Ecstatic Naturalist*, Lanham, MD: Rowman & Littlefield

Publishers, Inc., 1993.

21. Joseph W. Dauben, "C. S. Peirce's Philosophy of Infinite Sets," in *Mathematics Magazine*, 1977, 50(3):123 – 135.

22. Joseph W. Dauben, *Georg Cantor: His Mathematics and Philosophy of the Infinite*, Princeton: Princeton University Press, 1979.

23. Joseph W. Dauben, "Peirce's Place in Mathematics," in *Historia Mathematica*, 1982, 9(3):311 – 325.

24. Gérard Deledalle, *Charles S. Peirce's Philosophy of Sign: Essays on Comparative Semiotics*, Bloomington: Indiana University Press, 2004.

25. Jacques Derrida, *Of Grammatology*, Baltimore: The Johns Hopkins University Press, 1997.

26. René Descartes, *Principles of Philosophy*, Dordrecht: D. Reidel Publishing, 1983.

27. Cornelis de Waal, "The Real Issue between Nominalism and Realism: Peirce and Berkeley Reconsidered," in *Transactions of the Charles S. Peirce Society*, 1996, 32(3):425 – 442.

28. Cornelis de Waal, *On Peirce*, Belmont: Thomson Wadsworth, 2001.

29. Cornelis de Waal, *On Pragmatism*, Belmont: Thomson Wadsworth, 2005.

30. John Dewey, *The Later Works*, Vol. 12, Carbondale: Southern Illinois University Press, 1986.

31. John Dewey, *The Later Works*, Vol. 15, Carbondale: Southern Illinois University Press, 1989.

32. Randall Dipert, "Two Unjustly Neglected Aspects of C. S. Peirce's Philosophy of Mind," available at http://www.neologic.net/rd/chalmers/Dipert.html.

33. Michael Dummett, *The Logical Basis of Metaphysics*, Cambridge: Harvard University Press, 1991.

34. Umberto Eco et al., *The Sign of Three: Dupin, Holmes, Peirce,*

Bloomington: Indiana University Press, 1983.

35. Carolyn Eisele, *Studies in the Scientific and Mathematical Philosophy of Charles S Peirce*, The Hague: Mouton, 1979.

36. Carolyn Eisele, "Mathematical Methodology in the Thought of Charles S. Peirce," in *Historia Mathematica*, 1982, 9(3):333 – 341.

37. Claudine Engel-Tiercelin, "Peirce's Semiotic Version of the Semantic Tradition in Formal Logic," in *New Inquiries into Meaning and Truth*, New York: St. Martin's Press, 1991, pp.172 – 213.

38. Joseph L.Esposito, "On the Question of the Foundation of Pragmaticism," in *Transactions of the Charles S. Peirce Society*, 1981, 17(3):259 – 268.

39. Max Fisch and Atwell Turquette, "Peirce's Triadic Logic," in *Transactions of the Charles S. Peirce Society*, 1966, 2(2):71 – 85.

40. Max Fisch, *Peirce, Semeiotic, and Pragmatism*, Bloomington and Indianapolis: Indiana University Press, 1986.

41. Paul D Forster, "Peirce and the Threat of Nominalism," in *Transactions of the Charles S. Peirce Society*, 1992, 28(4):691 – 724.

42. Paul Forster, "The Logic of Pragmatism: A Neglected Argument for Peirce's Pragmatic Maxim," in *Transactions of Charles S. Peirce Society*, 2003, 39(4):525 – 554.

43. Dov Gabbay and John Woods, "The New Logic," in *Logic Journal of the IGPL*, 2001, 9(2):141 – 174.

44. Dov Gabbay and John Woods, *Handbook of the History of Logic Vol.3: The Rise of Modern Logic*, Amsterdam: Elsevier North Holland, 2004.

45. Dov Gabbay and John Woods, *The Reach of Abduction: Insight and Trial*, Amsterdam: Elsevier, 2005.

46. Dov Gabbay and John Woods, "The Practical Turn in Logic," in *Handbook of Philosophical Logic*, *Vol.13*, Dordrecht: Springer, 2005, pp.15 – 122.

47. I. Grattan-Guinness, *The Search for Mathematical Roots 1870 – 1894*,

Princeton：Princeton University Press，2000.

48. Susan Haack，"Fallibilism and Necessity，" in *Synthese*，1979，41(1)：37 - 63.

49. Susan Haack，"The Two Faces of Quine's Naturalism，" in *Synthese*，1993，94(3)：335 - 356.

50. Susan Haack，*Manifesto of a Passionate Moderate*：*Unfashionable Essays*，Chicago：The University of Chicago Press，1998.

51. Susan Haack，"Not Cynicism，but Synechism：Lessons from Classical Pragmatism，" in *Transactions of the Charles S. Peirce Society*，2005，41(2)：239 - 253.

52. Susan Haack，"The Meaning of Pragmatism：The Ethics of Terminology and the Language of Philosophy，" in *Teorema*，2009，28(3)：9 - 29.

53. Leila Haaparanta，*The Development of Modern Logic*，Oxford：Oxford University Press，2009.

54. Eric Hammer，"Semantics for Existential Graphs，" in *Journal of Philosophical Logic*，1998，27(5)：489 - 503.

55. Jérôme Havenel，"Peirce's Clarifications of Continuity，" in *Transactions of the Charles S. Peirce Society*，2008，44(1)：86 - 133.

56. Risto Hilpinen，"On C S Peirce's Theory of the Proposition：Peirce as a Precursor of Game-Theoretical Semantics，" in *The Monist*，1982，65(2)：182 - 188.

57. Risto Hilpinen，"Aristotelian Syllogistic as a Foundation of C S Peirce's Theory of Reasonin，" in *Aristotle and Contemporary Science*，Vol.1，New York：Peter Lang Publishing，2000，pp.109 - 125.

58. Jaakko Hintikka，"What Is Abduction? The Fundamental Problem of Contemporary Epistemology，" in *Transactions of the Charles S. Peirce Society*，1998，34(3)：503 - 533.

59. Thomas Hobbes，*Leviathan*，Penguin Books，2017.

60. Christopher Hookway，*Peirce*，London：Routledge and Kegan Paul，

1985.

61. Christopher Hookway, *Truth*, *Rationality*, *and Pragmatism*: *Themes from Peirce*, Oxford: Clarendon Press, 2002.

62. Christopher Hookway, "Logical Principles and Philosophical Attitudes: Peirce's Response to James's Pragmatism," in *The Cambridge Companion to Williams James*, Cambridge, England: Cambridge University Press, 2006.

63. Nathan Houser et al., *Studies in the Logic of Charles Sanders Peirce*, Bloomington and Indianapolis: Indiana University Press, 1997.

64. Nathan Houser, "Introduction to Writings of Charles S. Peirce: A Chronological Edition Volume 8," unabridged version, available at https://arisbe.sitehost.iu.edu/menu/library/aboutcsp/houser/v8intro.pdf(Retrieved 2023. 1.29).

65. Jean-Louis Hudry, "Peirce's Potential Continuity and Pure Geometry," in *Transactions of the Charles S. Peirce Society*, 2004, 40(2):229 – 243.

66. Menno Hulswit, *From Cause to Causation*: *A Peircean Perspective*, Dordrecht: Kluwer Academic Publishers, 2002.

67. Robert E. Innis, "Peirce and Polanyi: Perceptual Consciousness and the Structures of Meaning," in *Proceedings of the International Colloquium on Language and Peircean Sign Theory*, New York: Burghahn, 1999, pp.531 – 560.

68. Dale Jacquette et al., *Philosophy*, *Psychology*, *and Psychologism*: *Critical and Historical Readings on the Psychological Turn in Philosophy*, Dordrecht: Kluwer Academic Publishers, 2003.

69. William James, *Writings 1902 – 1910*, New York: The Library of America, 1987.

70. Arnold Johanson, "Modern Topology and Peirce's Theory of the Continuum," in *Transactions of the Charles S. Peirce Society*, 2001, 37(1):1 – 12.

71. Immanuel Kant, *Critique of Pure Reason*, London: Macmillan and Co., Limited, 1929.

72. Jeff Kasser, "Peirce's Supposed Psychologism," in *Transactions of the*

Charles S. Peirce Society, 1999, 35(3):501 - 526.

73. Beverley Kent, *Charles S. Peirce: Logic and the Classification of the Sciences*, Kingston and Montreal: McGill-Queen's University Press, 1987.

74. Kenneth Laine Ketner, "Peirce's Ethics of Terminology," in *Transactions of the Charles S. Peirce Society*, 1981, 17(4):327 - 347.

75. Kenneth Laine Ketner, "Peirce's 'Most Lucid and Interesting Paper': An Introduction to Cenopythagoreanism," in *International Philosophical Quarterly*, 1986, 26(4):375 - 392.

76. Kenneth Laine Ketner et al., *Peirce and Contemporary Thought: Philosophical Inquiries*, New York: Fordham University Press, 1995.

77. Kenneth Laine Ketner and Walker Percy, *A Thief of Peirce: the Letters of Kenneth Laine Ketner and Walker Percy*, Jackson: the University Press of Mississippi, 1995.

78. Kenneth Laine Ketner, *Elements of Logic: An Introduction to Peirce's Existential Graphs*, Lubbock: Arisbe Associates, 1996.

79. Kenneth Laine Ketner, *His Glassy Essence: An Autobiography of Charles Sanders Peirce*, Nashville: Vanderbilt University Press, 1998.

80. T.S.Kuhn, *The Structure of Scientific Revolutions*, Chicago: University of Chicago Press, 1962.

81. Robert Lane, "Peirce's Modal Shift: From Set Theory to Pragmaticism," in *Journal of the History of Philosophy*, 2007, 45(4):551 - 576.

82. Cathy Legg, "Naturalism and Wonder: Peirce on the Logic of Hume's Argument against Miracles," in *Philosophia*, 2001, 28(1 - 4):297 - 318.

83. Victor F. Lenzen, "An Unpublished Scientific Monograph by C S Peirce," in *Transactions of the Charles S. Peirce Society*, 1969, 5(1):5 - 24.

84. Victor F. Lezen, "Reminiscences of a Mission to Milford, Pennsylvania," in *Transactions of the Charles S. Peirce Society*, 1965, 1(1):3 - 11.

85. C. I. Lewis and C. H. Langford, *Symbolic Logic*, New York: Century, 1932.

86. C.I. Lewis, *A Survey of Symbolic Logic*, New York: Dover Publications, Inc., 1960.

87. James Jakób Liszka, *A General Introduction to the Semeiotic of Charles Sanders Peirce*, Bloomington: Indiana University Press, 1996.

88. John Locke, *An Essay Concerning Human Understanding*, Penguin Books, 2004.

89. Victor Lowe, *Alfred North Whitehead*, Baltimore: Johns Hopkins University Press, 1990.

90. Ernst Mach, *Popular Scientific Lectures*, LaSalle: Open Court, 1986.

91. Rosa Maria Mayorga, *From Realism to "Realicism": The Metaphysics of Charles Sanders Peirce*, Lanham: Lexington Books, 2007.

92. Jeremiah McCarthy, "An Account of Peirce's Proof of Pragmatism," in *Transactions of Charles S. Peirce Society*, 1990, 26(1):63 – 113.

93. Stephan Meier-Oeser, "Medieval Semiotics," in *The Stanford Encyclopedia of Philosophy(Summer 2011 Edition)*, Edward N. Zalta(ed.), URL=<https://plato.stanford.edu/archives/sum2011/entries/semiotics-medieval/>.

94. Louis Menand, *The Metaphysical Club: A Story of Ideas in America*, New York: Farrar, Straus and Giroux, 2001.

95. Emily Michael, "Peirce's Adaptation of Kant's Definition of Logic: The Early Manuscripts," in *Transactions of the Charles S. Peirce Society*, 1978, 14(3):176 – 183.

96. Cheryl Misak, *The Cambridge Companion to Peirce*, Cambridge, England: Cambridge University Press, 2004.

97. Matthew E. Moore, "The Genesis of the Peircean Continuum," in *Transactions of the Charles S. Peirce Society*, 2007, 43(3):425 – 469.

98. Edward C. Moore et al., *Charles S. Peirce and the Philosophy of Science: Papers from the Harvard Sesquicentennial Congress*, Tuscaloosa: University of Alabama Press, 1993.

99. Phil Mullins, "Peirce's Abduction and Polanyi's Tacit Knowing," in

The Journal of Speculative Philosophy, 2002, 16(3):198 – 224.

100. Milton K. Munitz, *Contemporary Analytic Philosophy*, London: Macmillan Publishing Co., Inc, 1981.

101. Murray G. Murphey, *The Development of Peirce's Philosophy*, Cambridge: Harvard University Press, 1961.

102. Wayne C. Myrvold, "Peirce on Cantor's Paradox and the Continuum," in *Transactions of the Charles S. Peirce Society*, 1995, 31(3):508 – 540.

103. Otto Neurath, *Empiricism and Sociology*, Dordrecht: Reidel, 1973.

104. Harold W. Noonan, *Frege: A Critical Introduction*, Cambridge, England: Polity Press, 2001.

105. Jaime Nubiola, "Scholarship on the Relations Between Ludwig Wittgenstein and Charles S Peirce," in *Proceedings of the III Symposium on History of Logic*, Berlin: Gruyter, 1996, pp.281 – 294.

106. C. K. Ogden and I. A. Richards, *The Meaning of Meaning*, London: Routledge and Kegan Paul, 1949.

107. W. Donald Oliver, "Peirce on 'The Ethics of Terminology'," in *The Philosophical Quarterly*, 1963, 13(52):238 – 245.

108. Walter R. Ott, *Locke's Philosophy of Language*, Cambridge, England: Cambridge University Press, 2004.

109. Volker Peckhaus, "Calculus Ratiocinator Versus Characteristica Universalis? The Two Traditions in Logic, Revisited," in *History and Philosophy of Logic*, 2004, 25(1):3 – 14.

110. Charles Sanders Peirce, *Collected Papers of Charles Sanders Peirce*, Cambridge: Harvard University Press, 1931 – 1958.

111. Charles Sanders Peirce, *Values in a Universe of Chance: Selected Writings of Charles S. Peirce*, California: Stanford University Press, 1958.

112. Charles Sanders Peirce, *Historical Perspectives on Peirce's Logic of Science: A History of Science*, New York: Mouton De Gruyter, 1985.

113. Charles Sanders Peirce, *Reasoning and the Logic of Things: The*

Cambridge Conference Lectures of 1898, Cambridge: Harvard University Press, 1992.

114. Charles Sanders Peirce, *Pragmatism as a Principle and Method of Right Thinking: The 1903 Harvard Lectures on Pragmatism*, Albany: State University of New York Press, 1997.

115. Charles Sanders Peirce, *The Essential Peirce: Selected Philosophical Writings*, Bloomington and Indianapolis: Indiana University Press, 1992 – 1998.

116. Charles Sanders Peirce, *The Logic of Interdisciplinarity: The Monist-series*, Berlin: Akademie Verlag, 2009.

117. Charles Sanders Peirce, *Writings of Charles S. Peirce: A Chronological Edition*, Bloomington: Indiana University Press, 1982 – 2010.

118. Charles Sanders Peirce, *Philosophy of Mathematics: Selected Writings*, Bloomington and Indianapolis: Indiana University Press, 2010.

119. Charles Sanders Peirce and Welby-Gregory Victoria, *Semiotic and Significs: The Correspondence between C. S. Peirce and Victoria Lady Welby*, Bloomington and Indianapolis: Indiana University Press, 1977.

120. Ralph Barton Perry, *The Thought and Character of William James*, Boston: Little Brown & Co., 1993.

121. Ahti-Veikko Pietarinen, *Signs of Logic: Peircean Themes on the Philosophy of Language, Games, and Communication*, Dordrecht: Springer, 2006.

122. Karl Popper, *The Logic of Scientific Discovery*, London: Routledge, 2002.

123. Vincent Potter and Paul B. Shields, "Peirce's Definitions of Continuity," in *Transactions of the Charles S. Peirce Society*, 1977, 13(1):20 – 34.

124. Thomas L. Prendergast, "The Structure of the Argument in Peirce's 'Questions Concerning Faculties Claimed for Man'," in *Transactions of the Charles S. Peirce Society*, 1977, 13(4):288 – 305.

125. Hilary Putnam, "Peirce the Logician," in *Historia Mathematica*,

1982, 9(3):290 – 301.

126. Hilary Putnam, *The Many Faces of Realism*: *The Paul Carus Lectures*, LaSalle: Open Court, 1987.

127. Hilary Putnam, "A Half Century of Philosophy, Viewed from Within," *Daedalus*, 1997, 126(1):175 – 208.

128. W. V. Quine, *Ontological Relativity and Other Essays*, New York: Columbia University Press, 1969.

129. W. V. Quine, *Philosophy of Logic*, Cambridge, MA: Harvard University Press, 1986.

130. W. V. Quine, *Selected Logic Papers*, Cambridge, MA: Harvard University Press, 1995.

131. Nicholas Rescher, "Peirce and the Economy of Research," in *Philosophy of Science*, 1976, 43(1):71 – 98.

132. Nicholas Rescher, *Peirce's Philosophy of Science*, Notre Dame: University of Notre Dame Press, 1978.

133. Nicholas Rescher, "Pragmatism at the Crossroads," in *Transactions of the Charles S. Peirce Society*, 2005, 41(2):355 – 365.

134. Don Roberts, *The Existential Graphs of Charles S Peirce*, The Hague: Mouton, 1973.

135. Don Roberts, "An Introduction to Peirce's Proof of Pragmatism," in *Transactions of the Charles S. Peirce Society*, 1978, 14(2):120 – 131.

136. Richard Rorty, "Pragmatism, Categories, and Language," in *The Philosophical Review*, 1961, 70(2):197 – 223.

137. Richard Rorty, *The Linguistic Turn*: *Essays in Philosophical Method*, Chicago: University of Chicago Press, 1967.

138. Richard Rorty, *Philosophy and the Mirror of Nature*, Princeton: Princeton University Press, 1979.

139. Richard Rorty, *Consequences of Pragmatism*, Minneapolis: University of Minnesota Press, 1982.

140. B.Russell, *The Principle of Mathematics*, London: Routledge, 2010.

141. Wilfrid Sellars, *Science and Metaphysics: Variations on Kantian Themes*, The John Locke Lectures for 1965 - 66, London: Routledge and Kegan Paul, 1967.

142. Demetra Sfendoni-Mentzou, "Peirce on Continuity and Laws of Nature," in *Transactions of the Charles S. Peirce Society*, 1997, 33(3):646 - 678.

143. Sun-Joo Shin, *The Iconic Logic of Peirce's Graphs*, Cambridge, MA: MIT Press, 2002.

144. Sun-Joo Shin, Oliver Lemon, and John Mumma, "Diagrams", in *The Stanford Encyclopedia of Philosophy(Winter 2018 Edition)*, Edward N. Zalta(ed.), URL = <https://plato.stanford.edu/archives/win2018/entries/diagrams/>.

145. T.L.Short, *Peirce's Theory of Signs*, Cambridge, England: Cambridge University Press, 2007.

146. Hans Sluga, "Frege Against the Booleans," in *Notre Dame Journal of Formal Logic*, 1987, 28(1):80 - 98.

147. Herbert Spiegelberg, "Husserl's and Peirce's Phenomenologies: Coincidence or Interaction," in *Philosophy and Phenomenological Research*, 1956, 17(2):164 - 185.

148. W. Christopher Stewart, "Social and Economic Aspects of Peirce's Conception of Science," in *Transactions of the Charles S. Peirce Society*, 1991(4): 501 - 526.

149. P. F. Strawson, *Analysis and Metaphysics: An Introduction to Philosophy*, Oxford: Oxford University Press, 1992.

150. Albert M. Sweet, *The Pragmatics and Semiotics of Standard Language*, University Park: The Pennsylvania State University Press, 1988.

151. Stephen Toulmin, *Return to Reason*, Cambridge, MA: Harvard University Press, 2001.

152. Stephen Toulmin, *The Use of Argument*, Cambridge, England:

Cambridge University Press，2003.

153. Jean van Heijenoort，"Logic as Language and Logic as Calculus，" in *Synthese*，1967，17(1):324-330.

154. Richard White，"Peirce's Alpha Graphs: The Completeness of Propositional Logic and the Fast Simplification of Truth-function," in *Transactions of the Charles S. Peirce Society*，1984，20(4):351-361.

155. James R. Wible，*The Economics of Science*，London and New York: Routledge，1998.

156. Timothy Williamson，*The Philosophy of Philosophy*，Oxford: Blackwell，2007.

157. Ludwig Wittgenstein，*Remarks on the Foundations of Mathematics*，Oxford: Basil Blackwell，1978.

158. Jay Zeman，*The Graphical Logic of C.S. Peirce*，Chicago: University of Chicago，1964.

159. 伯纳德·巴伯:《科学与社会秩序》,顾昕译,生活·读书·新知三联书店,1992 年。

160. 约翰·巴斯摩尔:《哲学百年·新近哲学家》,商务印书馆,1996 年。

161. 康德:《纯粹理性批判》,商务印书馆,1960 年。

162. 苗力田主编:《亚里士多德全集》(第一卷),中国人民大学出版社,1990 年。

163. 莫里斯:《指号、语言和行为》,上海人民出版社,1989 年。

164. 罗素:《西方的智慧:从社会政治背景对西方哲学所作的历史考察》,商务印书馆,1999 年。

165. 沙夫:《语义学引论》,商务印书馆,1979 年。

166. 威廉姆森:《二十一世纪的逻辑与哲学》,《北京大学学报》(哲学社会科学版)2009 年第 1 期。

167. 亚里士多德:《物理学》,商务印书馆,1982 年。

168. 张留华:《逻辑学:从"是"到"蕴涵"》,《华东师范大学学报》(哲学社会科学版)2005 年第 3 期。

初版后记

本书的完成前后历时多年。其间,我先后以皮尔士逻辑与哲学相关论题完成硕士学位和博士学位论文,导师冯棉教授给予亲切的关怀与细心的指导,才使得我能在学位论文的基础上完成书稿。书中某些章节内容的基础稿,还曾以论文形式发表在《哲学研究》《自然辩证法研究》《学术月刊》《现代哲学》《科学技术哲学研究》《华东师范大学学报》《社会科学论坛》《湖南科技大学学报》《昆明学院学报》等杂志上。

彭漪涟教授、贺善侃教授、俞宣孟教授、童世骏教授、晋荣东教授、郁振华教授、郦全民教授对于书中相关章节的内容提出过批评建议。陈波教授、江怡教授、张建军教授对于我坚守皮尔士研究之路给予真诚的支持和热情的鼓励。著名皮尔士学者 Kenneth L. Ketner、Nathan Houser、Risto Hilpinen、Cheryl Misak、Jaako Hintikka、Cornelis De Waal、Ahti-Veikko Pietarinen 以及网络邮件列表 Peirce-L 上参与讨论的众多学者在皮尔士研究资料的获取上给予了切实帮助,并帮助澄清了本文研究中的某些疑惑。对于他们所有人,我一并表示感谢。

最后,特别的谢意要给予我的家人,尤其是妻子和儿子,他们的理解和支持令我备感家的温暖,也使得我能够把精力付诸如此晦涩而不时髦的基础研究工作。

张留华
2012 年 3 月

修订版后记

　　2012 年出版的《皮尔士哲学的逻辑面向》是我辛苦完成的第一部学术专著。选择皮尔士作为个人学术生涯的起点，我自觉是幸运的。

　　当然，皮尔士早已是"历史人物"，对已逝哲学家的研究并非当今哲学圈的工作研究重心。不过，过去那些伟大哲学家的著作中，总是有太多我们可以学习的地方，除非我们打算重复前人的旧路而不自知。不论身处什么时代，哲学研究中至少有一部分工作，是凭着从教科书上和常规训练中获得的知识和能力，立足个人生活经验，理解和学习我们的先哲，并尝试与其对话，以期帮助解决当前困扰我们的那些久议未决的难题，或者激发我们对当前习以为常的一些答案做出反思。以此态度面对皮尔士，经过数年的研读和摸索，我发现他那里有独特的东西一直在吸引我。譬如，作为一位博学的多面科学家，从事哲学研究时，皮尔士重视思想等一般性东西，主张其实在性，但他并不因此而将其置于天国，而是立足我们所生活的这个世界把握"思想"；皮尔士坚持把"真理"作为包括哲学在内的一切科学探究的目标，认为那是纯粹的，但他同时意识到科研本身具有经济性，因而追求真理要讲求策略；皮尔士强调以生硬和顽抗为主要特征的反应型行动或事实在形而上学和认识论思考上的地位，并认为它们是任何思想法则所无法取代的，但他的实用主义并未将知性概念的意义归结为个体行动，而是引导我们关注行动背后的一般性目的；皮尔士认为思想层面上没有不可解释或无须解释的概念或直觉，但他同时承认现实生活中的人有本能信念(甚至包括 logica utens)；皮尔士一生弘扬逻辑学的力量，但他坦言无法说服一位绝对的(乃至连逻辑基本规律也一并拒斥的)怀疑论者。这些对专注于基础领域抽象对象的哲学家来说是难得的"理智健全性"，我个人高度欣赏并长期受用于此。除此之外，皮尔士至今仍是美国最具原创性的哲学家，通过追踪了解他的实用主义、符号学、数理逻辑、现象学等思想观念的形成过程，以及他在多条战线上对于历史先辈和同时代学者的回应和碰撞，我有机会接触当代诸多有影响力的思潮的早期源头，进而加深了对哲学教科书上某些知识的理解。让我感到有"意外"教益的，甚至还有皮尔士学术场上的一些"不如意"。他曾在圈内备受宠爱而后又遭冷落抛弃，尽管对逻辑学满怀激情，但在事业上终究失败了。这些事情的发生，似乎在向每一位学人提醒着什么。

　　本书初版以来，由于工作上的原因，我的时间和精力大多转移至逻辑学或逻辑哲学方面的教学任务，但在这十余年间，我还是做了与皮尔士密切相关的几件事。一是两次美国之行：2014 年在波士顿召开的皮尔士逝世百年国际纪念大会上见识众多国际知名的皮尔士学者，2015—2016 年在印第安纳波利斯的皮尔士编辑中心(Peirce Edition Project, IUPUI)访问研究。二是邀请前国际皮尔士学会主席 Ahti-Veikko Pietarinen 来华东师范大学哲学系讲学，讲座内容聚焦于皮尔士的逻辑学及实用主义思想。三是早年与 Kenneth Laine Ketner 教授约定的《推理及万物逻辑》(即皮尔士 1898 年剑桥讲坛系列演讲 RLT)中译本，终于完成全部译稿，于 2020 年由复旦大学出版社出版。四是习作"A Plea for a Peircean Turn in Justifying Logic"获得国际皮尔士学会 2014—2015 年度论文提名奖(Honorable Mention)，修改后以"On the Justification Problems: Towards a Peircean Diagnosis and Solution"为题发表在 *History and Philosophy of Logic*(2017, Vol.38, No.3)上。五是梳理总结皮尔士、詹姆士、杜威等人关于推理的观念，并与当前数理逻辑和推理心理学的研究成果作对比讨论，此即 2021 年新著《古典实用主义推理论研究：重估人类推理的观念及其论争》(中国财政经济出版社)。

　　关于本书第一版(2012)的质量，虽然我常会因学界前辈和同仁的某种赞许而心生慰藉,但今天回过头仔细看时,发现其中有明显的不足。譬如,对皮尔士手稿(MS)的占有利用率不高,涉及皮尔士的引文没有全部标注写作或发表日期,个别章节的论证或阐释显得有些单薄,对皮尔士思想的当代相关性(尤其是在皮尔士学者之外更大哲学受众那里引发的兴趣或质疑)讨论不深入也不全面,一些术语中译名的选定仍需考究和斟酌。另外,国内外皮尔士研究(以及手稿编辑出版)近些年已积累新的成果,有待吸收或回应。然而,要完全弥补这些不足,恐怕要重写一本书了。作为原书的修订版,我当前的考虑是:仍保持该书作为皮尔士研究入门指南的定位,也不改变当时的架构和思路,仅做一些局部完善,譬如,修改或删除了原来表述有偏颇或不严谨的论断,在有必要补充说明的地方增加若干脚注,尽可能让全书的语句措辞更为通顺凝练,纠正个别笔误或印刷错误,核验并更新某些网络资源的地址。至于我对书中某些论题的新思考,尤其是皮尔士逻辑及哲学与当代学术讨论的深度相关性,我希望日后能以论文的形式发表出来。

本书在修订过程中,特别征求了部分同仁的意见。非常感谢浙江大学程都博士、复旦大学孙宁副教授和上海社会科学院周靖研究员所提出的建设性意见。在可能的情况下,我已把这些意见以某种方式吸收到当前的修订版中。不过,对于书稿中任何可能存在的错误或不当,我个人依然负全责。

张留华
2023 年 3 月

智慧的探索丛书

图书在版编目（CIP）数据

皮尔士哲学的逻辑面向／张留华著. -- 修订版.
桂林：广西师范大学出版社，2024. 9. --（智慧的探索
丛书）. -- ISBN 978-7-5598-7306-4

Ⅰ. B712.43

中国国家版本馆 CIP 数据核字第 2024ZE9494 号

皮尔士哲学的逻辑面向（修订版）
PI'ERSHI ZHEXUE DE LUOJI MIANXIANG（XIUDINGBAN）

出 品 人：刘广汉
责任编辑：刘孝霞
助理编辑：李　远
装帧设计：李婷婷

广西师范大学出版社出版发行

（广西桂林市五里店路 9 号　　　邮政编码：541004）
（网址：http://www.bbtpress.com　　　　　　　　　 ）

出版人：黄轩庄
全国新华书店经销
销售热线：021 - 65200318　021 - 31260822 - 898
山东临沂新华印刷物流集团有限责任公司印刷
（临沂高新技术产业开发区新华路 1 号 邮政编码：276017）
开本：690 mm×960 mm　　　1/16
印张：29　　　　　　　　字数：431 千
2024 年 9 月第 1 版　　2024 年 9 月第 1 次印刷
定价：98.00 元

如发现印装质量问题，影响阅读，请与出版社发行部门联系调换。